Colombia: una historia mínima

Colombia: una historia mínima

Una mirada integral al país

Jorge Orlando Melo

CRÍTICA

© Jorge Orlando Melo, 2020
© Editorial Planeta Colombiana S.A., 2020
Calle 73 n.º 7-60, Bogotá

ISBN 13: 978-958-42-8772-4
ISBN 10: 958-42-8772-9

Diseño de portada:
Departamento de Diseño Grupo Planeta

Primera edición en Editorial Planeta: septiembre de 2020
Segunda edición en Editorial Planeta: abril de 2021
Tercera edición en Editorial Planeta: noviembre de 2021

Impreso por: Editorial Nomos S.A.
Impreso en Colombia - Printed in Colombia

Una versión previa de este libro fue publicada en 2018 por El Colegio de México, bajo el título Historia mínima de Colombia. La presente edición corrige y amplía la anterior.

No se permite la reproducción total o parcial de este libro, ni su incorporación a un sistema informático, ni su transmisión en cualquier forma o por cualquier medio, sea este electrónico, mecánico, por fotocopia, por grabación u otros métodos, sin el permiso previo y por escrito del editor.

ÍNDICE

Introducción	13
Capítulo I. Los primeros habitantes	21
Cazadores y recolectores (12 000-3000 a.C.)	21
La agricultura	23
Cacicazgos y confederaciones (500 a.C.-1500 d.C.)	25
Los grupos principales	31
Capítulo II. La España del descubrimiento	37
Capítulo III. El descubrimiento del territorio colombiano y su explotación inicial: 1499-1550	41
La ocupación del interior y la creación de la Real Audiencia (1535-1550)	48
Capítulo IV. La Colonia: 1550-1810	55
La sujeción de los indios y la disminución de la población	55
La economía colonial	61
La minería y los ciclos del oro	69
La ciudad y el campo	72
Una sociedad jerárquica	75
La administración colonial: audiencia y cabildos	80
La defensa del reino	83
El establecimiento del virreinato y las reformas borbónicas	86
La ocupación del territorio y las regiones al final de la Colonia	95

Capítulo V. La Independencia inesperada: 1810-1819 — 97
El impacto de las revoluciones y la crisis española de 1808 — 97
Las Juntas autónomas — 101
Las primeras constituciones y la independencia absoluta — 111
Centralistas y federalistas — 113
La reconquista — 114

Capítulo VI. La República de Colombia: 1819-1830 — 119
La creación de Colombia y los problemas constitucionales — 120
La liberación de los esclavos y la igualdad de los indios — 124
La crisis de 1827, la convención de Ocaña y la dictadura de Bolívar — 125
La disolución de Colombia — 130

Capítulo VII. La Nueva Granada y la aparición de los partidos políticos — 133
Los gobiernos de Santander, Márquez y Herrán — 134
Un clima de cambio — 137
La revolución del medio siglo — 140

Capítulo VIII. La república federal — 151
La crítica al modelo liberal de progreso — 153
Los éxitos del liberalismo — 157
La colonización — 159
Las comunicaciones — 162
La consolidación de la ciudad letrada — 163

Capítulo IX. La república conservadora: 1886-1930 — 173
La Regeneración y los gobiernos conservadores — 173
Auge cafetero y desarrollo industrial — 185
El papel del Estado — 189
Las reformas educativas — 189
La agitación obrera — 191
Paz y violencia — 195

Capítulo X. La república liberal: 1930-1946 — 203
La revolución en marcha y la política de masas — 207
El problema agrario — 208
La pausa liberal — 211
El segundo gobierno de Alfonso López — 214

Capítulo XI. Violencia y dictadura: 1946-1957 — **219**
- El gobierno de Ospina Pérez y la violencia de partido — 219
- Los gobiernos de Laureano Gómez y Roberto Urdaneta — 223
- La dictadura militar — 227

Capítulo XII. El Frente Nacional: 1957-1974 — **237**
- Reformismo y parálisis — 238
- El gobierno de Valencia — 242
- La administración de Carlos Lleras: 1966-1970 — 244
- Pastrana y el fin de la reforma agraria — 249
- Los efectos políticos del Frente Nacional y la guerrilla — 251
- El narcotráfico — 254

Capítulo XIII. El regreso a los gobiernos de partido: 1974-1986 — **259**
- López y Turbay, y el auge guerrillero — 259
- El gobierno de Betancur: negociaciones y rupturas — 263
- Guerrilla y paramilitarismo: 1978-2002 — 268

Capítulo XIV. Entre la violencia y la paz: 1986-2016 — **273**
- El gobierno de César Gaviria, la Constitución y la búsqueda de la paz — 276
- Samper y Pastrana: cuestionamiento moral y negociaciones generosas — 281
- La reacción uribista — 284
- Santos: una nueva negociación de paz — 286

Capítulo XV. Los grandes cambios del siglo XX — **291**
- La urbanización acelerada — 291
- Salud y crecimiento de la población — 294
- La educación — 297
- La situación de la mujer — 300
- Los medios de comunicación — 308
- Viajes, cartas y llamadas — 311
- Diversiones y fiestas — 314
- El hogar y la calle — 318
- Arte y literatura — 319
- Hacia una sociedad laica — 322
- Ideas y creencias — 325

Capítulo XVI. Los extranjeros en Colombia   329
   La migración colonial   333
   La Independencia: la inmigración militar   335
   La república   336

Dos visiones sintéticas   347

Capítulo XVII. Regionalismo, centralismo y federalismo en la historia de Colombia   349
   Las culturas indígenas   351
   Centralismo y federalismo   354

Capítulo XVIII. Ciudad y campo en la historia de Colombia hasta comienzos del siglo XX   367
   La visión común   367
   Las sociedades precolombinas   368
   La Conquista y el predominio del modelo urbano   368
   El proceso de ruralización (1650-1880)   370
   La Independencia y el siglo XIX   372
   La modernización urbana y el nuevo proceso de urbanización   374
   La aceleración de la urbanización   376

A modo de conclusión: avances y problemas   381

Bibliografía   385

Introducción

Colombia está formada por regiones geográficas relativamente aisladas y de difícil comunicación. La cordillera de los Andes, dividida en tres grandes ramas —oriental, central y occidental— atraviesa el país desde el sur hasta cerca del océano Atlántico. Estos ramales, que superan en algunos sitios los 4000 metros de altura y van disminuyendo a medida que se acercan al mar, están rodeados de tres extensas planicies bajas, cubiertas de selvas tropicales: las llanuras del Pacífico, las de la Amazonía y la Orinoquía (en las que hay amplias zonas secas y de pastos naturales) y las de la costa atlántica. Dos grandes valles las separan: el del río Magdalena, entre la oriental y la central, y el del Cauca, entre la central y la occidental. El río Atrato conforma un tercer valle, separado del Pacífico por las serranías del Baudó y el Darién.

Las cordilleras ascienden desde tierras bajas hasta nevados de más de 5500 metros de altura y forman centenares de mesetas, altiplanicies y valles, que crean comarcas y ecosistemas variados. No hay estaciones: en el año hay por lo general un periodo de lluvias y uno seco, y la temperatura de cada sitio es estable y depende, ante todo, de la altura sobre el nivel del mar. La diversidad de climas, relieves y paisajes ha permitido una producción variada: las zonas bajas, cálidas, son aptas para cultivos como la yuca y la caña, mientras que en las tierras altas crecen la papa o el trigo. A la vez, las grandes dificultades de transporte para atravesar las cordilleras han limitado y orientado el movimiento de poblaciones y productos.

Los habitantes, a lo largo del tiempo, establecieron comunidades bastante aisladas y autosuficientes, que no necesitaban intercambiar sus productos básicos, en especial alimenticios. La facilidad para producir lo esencial cerca y las dificultades de transporte se reforzaron entre sí. Durante los últimos tres siglos los dirigentes vieron esta diversidad natural como promesa de riquezas infinitas, en contraste con la pobreza de la población.

Los pueblos que ocuparon la región hacia el año 12 000 a.C. aprovecharon la abundancia de recursos y, entre 3000 a.C. y 1000 d.C., se convirtieron en agricultores eficientes. La gran productividad de la agricultura indígena, centrada en yuca, maíz y papa, llevó a un alto crecimiento de la población, que para el año 1500 ocupaba ya casi todo el territorio.

Esta población, al disponer de alimentos abundantes, formó decenas de comunidades que coexistieron más o menos en paz, con contactos ocasionales entre sí, sobre todo para el aprendizaje de técnicas y la obtención de esposas, así como para el intercambio de bienes escasos como la sal, la coca y algunos productos de lujo. No parece que hubieran sido frecuentes las guerras, aunque en el último milenio antes de la Conquista, y sobre todo entre 800 y 1500 d.C., la costa atlántica, así como los valles del Cauca y el Magdalena, con una densa población de agricultores, fueron ocupados por grupos que entraron en conflicto con los habitantes previos.

Los españoles, al someter a los indígenas en el siglo XVI, establecieron ciudades donde había indios que pudieran trabajar y tributar, y minas que garantizaran riquezas. Fundaron Bogotá, Tunja o Popayán lejos de las costas y establecieron ciudades comerciales como Cartagena y Santa Marta en el Atlántico. Estas ciudades alejadas, unidas por un transporte deficiente, producían en su entorno los alimentos y productos básicos. Con un comercio limitado a algunos productos europeos, los contactos entre las regiones eran pocos y estas vivían separadas, con una estructura de gobierno descentralizada y remota.

En estos pueblos y ciudades se formaron orgullosas oligarquías de origen español, saturadas de rituales y ceremonias, confiadas en sí mismas y rivales de Bogotá y de las ciudades vecinas. Sus diferentes estructuras sociales, con proporciones distintas de población indígena, africana o española y diversos mestizajes, dieron pie a un fuerte regionalismo y a una débil identificación de los blancos y mestizos de una región con la estructura burocrática que los unía bajo la dirección de autoridades remotas. Aunque desde 1550 la Nueva Granada estuvo sometida a la Real Audiencia de Santafé, sus habitantes blancos y mestizos sentían parte de su ciudad o provincia y de la monarquía española, pero no tanto del Nuevo Reino de Granada, una mera división administrativa.

Por esto, cada vez que la capital trató de establecer una autoridad fuerte sobre el territorio, el localismo y el regionalismo se afirmaron y desde finales del siglo XVIII hubo una tensión constante entre centralismo y regionalismo, que ha tenido gran peso en la historia del país. Desde el siglo XVIII era evidente que las provincias y sus pueblos se veían como diferentes a las demás en hábitos, costumbres y rasgos culturales. Cada una se atribuía ciertas cualidades y defectos y hacía lo mismo con las demás. Los acentos eran distintos, las palabras y dichos, las comidas, los vestidos, las costumbres familiares, la composición étnica de los pueblos. Desde entonces hasta fines del siglo XX algunas regiones fueron caracterizadas, ignorando su diversidad interna, como independientes y rebeldes, y otras como sumisas o respetuosas de la ley; unas parecían destacarse por la voluntad de trabajo y la religiosidad y otras por el gusto por la música, la sensualidad y la diversión.

Estas zonas fueron perdiendo su aislamiento desde fines de la Colonia y sobre todo después de 1830: la creación de una república independiente definió un espacio geográfico para la nueva administración, que fue más o menos el de las zonas sujetas desde 1550 a la jurisdicción de la Audiencia de Santafé de Bogotá. Aunque el patrón fundamental siguió siendo de comarcas aisladas, los esfuerzos administrativos trataron de vincular las distintas regiones en forma más intensa y unificar los valores y lealtades de la población. La búsqueda de un sistema político que reuniera los recursos y la solidaridad de las regiones produjo, desde 1810, un conflicto persistente entre "centralistas" y "federalistas" y fue una causa de las frecuentes guerras civiles del siglo XIX, atribuidas por unos a la inexistencia de un poder central enérgico y, por otros, al irrespeto de las tradiciones de autogestión local y al intento de forzar sobre un país diverso un modelo autoritario y unificador.

La apertura de vías de comunicación, la unión de las altiplanicies y valles andinos, donde vivía la mayor parte de la población, con el mar, se convirtió en una obsesión de los gobernantes y los grupos más ricos, interesados en enlazar el país con la economía mundial y ansiosos por desarrollar formas de vida más europeas, en una época en la que subir un piano o una caldera de vapor a Bogotá (en un buque de vapor por el Magdalena y después 150 kilómetros sobre una tarima al hombro de decenas de cargueros) era una proeza de ingeniería. Las vías de comunicación —los mejores caminos de mulas y los ferrocarriles— redujeron poco a poco los costos del transporte y permitieron un comercio interregional más activo, así como la exportación de nuevos productos agrícolas y artesanales. Todavía en el siglo XX el esfuerzo por crear una red de transporte eficiente consumió buena parte de los recursos del Estado.

Del mismo modo, las autoridades promovieron la ocupación de los valles y vertientes de los Andes, llenando los vacíos que separaban regiones y ciudades. La ocupación entre 1870 y 1930 de estas vertientes, donde se expandió el cultivo del café, unificó el espacio y creó un mercado nacional incipiente. Ese mercado se consolidó, para el conjunto de la producción y en especial de la industria manufacturera, a mediados del siglo XX con el impacto acumulado del barco de vapor en el Magdalena, de las redes de ferrocarriles y carreteras y del avión. Al mismo tiempo siguió la colonización de frontera, que a partir de 1945 se concentró en zonas planas y selváticas, hasta convertir, como resultado de una nueva ampliación de la ganadería y de la agricultura comercial, los archipiélagos de población en un territorio que podía verse como un país unido.

Las luchas políticas, que crearon dos grandes partidos nacionales, y las guerras civiles, que hicieron conocer a muchos reclutas regionales inesperadas, ayudaron a crear una visión más integrada del país y establecieron lazos entre personas de regiones distintas. La aparición de sentimientos de nacionalismo, que unieran después de la Independencia a los habitantes de toda Colombia, fue un proceso lento y que se consolidó apenas en el siglo XX, en parte como respuesta a ofensas externas —la pérdida de Panamá en 1903, el ataque peruano a Leticia en 1932, la percepción internacional de los colombianos como violentos y narcotraficantes en las dos últimas décadas del siglo— y en parte por el avance de un sistema escolar universal y de medios de comunicación modernos.

La capacidad del Estado para ejercer su autoridad, en un país en el que las zonas pobladas eran islas en un mar deshabitado, fue limitada, y entre 1949 y hoy las guerrillas y el narcotráfico han usado como áreas de refugio zonas alejadas de los grandes centros urbanos. Muchos de estos sitios han sido sometidos poco a poco a la autoridad pública, en un contexto de rápida urbanización y gran migración del campo a la ciudad. Finalmente, a partir de 1991, se logró cierto equilibrio constitucional —inestable y poco eficiente, pero real— entre los ideales de un Estado unificado y capaz de ejercer su autoridad en todo el territorio y el anhelo tradicional de autogobierno local. Un mercado integrado, un Estado más o menos obedecido en todo el territorio y un sentimiento nacionalista evidente se sumaron a fines del siglo XX para crear al fin un país unido, aunque menos homogéneo de lo que quisieron los héroes de la Independencia o los políticos del siglo XIX.

Sin embargo, la tensión entre lo regional y lo nacional sigue vigente: junto con algunos rasgos y valores comunes, tienen fuerza las lealtades y contraposiciones locales y la diversidad regional es notable. El español no se habla con "acento" colombiano sino con varios acentos regionales (costeño, paisa, pastuso, bogotano, opita, valluno, santandereano) y los rasgos regionales de las fiestas populares, el lenguaje, las comidas, se mantienen y en algo se acomodan a las tendencias unificadoras de la globalización.

Las condiciones geográficas, que siguen teniendo importancia en la producción y el comercio —sobre todo por los costos del transporte a las poblaciones del interior, que ofrecen todavía protección a los productos locales, pero frenan las exportaciones— han dejado de tener el impacto de otros tiempos. Más que el aislamiento y el localismo pesan hoy la distribución de la población y su concentración en grandes centros urbanos, la existencia irritante de áreas remotas sustraídas a la obediencia del Estado y las oportunidades derivadas de la diversidad natural y los recursos mineros.

La población de este territorio ha variado mucho. Después de diez o doce milenios de lento crecimiento probablemente llegó a tener a la llegada de los españoles unos cinco millones de habitantes, una población muy numerosa en la época. La Conquista los redujo a un poco más de 1,2 millones en 1560 y a 600 000 habitantes hacia 1630, cuando comenzó a crecer nuevamente, para alcanzar otra vez a comienzos del siglo XX la población de 1500. Hoy viven en Colombia 48 millones de personas, en un poco más de un millón de kilómetros cuadrados, pero en el último medio siglo las tasas de crecimiento han caído y esa población tal vez nunca se duplicará otra vez.

La geografía seguirá pesando en forma de sequías o lluvias más extremas, la desaparición de los glaciares de alta montaña, la elevación del nivel del mar, la reducción del tamaño de las selvas, el costo de la producción de energía derivada de fósiles o agua, el sol o el viento. Pero, como en el pasado, lo decisivo será la respuesta de la población, la forma en que, usando los recursos y técnicas disponibles, se adapte a las condiciones geográficas, producidas en gran parte por la acción humana misma.

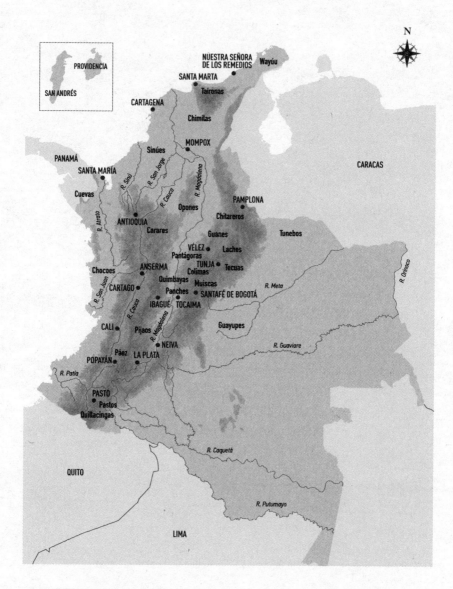

Mapa 1. Grupos precolombinos y principales ciudades españolas, 1500-1570.

CAPÍTULO I

Los primeros habitantes

Cazadores y recolectores (12 000-3000 a.C.)

No sabemos mucho acerca de la llegada de los primeros seres humanos al territorio colombiano. Es probable que bandas o grupos familiares, de unas cuantas decenas o centenares de personas, llegaran al norte de Suramérica entre 14 000 y 12 000 años antes de nuestra era. Descendían de los habitantes del norte de Asia que pasaron por el estrecho de Bering entre 18 000 y 14 000 a.C., en un momento más frío que el actual, cuando los glaciares eran inmensos y el mar mucho más bajo. Es posible que algunos hayan viajado por las costas del Pacífico hasta el sur del continente y otros hayan cruzado más despacio el istmo de Panamá por las playas del norte. Ocuparon las llanuras de la costa atlántica (y quizá del Pacífico) y poco a poco entraron por los valles fluviales y subieron a las altiplanicies de la cordillera oriental. Las primeras pruebas de su presencia, entre 10 000 y 7000 a.C., son herramientas de piedra y restos de animales de caza (venados y roedores y, en algunas épocas, mamuts y caballos salvajes, que pronto se extinguieron) y otros alimentos que se encuentran en las cuevas de El Abra y el Tequendama y en Tibitó, en la sabana de Bogotá. Entre 8000 y 4000 a.C. hay indicios de pobladores en otros valles interiores o en la Amazonía.

Estas familias vivían de la caza, la pesca y la recolección de verduras y frutas. Eran pequeñas comunidades, que se movían por las selvas en busca de alimentos y a veces establecían viviendas provisionales, cuando encontraban comida abundante al lado de ríos o lagunas. Usaban el fuego para cocer carnes y pescados y aprendieron a usar algunos tubérculos que debían procesarse o cocinarse, como la arracacha, la batata y la yuca.

Estos grupos, descendientes de las primeras migraciones o de otras llegadas del norte en los milenios siguientes, acumulaban un gran conocimiento de la naturaleza: aprendían a distinguir qué plantas eran comestibles o venenosas, cuáles no podían comerse crudas, pero podían asarse, cuáles tenían efectos alucinógenos o psíquicos, cuáles servían para tratar a los enfermos. Al mismo tiempo descubrieron cómo cuidar algunas matas para promover su crecimiento o su multiplicación: algunos tubérculos o raíces comestibles y frutas y verduras, como guayabas o ahuyamas, cuyas semillas, al dejarse en un sitio apropiado, por azar o ensayo, hacían nacer una nueva planta. De este modo, es probable que algunos combinaran la caza y la recolección con formas iniciales de cultivo, compatibles todavía con una vida itinerante.

Al cultivar con éxito algunas matas o descubrir los sitios donde plantas o animales (sobre todo moluscos marinos, tortugas y roedores) eran abundantes, formaron grupos de varias viviendas, al comienzo temporales, pero a las cuales volvían en la estación apropiada del año. Los primeros restos de viviendas colectivas (malocas) y de aldeas que se han encontrado son del año 3000 a 2000 a.C. en la costa atlántica (Monsú, Puerto Hormiga, San Jacinto), y hacen parte de grupos que dejaron inmensos amontonamientos de conchas de almejas y otros moluscos. Estas poblaciones, además de mariscos, peces y tortugas, comían tubérculos, como la arracacha, la yautía y tal vez la yuca, y dejaron restos de cerámica que están entre los más antiguos de América: vasijas simples que, antes de la adopción amplia de la agricultura, no parecen haberse usado para cocinar sino para fermentar y beber jugos de frutas y otras plantas.

La separación de estos grupos hace probable que muchos descubrimientos —la utilidad de una planta o la forma de sembrarla, la hechura de herramientas— se hicieran en forma independiente, pero es posible que muchas veces aprendieran de otras colectividades y que adoptaran prácticas que parecían exitosas. Del mismo modo, la cerámica, el tejido de canastas o de algodón, la orfebrería, podían venir tanto del aprendizaje y de la adaptación de conocimientos ajenos como de la propia invención.

Estas poblaciones, a pesar de un origen común no muy remoto, al dispersarse formaban culturas diferentes, con lenguas cada vez más alejadas, creencias, conocimientos y hábitos distintos, técnicas propias y rasgos genéticos cambiantes. Fuera de las herramientas de piedra (cortadores, ralladores para preparar raíces y otros alimentos) se han encontrado otros rastros de sus invenciones y creaciones tempranas, como pinturas rupestres y objetos que tenían que ver con sus ritos y creencias.

La agricultura

Entre 3000 a.C. y los comienzos de nuestra era muchos grupos adoptaron alguna forma de agricultura. Al comienzo debió de reducirse a cuidar o sembrar algunas plantas silvestres mientras obtenían la mayoría de las proteínas de la pesca y de los mariscos, como en la costa atlántica, o de la caza y la recolección de plantas silvestres. En algunos casos aprendieron a domesticar animales: hay indicios de que hacia 5000 a.C. había curíes y pavos domésticos en la sabana de Bogotá.

Los restos existentes sugieren que el paso de una horticultura ocasional a la agricultura se debió en gran parte a nuevos grupos humanos que llegaron entre 4000 y 1000 a.C. y que pudieron traer el maíz desde América Central. Hay restos de polen y fósiles de maíz en Calima hacia 4000 a.C. o en la sabana de Bogotá hacia 3000 a.C. y no es probable que haya sido desarrollado allí en forma independiente: el maíz es el resultado de un proceso de selección y domesticación de miles de años, que se llevó a cabo en las vertientes tropicales de México.

Otros grupos, provenientes del sur de la Amazonía y que se habían extendido hasta la actual Venezuela, pudieron traer el cultivo de la yuca, cuyos restos más antiguos cerca de Cartagena son de 4000 a.C. La llamada yuca brava, más común en la Amazonía, tiene que rallarse, exprimirse y secarse para la obtención de harina comestible. Esto llevó a la hechura de metates de piedra y ralladores de cerámica, así como de budares para cocinar arepas de casabe.

Puede entonces suponerse que grupos de la costa atlántica, que habían inventado ya la agricultura, adoptaran sin dificultad el maíz, la yuca y otros tubérculos y que su cultivo se hiciera frecuente en el último milenio antes de nuestra era. Estos cultivos, y sobre todo el maíz, que daba hasta tres cosechas anuales, impulsaron la formación de comunidades sedentarias: los grupos que se volvían agricultores podían garantizar la regularidad de su alimentación, evitando hambres producidas por la incertidumbre del clima, y podían aumentar su población y desarrollar estructuras sociales más complejas, con artesanos, sacerdotes y caciques.

En el Pacífico, alrededor de Tumaco, hubo otra área de expansión de la agricultura del maíz, de la que pudieron extenderse los cultivos a Calima, San Agustín y a las altiplanicies del sur. También en esta zona, como en las del Atlántico, hay rasgos culturales que pueden haber venido de Centroamérica, lo que sugiere que la agricultura del maíz pudo haber llegado con migraciones de esa región.

Mientras en las tierras bajas se combinaban maíz y yuca, a los que se añadieron poco a poco plantas como la mafafa o yautía, en la Amazonía y la Orinoquía los cultivos se restringían a zonas cercanas a los ríos y el alimento principal era la yuca brava, con otras plantas productoras de harinas como el "ñauñau" y la achira. Es posible que en los valles medios hubiera siembras ocasionales de arracacha y achira, y que en la altiplanicie del sur se hubiera adoptado la papa, proveniente del Perú, aunque no se sabe bien en qué época.

Pero el cultivo más general era el maíz, que se convirtió en siembra principal en Momil y Malambo en la costa atlántica, Tumaco en el Pacífico o San Agustín en el sur, desde los últimos siglos antes de la era actual. Se extendió en el primer milenio de nuestra era a toda la costa atlántica y los valles interandinos, pues hubo variedades adaptables a climas templados. Poblaciones numerosas de agricultores ascendieron poco a poco por los valles del Magdalena y el Cauca medio, con base en un cultivo que requería menos atención y esfuerzo que la yuca de las tierras bajas, que podía almacenarse por periodos largos y dejaba tiempo para que algunos pobladores se convirtieran en artesanos dedicados a la cerámica, la cestería o los textiles. Esto permitió el crecimiento de las bandas, que se convirtieron en grupos extensos dirigidos por un cacique permanente y con chamanes que organizaban rituales religiosos y cultos a los muertos.

Cacicazgos y confederaciones (500 a.C.-1500 d.C.)

Las ventajas de la agricultura eran expansivas: una población agrícola y sedentaria se hacía más compleja, crecía más rápido y adquiría más fuerza que los recolectores, lo que la llevaba a ocupar nuevos territorios. Sus vecinos podían volverse agrícolas, dejarse absorber o ceder el espacio y migrar a otras zonas.

Así pues, entre 500 a.C. y 1500 d.C., en dos milenios de auge, las comunidades agrícolas ocuparon más y más tierras. Entre 1000 y 1500 d.C. esta agricultura se hizo aún más productiva, al reunir en una sola región las bases de las tres grandes culturas agrícolas americanas: el maíz mexicano, la papa peruana y la yuca amazónica. Estos productos, junto con frutas (cachipay o chonta, piña, guayaba, aguacate, tomate, guanábana, granadilla, curuba, uchuva), verduras y tubérculos (ahuyama, achira, cubios, arracachas, hibias y ullucos o chuguas), legumbres y semillas (frijol y quinoa) y animales domésticos, ofrecían una alimentación adecuada, sin las hambrunas periódicas comunes en Europa durante la Edad Media que debilitaban su población y la sometían a enfermedades y epidemias. La combinación de granos y tubérculos, pobres en algunas proteínas, con semillas y leguminosas (varios tipos de frijoles y quinoa, en especial, que tenían las proteínas que faltaban al maíz o la yuca), permitía una alimentación completa, aun si el consumo de carnes se reducía, como podía ocurrir al crecer la población y disminuir el bosque. El maíz, la papa y la yuca producían más energía y nutrientes por hectárea que los alimentos del viejo continente (el trigo o el arroz y la cría de ganado), y exigían menos trabajo. Por esto pareció en algunos casos a los españoles que los indios tenían una sociedad de abundancia y ocio, como la que describió Gonzalo Jiménez de Quesada, al relatar que los muiscas dividían el mes en tres partes, una dedicada a trabajar en sus siembras, otra a fiestas y borracheras y otra a gozar con sus mujeres. La buena alimentación y la falta de animales domésticos numerosos pueden explicar en parte la aparente ausencia de pestes y epidemias severas.

La técnica más usual de agricultura era quemar el rastrojo seco (a veces preparado con esfuerzo, tumbando arbustos y plantas pequeñas con hachuelas de piedra), de modo que el fuego limpiara el terreno y la ceniza sirviera de abono. Después de algunas siembras la tierra se agotaba y era preciso dejarla descansar. Donde las poblaciones eran pequeñas y dispersas, como en la Amazonía, las selvas de la costa atlántica o los valles interiores, era fácil buscar nuevos campos, pero en zonas más densas y con periodos secos, como los valles del Cauca y las llanuras bajas del Atlántico, el impacto sobre el ambiente pudo ser grande y podía faltar la tierra para nuevos cultivos. Es posible que la frecuencia de la guerra en el valle del Cauca o el conflicto entre los muiscas y sus vecinos caribes en la cordillera oriental, en los últimos decenios antes de la llegada de los españoles, tuviera que ver con la competencia por tierras para el cultivo del maíz y la papa. La agricultura impulsó además la cerámica: las harinas de maíz y yuca, convertidas en arepas, necesitaban, como los caldos y sopas, vasijas más resistentes al fuego para cocinarse.

La expansión de las sociedades agrícolas formó poco a poco, entre el siglo III a.C. y el siglo X d.C., sociedades que han sido llamadas "cacicazgos", por el nombre que los indios de La Española daban a sus jefes. En ellas un jefe, electivo o hereditario, tenía autoridad sobre varias comunidades, bandas o grupos familiares, compuestos de miles de personas. Aunque no existían clases sociales, había una fuerte desigualdad de rangos: caciques, caciques menores, capitanes, sacerdotes y chamanes, gente del común y, en algunos sitios, prisioneros esclavos. Había tributos para mantener a jefes, sacerdotes y personajes principales, aunque los excedentes se consumían muchas veces en fiestas y celebraciones con toda la comunidad. La aparición de sacerdotes acompañó la invención de sistemas simbólicos complejos y de formas de religiosidad. Los chamanes, jeques o mohanes guiaban los rituales y recogían, junto con mitos, historias y relatos sobre la comunidad, el conocimiento del clima y sus relaciones con los astros y el de las plantas alucinógenas y medicinales.

La cerámica, además, sirvió para ritos religiosos y funerarios: los muertos de mayor jerarquía de algunas comunidades se conservaban en urnas de cerámica, en las casas o en complejos cementerios. Cada grupo desarrolló técnicas y estilos de cerámica propios, de los cuales han intentado deducir los antropólogos sus significados, relaciones mutuas y secuencias. Ya antes los indígenas habían aprendido a usar algunas plantas como recipientes —la totuma y algunas calabazas— o a tejer canastos.

El fuego se extendió a la fundición de metales, oro, plata y cobre, pero no hierro. La elaboración de objetos de oro, de adorno o para usos rituales (y en pequeña escala, utilitarios), muestra cómo la mayoría de los grupos indígenas, durante los primeros 1500 años de nuestra era, dedicaban parte de su esfuerzo a elaborar objetos sin impacto en su supervivencia. Los especialistas han clasificado los objetos de oro colombianos en grandes grupos: tairona, quimbaya, tolima, chibcha, sinú, guane, tierradentro, malagana, nariño, que corresponden, en forma aproximada, a comunidades con estilos afines. Los orfebres crearon una tecnología compleja, y algunos de ellos, como los taironas y las tribus agrupadas en el estilo quimbaya, inventaron la técnica de la "cera perdida", que les permitía hacer piezas huecas: el molde se hacía en cera, sobre un núcleo de barro, y se cubría otra vez con barro. Al calentarse, la cera se escapaba y dejaba un vacío entre los dos moldes que se llenaba con oro fundido. El oro lo extraían los indios de los aluviones de la cordillera occidental y central y los que no tenían buenas minas lo conseguían mediante el comercio con otros grupos.

En los dos últimos milenios del periodo indígena avanzó también la producción textil. El fique, el pelo humano y otras fibras servían para hacer cuerdas y redes para la caza y la pesca. El algodón permitió tejer mantas y ropas, necesarias en las zonas altas; como en estas regiones no lo había, los indígenas de las altiplanicies lo adquirían, como la coca, mediante el intercambio por sal y otros objetos. Para 1500, cuando llegaron los españoles, ya casi todas las comunidades eran agrícolas y tenían herramientas de piedra o hueso, cerámicas y textiles. En algunos casos, para obtener alimentos de diferentes climas, las comunidades más grandes cultivaron terrenos de distintas alturas, lo que reforzaba su autarquía. Sin embargo, los principales grupos hacían un activo comercio. Los muiscas, por ejemplo, que tenían mercados semanales en sus pueblos, vendían sal a los pueblos vecinos (y por eso eran conocidos como los "pueblos de la sal", que sacaban de minas de Zipaquirá, el Cocuy y otros sitios) y obtenían a cambio oro, algodón, alimentos especiales y coca, para consumo de caciques y notables, y para ello había mercados especiales.

Entre estos cacicazgos, en el siglo XVI, estaban los del Cauca, desde Popayán hasta al norte de Antioquia y que incluían quimbayas y calimas, los de la costa atlántica (sinú, calamar, tairona), los del Darién y el Atrato (cueva, cuna, chocó), los del río Magdalena (panches, marquetones, pijaos, muzos, calimas), los de la altiplanicie de los Pastos, los de la cordillera oriental (muiscas, guanes, chitareros) y los de las llanuras orientales (guayupes).

Al menos en dos regiones, entre muiscas y taironas, los cacicazgos se habían hecho más complejos y formaron lo que algunos estudiosos llaman "confederaciones" o "imperios o Estados en formación", en los que un cacique superior tenía el dominio sobre decenas o centenares de tribus gobernadas por caciques menores, y coordinaba las guerras para defenderse de sus vecinos o consolidar su poder. Es posible que los muiscas hubieran sometido ya pueblos de otras lenguas a su mando, como algunos panches. Algo similar tal vez empezaba a pasar entre los catíos de Antioquia o entre los grupos indígenas del Cauca de la zona quimbaya, pero los relatos de los españoles no permiten saberlo con certeza.

En el territorio colombiano no hubo imperios fuertes como los de Perú o México, con desigualdades profundas y un jefe hereditario con autoridad sobre amplias poblaciones, capaz de emprender nuevas conquistas y de coordinar el trabajo de grandes multitudes para construir templos, pirámides y extensas redes de caminos de piedra. Es posible que entre los muiscas o los taironas la abundante tierra permitiera que las comunidades del mismo grupo, a pesar de su tamaño, encontraran todavía cómo satisfacer sus necesidades sin aumentar aún más su coordinación.

Es difícil establecer las filiaciones entre estos grupos y fechar con precisión la llegada de los diversos componentes al territorio colombiano. En forma esquemática y tentativa, puede afirmarse que las primeras bandas, pequeñas y separadas, que llegaron entre 12 000 y 4000 a.C., a las que se sumaron migraciones de grupos más numerosos, entre 4000 y 1000 a.C., que llegaron de México o Centroamérica y de la Amazonía y la Orinoquía contribuyeron a generalizar la agricultura del maíz y la yuca, y trajeron también el tabaco y el cacao. Aunque los datos sobre ellas son imprecisos, hay señales de dos grandes migraciones más, provenientes del norte de Venezuela, del bajo Orinoco o la Amazonía, que llegaron en el primer milenio de nuestra era.

A falta de evidencias arqueológicas y estudios genéticos concluyentes, algunos elementos de sus culturas sugieren ancestros compartidos y una migración común y permiten postular relaciones y secuencias, aunque de modo hipotético y provisional. Los lingüistas agrupan hoy las lenguas existentes a la llegada de los españoles en grandes familias, que apuntan a diversos orígenes. Ninguna corresponde a los pueblos de cazadores o recolectores, de proveniencias variadas, que llegaron en distintas épocas antes de 4000 a.C., pues desaparecieron y no conocemos sus idiomas. Los grupos propuestos por los lingüistas y que corresponden a migraciones probables de los últimos seis milenios son:

a. Las lenguas chibchas, cuya dispersión indica una llegada temprana, entre 4000 a.C. y 700 d.C. Las hablaban, entre otros, los muiscas, guanes y chitareros en las altiplanicies y estribaciones de la cordillera oriental; los taironas, en la Sierra Nevada; los cuna y tal vez los cueva, en el Darién y quizá los páez, coconucos, guambianos y pastos, en el alto Cauca y la altiplanicie del sur. Es posible, pero menos probable, que otras etnias de la costa atlántica y del Atrato, como los chocó (emberas y waununas) formen parte de este grupo, así como los tumaco y los barbacoas, cuyas lenguas desaparecieron. Estas lenguas provenían de un idioma que se definió en el sur de Centroamérica entre 7000 y 4000 a.C., y que llegó acompañado del maíz y otros elementos culturales, identificables en cerámicas y objetos metálicos. A pesar de indicios más antiguos, lo más probable es que el grueso de esta migración ocurriera en el milenio anterior a nuestra era. En la costa atlántica es probable que los ancestros chibchas de los taironas ya estuvieran en la Sierra Nevada desde entonces (1200 a 400 a.C.), y los estudios indican que los antepasados de los muiscas llegaron a la cordillera oriental por el valle del Magdalena, hacia finales del primer milenio, entre 700 y 1000 d.C.

b. Las lenguas arawak. Eran habladas en el siglo XVI por comunidades de la costa como los wayúu en La Guajira y por un amplio abanico de pueblos de la Orinoquía (guahibos, piapocos, guayupes, achaguas). Aunque sabemos muy poco de sus idiomas, algunas descripciones y rasgos culturales hacen pensar que muchos pueblos entre La Guajira y Urabá, descritos en el siglo XVI como caribes, podían hacer parte de estos grupos. Los hablantes de estas lenguas, ya diferenciadas, llegaron a lo largo del primer milenio de nuestra era del oriente, quizá de la Amazonía, desde donde se extendieron a las islas del Atlántico: los taínos, el primer grupo encontrado por Colón en La Española, hablaban una lengua arawak.

c. Las lenguas caribes y afines. Estos idiomas corresponden a comunidades que llegaron a partir del siglo VIII, después de los arawak, desde las zonas bajas del Orinoco, unos por el norte hasta penetrar por los ríos Cauca y Magdalena, y otros, menos numerosos, que siguieron los ríos Caquetá y Amazonas. Por los rasgos culturales y lingüísticos puede concluirse que panches, pantágoras, muzos, carares y opones, yariguíes y pijaos, ya desaparecidos, eran caribes, así como algunas tribus del bajo Magdalena. Es posible que estos grupos, armados con arcos y flechas envenenadas que les daban ventajas en la guerra, sometieran a los pobladores anteriores o se mezclaran con ellos.

En la costa atlántica (malibú, mocana, malambo, calamares, turbacos, urabáes), en el Chocó (embera y waununa) y en el valle del Cauca (catíos, quimbayas, calimas, jamundí, gorrones) no es posible saber con certeza si el grupo existente en el siglo XVI era de filiación caribe o si había adquirido algunos rasgos de los caribes y precisar cuál era el sustrato preexistente: chibcha, arawak o anterior. Un caso interesante es el de los chimilas, cuyo idioma, que aún se habla, tiene afinidades con las lenguas chibchas, pero fueron considerados caribes por todos los observadores dada su resistencia a los españoles y sus técnicas militares.

En general, la caracterización de un grupo como caribe la hicieron los españoles sobre la base de lo que percibían como maldad y belicosidad: el uso de flechas envenenadas, la antropofagia (y de caribe o caníbal proviene la palabra "canibalismo") y un carácter guerrero. Como la ley permitía esclavizar a los caribes, los españoles tenían interés perverso en describir a cualquier comunidad rebelde o belicosa como perteneciente a este grupo, para poder hacerle guerra sin restricciones.

Es posible que en algunas partes de la Amazonía hubiera hablantes de una cuarta rama, las lenguas tupi-guaraní, provenientes del sur del continente, pero no hay indicaciones claras de ningún pueblo de este grupo lingüístico. En general, poco se sabe de los pueblos de la Amazonía y la Orinoquía mencionados por los conquistadores y de su relación con grupos actuales. Finalmente, casi nada sabemos sobre la filiación étnica o lingüística de los sinúes, que habían alcanzado su mayor población y desarrollo agrícola unos siglos antes de la llegada de los españoles, ni del pueblo de San Agustín, que produjo las únicas esculturas monumentales de piedra en su territorio.

Los grupos principales

Los muiscas: el mayor grupo de la familia chibcha era el muisca, que ocupaba las altiplanicies de la cordillera oriental, desde la sabana de Bogotá hasta la región de Vélez. Otros pueblos chibchas, con idiomas y culturas ya diferentes, ocupaban las tierras más al norte: guanes, chitareros, laches, uwas y baris. Los muiscas, aunque vivían en casas dispersas entre cultivos, tenían pequeños poblados, el "cercado de los caciques", a veces con casas grandes para el cacique, sus familias y los sacerdotes y construcciones religiosas de adobe, cañas y paja. Como vivían en general por encima de los 2000 metros, su agricultura se centraba en la papa y en menor medida en el maíz y la quinoa, y complementaban su alimentación con roedores domésticos (curíes y pavos), animales de caza y peces, en una altiplanicie llena de ríos y lagunas. En algunos sitios tenían cultivos de maíz o yuca en valles intermedios. El maíz servía para hacer arepas y "chicha", una bebida fermentada para sus frecuentes fiestas y celebraciones. Usaban también el tabaco y la coca.

En casi toda la cordillera oriental, sus vecinos de los valles intermedios del río Magdalena y de la tierra caliente eran caribes que habían llegado después de la migración muisca, como panches, muzos y calimas, con los que tenían guerras frecuentes, usando macanas y lanzas de madera contra arcos y flechas envenenadas.

Este grupo, que en 1560 tenía unos 400 000 habitantes (mientras los otros grupos chibchas de la cordillera, guanes, chitareros, laches y uwas podían tener otros 100 000), tenía una compleja organización política, que algunos han llamado "confederaciones": cada tribu, regida por un cacique o ubaque, estaba formada por comunidades familiares o parcialidades, mandadas por un capitán. Varias decenas de cacicazgos estaban sometidas al dominio, voluntario o impuesto, del zipa en Bogotá y el zaque en Tunja, o de otros grandes caciques (Sogamoso, Duitama, Guatavita), les pagaban tributos y los apoyaban con guerreros en sus conflictos. El sistema era inestable y los caciques intermedios cambiaban a veces de dependencia o buscaban nuevas alianzas. El zipa y el zaque no parecen haber intervenido en asuntos locales, excepto en cuanto al comercio y los mercados regionales. Los caciques castigaban a delincuentes y criminales y los españoles expresaron su sorpresa por la cantidad de indios que encontraron ahorcados al llegar a la sabana de Bogotá, como castigo al homicidio, los robos o la sodomía. Fuera de normas morales y de conducta, que atribuían a un legislador llamado Bochica, compartían la reverencia al zipa o el zaque: estos tenían derecho a consumir alimentos prohibidos al pueblo llano, como venados, y usaban, junto con los mohanes, productos rituales como la coca, y no podían ser mirados a los ojos ni siquiera por los capitanes o indios principales. Los cronistas españoles señalaron formas complejas de culto al Sol y a la Luna, que podían reforzar la obediencia a los grandes caciques, con templos adornados con láminas de oro, santuarios con imágenes de ranas, aves y murciélagos. El más importante de estos templos era el de Sogamoso.

Como la pertenencia a un pueblo se transmitía por la madre, el cacicazgo lo heredaba el hijo de la hermana mayor del cacique. Tenían sacrificios excepcionales de niños y enterraban con los caciques muertos a veces a sus esposas, adormecidas previamente con el borrachero, pero no parecen haber sido muy crueles. Tampoco parece haber existido entre ellos la antropofagia. Uno de sus rituales era el de El Dorado, en el cual el cacique de Bogotá se sumergía en la laguna de Guatavita cubierto de oro, que quedaba en el fondo del agua, junto con esmeraldas y esculturas de oro ofrendadas al Sol. Tributos similares se ofrecían en otras lagunas, como en Iguaque, cerca de Tunja, lugar sagrado donde según sus leyendas había nacido Bachué, madre de los muiscas.

Los españoles interpretaron las jerarquías del cacicazgo en términos de sus experiencias, como formas de señorío y vasallaje, y los estudiosos han tratado de definir el tipo de comunidad política que había. No era una sociedad de clases, y bienes como la tierra eran de todos los miembros de la tribu, considerados una gran familia. Sin embargo, los caciques y capitanes recibían servicios y tributos (oro, mantas, alimento o cerámicas), y podían disfrutar de bienes suntuarios y de prestigio. Los caciques, además, asignaban las tierras de cultivo cuando era necesario. Junto a los caciques parece haberse formado un sector de "indios principales", que los españoles consideraron la "nobleza", con derecho a castigar a los delincuentes o a mandar a los guerreros.

Los taironas: la otra confederación era la tairona, que vivía en las estribaciones intermedias y bajas de la sierra Nevada de Santa Marta, donde hicieron senderos de piedra que llevaban a aldeas con casas hechas sobre bases de piedra, en las que vivían los caciques y capitanes con sus familias, y estaban los lugares de culto, orientado por los "mamos". Algunos de estos restos han sido descubiertos en épocas recientes en medio de la selva, como la llamada "Ciudad Perdida" en Buritaca. Estas ciudades, de algunas decenas de viviendas, eran por lo que parece las agrupaciones urbanas más grandes que existieron en el actual territorio de Colombia. La orfebrería y la cerámica de los taironas, que usaron también el jade, eran muy complejas y elaboradas, y su agricultura, que incluía la construcción de terrazas y montículos para la siembra de la yuca y el maíz, sostenía una población numerosa. Habían adoptado el arco y las flechas envenenadas de grupos como los caribes, lo que les permitió ofrecer una resistencia más eficaz a los españoles —hubo caciques que mandaron hasta 20 000 hombres de guerra— que, acompañada del retiro a zonas más altas de la cordillera, permitió la supervivencia de algunas poblaciones, cuyos descendientes son conocidos hoy como koguis y arhuacos.

Los sinúes: en la costa atlántica y los valles bajos de los ríos que cruzaron los españoles encontraron numerosos cacicazgos. Entre la desembocadura del Magdalena y la del Atrato estaban tribus como los calamar y turbaco y otras que habitaban Urabá y las riberas del Atrato. Los que ocupaban un territorio más extenso eran los sinúes, en las tierras inundables de los ríos Sinú, San Jorge y Cauca, que construyeron entre el 800 y el 1200 un inmenso sistema de canales y montículos para cultivar yuca y maíz. Algunos cálculos sugieren que estas terrazas podían haber alimentado, hacia el 1200, a más de un millón de habitantes, aunque es probable que nunca hubieran sido empleadas al mismo tiempo. A la llegada de los españoles, aunque sobrevivían tres cacicazgos sinúes —uno de ellos al mando de una cacica— los canales habían sido abandonados, la población había disminuido y la tierra, en medio de ríos y ciénagas, se había cubierto otra vez de selva. Los sinúes desarrollaron una rica orfebrería y los españoles encontraron tumbas donde los indios habían depositado, como ofrendas funerarias, una cantidad inmensa de objetos de oro.

Los quimbayas y otros grupos del Cauca y el sur: en el valle del Cauca, todas las comunidades desde la zona de Nori y de los catíos hasta Popayán (calimas, quimbayas, paucuras, pozos, popayán, guambias) tenían agricultura estable desde el primer milenio de nuestra era, acompañada de cerámica y en algunos casos de orfebrería muy avanzada, agrupada bajo el nombre de quimbaya. Lo mismo ocurría en sitios como la altiplanicie de Pasto e Ipiales, así como en toda la llanura del Pacífico al sur del río San Juan, donde los indios vivían en casas levantadas en los árboles ("barbacoas"). En el macizo colombiano, en las fuentes del río

Magdalena, entre el 300 y el 1000 d.C., se había consolidado la cultura de San Agustín, reconocible por esculturas monumentales de piedra que vigilaban los sitios de enterramiento y que desapareció antes de la llegada de los españoles, aunque estos encontraron, en épocas posteriores, comunidades pequeñas de sus descendientes.

Los caribes: estos grupos llegaron por el nororiente (provenientes del norte del continente, en Venezuela, o del mar Caribe), formados por tribus independientes pero afines: para los españoles los distinguía el uso de arcos y flechas envenenadas, el canibalismo y su carácter cruel y guerrero.

A la llegada de los españoles estaban en buena parte de la llanura atlántica, con excepción de lo ocupado por los grupos chibchas ya mencionados, de los sinúes y varios grupos cercanos a Cartagena (como los calamar), y de otras tribus que parecen arawak, como los chimilas y los wayúu. Por las descripciones del siglo XVI, puede inferirse que en siglos anteriores habían entrado por el río Magdalena. Como "caribes" del río Magdalena fueron descritos cocinas, pantágoras, yariguíes, opones, muzos, marquitones, panches, colimas, sutagaos y pijaos. Es posible que hayan entrado también por el río Cauca, pero los pueblos de Nori a Popayán combinaban rasgos derivados de las culturas metalúrgicas del primer milenio con el canibalismo y las formas de guerra de los grupos caribes: quizá los nuevos pueblos no pudieron dominar a sociedades fuertes y terminaron absorbidos por ellas, pero este proceso transformó las sociedades del Cauca y les dio los conocimientos guerreros de los caribes. En todo caso, las culturas del Cauca fueron descritas por los españoles del siglo XVI, como el cronista Pedro Cieza de León, como guerreras y violentas. Según ellos, adornaban los cercados de los caciques con las cabezas de los enemigos, practicaban el canibalismo y tenían costumbres que los españoles describieron con horror y exageración. Algunos antropólogos han hablado de "culturas de la muerte" y han sugerido que la frecuencia de la guerra y el canibalismo pueden indicar la aparición de limitaciones en la disponibilidad de tierras.

Los grupos de la Amazonía y la Orinoquía: tampoco se sabe mucho sobre las culturas indígenas de las zonas planas orientales. Estas selvas y llanuras fueron ocupadas por pueblos provenientes del sur y oriente de la Amazonía, pero este proceso debió comenzar temprano, desde al menos 7000 a.C., al que debió suceder, en el primer milenio de la era actual, la llegada de grupos arawak. Las principales tribus encontradas por los españoles fueron guayupes, sáez, eperiguas y choques, en la región del Meta y el Ariari, fuera de menciones imprecisas a omaguas y caribes.

CAPÍTULO II

La España del descubrimiento

Los viajes de los españoles a América seguían varios intentos de encontrar una ruta entre Europa y los países del Oriente, de donde se importaban especias y otros productos de lujo. Portugueses y españoles habían recorrido las costas occidentales de África y en 1488 los portugueses habían ido más allá del Cabo de Buena Esperanza. Estos viajes mezclaban el interés de encontrar nuevas tierras con el de establecer colonias y factorías para negociar esclavos, oro, especias y marfil. En 1483 Castilla conquistó las islas Canarias y esta experiencia ayudó a definir las reglas para las empresas americanas: el conquistador, que asumía como empresario privado la mayoría de los riesgos, firmaba una capitulación o contrato con el rey, que definía sus derechos y obligaciones.

El viaje a América que propuso el marino italiano Cristóbal Colón a los reyes de España en 1486, para llegar a China y Japón navegando al occidente, no chocaba con las ideas geográficas de los expertos de la época, que creían ya en la redondez de la Tierra, pero era un viaje largo e incierto. Aunque los buques como la carabela habían mejorado mucho, todavía no se sabía cómo calcular la longitud en alta mar y no era posible prever la duración de este viaje y los bastimentos que se necesitarían.

Cuando Colón hizo por primera vez su propuesta, los reyes españoles estaban en medio de una guerra contra los últimos reductos árabes en España, que terminó con la ocupación de Granada en 1492. La reina Isabel de Castilla, casada con Fernando, rey de Aragón, decidió entonces apoyar la idea y financiarla con sus propios recursos, para garantizar su control total en las tierras que pudieran descubrirse.

España no tenía, en ese momento, un gobierno unificado: existían los reinos independientes de Navarra, Aragón y Castilla, unidos por el matrimonio de sus reyes, Isabel y Fernando. Tampoco era una región muy rica ni avanzada en relación con otras naciones de Europa. Con un poco más de cinco millones de habitantes, era una sociedad más rural que Italia o Inglaterra y con un desarrollo comercial e industrial más débil. España tenía una economía basada en una agricultura pobre y en la producción de lanas, y con una nobleza que era dueña de grandes latifundios pero con mentalidad militar, formada en siglos de lucha contra los moros. Esta guerra, además, había dado fuerza a los reyes, que impidieron la consolidación de un orden político feudal que sometiera el poder de los reyes al consenso de los nobles. En las doctrinas políticas dominantes, el poder del rey no estaba limitado por otros estamentos, aunque su acción debía orientarse a la búsqueda del bien común: la ley justa era la que buscaba el bien de sus vasallos, respetando sus derechos y prerrogativas. El Estado español, aunque respaldó al poder económico y social de la nobleza, trató de limitar sus poderes políticos, su pretensión de contar con una autoridad anterior a la del rey.

La Iglesia, por otra parte, tenía gran influencia. A falta de unidad nacional y cultural clara, España desarrolló ante todo unidad religiosa, apoyada en la contraposición con los infieles, judíos e islamitas. En 1492, el mismo año en el que los castellanos conquistaron el último reducto árabe, expulsaron a los judíos de España. La pureza de la fe se convirtió en exigencia social, y durante la Colonia, para venir a América, ocupar ciertos cargos o entrar a la universidad, fue preciso demostrar "pureza de sangre", es decir, que una persona no tenía ancestros cercanos de árabes o judíos. Esta exaltación del sentimiento religioso dio a la Iglesia gran peso en las sociedades americanas. Iglesia y Estado estuvieron unidos estrechamente: las autoridades reales escogían obispos, los funcionarios cobraban y administraban diezmos, la administración y la política trataban de regirse por normas derivadas de principios teológicos. La cultura estuvo marcada, durante tres siglos en los que en Europa avanzaron los ideales más laicos y mundanos del Renacimiento y de la Ilustración, por la identificación de la verdad con la religión.

La mezcla de valores militares y religiosos llevó a que se desarrollara un *ethos* nobiliario, que en una sociedad con una burguesía débil se extendió a amplias capas de la población, dominado por virtudes como el honor o el valor, más que por el trabajo o la búsqueda de riquezas, aunque estas, si eran resultado de la guerra, no eran despreciables. Si bien en España había desaparecido la servidumbre, los ideales de un "hidalgo", un hombre independiente, incluían la capacidad de demostrar su limpieza de sangre y el sueño de tener siervos que les evitaran la obligación infamante del "trabajo manual", y este sueño renacía ante la existencia, en América, de indios y esclavos. Mientras en Europa los valores del capitalismo avanzaban en muchos sitios, acompañados del respeto creciente a la ciencia natural y la reducción del mundo de la religión al espacio privado y familiar, en América la religión mantuvo su predominio durante toda la Colonia y fue la base esencial del orden social y la razón para la obediencia de las leyes y de las normas morales y de convivencia social.

Aunque España incorporó muchos de los avances técnicos de la época, su cultura no estimuló la actitud científica que en otras partes ligó las artes y artesanías con el afán de conocimiento sistemático del mundo real. De todos modos, en la conquista de América tuvieron gran peso conocimientos y técnicas desarrollados en Europa y que dieron a España las herramientas que le permitieron dominar a los pueblos más numerosos del continente: la escritura, la domesticación de perros y caballos, así como el uso de herramientas de hierro y armas de fuego.

CAPÍTULO III

El descubrimiento del territorio colombiano y su explotación inicial: 1499-1550

Después del viaje de 1492 en el que Colón encontró la isla de Guananí, los españoles trataron de hallar una vía a China y Japón, siguiendo hacia el occidente. En 1497 Américo Vespucio, si creemos sus relatos, descubrió el continente americano en la costa venezolana, que Colón recorrió en 1498. El mismo Colón tocó tierras del istmo de Panamá en 1502.

En 1499 una expedición encabezada por Alonso de Ojeda, antiguo compañero de Colón, partió de España y llegó a mediados de año a La Guajira: uno de sus compañeros, Juan de la Cosa, hizo en 1501 el mapa más antiguo en que aparece tierra colombiana. Ojeda llegó a la Isla de la Española (Santo Domingo) con oro y perlas, las primeras que pueden haberse obtenido en tierras de la actual Colombia.

Aunque las expediciones de 1501 y 1502 no parecen haber sido muy violentas, en 1503, la reina Isabel, teniendo en cuenta que, por lo que decían reportes mentirosos, los indios de la región, a los que definió como "caribes", no se habían querido convertir, a pesar de que les "habían requerido [...] que fuesen cristianos", autorizó que fueran capturados y vendidos como esclavos en las Antillas. Esto convirtió la costa atlántica colombiana, entre 1503 y 1509, en un espacio de esclavización y saqueo autorizado, en el que relaciones amistosas iniciales se convirtieron en guerra abierta. En 1503 los Guerra apresaron a un cacique y exigieron un cesto lleno de oro para liberarlo: poco después Cristóbal Guerra murió en combate con los indios. Juan de la Cosa, en 1504, apresó a cerca de 600 hombres en Cartagena y los mandó a España para su venta, aunque soltó algunos "por flacos o viejos". Al regreso de meses de hambre y dificultad en el Darién, De la Cosa y sus hombres, después de saquear varios pueblos, llegaron a Zamba, al norte de Cartagena, pero los indios habían abandonado el pueblo. Sin comida y hambrientos, los españoles "mataron un indio que tomaron, y asaron la asadura y la comieron, y pusieron a cocer mucha parte del indio en una grande olla, para llevar qué comer en el batel": Gonzalo Fernández de Oviedo, que recorrió esta costa algo después, registró así el primer incidente de canibalismo en la zona.

Aunque la mayoría de estas expediciones buscaban ante todo obtener oro, perlas y esclavos, en 1508 los españoles decidieron, como en las Antillas, ocupar el territorio y establecer "gobernaciones" a nombre de España, y ciudades que fueran base para el comercio o el saqueo de los indígenas vecinos, atractivos por los objetos de oro, perlas y esmeraldas acumulados durante generaciones. Al afán de conseguir oro se sumaba la posibilidad de convertirse en "señores de indios" al establecer el dominio sobre estos. Se crearon entonces dos gobernaciones, la de Nueva Andalucía, del golfo de Urabá al Cabo de la Vela, asignada a Alonso de Ojeda, que se había asociado con Juan de la Cosa, ya rico de tanto saqueo, y con Martín Fernández de Enciso, y la de Veragua, del golfo de Urabá al occidente, asignada a Diego de Nicuesa.

Los españoles justificaron la conquista de los indios con razones religiosas: el papa Alejandro Borja encargó a los reyes de España convertir estos hombres al catolicismo, y les dio para ello la autoridad temporal sobre sus territorios. Esto se reflejó en el *Requerimiento*, texto que los españoles leían a los indígenas que querían convertir, como lo narró con ironía en su obra *Suma de Geographia* Martín Fernández de Enciso, que hizo una expedición al Sinú en 1514.

> Yo requerí de parte del rey de Castilla a dos caciques [...] del Cenú que fuesen del rey de Castilla, y que les hacía saber cómo había un solo Dios que era trino y uno, gobernaba al cielo y a la tierra y que este avía venido al mundo y avía dejado en su lugar a San Pedro: y que San Pedro había dejado por sucesor en la tierra al Santo padre que era Señor de todo el mundo universo en lugar de Dios, y que este Santo padre como Señor del universo había hecho merced de toda aquella tierra de las Indias y del Cenú al rey de Castilla y que por virtud de aquella merced [...] les requería que ellos le dejasen aquella tierra pues le pertenecía y que si quisiesen vivir en ella como se estaban, que le diesen la obediencia como a su Señor y que le diesen en señal de obediencia alguna cosa cada año y que esto fuese lo que ellos quisiesen señalar y que si esto hacían que el rey les haría mercedes y les daría ayuda contra sus enemigos y que pondría entre ellos frailes y clérigos que les dijesen las cosas de la fe de Cristo, y que si algunos se quisiesen tornar cristianos que les haría mercedes y que los que no quisiesen ser cristianos que no los apremiaría á que lo fuesen sino que se estuviesen como se estaban y respondiéronme: que en lo que decía que no había sino un Dios y que este gobernaba el cielo y la tierra y que era Señor de todo, que les parecía bien, que así debía de ser: pero que en lo que decía que el papa era señor de todo el universo en lugar de Dios y que él había fecho merced de aquella tierra al rey de Castilla, dijeron que el papa debiera de estar borracho cuando lo hizo, pues daba lo que no era suyo, y que el rey que pedía y tomaba tal merced debía de ser algún loco pues pedía lo que era de otros, y que fuese allá a tomarla que ellos me pondrían la cabeza en un palo como tenían otras que me mostraron de enemigos suyos [...] y dijeron que ellos eran señores de su tierra y que no habían menester otro señor y yo les torné a requerir que lo hiciesen, si no que les haría guerra y les tomaría el lugar y que mataría a cuantos tomase o los prendería y vendería por esclavos.

Las primeras poblaciones fueron San Sebastián de Urabá, fundada a finales de 1509 y abandonada para crear en 1510 Santa María de la Antigua del Darién, al otro lado del golfo de Urabá. Santa María recibió título de ciudad y de allí salió en 1513 la expedición que, con ayuda de indios amigos, llevó a Vasco Núñez de Balboa al océano

Pacífico. Se convirtió en 1513 en capital de una nueva gobernación, la de Castilla del Oro, que unía Tierra Firme bajo un mando único. A ella llegaron, sobre todo en la expedición que encabezó en 1514 Pedrarias Dávila, miles de españoles, con médicos, artesanos y mujeres, curas y hasta un obispo, el primero en Tierra Firme. Dávila traía un conjunto detallado de "instrucciones" para el poblamiento de las ciudades en Tierra Firme, en las que se regulaba el diseño de las ciudades y se prohibía que fueran abogados, "causa de muchos pleitos" y a los que Gonzalo Fernández de Oviedo llamaba "la misma pestilencia".

Después de los años de saqueo y esclavización de 1503 a 1510, entre 1510 y 1524 los españoles intentaron someter a los grupos indígenas en el Darién y Urabá. A pesar de algunos momentos de cooperación, sobre todo bajo la dirección de Balboa, Pedrarias se lanzó a una guerra intensa que despobló la región: los indios huyeron a zonas más lejanas o murieron, víctimas de enfermedades o de la guerra. En Santa María murieron también miles de españoles, por el hambre, las epidemias o sus rivalidades: Vasco Núñez de Balboa fue condenado a muerte y degollado por Pedrarias en 1519. La ciudad fue abandonada en 1524, pero dejó un patrón de conflictos que se repitió en Cartagena y Santa Marta.

Los conquistadores soñaban con convertirse en amos de una población que trabajara para ellos, lo que los haría parecidos a los nobles españoles. En Santa María se ensayó la institución que consagraba el sometimiento de una comunidad a un conquistador: la encomienda, por la que se entregaba un grupo de indios para servir al encomendero con la condición de que este los protegiera y velara por su cristianización.

Estas ciudades dependían de la cooperación de los indios, que no era fácil de obtener cuando los españoles los capturaban, violaban a sus mujeres y les quitaban sus riquezas. En el Darién hay relatos de conquistadores que asaban a sus prisioneros o los hacían despedazar por sus perros y otras formas de crueldad que dieron a fray Bartolomé de las Casas argumentos para pedir al rey que frenara a los españoles. El conflicto entre el interés de la Corona de cristianizar a los indios y crear una colonia estable y las pasiones o intereses de corto plazo de los conquistadores no era fácil de resolver. La caída brusca de la población indígena contradecía los objetivos evangelizadores de la monarquía y amenazaba la supervivencia de la Colonia. Aunque la caída de población se debía en gran parte a aspectos incontrolables por los españoles, como las enfermedades, era también provocada por la guerra y la violencia, el trabajo forzado y la esclavización de adultos para mandar a otros sitios.

La forma como los españoles se enfrentaban a los indios dependía en parte de la respuesta de estos, pero también de los estilos y temperamentos de los conquistadores y de los conflictos entre ellos. En Santa Marta, que fundó en 1526 Rodrigo de Bastidas, los relatos contrastan sus esfuerzos por hacerse amigo de los indios mediante un buen trato con la crueldad de otros conquistadores, desesperados porque no lograban riquezas rápidas. Este conflicto, similar al que enfrentó a Vasco Núñez de Balboa y Pedrarias Dávila, llevó al asesinato de Bastidas (que en 1526 había esclavizado a centenares de indios en Cartagena para pagar sus gastos de conquista) por los conquistadores impacientes. Una historia similar ocurrió, entre 1533 y 1539, en la tercera ciudad fundada en la costa, Cartagena, donde el gobernador Pedro de Heredia enfrentó varias revueltas de sus huestes y fue herido por sus propios hombres.

Con los indios los conquistadores combinaban violencia, manipulación y seducción. A veces mandaban a los caciques regalos antes de acercarse, lo que podía tener resultado si no habían tenido antes visitas más violentas. Otras veces los atacaban con armas de fuego, caballos y perros, que desgarraban a los guerreros indígenas, o quemaban sus casas y cultivos para obligarlos a someterse. También aprovecharon las guerras y enfrentamientos entre diversos grupos, para dar apoyo a unos a cambio de una eventual sujeción de todos.

La esclavización de indios se mantuvo hasta la década de 1530, pero disminuyó desde la creación de la gobernación de Santa Marta en 1526 y de la de Cartagena en 1533: para sus gobernadores no era conveniente que les arrebataran sus propios indios, aunque aceptaban esclavizar a los que no se sometían. Además, desde 1514, los adelantados y gobernadores repartían a los conquistadores como "encomiendas" los pueblos que encontraban en su jurisdicción, a veces no sometidos; los encomenderos tenían interés en que otros no esclavizaran a los indios que podían darles comida o tributos.

Algunos indígenas recibieron a los conquistadores en paz y comerciaron con ellos, sobre todo cuando los españoles fueron cautelosos y pacíficos, mientras otros los enfrentaron y les hicieron la guerra como a invasores. Los buenos tratos (y la amenaza implícita o abierta de exterminio si no aceptaban el dominio español) lograron que algunas comunidades aceptaran ayudar a los españoles para evitar males peores. En la costa atlántica, donde predominaban los cacicazgos independientes, la guerra fue permanente, y por eso fue la zona donde debió ser mayor la mortalidad indígena: la sola población del Darién, según Gonzalo Fernández de Oviedo, que vivió varios años allí, había sido de más de dos millones de indios y se redujo en una generación a unos cuantos miles. Y fue una guerra en que no solo los guerreros caribes, sino los chibchas o arawak de la costa, lograron derrotar muchas veces a los españoles, como ocurrió con los taironas, que oscilaron, entre 1526 y el fin de siglo, entre el sometimiento y la guerra.

Para controlar el territorio los españoles fundaban ciudades, ante todo donde había una población indígena que pudiera sostener a los conquistadores y dar oro. Cartagena, apoyada al comienzo en el saqueo de los cementerios indígenas del Sinú, sobrevivió a la caída de la población indígena por su carácter de puerto, pero en Santa Marta, Mompox, Santa Fe de Bogotá, Tunja, Pamplona, Pasto, Popayán y Cali las ciudades iniciales dependían ante todo de la posibilidad de explotar a los indios. En algunos sitios como en Antioquia, Anserma, Cartago y otros cercanos a Popayán existía el atractivo de las minas, pero allí la población indígena se acabó pronto y, para trabajarlas, trajeron esclavos africanos.

Para fundar estas ciudades, los gobernadores trazaban calles rectas, en forma de tablero de damas, con una plaza central, en uno de cuyos lados iría la iglesia y al frente el cabildo y la cárcel. Los principales conquistadores recibían lotes para sus casas en las manzanas vecinas a la plaza principal. Los fundadores nombraban entre los principales conquistadores un "cabildo" de varios "regidores", que asumía la autoridad sobre la ciudad y su entorno rural. El conquistador principal "encomendaba" o repartía entonces los indios a los conquistadores, que trataban de intercambiar por oro productos atractivos para los indios (hachas y cuchillos, tijeras, cuentas, abalorios) y los usaban para el cultivo de sus huertas y estancias y la provisión de comida.

Al comienzo, cuando se esperaba que los indios trajeran la comida, no fue frecuente asignar tierras a los españoles, pero pronto, por la disminución de los indios que dejó tierras vacías o para satisfacer a los españoles que llegaban cuando los indios estaban repartidos, se les asignaron estancias para agricultura o para criar ganados.

Estas ciudades, de varios centenares de españoles, si crecían mucho, encontraban difícil sostenerse, pues dependían de alimentos traídos de fuera o entregados por los indios y de las pocas siembras que lograban organizar los españoles que ponían a trabajar a los nativos, y debían repartir el oro saqueado entre grupos cada vez más grandes. Por ello, las huestes de conquistadores siempre buscaban emprender nuevas conquistas, de modo que cada ciudad principal se convertía en núcleo para la fundación de otras.

Así se fundaron Santa María (1510-1524), que fue el origen de Panamá (1519); Cartagena (1533), de la que surgieron Mompox (1539), San Sebastián de Urabá y Villarrica de Tolú (que fue establecida como base para el productivo saqueo de las tumbas del Sinú, de 1535 en adelante) y Santa Marta, de la que se formaron Riohacha (adonde confluyeron conquistadores de Coro, en Venezuela, y de Santa Marta, y que controló la explotación de las perlas de La Guajira), Tamalameque y Valledupar.

Pero estas fundaciones no eran suficientes: el mismo éxito de Cartagena o Santa Marta en la obtención de oro o perlas atraía a más y más conquistadores, y de allí salieron expediciones en busca de oro y esmeraldas en los fabulosos reinos del interior. De Santa Marta salió en 1536 la expedición que llevó al descubrimiento de los reinos muiscas de Bogotá, y de Cartagena, en 1539, la que llevó a Francisco César y a Juan de Vadillo a Antioquia y al valle del Cauca, en las cercanías de Cali y Cartago.

La ocupación del interior y la creación de la Real Audiencia (1535-1550)

Después de la muerte de Bastidas, Santa Marta pasó años difíciles, pues la violencia de los conquistadores endureció la resistencia indígena. Empobrecidos y hambrientos —y la quema de los cultivos de los indios rebeldes mucho ayudó a que los alimentos escasearan—, los conquistadores dependían de Santo Domingo y pagaban todo el oro que saqueaban para poder tener algo de vino o harina. Como taironas, chimilas, cocinas y otros pueblos estaban en guerra y para conseguir esclavos había que ir cada vez más lejos, soñaban con una expedición que los llevara a tierras de riqueza fabulosa, y entre 1527 y 1535 fueron varios los recorridos por el San Jorge, el Cesar o el Magdalena.

El descubrimiento del Perú creó una gran ilusión: los gobernadores de Santa Marta, ingenuos o maliciosos, consideraron que el pueblo inca podría estar dentro de sus linderos. En 1533 mandaron una expedición, con casi todos los hombres que quedaban, que volvió sin oro, pero con reportes de pueblos ricos en oro y esmeraldas en las montañas. Un nuevo gobernador, Pedro Fernández de Lugo, llegó con 1200 hombres bien equipados en 1536, que pronto enfrentaron el hambre y las epidemias consiguientes (para "abreviar en los oficios", dice fray Pedro de Aguado, echaban "quince o veinte hombres en un hoyo"). Algunos españoles empezaron a criar ganado —vacas y ovejas— en las tierras abandonadas por los indios, aunque no lograron reducir la escasez de comida, aumentada por la política de salir "a les talar ciertas labranzas que tienen en los llanos, para ver si por este camino los podrá traer a la paz". El obispo recomendó a las autoridades que los españoles vivieran más cerca de los indios, ya que como se sustentaban de "saltear a los indios", era preferible que fueran a vivir donde "los tienen más a mano" y que, como los indios ya no cultivaban sino una parte pequeña de su tierra, se repartiera el resto a los españoles. Desesperado, Lugo organizó una nueva expedición, al mando de Gonzalo Jiménez de Quesada, con 800 hombres, para buscar el camino al Perú o a los pueblos de las esmeraldas.

Quesada y sus hombres partieron en abril de 1536 y después de duros meses entraron a comienzos de 1537 por el río Opón y encontraron depósitos para el comercio de sal. En marzo, unos 180 sobrevivientes y los pocos caballos que no se habían comido encontraron, al norte de Vélez, según los versos de Juan de Castellanos, "tierra con abundancia de comida, tierra de grandes pueblos, tierra rasa, tierra donde se ve gente vestida". Habían llegado a la región muisca, al reino del zaque, en Tunja, al norte, y del zipa, en Bogotá.

Los sorprendidos indios, ante estos seres extraños montados a caballo, respondieron con la usual combinación de amistad y guerra: en Guachetá les regalaron esmeraldas, un venado y dos jóvenes, creyendo que querrían comérselos, y en Nemocón el gran cacique de Bogotá, el zipa Tisquesusa, los enfrentó con sus guerreros: lanzas, dardos y macanas que poco podían contra perros y espadas de metal, acompañadas de pocas, pero aterradoras armas de fuego. Quesada, por su parte, trató de mostrarse amigo de los indios y para probar que no los tratarían mal ejecutó a un español acusado de quitarles unas mantas. Pronto usó las rivalidades entre los caciques para obtener la sujeción de Chía y Suba y en agosto, ya más sometidos los indios de la sabana, los españoles se fueron al norte a buscar las minas de esmeraldas. Llegaron a Sogamoso, donde se incendió el templo forrado en láminas de oro, y a Tunja, donde el zaque Quemuenchatocha no pudo ocultar sus tesoros y obtuvieron un gran botín, que pagaba sus esfuerzos. Tisquesusa siguió la guerra y murió en alguna batalla, sin que los españoles se enteraran a tiempo ni encontraran sus tesoros. El sucesor, Sagipa, se sometió a cambio de ayuda contra los panches, pero como no entregaba los tesoros imaginados fue sometido a un juicio por los españoles, en el que Quesada ordenó torturarlo pues como "infiel [...] no se requería de tantos miramientos ni advertencias como a un cristiano": Sagipa murió por las torturas, pero los españoles nunca descubrieran el tesoro del zipa.

Los invasores, cuando ya la mayoría de los indígenas de la sabana parecían haberse sometido, decidieron construir en Bogotá una aldea con iglesia, en la que hubo misa solemne el 6 de agosto de 1538, fecha adoptada como la de fundación de la ciudad, aunque esta se hizo formalmente en abril de 1539, poco después de la llegada de otros grupos de conquistadores. Desde el sur había venido Sebastián de Belalcázar, después de someter los pueblos entre Quito y Cartago y de fundar

Popayán, Cali y Pasto. Desde Coro, en Venezuela, llegó Nicolás de Federmán, que había recorrido los llanos buscando también un camino al Perú. Los tres conquistadores, cada uno de los cuales alegaba que la tierra de los muiscas estaba dentro de su jurisdicción, se pusieron de acuerdo para viajar a España a alegar sus derechos, y dejaron unos 400 hombres y 150 caballos, así como 300 marranas preñadas, en Bogotá.

Para dar indios a tantos soldados se fundaron pronto Tunja y Vélez, y un poco después Tocaima, Málaga y Pamplona y, buscando oro y plata, Mariquita e Ibagué. Santafé de Bogotá se convirtió en el centro de un proceso que llevó, en dos décadas, a la sujeción de casi todos los grupos indígenas de la cordillera oriental y el valle del Magdalena.

Los soldados españoles siguieron explorando, buscando tesoros —hubo una larga expedición para buscar El Dorado, que se pensaba estaba en las tierras del oriente— y enfrentando las continuas rebeliones de los indios, en algunas de las cuales centenares de estos se arrojaron, desesperados, por los riscos de sus montañas. En Tunja decapitaron al zaque Aquimín junto con decenas de caciques, a los que había invitado y reunido con falsas promesas; en Fusagasugá, el conquistador encargado de pacificarlos, acusado de dar indios, mujeres y niños a los perros y de empalar y violar a las niñas, no aceptó en su confesión sino haber matado cuarenta capitanes indígenas. Al Tundama (cacique de Duitama), lo mató el encomendero, furioso por los pobres tributos que recibió.

Para 1542, tras cuatro años de violencia, seducciones y engaños, los muiscas estaban en general sometidos y repartidos a los encomenderos. Hubo de todos modos nuevas rebeliones, como la de Guatavita en 1544 y la de Guane en 1546, donde, según Pedro Simón, se pasó de cien mil varones adultos a menos de dos mil en pocos años. Los españoles recibieron las tierras que empezaban a sobrar por la muerte de los indios, en las que comenzaron a plantar trigo y cebada y sobre todo a criar ganado, que se multiplicó con rapidez.

En esta situación, las autoridades españolas organizaron el gobierno. Aunque en 1542 habían declarado que Bogotá era parte de la gobernación de Santa Marta, en 1547 ordenaron establecer allí una Real Audiencia, órgano de administración y justicia, a la que se sujetarían las gobernaciones de Cartagena, Santa Marta y Popayán, además del Nuevo Reino de Granada, como se denominó la región de Bogotá. Esta Audiencia se instaló en 1550 y los conquistadores, en vez de regirse por un acuerdo o capitulación, quedaron sujetos a una autoridad nombrada por el rey y empeñada en hacer obedecer las leyes, en especial las llamadas Leyes Nuevas.

En efecto, en 1543, la Corona española, preocupada por la disminución de los indios, trató de modificar las relaciones de los pobladores españoles con estos y expidió las Leyes Nuevas, que prohibieron esclavizarlos y hacer más expediciones de conquista. Además, modificaron la encomienda en forma drástica: los encomenderos, en vez de usar el trabajo de sus indios, recibirían un tributo tasado por las autoridades en oro, mantas o productos agrícolas. De este modo, al abolirse el "servicio personal", los encomenderos perdían en principio el control de la mano de obra de indios, que trabajarían para los mineros y estancieros "con consentimiento, paga y moderación". Con esto se atendía la petición de los españoles recién llegados, que recibían tierras y minas, pero no tenían trabajadores para explotarlas. Además, eliminaron el carácter hereditario de la encomienda, quitándole uno de sus grandes atractivos.

La aplicación de estas leyes no fue fácil. En el Perú hubo una larga y violenta rebelión, sometida por las armas. En Popayán el gobernador aplazó su cumplimiento en 1544 y en el Nuevo Reino de Granada el enviado real, Pedro de Ursúa, hizo lo mismo en 1545. Cuando el visitador Miguel Díaz de Armendáriz trató de hacerlas cumplir en 1547, en los cabildos de Santafé, Tunja y Vélez los regidores apelaron al recurso tradicional ante una ley considerada injusta: después de ponerse las leyes en la cabeza, en señal de "obediencia", declararon que el cumplimiento lo aplazaban hasta que el rey estuviera mejor informado y cambiara las leyes: "se obedece, pero no se cumple". Al hacerlo, aplicaban una visión constitucional tradicional, que ponía la justicia por encima de la ley y se apoyaba en la escuela de juristas de Salamanca.

La idea de que los indígenas, que podían obtener aún su subsistencia en las tierras que les quedaban, estarían dispuestos a trabajar por salario no era realista, y tampoco que los españoles renunciaran al servicio de los indios. Como decía el obispo de Bogotá, "el servicio de los indios libres [...] no se puede excusar, por no haber aquí españoles de quien servirse, porque estos, puestos acá, no quieren servir a nadie". Y como decían los españoles, los indios del Nuevo Reino eran de tan mala disposición que daban sus tributos de "mala gana", y si se castigara a los españoles por maltratarlos, "en pocos días no habría españoles en las Indias".

Ante las resistencias, las autoridades transaron: mantuvieron la encomienda y su herencia por una vez, pero ratificaron la orden de que las autoridades tasaran el tributo en dinero o productos. Además, debían fijar obligaciones de trabajo colectivo a los pueblos. Creaban así el "repartimiento": el número de indios que los "caciques" o "mandones" debían "repartir" entre los españoles que necesitaran trabajadores, pero con pago de salarios, que servirían para pagar el tributo al encomendero. En realidad, las tasas siguieron incluyendo hasta fines del siglo XVI obligaciones de "servicio personal" y la labranza de algunas fanegas de maíz o trigo en tierra del encomendero. Además, muchas "indias de servicio" trabajaban para ellos, que las llevaban a las ciudades, donde aprendían el español, tenían hijos mestizos y contribuían al intercambio cultural. Lo que desapareció rápidamente, pues no se hicieron nuevas capturas después de 1547, fue la esclavización de los indios: poco a poco murieron los indios esclavos que habían traído algunos conquistadores y trabajaban sobre todo en las minas de oro de Pamplona, Popayán y Antioquia y en las pesquerías de perlas de la Guajira.

Estas normas y su aplicación, gradual e incompleta, hicieron que la relación con los indios pasara de una etapa de saqueo, esclavización y conquista armada, a una explotación laboral permanente, en la que los indios hacían todo el trabajo para los españoles, por su libre voluntad, según la Corona, o presionados por el repartimiento y las tasas en trabajo que las autoridades locales fijaron contra lo que decían las leyes. Aunque estas consideraban al indio un "vasallo libre", por autoridad del rey podía ser obligado a trabajar para los españoles, no tenía libertad de residencia y movimiento, y sus tierras o minas podían ser distribuidas a los españoles. Además, eran el único grupo gravado por un impuesto personal, por un "tributo" que la Corona cedía a los conquistadores para recompensar sus servicios al someter a los indios. Los españoles, por su parte, se consideraban "hidalgos" y, por tanto, exentos de todo tributo personal, aunque pagaban impuestos al comercio o a la producción minera (quinto, que se redujo a menos de 5 % en pocos años) y agrícola (diezmo para sostener a la Iglesia).

Con estas reformas, desde 1550 existió una autoridad local en todo el territorio y hubo un esfuerzo persistente por someter a los conquistadores a una obediencia satisfactoria. Desde entonces las autoridades españolas vieron el Nuevo Reino de Granada como tierra de pobladores más que de guerra y conquista, aunque en muchas regiones la guerra siguió. Por ello los historiadores usaron la fecha de 1550 para indicar el paso a un nuevo periodo, la época de la Colonia, aunque este no fue un término usual antes del siglo XVIII. En términos legales, el Nuevo Reino era otra provincia del imperio español, como las de Europa, aunque en términos sociales y económicos era muy diferente. En efecto, las posesiones de las Indias se basaban en la explotación de los habitantes originales por parte de una minoría que se había apoderado a sangre y fuego de su territorio y, además, había añadido una nueva población esclava, traída de África. Y esta explotación, además de dar riqueza, distinción e hidalguía a los españoles, daba ingresos tributarios a la Corona española.

Entre 1550 y 1562 siguieron los esfuerzos para dominar poblaciones indígenas todavía independientes. Desde 1556, muchos grupos se sublevaron otra vez, y las autoridades españolas percibieron los diferentes levantamientos como una "rebelión general", que duró hasta 1559. Por ello, desde el punto de vista militar y social, los años de 1550 a 1564 pueden ser considerados de transición entre una época en que las entradas, expediciones y guerras eran lo fundamental y un orden social en que los indios, sometidos a la autoridad de los invasores, se convirtieron en mano de obra dedicada a mantenerlos.

CAPÍTULO IV

La Colonia: 1550-1810

La sujeción de los indios y la disminución de la población

El resultado más visible de la Conquista fue la disminución drástica de la población a partir de 1500. La caída fue más fuerte y temprana en las zonas cálidas, donde las comunidades se enfrentaron a los españoles o huyeron a zonas remotas. Para 1560, cuando la población total era de 1,2 millones, la de las dos costas se había reducido a menos de 100 000 habitantes en cada una, mientras la población de la cordillera oriental era de unas 500 000 personas.

La catástrofe de la población tuvo varias causas: la muerte violenta de los varones indígenas, y a veces de mujeres y niños, en batallas o actos de retaliación; el hambre y la falta de alimentos por la "guerra de tierra arrasada"; porque los indígenas dejaron de sembrar, con la idea de que si no había alimentos, los españoles se irían, y el suicidio de los indios, que se dio en diversos sitios. Los indios murieron también por los maltratos y trabajos a los que fueron sometidos, en especial como cargueros y sirvientes en expediciones a nuevos sitios, muy frecuente entre 1536 y 1560: salían a veces miles de indios que no volvían a su lugar de origen y casi todos morían, dejando un vacío para la reproducción del grupo. Además, disminuyeron los nacimientos, por el envío de jóvenes adultos a zonas de minería o como cargueros y bogas, el empleo de mujeres jóvenes en las casas de los españoles, el desorden y el caos que trajo la Conquista y el rechazo a la reproducción por parte de los mismos indios.

Pero fueron las enfermedades y epidemias traídas por los europeos o por los esclavos africanos las que produjeron más muertes. Las más agresivas fueron la viruela y el sarampión (que en Europa eran enfermedades infantiles de baja mortalidad), el tifo o tabardillo, la malaria o paludismo (o fiebres tercianas) y nuevas formas de la gripe o influenza (romadizo). En algunos casos las epidemias pudieron llegar antes que los españoles, transmitidas por los indios mismos o por animales: este puede haber sido el caso en el Sinú, que se encontró con poca población hacia 1533 y donde los indios mencionaron muchas muertes en los años previos, aunque es posible que la baja, tal vez por causas ambientales, hubiera sido anterior a 1500 o incluso a 1100. Ya establecidos los españoles, en cada epidemia de viruela o sarampión, y fueron varias en el siglo XVI, los observadores señalaban que había muerto la "tercera" o la "cuarta parte" de los nativos; los efectos sobre los niños y los nuevos nacimientos pudieron ser todavía mayores y sin duda se agravaron por el hambre y los desórdenes de la Conquista. Cuando la epidemia se repetía más adelante, diezmaba a niños y jóvenes nacidos después de la anterior y que por lo tanto no tenían inmunidad.

Muchas de estas enfermedades se habían hecho frecuentes en Europa por la convivencia estrecha con animales domésticos como vacas, cerdos y aves, así como por la abundancia de ratas que la urbanización de la Edad Media había vuelto habitual, y se desencadenaban cuando una serie de malas cosechas traía hambre y desnutrición a la población. Los indios, con una alimentación más estable, vivían en casas aisladas y con pocos animales domésticos: aunque había mosquitos y piojos, no habían llegado los gérmenes y parásitos que convertían las enfermedades en plagas mortales. Además, el hábito de bañarse con frecuencia pudo protegerlos de algunos contagios, pero fue censurado y combatido por los españoles, hasta que en muchas partes lograron erradicarlo. La malaria, el sarampión, la viruela, la peste bubónica, la fiebre amarilla o el pian, desarrolladas en Europa medieval o en África, no existían en América y sus habitantes no tenían resistencia a ellas.

En los primeros años, de 1492 a 1514, los españoles parecen haber sufrido enfermedades derivadas de la mala alimentación en los barcos: muchos morían a los pocos días de llegar, pero los que sobrevivían se recuperaban pronto si había comida abundante. Entre 1514 y 1519 parecen haber llegado las viruelas y el sarampión —la primera gran epidemia registrada ocurrió en 1518 y 1519 y se extendió a las islas del Caribe, a México y a Castilla del Oro—, el tifo o tabardillo, y un poco más tarde la malaria.

Los indígenas transmitieron a los españoles una forma de sífilis, que produjo entre los europeos, en el siglo XVI, pestes devastadoras que no existían entre los indios, a los que este mal enfermaba y deformaba, pero raras veces mataba. Algunas zonas bajas, de selvas abiertas o llanuras, que parecen haber estado ocupadas antes de 1500 por poblaciones abundantes, como el Sinú, el Darién y las llanuras del Atrato, revirtieron a la condición de selvas y se convirtieron en regiones insalubres, asoladas por enfermedades como la malaria, la fiebre amarilla, el pian o el dengue, que apenas lograron controlarse en el siglo XX con insecticidas y medidas de salud ambiental.

También influyó sobre la caída de la población la intensidad del enfrentamiento entre españoles e indios y la respuesta de los indios a la pretensión española de que se sometieran a su autoridad, les pagaran tributos y les rindieran obediencia. Esta respuesta estaba influida por la estructura y la cultura de las comunidades indígenas. Donde sobrevivió mayor proporción de población fue entre los muiscas y los grupos cercanos a Pasto y Popayán. Esto se explica en parte porque los españoles fueron capaces de aprovechar las desigualdades y rivalidades existentes para imponerse y establecer un sistema en el que los mismos caciques servían como intermediarios de su autoridad. Esto no pasaba cuando los caciques no eran hereditarios y no había tributos obligatorios: en la mayoría de las tribus de las tierras bajas y medias los cacicazgos estaban menos consolidados, había muchas comunidades sin caciques permanentes y otras donde estos recibían el apoyo de los indios, que atendían sus cultivos o les daban alimentos, pero con mecanismos de reciprocidad que los hacían más aceptables. Pagar un tributo a extraños como los españoles era algo sin justificación y solo se logró cuando autoridades indígenas estables ayudaron a ello.

En los demás casos, la guerra siguió, lo que llevó a una muerte más rápida de los indios. Entre 1510 y 1550 fueron permanentes los enfrentamientos con los indios del Darién, los taironas, los chimilas y cocinas y los de Cartagena y Mompox, en la costa atlántica. Guane tuvo una gran rebelión en 1548. Los españoles tuvieron que enfrentar levantamientos de los panches, muzos y calimas entre 1537 y 1550. En la conquista de Antioquia y el valle del Cauca hubo también grandes enfrentamientos. Quinunchú y Nutibara, los caciques de la región catía, en Antioquia, que reunían ejércitos de decenas de miles de hombres —pero sin arcos ni flechas—, murieron en enfrentamientos con los españoles. La conquista del Patía fue con guerra total y quema de poblaciones y cultivos indígenas. También hubo guerra para someter a Popayán y la región de Cartago. De Cali, en 1536, Belalcázar sacó más de 1000 indios como cargueros y cuando se fue a Bogotá, en 1537, hubo nuevas rebeliones en Popayán y una hambruna general, porque los indios, que veían que los españoles les quitaban la comida, les echaban los puercos y caballos en sus sembrados y se los destruían, no cultivaron más sus tierras. Aunque las cifras pueden ser exageradas, los cronistas hablaron de 100 000 muertes por hambre en ese caso y en 1540 Pascual de Andagoya, que llegó a Cali y fue a Popayán, reportó que los caminos estaban cubiertos de huesos humanos. En la conquista de Antioquia, Jorge Robledo, que dejó fama de buen trato a los indios, derrotó a los pozo hacia 1540, atacándolos con perros entrenados y con una inmensa matanza. En toda esta región, Robledo se apoyó en las enemistades y guerras entre las diversas tribus: en muchas batallas estuvo acompañado de grandes ejércitos de indios a su lado. En Aburrá, después de varios encuentros armados, "fue tanto el aborrecimiento que nos tomaron los naturales [...] que ellos y sus mujeres se ahorcaban con sus cabellos o de las maures, de los árboles", según contó el cronista Pedro Cieza de León, que hacía parte de la expedición. La fundación de Antioquia, en 1541, se hizo después de derrotar a los indios de Ebéjico e Ituango. Otras rebeliones fueron las de los timbas en 1542, que se sujetaron a sangre y fuego, pero volvieron a rebelarse en 1549; los armas, donde hubo guerras en 1540 y de 1545 a 1549, y los quimbaya, que se alzaron en 1542 y de nuevo en la década siguiente.

Entre los que mostraron mayor decisión estuvieron los yalcones, en la zona del alto valle del Magdalena. Según Juan de Castellanos, la muerte cruel del hijo de una indígena, conocida como La Gaitana, llevó a un levantamiento en 1539. En esta guerra hubo una alianza de grupos de ambos lados del Magdalena, lo que les dio un triunfo temporal y llevó a que murieran los principales conquistadores españoles. Un nuevo grupo enviado de Popayán bajo el mando de Juan de Cabrera logró pacificar brevemente la región en 1540 cuando, después de ofrecer amistad a los indios, aprovechó la ceremonia de celebración de las paces para matar a muchos de sus caciques y principales. La rebelión volvió en 1543 y en 1544 los españoles lograron dominar otra vez a los indios, ya casi extinguidos del todo.

De todos modos, el empeño coordinado y permanente de los españoles entre 1510 y 1558 llevó al sometimiento de las sociedades más jerárquicas. Sin embargo, en muchos lugares nunca fue posible sujetar a los indios o solo se logró después de una disminución drástica de su población, en especial en los casos de cacicazgos independientes o en cacicazgos y confederaciones que, como los sinúes, los indios del Cauca medio y de algunas zonas de Antioquia, o los taironas y los chimilas, habían adoptado arcos y flechas envenenadas en reemplazo de lanzas, mazas y macanas.

En muchos casos, la alternativa al sometimiento era la desaparición del grupo indígena por la guerra y los desastres que la acompañaban o por las enfermedades. Estas debían de ser difíciles de comprender: ¿por qué los indios morían como moscas mientras los españoles, en algunos casos, no sufrían estos males? No podemos imaginarnos qué pensaban los indígenas, ni cómo usaron sus creencias y tradiciones para interpretar la llegada de esta gente que mataba con armas desconocidas, tenía animales —caballos y perros— a su servicio y no padecía algunas enfermedades que acababan con ellos. Los españoles en algunas crónicas afirmaron que los indios los veían como enviados del Sol o de los dioses y los recibieron con temor y reverencia. Esto es posible, aunque es probable que los españoles deformaran estas narraciones o las interpretaran a su favor. En todo caso, las creencias de los indios acerca del origen de los españoles tuvieron un papel imposible de determinar en la Conquista. Algunos caciques, al someterse a las huestes españolas o al ser entregados en encomienda, aceptaron bautizarse y adoptaron un nombre español, confirmando así su alianza con los conquistadores.

Pero fuera de los aspectos emocionales e ideológicos y del daño de las enfermedades, los dos factores de mayor peso para que algunas comunidades indígenas se sometieran a las nuevas autoridades fueron las ventajas de las armas de guerra —armas de fuego, espadas y lanzas metálicas, caballos y perros— eficaces y aterradoras, y la coordinación del esfuerzo español: un grupo derrotado recibía ayuda, rápida o tardía, de manera que aunque a veces los indios lograban destruir un grupo o una expedición, no había manera de impedir la llegada de nuevas olas de soldados.

Esta coordinación se apoyaba en una ventaja técnica fundamental: la escritura, que permitía la comunicación continua de conquistadores y autoridades en América y en España y de los diversos grupos que actuaban en zonas remotas, y servía para pedir ayuda o encargar nuevos refuerzos, o para atraer nuevos colonos. Acompañada de mapas, ofrecía una comprensión aceptable del medio, y desde el descubrimiento creó un flujo inmenso de información de América a Europa. Los españoles, al llegar años o décadas después a un sitio ya visitado, tenían descripciones de las costumbres de los indios, de sus formas de hacer la guerra, de los alimentos y recursos existentes. Mientras tanto, los indígenas eran centenares de comunidades independientes que no podían ponerse de acuerdo o coordinar sus acciones —a veces ni siquiera podían hablar con otros grupos porque las lenguas eran diferentes— y en muchos casos eran enemigos que encontraban una nueva oportunidad para derrotar a sus rivales en la alianza con los recién llegados.

Así pues, para 1560 estaban sometidos al dominio español los grupos chibchas de la cordillera oriental (muiscas, guanes, chitareros), alrededor de Bogotá, Tunja, Vélez y Pamplona y los grupos de la altiplanicie del sur (pastos, quillacingas y sibundoyes). Poblaciones ya disminuidas de indígenas, rodeadas por tribus aún rebeldes, se habían sometido en Cartagena, Santa Marta, Riohacha y el valle del Cauca, de Popayán a Santafé de Antioquia, que tuvo una nueva ola de revueltas entre 1569 y 1584. Otras zonas, como el Darién y el Sinú, perdieron gran parte de la población original y, sin una ocupación española permanente, se repoblaron con grupos indígenas provenientes del alto Atrato. En el Magdalena medio y alto había un control inestable, roto por frecuentes rebeliones de pijaos, panches, muzos, calimas y otros grupos de origen caribe, alrededor de Neiva, Ibagué y Mariquita, muchas veces atacadas y destruidas.

Por esto, las tierras altas de la cordillera oriental, donde la caída de la población fue menos pronunciada y la sujeción más integral, se convirtieron en el centro económico y político del Nuevo Reino, rodeado por algunas zonas controladas en el sur y en la costa atlántica y un espacio inmenso de selvas e indios rebeldes.

La economía colonial

Cuando se fundaba una ciudad, las autoridades distribuían en encomienda los indios a los conquistadores que se establecían como vecinos. Desde 1542 las leyes trataron de cambiar la encomienda para quitarle su función de proveedora de trabajadores, pero este esfuerzo tomó más de un siglo. Los grandes cambios se dieron en la década de 1590, cuando las autoridades, para resolver el conflicto entre numerosos propietarios de tierras y unos pocos encomenderos, tomaron varias medidas simultáneas, que se aplicaron en el oriente y en el siglo XVII, poco a poco, en las demás regiones de la jurisdicción de la Audiencia. Confirmaron la prohibición de servicio personal al encomendero y la obligación de los indios de trabajar para todos los españoles mediante el repartimiento. Como los indios, cada vez menos numerosos —en la zona de Tunja y Bogotá pasaron de 170 000 indios de servicio hacia 1560 a menos de 100 000 en treinta años, y la caída en el resto del territorio fue todavía más fuerte—, vivían aislados entre sus cultivos y formaban comunidades muy pequeñas, ordenaron que se "redujeran a poblado", en pueblos de traza española, de calles rectas, con lotes para huertas y casas, y con capilla ("a son de campana", lo que facilitaba su cristianización). Prohibieron que en estos pueblos vivieran españoles, nombraron a un funcionario para administrar el trabajo indígena (el "corregidor"), confirmaron la función de intermediarios entre el gobierno y los indios de los "caciques" y legalizaron los títulos de tierra de los españoles (algunos habían recibido "mercedes" de las autoridades, pero otros habían ocupado tierras de los indios), mediante el pago de un impuesto de "composición de tierras".

La encomienda quedó reducida a un sistema que servía ante todo para cobrar un tributo anual, en dinero o especie, y dar al encomendero un ingreso y una posición distinguida. Por lo demás, los principales encomenderos eran también grandes propietarios y siguieron usando, como los demás hacendados, el trabajo indígena para cuidar sus ganados y sembrar sus tierras.

El repartimiento de indios reemplazó entonces a la encomienda como institución laboral y las comunidades quedaron con la obligación de enviar un número determinado de personas para su empleo asalariado, que iban a las minas (mita minera), a las haciendas, a los talleres artesanales (obrajes) y a los trabajos públicos (mita urbana). Aunque los funcionarios de la Real Audiencia, que tasaron los tributos entre 1558 y 1603, eran conscientes de que el trabajo en las minas, sobre todo en climas cálidos, así como su empleo como cargueros y canoeros, estaba acabando con los indios, insistían en que sin su trabajo era imposible mantener la Colonia y siguieron fijándoles la obligación de trabajar en minas de Antioquia, Mariquita, Barbacoas o Pamplona o de manejar las canoas del Magdalena y cargar los productos hasta Cali o Bogotá, mientras se conseguían mulas y caballos suficientes. Según las tasas que se aprobaron desde 1550, los indios, además de sembrar unas fanegas de trigo y maíz, debían entregar maíz "seco y desgranado", papa y otros productos (leña, alimentos, miel de abejas), fuera de oro o mantas, que el encomendero vendía. Como la disminución del número de tributarios aumentaba la carga de los sobrevivientes, desde los noventa se fijaron las tasas por tributario y se suprimió al fin la obligación de sembrar para el encomendero.

Al mismo tiempo, al agrupar a los indios en pueblos, a veces lejos de sus siembras, se les asignó un lote por comunidad, el "resguardo", para sus cultivos. Estas asignaciones se hicieron a partir de 1593 en Santafé y Tunja, y se siguieron haciendo hasta mediados del siglo XVII, en todo el territorio, para garantizar la agricultura indígena. Las tierras que se asignaron a los indios eran pocas y dejaban grandes extensiones para repartir a los españoles: una regla fijada en 1593, que varió algo, determinaba que debían darse más o menos dos fanegadas y media (1,5 hectáreas) por tributario, lo que contrasta con los miles de hectáreas que se entregaban a cada español en las mercedes de tierras: la "caballería", que era la asignación normal para un soldado de a caballo, medía unas 2500 hectáreas.

El abastecimiento de las ciudades españolas dependía de los hacendados y los indígenas. Aquellos criaban ganado y sembraban sobre todo plantas españolas en pequeñas áreas de sus inmensas concesiones. Los indígenas, que cultivaban de modo intenso sus pequeños resguardos, producían casi todos los productos agrícolas que consumía el Nuevo Reino y los vendían en los mercados cercanos. Las haciendas, con tierra abundante y con una mano de obra incierta, que cambiaba en cada repartimiento, se concentraron en la cría de ganado. La carne fue uno de los pocos productos con mercados al menos regionales: la de Bogotá venía de las llanuras del Magdalena o de los Llanos Orientales, la del Chocó llegaba del valle del Cauca. El otro producto con mercado amplio fue la caña de azúcar. En la costa atlántica y en el valle del río Cauca se formaron haciendas con trabajadores esclavos, que abastecían las ciudades y las minas del Pacífico y el Chocó. En Popayán, los propietarios combinaron la explotación de minas con haciendas de ganado y azúcar y con el comercio: vendían los productos de sus haciendas y traían y vendían esclavos de Cartagena junto con bienes europeos. Ciudades como Bogotá o Tunja, donde no crecía la caña, eran abastecidas por hacendados de las vertientes de la cordillera, que usaban algunos esclavos.

En las tierras altas, los hacendados, con mercados más competidos que no permitían pagar esclavos, lograron que algunos trabajadores se quedaran viviendo en sus tierras: agregados o parceleros que trabajaban a cambio de un lote de pancoger, indios que no querían volver a su pueblo a pagar tributos, mestizos sin tierras ni acceso a los resguardos.

Estos hacendados, como los "orejones" de la sabana de Bogotá, eran por lo general pobretones, pese a sus extensas propiedades. En tierra fría, cerca de Bogotá y Tunja, se hicieron muchos esfuerzos por cultivar trigo, que tenía gran demanda en Cartagena, llena de "chapetones" recién llegados y que querían pan. Pero el costo del transporte y sus incertidumbres no permitieron consolidar este mercado y, en el siglo XVIII, los trigos norteamericanos, muchas veces de contrabando, desplazaron a los del interior.

Estos propietarios, sin mucho capital, podían conseguir créditos casi únicamente de la Iglesia. Los créditos, "a censo", casi nunca se redimían y la propiedad quedaba hipotecada indefinidamente. A esto se sumó el efecto de la piedad religiosa: muchos propietarios gravaron sus fincas con obligaciones para garantizar para siempre el pago de un sacerdote de la familia o unas misas por algún difunto. Así, muchas de las mejores tierras eran de "manos muertas" o estaban a censo y no podían venderse.

Esto creó el patrón de propiedad del campo durante la Colonia, un modelo dual que tuvo larga influencia. Por un lado, grandes propiedades de los descendientes de conquistadores y encomenderos dedicadas a la ganadería, con pocos trabajadores, a veces con ganados cimarrones, que vagaban por las extensas propiedades y eran capturados en rodeos para enviarlos a engorde, con unos pocos cultivos comerciales y de pancoger para abastecer las ciudades. Y, por el otro, los "resguardos", lotes pequeños entregados para el usufructo colectivo de las comunidades indígenas, pero que no eran de propiedad plena de los indios, y de los que salían los alimentos para las poblaciones vecinas. Algunos de estos resguardos subsisten todavía; otros fueron disueltos por las autoridades y sus tierras repartidas en distintas épocas, convertidas a veces en haciendas, pero en la mayoría de los casos en minifundios.

La caña era casi lo único que vendían las haciendas fuera de carne: a fines del siglo XVIII más de 90 % de las cargas que entraban a Bogotá eran de miel o azúcar morena, sobre todo para producir el aguardiente que tomaban blancos y mestizos y la chicha para indios y mestizos. Mientras que en tierras altas (Santafé, Tunja, Popayán o Pasto) el lote de pancoger tenía frijoles, habas, garbanzos, verduras y una huerta con duraznos, higos y papayuelas, en las tierras calientes, donde las comunidades indígenas eran más reducidas, se sembraba algo de maíz y yuca, caña de azúcar y plátano, y en los huertos junto a las casas crecían frutales exóticos, como mangos, tamarindos, naranjas y limones o nativos, como papaya. Los indios adoptaron en las tierras altas algunos productos españoles, como arvejas o garbanzos, y criaban algunas gallinas y a veces cerdos y ovejas.

Este arreglo económico correspondía a la división de la sociedad en dos repúblicas, la de los blancos y la de los indios, pero creaba ambigüedades y dificultades. El mestizaje produjo una población cada vez más grande que buscaba acomodo en una sociedad donde las tierras cercanas a los centros urbanos habían sido acaparadas. Unos se volvieron agregados en las tierras de propietarios blancos, mientras otros, aprovechando sus vínculos familiares, se instalaron en los resguardos indígenas, reemplazando a veces a los tributarios cada vez más escasos. Finalmente, otros intentaron buscar tierras en zonas despobladas, con lo que dieron comienzo a fines del siglo XVII a la colonización de valles y vertientes, en un proceso que tomó algo de fuerza a partir de la primera mitad del siglo XVIII y se aceleró en el siglo XIX.

A mediados del siglo XVIII la población indígena seguía disminuyendo y esto dio una nueva oportunidad a las autoridades para redistribuir la tierra. En casi todos los pueblos del oriente la población de tributarios era una fracción de la que había existido al asignarse los resguardos, un poco más de un siglo antes. Aunque algunos funcionarios y virreyes creían que la concentración de la tierra se debía a que había muchas propiedades inmensas, de centenares y miles de hectáreas, en manos de los blancos, la mayoría consideraba que los indios, cada uno de los cuales tenía cuatro o cinco hectáreas, tenían más tierra de la necesaria. Esto llevó a que entre 1750 y 1800 las autoridades ordenaran la disolución de más de setenta pueblos indígenas en la altiplanicie oriental y su agrupación con otros. Las tierras que quedaban libres eran "tierras realengas" y se remataron, de modo que donde había unos centenares de huertos se estableció a veces una hacienda ganadera y a veces un conjunto de pequeñas propiedades de cultivadores mestizos.

Estas medidas aumentaron la concentración de la propiedad rural y agruparon a los campesinos, indígenas o mestizos en zonas aún más reducidas. Se pusieron en práctica sobre todo en el oriente, pues en zonas como Bogotá, Tunja y Socorro las comunidades indígenas se habían transformado en mestizas y en ellas convivían "indios" y "mestizos" que no se diferenciaban sino por su posición legal: todos hablaban español, provenían de españoles e indígenas, eran católicos. Los que estaban en el censo de tributarios y tenían derecho a una parcela del resguardo eran "indios" y los que no tributaban eran "mestizos" que tenían que pagar un arriendo por el cultivo de la tierra. Para dar tierra a estos mestizos, en vez de repartir propiedades ociosas era más fácil dejarlos donde estaban, haciendo que los "indios" se trasladaran. En Popayán o Pasto, donde los indios que sobrevivieron a la violenta conquista y recibieron resguardos se habían mantenido más aislados, hablaban todavía sus lenguas propias, se habían mezclado menos con los españoles y atendían más bien a misioneros que a hacendados vecinos, no hubo un proceso masivo de disolución de resguardos en el siglo XVIII. Allí, las instituciones españolas fueron vistas por los indios mismos como protectoras de su supervivencia como comunidad, al permitirles conservar la tierra bajo la administración de sus caciques y de los cabildos indígenas, creados a imitación de los cabildos de las ciudades españolas.

Algunos funcionarios, que creían que la concentración de la propiedad impedía el progreso del Nuevo Reino y fomentaba la ociosidad de los grandes propietarios y la pereza de los pequeños, buscaron otras soluciones a los males que producía. La más frecuente, sobre todo en zonas mestizas donde las tierras de resguardos eran pocas, fue la colonización por algunos empresarios o por grupos organizados de tierras inexplotadas, sobre todo de las vertientes y valles que se habían llenado de selvas al desaparecer sus pobladores originales. En la región de Socorro y Vélez, los valles intermedios se poblaron por iniciativa de empresarios, que establecieron sus haciendas en sitios despoblados y atrajeron a nuevos colonos. Esfuerzos similares de colonización de algunos valles y planicies se hicieron en el siglo XVIII en las llanuras del interior de Cartagena y Santa Marta y en valles intermedios cercanos a Bogotá, Tunja, Popayán y otras ciudades.

En Antioquia, entre 1780 y 1800, se fundaron varios pueblos formados por grupos organizados de colonos pobres, con el apoyo de las autoridades, primero en las cercanías de las minas, con la idea de que ayudarían a abastecerlas y reducirían los precios de sus consumos, y después, sobre todo, en las montañas del sur de la provincia. Estas tierras habían sido entregadas en grandes concesiones a propietarios españoles. Como se trataba de centenares de miles de hectáreas que los titulares no habían ocupado, el gobernador de Antioquia consideró en 1784 que habían perdido el derecho a la tierra, por no haber ejercido "morada y labor", y autorizó su ocupación por los colonizadores. Desencadenó así un complejo proceso que enfrentó durante siglo y medio a los colonos que tumbaban bosque y los propietarios que alegaban un título antiguo de una concesión o una merced de tierras, cuando ya los colonos la habían desmontado. Sin embargo, la ocupación por colonos de tierras tituladas, pero no ocupadas, con apoyo público fue limitada, y en la mayoría del país los títulos de los propietarios se mantuvieron vigentes, mientras que los de las comunidades indígenas se invalidaron una y otra vez para repartir sus tierras, en la Colonia, a blancos y mestizos, y en la República, cuando los letrados adoptaron la ideología del progreso, a los mismos indios, para que se convirtieran en propietarios y abandonaran sus instituciones colectivas.

Aunque en estas áreas de colonización de Antioquia la distribución de la propiedad siguió siendo desigual —algunas propiedades de varios centenares o a veces miles de hectáreas en los mejores sitios y centenares de propiedades entre cinco y diez hectáreas en los alrededores, campesinos medios con tierras suficientes para combinar los cultivos de subsistencia con algunos productos comerciales—, los patrones eran, en comparación, mucho más igualitarios que los de la costa o el altiplano oriental, donde coexistían propiedades de decenas de miles de hectáreas con miles de campesinos con acceso a una o dos hectáreas.

Uno de los efectos de la conversión de los indios en aldeanos encerrados en lotes insuficientes rodeados de extensas propiedades españolas fue que dejaron de experimentar, como lo habían hecho durante milenios, con nuevas plantas y nuevos cultivos. Por esto, durante la Colonia, el cambio técnico en la agricultura se centró en la adopción, sobre todo por la agricultura mestiza, de cultivos del viejo mundo. El paisaje rural se transformó con la ganadería, el reemplazo de bosques por pastos y la siembra de nuevos productos como caña de azúcar, plátano, trigo, arroz y cebada, variedades de leguminosas (habas, arveja, garbanzo), tubérculos y verduras (zanahorias, ñame, lechugas, repollos), muchos frutales (plátanos, naranjas, limones, duraznos, higos, mangos y tamarindos), y condimentos y plantas aromáticas como el ajo, la cebolla y el cilantro. Algunas plantas que estaban antes de la llegada española como el coco, se extendieron por todas las costas y otras, como el cacao y el aguacate, fueron sembradas con más frecuencia. Muchas especies, como la quinoa, desaparecieron, y otras se confinaron a nichos indígenas reducidos, como cubios, batatas, ullucos e hibias, lo que pasó también con los perros americanos y los curíes, que se conservaron solo en algunas zonas del sur de Colombia. Los productos centrales, la papa y el maíz, perdieron diversidad y desaparecieron decenas de variedades que los indios habían creado.

El otro efecto notable fue que mientras la agricultura indígena era capaz de alimentar a una población numerosa, el nuevo modelo apenas lograba sostener a una población reducida a menos de su quinta parte, y en forma más desigual, pues los consumos de carne vacuna y cerdo, las proteínas ahora disponibles, se limitaban a los habitantes más prósperos, mientras la alimentación de los más pobres se basó en forma casi exclusiva en harinas, como maíz, papa, yuca y plátano, fuera de algunos sitios con abundancia de pescado.

La comida local sufrió un fácil mestizaje: los españoles y sus descendientes adoptaron la arepa, los frijoles y las frutas locales (guayabas, sobre todo en bocadillos endulzados con azúcar, papayas, piñas y muchas más); las sopas de papa y arracacha (ajiacos), junto con cocidos y sancochos que mezclaban yucas, papas y calabazas nativas con repollos, lechugas, plátanos y carnes europeas; los tamales y empanadas, que envolvían en maíz alguna carne; aliños como el ají y, para beber, el chocolate, siempre con azúcar. Los indios incorporaron a su alimentación el trigo, el arroz y varias verduras y condimentos, la panela (azúcar morena), que además facilitó la fermentación de la chicha, y a veces gallina, huevos y cerdo, que reemplazaban en parte las proteínas de la caza y la pesca. La leche y la carne de res se mantuvieron como productos para la población española. La cocina mestiza se llenó de aliños europeos, como el comino, el cilantro, el ajo y la cebolla al lado de la guasca, el achiote y el ají americanos, y adoptó los quesos (que además servían para amasijos mestizos como buñuelos, almojábanas y pan de yuca, en los que el trigo fue reemplazado por harinas americanas) y los fritos, aprovechando el tocino y la manteca de los cerdos. Algunas cocinas regionales se desarrollaron a partir de la combinación de productos americanos, sobre todo harinas (maíz, yuca y papa) y legumbres como el frijol, con carnes europeas (el marrano y las carnes de res o de cabras y corderos) en el interior, o con pescados en las zonas costeras.

La minería y los ciclos del oro
Cuando, entre 1540 y 1550, se agotó el oro acumulado por los indios, que se obtenía por comercio o saqueo, los españoles comenzaron a organizar la explotación de las minas. Sin embargo, ya los indios eran escasos: la brusca caída de la población del Darién y de la Costa entre 1500 y 1535 fue seguida por la muerte de una proporción alta de indios en el valle del Cauca y el Pacífico y por la conquista del Magdalena y la cordillera oriental entre 1535 y 1560, que fueron los años de una disminución más rápida de la población nativa del interior.

Por ello se apeló pronto a los esclavos africanos, cuya importación había autorizado en 1517 Carlos V ante la desaparición de la población indígena de La Española. Los esclavos tenían una ventaja: probablemente, además de su mejor adaptación al calor, tenían ya resistencia a algunas enfermedades comunes en el África y el Mediterráneo, como la malaria, que acababa con los indios de las zonas cálidas.

Aunque hubo esclavos en Santa María, Santa Marta (y en 1531 un grupo de esclavos fugitivos incendió la ciudad) y Cartagena, su llegada se aceleró con la explotación de las minas de oro de Antioquia y Popayán, que empezaron a ser trabajadas con indios, pero para 1570, empleaban ya cuadrillas de esclavos africanos, comprados en Cartagena y trasladados a las minas de Guamocó, Cáceres y Zaragoza, en Antioquia, o de Barbacoas en Popayán. Solo en Mariquita, que siguió usando trabajadores de la sabana de Bogotá hasta mediados del siglo XVII, se mantuvo la minería basada en el trabajo de los indios.

Estas minas resultaron muy productivas. Si entre 1510 y 1550 en los mejores años el oro llegó a 300 000 pesos, entre 1570 y 1620 el Nuevo Reino se convirtió en el principal productor de oro de América y hubo años en los que la producción llegó a dos millones de pesos. Desde el punto de vista del imperio, el oro era apenas una porción de los ingresos de las grandes minas de plata del Perú y México, que sostuvieron colonias mucho más ricas, pero así y todo era un ingreso importante.

El oro se convirtió en el centro de la economía colonial neogranadina: era casi el único producto de exportación, con el que se pagaban los productos españoles consumidos por los pobladores. Los impuestos al comercio con España eran también la fuente principal de ingresos del tesoro real y financiaron la burocracia. Para favorecer a sus comerciantes y además cobrar en forma fácil los impuestos, España trató de monopolizar el comercio con América desde comienzos del siglo XVI —solo podían venderse en los puertos de Indias productos exportados desde Cádiz— y en 1542, para defender el monopolio y protegerlo de ataques, creó el sistema de las flotas, en el que los navíos comerciales, escoltados por barcos de guerra, viajaban una vez al año entre Cádiz y el Caribe, se repartían para ir a Panamá y México y, después de reunirse otra vez en Cuba, volvían con productos americanos y sobre todo con oro y plata. La flota de Panamá recogía la plata y el oro peruanos, y pasaba unos meses en Cartagena, donde tenía lugar una gran feria comercial. Esta ciudad se llenó de comerciantes españoles y vivió años de prosperidad, pues los neogranadinos dependían de las ferias anuales para comprar licores y alimentos europeos, armas, herramientas, vestidos y bienes de lujo, así como esclavos. Cuando llegaba la flota, todo el oro producido en el reino desde la feria anterior se enviaba a Cartagena para pagar las importaciones.

Entre 1570 y 1590 se consolidó la economía minera y a partir de 1580 llegaron más y más esclavos. La producción aumentó con rapidez hasta 1600, y entre este año y 1630 se produjeron unos 40 millones de pesos oro, un poco más de un millón anual: fueron los años de gran riqueza de Popayán y de Antioquia, donde estaban las minas y residían los dueños de las cuadrillas de esclavos, y de Cartagena, que los abastecía de bienes europeos y esclavos africanos, que se reproducían poco por la baja proporción de mujeres que traían los comerciantes negreros.

Hacia 1630 comenzó a bajar la producción y los funcionarios y habitantes tuvieron una sensación de crisis, que se extendió hasta 1700, con producciones anuales cercanas a los 300 000 pesos. A partir de 1680 comenzaron a explotarse las minas del Chocó, que poco a poco compensaron la menor producción de Popayán. Entre 1690 y 1800 el crecimiento fue continuo y para finales de siglo se había multiplicado casi ocho veces, a unos 2,5 millones de pesos anuales.

La tecnología de la minería era simple: se trataba de minas de aluvión, de oro de las arenas de riberas y lechos de los ríos, que los esclavos lavaban. La sencillez de la tecnología —aunque en algunas zonas muy ricas se hicieron canales, desvíos de corrientes y excavaciones complejas— permitió que mineros independientes lavaran oro, y si la mina no era muy rica y concentrada, daba pocas ventajas a las grandes explotaciones hechas con costosas cuadrillas de esclavos. Por esto, en Antioquia, donde se encontraron minerales dispersos, la minería de "mazamorreros", que no requería grandes inversiones ni vigilancia de capataces, desplazó a los esclavos y creció más que la del Chocó y Popayán. Para finales del siglo XVIII, Antioquia producía ya 40 % del oro del Nuevo Reino y los mazamorreros eran los responsables de 80 % de la producción de la provincia. Los comerciantes, que intercambiaban el oro de pequeños productores por mercancías del reino y de España, se convirtieron en el grupo social dominante.

Este oro se fundía en las cercanías de las minas, pagaba el impuesto del quinto y se enviaba a las Casas de Moneda de Bogotá, desde 1627, y de Popayán, desde 1749, para ser acuñado en monedas con las que se pagaban las importaciones, legales o ilegales, del Nuevo Reino. Por su alto valor, el oro acuñado no circulaba como moneda en el interior, donde las transacciones comerciales se pagaban con monedas de cobre o de plata o, en algunas regiones mineras, con oro en polvo. La producción de oro, en Popayán y Antioquia, y después también en el Chocó, alentó el comercio interno y creó, para un número reducido de productos, un mercado amplio: las zonas de minería del Pacífico importaban carne y azúcar de las haciendas entre Popayán y Cartago, y artesanías (telas, sombreros, alpargatas) de las regiones de Vélez y el Socorro. Zonas agrícolas y comerciales como Medellín y Rionegro crecieron como proveedoras de las minas.

Esos dos periodos de prosperidad, 1580-1630 y 1700-1800, animaron la vida económica y social. En el primero, se frenó la caída de población, que se estabilizó hacia 1630 y comenzó a crecer nuevamente, quizá hacia 1700. En el siglo XVIII la minería sostuvo el aparato imperial establecido al crearse el virreinato de la Nueva Granada a partir de 1739, incluyendo buena parte de los costos militares que produjo el frecuente conflicto de España con Inglaterra.

Como el oro era fácil de ocultar y transportar, alimentó un creciente contrabando, sobre todo después de 1713. Los mineros y comerciantes, tras amonedar el oro para que los comerciantes lo aceptaran sin descuentos, podían llevarlo al Atrato o a las playas cercanas a Cartagena, Riohacha y Santa Marta, para pagar los productos que ingleses, norteamericanos y holandeses traían, más baratos que los que venían de Cádiz.

El crecimiento de la minería, a tasas cercanas a 2 % anual, cuando la población aumentaba un poco por encima de 1 % anual, estimuló otros sectores de la economía, lo que se manifestó en la apertura de tierras, el fortalecimiento de los comerciantes "de la carrera de Indias"—los importadores— y la aparición de formas de vida urbana más ricas que las del austero siglo XVII, con grandes festividades cívicas y religiosas, universidades, con nuevas construcciones de iglesias y conventos, mercados, oficinas públicas o residencias privadas.

La ciudad y el campo

La forma básica de ocupación española del territorio fue urbana. En estas ciudades, cuyo tamaño oscilaba entre unas decenas de vecinos y unos centenares de familias, vivían los notables españoles, encomenderos, grandes propietarios y comerciantes y los españoles del común, soldados, familiares, recién llegados sin encomienda o tierras, y una numerosa población indígena de servicio, a la que se fue añadiendo en dos o tres generaciones una multitud de mestizos.

La ciudad tenía una extensa jurisdicción rural, compuesta por las haciendas y propiedades de los españoles y por algunas zonas en posesión de agricultores indígenas. Los propietarios españoles y sus descendientes preferían administrar sus fincas y sus minas desde la casa urbana, que para los más ricos estaba en la plaza mayor. Sin embargo, muchos hicieron casas en sus haciendas, en las que vivían buena parte del año. Los reales de minas, que se movían siguiendo la riqueza de los aluviones, eran campamentos provisionales. En el siglo XVII y sobre todo en el XVIII algunas de las casas de hacienda crecieron en amplitud y boato, pero casi siempre fueron viviendas alternativas.

A partir de 1593 los indios quedaron también obligados a vivir en pueblos, cerca de las tierras de cultivo, los resguardos. Se formaron así dos "repúblicas". La de los españoles en las ciudades y la "república de los indios", en pueblos junto a los resguardos. Sin embargo, en las ciudades vivían muchos indios e indias de servicio, que ocupaban los barrios externos o los primeros pisos y patios de las grandes viviendas. En la república de los indios, el "mandón" era un cacique confirmado por las autoridades españolas y que mantuvo una compleja relación con ellas para conservar su poder y frenar algo la explotación y el maltrato de los indios. El cura doctrinero era otra figura central, con un lote que le trabajaban los indios y con cofradías, fiestas y rituales que le permitían ampliar sus emolumentos.

En la ciudad, los españoles tenían la iglesia, los conventos para las hijas que no se casaban, las escuelas para los más ricos, sobre todo en el siglo XVIII, e innumerables fiestas y rituales religiosos o laicos. La civilidad se oponía a la barbarie del campo —"campesino" y "montañero" se convirtieron en términos de menosprecio—, y en la ciudad estaban los cabildos, que daban poder y prestigio a los descendientes de encomenderos y conquistadores. Además, en ella vivían los artesanos: alarifes, herreros, sastres, carpinteros, plateros. Estos artesanos también servían a la Iglesia y al Estado: decoraron las iglesias con complicados altares cubiertos de oro y con cuadros que seguían modelos europeos o quiteños. Las casas de las ciudades tenían porcelanas de Sevilla o Puebla y muebles, pinturas y libros traídos de Europa.

En la república de los indios la conquista militar y política fue seguida por la sujeción cultural. Tan pronto los indios estuvieron sometidos, los "doctrineros", que en algunos casos aprendieron los idiomas más extendidos, se instalaron en la mayoría de las comunidades para convertirlos y cambiar sus costumbres incompatibles con la religión. Las conversiones fueron rápidas en muchas comunidades, encabezadas por los caciques. Pero eran a veces externas: entre 1550 y 1600 hubo frecuentes campañas para erradicar los cultos secretos de los indios de la zona muisca, para encontrar sus santuarios y quitarles sus ídolos (que, además, podían estar hechos de oro) y para castigar, a veces en forma cruel, a los chamanes que seguían rindiendo culto a sus deidades tradicionales. De todos modos, para mediados del siglo XVII ya las sociedades chibchas y de muchos pueblos de Pasto y Popayán eran católicas. En algunos casos la conversión de los indios fue profunda y estas comunidades hicieron parte, en los siglos XIX y XX, de la base social y de la clientela de los políticos más conservadores y clericales. En otras, las comunidades y sus caciques lograron establecer una relación ambigua con las misiones que les permitió mantener costumbres y creencias tradicionales.

Las primeras ciudades, como ya se señaló, tendían a producir nuevas poblaciones, por la urgencia de conseguir nuevas encomiendas y someter a los indios rebeldes. Antes de 1590 se fundaron muchas de las capitales de departamento actuales, que funcionaron como núcleos de ocupación española: Santa Marta, Cartagena, Popayán, Cali, Pasto, Bogotá, Tunja, Riohacha, Neiva, Ibagué. En el siglo XVII, con población estable y minas menos prósperas, los españoles hicieron nuevas ciudades en sitios agrícolas ya sin muchos indios, para abastecer minas cercanas, como Medellín o Bucaramanga, y fundaron decenas de pueblos colonizadores en la región de Socorro y San Gil.

Con el crecimiento de la población y la colonización del siglo XVIII, la población rural, lejos de la Iglesia y los alcaldes, aumentó en varias regiones. En algunos casos eran poblaciones de esclavos cimarrones, huidos de sus amos, que formaban pueblos más o menos dispersos y desordenados que las autoridades definían como "rochelas", donde se vivía sin ley ni Dios. Por ello, el gran esfuerzo del siglo XVIII fue reimponer la vida urbana a estas poblaciones, agrupándolas en poblados. Esto ocurrió entre 1740 y 1770 en el Magdalena y La Guajira, en el Sinú y el San Jorge (1770-1785) y en otros sitios, donde la disminución de los indios había dejado una población rural o un pequeño poblado mestizo en sus tierras: la urgencia era establecer una parroquia, para que los vecinos tuvieran un cura. Las zonas de influencia de Tunja, Bogotá, Socorro, Pamplona, Cúcuta, Pasto, Popayán, Cali, se llenaron de parroquias entre 1740 y 1810: más de la mitad de los municipios actuales se establecieron en estos años, ya no mediante una "fundación" con los rituales políticos españoles, sino mediante el envío de un cura, la erección de una capilla y la distribución de unos lotes para los residentes.

En los primeros años se fundaban "ciudades" o "villas", definidas no por su tamaño —algunas podían tener unas docenas de vecinos— sino por su capacidad jurídica: por tener un cabildo y alcaldes y porque sus residentes, si tenían "casa poblada", eran "vecinos" y por lo tanto miembros de la comunidad política urbana. En los siglos XVII y XVIII este ritual se mantuvo para los centros más importantes, que reunían grandes comerciantes propietarios de minas y tierras, y que aspiraban al título de ciudades y villas para tener su cabildo. Pero para los poblados menores bastaba una autorización del gobernador o el teniente de establecerse en un lugar disponible, cedido a veces por un propietario, y la aprobación del obispo para establecer un sitio o crear una parroquia. Y las parroquias y sitios se distinguían a finales del periodo colonial de los pueblos, donde vivían los indios, ante todo por la ausencia de un resguardo. Así, hasta 1810 el predominio de las formas de vida urbana fue fuerte y se reforzó durante la etapa final de la Colonia.

Una sociedad jerárquica
Esta sociedad colonial era rigurosamente jerárquica. A pesar de que la política oficial impidió que se creara una capa de señores feudales, el criterio de "nobleza" se mantuvo para señalar a los españoles que, siendo hidalgos, es decir de sangre limpia, por no descender de herejes ni tener manchas de la tierra (mezclas con indios o negros), estaban exentos de tributos y tenían medios para evitar el trabajo

manual. Estos españoles, sumados a los descendientes de los mestizos legitimados de las primeras generaciones y blanqueados por nuevas generaciones de españoles, constituían la nobleza de las ciudades, tenían derecho a ocupar los cargos del cabildo, debían ser tratados como "don" y "doña" y los demás debían cederles el paso en las calles y dejarlos ocupar las primeras bancas en las iglesias. Los otros blancos, limpios de sangre, pero sin riqueza, obligados a trabajar como tenderos o artesanos o pequeños agricultores, ocupaban el segundo lugar en esta jerarquía. Aunque debían reconocer la superioridad de los nobles, eran considerados vecinos y tenían derechos similares a ellos, al menos frente a la ley: declaraban en juicio, podían ocupar cargos públicos, ir a los colegios u ordenarse como sacerdotes.

En esta sociedad, los indios, considerados vasallos libres del rey, estaban sometidos a una tutela minuciosa: eran tratados como menores de edad, que necesitaban defensa y protección por sacerdotes y "defensores de indios". Pronto su inferioridad social se impuso sobre su igualdad legal y para cualquier familia la unión con una indígena, y aún más con un indio, habría sido deshonrosa. Sin embargo, las "indias de servicio" siguieron ampliando el universo mestizo, embarazadas por sus patrones o por sus hijos.

Mestizos y mulatos, agrupados en algunas regiones con el nombre de "castas" y contados en los censos como "libres", no tenían un lugar en la jerarquía social, y menos aún los libertos. En algunos aspectos estaban por encima de los indios, porque podían contratar, comprar tierras o establecer pequeños negocios, emplearse y moverse en el territorio. Pero en otros sentidos eran vistos como inferiores a los indios de los resguardos, que tenían derechos especiales y estaban protegidos por instituciones paternalistas que buscaban defenderlos de los otros grupos.

Por debajo estaban los esclavos negros. Eran de propiedad de sus amos, que podían venderlos y tenían autoridad sobre ellos. Esta autoridad tenía límites derivados de derechos consagrados en las normas españolas medievales: los esclavos podían casarse, asistir a los servicios religiosos y descansar los domingos, estaba prohibido vender a los esposos y niños pequeños por separado y los maltratos violentos y crueles podían ser castigados. Además, los esclavos podían obtener su libertad por voluntad de sus amos, que a veces emanciparon a sus hijos o a las esclavas con las que los habían tenido, o por su esfuerzo, pagando su precio. Sin embargo, estos mecanismos llevaban con frecuencia a largos pleitos, que a veces ganaban. Más importante para lograr la libertad fue por ello la rebelión abierta y la huida para formar palenques, a pesar de la violenta represión que sufrieron. Como con los indios, la sexualidad de los españoles creó situaciones inesperadas y complejas que desbarataron la rigidez de las jerarquías sociales: pronto hubo muchos esclavos mulatos y apareció un sector de libertos, negros o mulatos.

A medida que se consolidaba la vida en una ciudad, y sus notables controlaban mejor los recursos económicos y políticos, su capacidad de imponer el respeto a las normas de segregación social se hacía mayor, y los escapes, frecuentes al comienzo, eran más raros. Sin embargo, el mismo crecimiento económico, la formación de nuevas ciudades y la colonización abrían el camino a que mestizos o incluso libertos se enriquecieran (algunos libertos llegaron, por ejemplo, a ser dueños de cuadrillas de esclavos) y buscaran ascenso social. En el siglo XVIII esto produjo conflictos frecuentes, pues los reyes, en parte por el mayor peso de doctrinas igualitarias y en parte por razones fiscales, permitieron que mestizos y mulatos lograran algunas formas de igualdad legal comprando las llamadas "cédulas de gracias al sacar". Los españoles americanos, que en ese momento estaban buscando consolidar su poder social, amenazado a veces por el reformismo español, respondieron con frecuencia con enojo por estas facilidades de romper el orden jerárquico, aunque en esos mismos años algunos de sus miembros más ilustrados y algunos funcionarios pidieron la abolición del régimen de castas y la búsqueda de una sociedad en la cual todos, indios, mestizos, blancos y libertos, se mezclaran en una sola raza y fueran tratados como iguales.

En la primera etapa de la Conquista los españoles vinieron sin mujeres: eran sobre todo soldados jóvenes o marineros, bajo el mando de soldados con experiencia o de hidalgos con dinero suficiente para financiar una expedición y contratar unos barcos. Entre 1500 y 1514 las expediciones a la costa fueron aventuras militares, sin mujeres.

Pero algunas expediciones ambiciosas, en las que se soñaba con fundar ciudades cómodas y ricas, trajeron algunas mujeres, entre ellas la esposa del primer gobernador de Santa María de la Antigua, Pedrarias Dávila. Santa Marta y Cartagena fueron fundadas por expediciones de varones y a los dos o tres años empezaron a llegar algunas mujeres. En 1536, la ambiciosa expedición de Pedro Fernández de Lugo a Santa Marta trajo algunas, que se burlaban de la miseria de los residentes, en la versión de Castellanos de sus *Elegías de varones ilustres de Indias*:

> ¿Cómo podéis vivir desta manera
> en chozuelas cubiertas con helecho,
> una pobre hamaca vuestro lecho,
> una india bestial por compañera?

En muchos casos, la Conquista estuvo acompañada de la violación de las indias, en medio de la guerra, y en otros el conquistador establecía una autoridad ilimitada y permanente sobre una o varias mujeres esclavas, que incluía el dominio sexual. Pronto, sin embargo, se formaron algunas parejas estables y consensuales entre un español y una india: en los primeros años, muchas veces la india era familiar del cacique y por lo tanto podía ser considerada noble. Las autoridades españolas y en especial los reyes trataron de promover el matrimonio entre conquistadores e indígenas, tanto para consolidar el poder sobre los indios como para formar una sociedad más estable. Sin embargo, los españoles casi nunca aceptaron casarse con las indias, que en muchos casos hacían parte del servicio de sus casas, incluso cuando convivieron largos años con ellas y tuvieron varios hijos. Algunos, además, estaban ya casados en España, y preferían traer a sus esposas, mientras otros esperaban que poco a poco hubiera más mujeres españolas.

Sin mujeres españolas, la primera generación de hijos de los conquistadores fue en muchos casos de mestizos, la mayoría de los cuales se integró a la comunidad indígena y siguió a sus madres. Algunos fueron legitimados y gozaron de los mismos derechos de los otros españoles y otros, aunque no fueron reconocidos, vivieron en casa de los españoles y se criaron lejos de los indios. Y de los matrimonios muy raros entre español e india, como los de algunos capitanes de Sebastián de Belalcázar con hijas de caciques incas y algunas uniones no legalizadas de la primera generación, descendían muchos de los blancos nobles de los siglos siguientes, en Bogotá, Antioquia, Cartagena o Popayán. En las generaciones inmediatas, muchos españoles se casaron con mestizas locales y sus hijos, aunque mestizos, fueron aceptados como blancos, cuya "mancha de la tierra" se había borrado, sobre todo si la mestiza era hija de matrimonio o había sido legitimada.

De todos modos, tan pronto se estabilizaron las comunidades urbanas se endureció la separación entre blancos (incluidos los mestizos aceptados como blancos) y mestizos no reconocidos, que seguían naciendo en las haciendas y resguardos y en las casas de los blancos. Muchos, para no pagar el tributo, no se registraban como indios, pero tampoco tenían los derechos de los blancos, y formaban comunidades desorganizadas, que buscaban acomodo en las tierras de los hacendados, en los resguardos de los indios o en las ciudades y parroquias, donde desempeñaban los oficios manuales, como peones, artesanos y trabajadores de servicio.

Esta sociedad de castas estaba consolidada a comienzos del siglo XVII y se mantuvo hasta 1810. Sin embargo, la debilitó la mezcla racial, que fue sacando a la mayoría de la población de sus jerarquías más obvias y llevó a inventar nuevas categorías de mestizos, como "mulatos", "zambos" o "cuarterones", agrupadas en los censos como "mestizos", "castas" o "libres". En efecto, ya para 1778 casi la mitad de la población del Nuevo Reino figuraba como mestiza, y muchos de los que aparecían como indígenas, blancos o incluso esclavos eran mestizos. En el censo de ese año los indios fueron 20 %, los blancos 26 %, los esclavos 8 % y los mestizos de toda clase, 46 %. En las ciudades y pueblos grandes, aunque seguía separándose en los censos a los blancos de "primera clase" o "nobleza" de los "de segunda clase", pobres y asalariados, muchos de estos, e incluso de los de primera clase, descendían de los primeros conquistadores y las indígenas: la negación de su mestizaje se había vuelto usual. Del mismo modo, casi todos los "indios" de los resguardos del oriente colombiano eran culturalmente mestizos, como muchos de la altiplanicie del sur, de Antioquia o Cartagena. Hasta dónde había avanzado el mestizaje lo muestra el hecho de que para mediados del siglo XVIII ya hubiera desaparecido la lengua de los muiscas.

En esta sociedad de castas, la mujer, entre los propietarios blancos, estaba sujeta a la autoridad total del marido, pero en la práctica podía tener autonomía en el hogar y, a la muerte de su marido, podía heredar sus propiedades y administrarlas. Entre los mestizos y los indios españolizados, la familia era también patriarcal. En todos estos grupos se toleraba la promiscuidad de los varones y se rechazaba la de las mujeres de familia, y gran parte de los nacimientos eran ilegítimos, en especial los de padres blancos y madres mestizas, indígenas o esclavas.

La administración colonial: audiencia y cabildos

La Real Audiencia ejerció el mando sobre el Nuevo Reino de Granada desde 1550 y en 1564 se decidió que uno de los oidores sería su presidente. La Audiencia nombraba gobernadores de las provincias, tasaba los tributos de los indios, era tribunal judicial y hacía cumplir las leyes españolas, que se producían sin cesar y regulaban casi todas las formas de la vida local: la explotación minera, la distribución de tierras, los impuestos al comercio, el monopolio comercial entre España y América, la persecución de los delitos.

En cada ciudad, desde su fundación, se instalaba el cabildo como autoridad administrativa, compuesto por entre cuatro y ocho regidores y dos alcaldes. En los primeros años los cabildos fueron nombrados por el adelantado o gobernador. A fines del siglo XVI se generalizó la venta de los cargos del cabildo. La compra podía ser anual o perpetua y ayudó a consolidar algunas familias como la "nobleza" de la ciudad, compuesta por los principales encomenderos y propietarios locales y sus hijos. El cabildo nombraba funcionarios, como los dos alcaldes, que ejercían la autoridad judicial y de policía, el alférez real, que presidía festejos y celebraciones y era un cargo de gran honor, y otros empleos como el escribano, el inspector de pesas y medidas, y el alguacil.

El cabildo distribuía las tierras entre los españoles, señalaba las tierras comunes, los ejidos y los "propios" (lotes que se arrendaban para producir ingreso a la municipalidad) y organizaba los servicios públicos: el aseo de la ciudad, la iluminación, los mercados semanales, la vigilancia de tiendas y chicherías. Además, asignaba los contratos para el abastecimiento de carnes, que eran el principal negocio de los hacendados locales: los proveedores eran casi siempre miembros de las familias de los regidores. Estos cabildos no tenían recursos importantes, pues no había impuestos a la propiedad o a la tierra, y los impuestos al comercio o a las minas eran administrados por la Real Audiencia. Se convirtieron en fuente de prestigio y distinción social de las principales familias, que compitieron con firmeza para formar parte de ellos. En los cabildos fue creciendo el orgullo de los blancos nacidos en América, que se veían como una nobleza, herederos de conquistadores y encomenderos, merecedores del reconocimiento del rey y la comunidad. Buena parte de los conflictos locales entre 1590 y 1810, además del rechazo a impuestos y otras medidas que afectaban a los residentes locales, tuvo que ver con disputas por ritos y ceremonias: el puesto de los regidores en procesiones y desfiles, los asientos en las iglesias, el tratamiento y las señales de respeto que les debían.

Casi todos los miembros de los cabildos fueron, después de unos años, nacidos en América, descendientes de los primeros pobladores y encomenderos, aunque algunos peninsulares consiguieron cargos en Cartagena o Bogotá. Esto contrastaba con lo que pasaba en la Audiencia o en la Iglesia: oidores y obispos fueron casi siempre de fuera del Nuevo Reino, tal vez por falta de candidatos con formación apropiada. De manera similar, los gobernadores y sus asesores militares o administrativos eran personas con carrera militar y administrativa, infrecuente entre los americanos. Así pues, mientras en los cabildos los neogranadinos ocuparon casi todos los cargos durante los siglos XVII y XVIII, los demás puestos altos se dieron por lo general a los peninsulares, aunque nunca faltaron americanos, sobre todo de otras regiones de las Indias.

Por otra parte, la nueva riqueza de Santafé de Antioquia, Socorro y Popayán, Cartagena y Santafé dio a sus familias notables la posibilidad de mandar a sus hijos a la universidad, establecida en Santafé desde el siglo XVII, pero que tuvo importancia sobre todo desde 1706, cuando comenzaron los estudios de derecho de la Universidad Javeriana, y que en 1709 dio al cartagenero José Joaquín Rocha uno de los primeros títulos neogranadinos que habilitaba para el ejercicio de la abogacía. En esta universidad los jóvenes del reino podían estudiar para sacerdotes o abogados, y prepararse para empleos más altos en la administración. Desde entonces hasta 1810 un poco más de 200 neogranadinos fueron inscritos como abogados por la Audiencia y formaron una comunidad letrada ansiosa de ascenso en la jerarquía administrativa. Aunque en otras audiencias la compra de cargos permitió que muchos criollos fueran oidores, en Santafé solo hubo un oidor neogranadino y ningún virrey. Pero en todo caso, algunos de estos abogados ocuparon cargos importantes en la administración del virreinato, como Francisco Antonio Moreno y Escandón, Defensor de Indios en 1756, miembro de la Real Audiencia de Santafé como fiscal y "regente" y presidente de la Real Audiencia de Santiago de Chile; Antonio de Narváez, gobernador de Santa Marta (1785) y Panamá (1793); Joaquín de Mosquera y Figueroa, el único oidor neogranadino de la Audiencia de Santafé (1787) y regente de España, o Frutos Joaquín Gutiérrez y Francisco de Vergara, que eran fiscales de la Audiencia en 1810.

Los criollos desarrollaron una actitud de grupo, apoyada en la insistencia en su hidalguía, en su mayor presencia en la administración, en la prosperidad económica, en la vinculación de sus familias con funcionarios españoles e incluso en la obtención de títulos de nobleza, que cuatro o cinco neogranadinos o españoles residentes en el Nuevo Reino, como el marqués de Santa Coa, el marqués de Valdehoyos, el conde de Pestagua y el marqués de San Jorge, recibieron, a veces por compra.

Los miembros de la "nobleza" o "blancos de primera clase", crearon redes familiares que reunían a comerciantes, terratenientes, funcionarios y letrados (abogados y curas) y controlaban la vida de sus ciudades. Los funcionarios españoles, por su parte, casaban a sus hijos con herederas locales; un ejemplo es la Audiencia, hacia 1750, cuando cuatro de cinco oidores estaban casados con ricas mujeres nacidas en el Nuevo Reino. Estas familias unían la herencia de la Conquista y la riqueza con el entronque con funcionarios reales y creaban redes muy amplias de consanguinidad, que perduraron como una de las formas principales de poder en el siglo XIX. Así, los criollos se blanqueaban al unirse con españoles sin sospecha de manchas de la tierra, y los españoles entraban en familias ricas y poderosas, en un equilibrio que, antes de 1781, parecía estable.

La defensa del reino

Después de 1550 el Nuevo Reino de Granada siguió enfrentando diversas amenazas. Por una parte, los indios se rebelaron con frecuencia. La revuelta general de 1556-1559 incluyó grupos del Cauca (quimbayas, urraos, gorrones, bugas), de las vertientes orientales del Magdalena (panches, gualíes, calimas, yariguíes) y del alto Magdalena (los pijaos, que destruyeron La Plata en 1557). En esta ocasión las autoridades vieron la rebelión como una amenaza real y decidieron enfrentarla hasta el exterminio de los indígenas, que estuvieron encabezados por el llamado cacique Calarcá. En 1568 hubo sublevaciones cerca de Cali y en Antioquia, donde fueron diezmados los indios de Nore y Teco. La fundación de Cáceres en Antioquia estuvo acompañada de la guerra contra los indígenas del bajo Cauca. Entre 1570 y 1610 hubo grandes campañas contra pueblos del Chocó, sobre todo en el río San Juan, así como contra los indios de La Guajira, los wayúu, cuyas siembras fueron arrasadas, y que volvieron a levantarse en 1602, 1619 y 1623. Otras rebeliones durante este siglo fueron las de los barbacoas (1634) y los andaquíes (1662).

En el siglo XVIII, en medio del conflicto internacional en el Caribe, los españoles se preocuparon por sujetar a los indios todavía "salvajes" de la costa atlántica. Hicieron guerra contra los cunas en 1690, pero estos respondieron ayudando a una colonización escocesa que se estableció en el istmo de Panamá, en Nueva Caledonia, entre 1698 y 1701, aunque no prosperó. Otra vez trataron de someter a cunas o chocoes en 1780, en campañas costosas, en las que se fundaron algunos pueblos españoles, que pronto fueron abandonados. En el oriente, los "motilones" o bari se mantuvieron insumisos, aunque se hicieron varias campañas para someterlos con la intención de hacer más fácil el comercio con Maracaibo.

En las llanuras del bajo Magdalena, entre la serranía de Zapatoca y las bocas del río, vivían grupos conocidos como "chimilas", aunque es posible que fueran comunidades de diverso origen e independientes entre sí. Estaban en una zona importante para el comercio, y hostigaban a comerciantes y champanes que bajaban por el Magdalena. En el siglo XVIII se fundaron varias poblaciones que se apropiaban de las tierras de los indios y los empujaron a zonas más remotas, arrinconándolos contra las estribaciones de la sierra Nevada, pero sin lograr someterlos. A lo largo de este mismo siglo se mantuvo un enfrentamiento permanente con los wayúu, que osciló entre la sujeción parcial, la alianza con algunos caciques para enfrentar a chimilas y cocinas y la rebelión abierta, como las de 1753 y de 1769. Una razón más para controlar a los wayúu era reducir el contrabando que hacían con barcos ingleses u holandeses, que traían a La Guajira mercancías de Jamaica o Curazao para cambiarlas por mulas, caballos y otros productos.

El interés por sujetar a los indios de la costa tenía que ver con los conflictos de España con otros poderes europeos. Inglaterra, Francia, Holanda apoyaron, en momentos de guerra, a corsarios, piratas, bucaneros o filibusteros que atacaban los puertos españoles en América o los barcos cargados de metales preciosos. Además, establecieron colonias en América y, desde estas, sus comerciantes trataron de abastecer los puertos de la costa atlántica y romper el monopolio de Cádiz.

Los primeros ataques a la costa neogranadina se produjeron hacia 1537, cuando piratas franceses asediaron Cartagena. Hubo nuevas incursiones francesas en 1543 y 1544, a Riohacha y Cartagena. En Santa Marta, Jean François de Roberval llegó fingiéndose comerciante y terminó saqueando la ciudad, lo que aprovecharon los indios para rebelarse. En 1560, Martin Cote, francés, atacó Cartagena: los indios de Tierra Bomba (Carex) ayudaron a los españoles sembrando el piso de púas envenenadas, pero el pirata se llevó un buen rescate.

Firmada la paz entre España y Francia en 1559, los ingleses tomaron la iniciativa. Los dos países estaban enfrentados en Flandes y otros sitios, aunque no había guerra abierta, e Inglaterra expidió en varias ocasiones "patentes de corso" que autorizaban a atacar a los españoles. En 1566 y 1567 Francis Drake y John Hawkins, como corsarios, contrabandearon en La Guajira y Santa Marta, y en 1568 sacaron 4000 pesos de rescate de Riohacha y atacaron sin éxito Santa Marta y

Cartagena. En 1585 Francis Drake, como general de la armada inglesa, asedió Riohacha e incendió Santa Marta y en 1586 sitió Cartagena, con 19 buques, y la ocupó durante siete semanas. Cobró un rescate alto y se llevó muchos esclavos y todas las campanas de la ciudad. Una epidemia, tal vez de tifo, diezmó a los atacantes. Volvió en 1595 y en 1596, con Hawkins, atacó Riohacha y destruyó Santa Marta. Siguieron hacia Panamá, pero en 1597 Drake murió enfermo, en una gran peste, cerca de las playas de Portobelo. En 1596 Anthony Shirley se apoderó de Santa Marta, pero ya no había mucho que robar en la ciudad.

Ante los ataques a Cartagena, donde se reunía el oro del Nuevo Reino, la Corona decidió fortificar la ciudad, cuyas defensas se habían limitado al fuerte de Boquerón, construido en 1566, y a una cadena que se tendía frente a la Boca Chica para que los barcos no entraran a la bahía. Juan de Tejada y Juan Bautista Antonelli llegaron en 1586 y comenzaron a convertir la ciudad en una plaza fuerte, amurallada y con varios castillos.

Entre 1603 y 1619 hubo tranquilidad, rota al entrar España en otra guerra contra Holanda, Inglaterra y Francia. Los holandeses se apoderaron en 1628 del tesoro enviado a España desde América y en 1634 ocuparon en forma definitiva Curazao y Aruba, que se convirtieron en centro de contrabando.

Los ingleses ocuparon las Bermudas y otras islas, y en 1628 una expedición de corsarios, encabezada por el duque de Warwick, terminó dejando un buque en San Andrés y Providencia: comenzó entonces la colonización puritana de la isla, hasta entonces sujeta a Panamá. En 1635, una flota armada de Cartagena atacó las islas, sin resultado, a lo que respondieron los ingleses autorizando la piratería; al menos una expedición salió de allí para atacar Santa Marta. En 1641, una armada de Cartagena logró retomar San Andrés, capturó 600 esclavos y expulsó a los colonos. En los años siguientes los ingleses la recapturaron y perdieron, pero en 1670 el pirata Henry Morgan la tomó con más de 1000 hombres: el gobernador español se rindió sin pelear, aunque exigió una batalla aparente. El archipiélago se mantuvo bajo control inglés hasta 1786, cuando fue devuelto a España y en 1793 se puso bajo la autoridad del virreinato de la Nueva Granada.

Una paz firmada con Inglaterra en 1670, aunque consagró la ocupación de Jamaica por los ingleses, trajo algo de tranquilidad. Fueron los franceses el siguiente enemigo, y en 1697 una armada de más de 60 barcos encabezada por el barón de Pointis y apoyada por filibusteros antillanos, atacó y tomó Cartagena, después de un largo sitio. El botín fue fabuloso: 10 millones de pesos y como Pointis no lo repartió a los piratas, estos volvieron y saquearon otra vez la ciudad.

En el siglo XVIII las relaciones con Inglaterra alternaron periodos de paz y contrabando con periodos de guerra, ataques militares y más contrabando. Durante la guerra de 1700 a 1713, producida por la llegada de los Borbones al trono español, los ingleses impidieron el comercio entre España y tierra firme, atacaron la única flota que llegó en estos años y hundieron el galeón San José al llegar a Cartagena, con un gran tesoro de plata peruana. En 1713 se firmó la paz, pero España tuvo que hacer importantes concesiones: Inglaterra recibió el derecho a surtir de esclavos las Indias. Al controlar la trata, que les daba el derecho de acompañar los buques de esclavos con un buque de abastecimientos, convirtieron este buque en centro de contrabando. Hubo una breve guerra en 1727-1729 y otra en 1739-1748 en la que los ingleses atacaron Cartagena, sitiada en 1741 por el almirante Edward Vernon y defendida por Blas de Lezo. Los ingleses fueron derrotados en gran parte por las pestes y las epidemias y debieron retirarse sin entrar a la ciudad. Hubo nuevas guerras entre 1762 y 1763 y después de 1779, cuando España apoyó a los colonos norteamericanos que buscaban independizarse. En 1793 España entró en guerra contra la Francia revolucionaria, pero en 1795 firmó la paz con Francia y volvió a estar en guerra con Inglaterra de 1796 a 1802 y de 1804 en adelante.

El establecimiento del virreinato y las reformas borbónicas

La guerra con Inglaterra que terminó en 1713 mostró que, a pesar de la riqueza de América, España estaba perdiendo poder frente a Inglaterra, Francia y Holanda. Ante las concesiones que hizo en 1713 y que debilitaban su monopolio comercial, España trató de reformar a fondo el sistema colonial. Hasta entonces había buscado ante todo proteger el monopolio de los mercaderes españoles y cobrar impuestos sobre el comercio, principalmente en Sevilla y Cádiz. El oro americano, al llegar a España, era exportado para comprar las mercancías que las Indias necesitaban. De este modo España era intermediaria de un comercio que favorecía las industrias de los países del norte. Para muchos, la riqueza americana había dañado la industria y la agricultura españolas para favorecer al gremio comercial de Cádiz y cobrar unos impuestos fáciles. Como remedio, había que promover la producción de América, reduciendo las trabas al comercio entre las Indias y España y aumentando los impuestos a los bienes que entraran a España. De este modo, las Indias podrían convertirse en un gran mercado para la agricultura española y para las industrias, sobre todo textiles, que pudieran desarrollarse. Pero eso requería capacidad para defender América, patrullar los mares e impedir el contrabando desde Jamaica, Curazao o las colonias norteamericanas, y que los funcionarios americanos fueran fieles e hicieran cumplir las leyes. Las reformas aplicadas cambiaron las reglas del comercio, para hacerlas más flexibles (por ejemplo, en 1765 autorizaron el comercio directo de varios puertos de España con Cartagena y otros sitios del Caribe, lo que se amplió en el llamado Reglamento de Comercio Libre de 1788, que permitió un comercio menos regulado, siempre entre españoles) y para mejorar y hacer más eficaz la administración, sobre todo en el cobro de impuestos, muchos de los cuales se habían dejado de cobrar o se aplicaban en forma laxa.

Inspiradas por el pensamiento ilustrado, las autoridades españolas apoyaron cambios sociales y culturales: el crecimiento de las universidades, el estudio de los recursos americanos para mejorar la agricultura y la minería, la publicación de periódicos, la creación de sociedades de comerciantes o propietarios para fomentar la economía. Y trataron de imponer, inspirados por el absolutismo francés, una visión más autoritaria del poder del rey y del Estado, para superar el sistema tradicional caracterizado por frecuentes transacciones con intereses locales.

En efecto, al menos desde 1640 y hasta 1739, la Real Audiencia de Santafé mantuvo una estrecha alianza con los grupos locales. Muchos de los oidores terminaron vinculados con las familias principales de Bogotá, Popayán o Cartagena. Los impuestos se mantuvieron estables y se cobraban con laxitud, y cuando una norma española parecía amenazar la tranquilidad, se aplazaba su cumplimiento, aplicando la regla del "se obedece, pero no se cumple", hasta que llegó a creerse que esta regla estaba escrita en las normas legales y que el rey había ordenado que no se obedecieran sus resoluciones cuando en algo fueran "en perjuicio de sus vasallos". Un ejemplo extremo de estas formas de rebelión legalista fue la destitución, por los oidores de la Audiencia, del presidente Antonio Manso y Maldonado, en 1739.

Este sistema transaccional había sido eficaz para mantener la paz en la "república española" del Nuevo Reino donde, después de los conflictos de las alcabalas y las composiciones a fines del siglo XVI, la autoridad no tuvo que enfrentar rebeliones graves de blancos o mestizos y pudo, con la ayuda de estos, combatir a los indios rebeldes o a los esclavos cimarrones. Este gobierno por consenso, por aceptación de los vasallos de la autoridad del rey, pero al mismo tiempo con cuidado de no provocar la resistencia de los vasallos, permitió que pudiera gobernarse el reino casi sin soldados permanentes. En efecto, sin ejército local, la aplicación de las leyes contra los delincuentes, la captura de los homicidas, la búsqueda de esclavos cimarrones o el ataque a indios rebeldes se hacía con partidas compuestas por vecinos, pues no existía tampoco un sistema de policía más allá de algunos alguaciles civiles en las ciudades. De este modo, la ley se aplicaba en forma negociada y, en cierto modo, consensual con los vecinos blancos, mientras que, con su ayuda, se aplicaba con más rigidez a los que violaban las leyes aceptadas por todos —a homicidas y ladrones, sobre todo— y a indígenas y esclavos. La cárcel, en la plaza mayor, estaba reservada para los blancos. Los indígenas eran castigados por sus caciques y sus curas, con azotes y cepo. Cuando el delito era grave, como en casos de homicidio o de persistente rebelión indígena o cimarrona, las autoridades podían decretar la pena de muerte, que se aplicaba en las ciudades españolas, ahorcando al condenado, si era indio o mestizo, o con arma de fuego, si era español. Con frecuencia la cabeza o la mano de los ejecutados se exhibía en la picota pública o a la salida de la ciudad.

Ejecuciones memorables fueron la de Domingo Biohó, rey de los cimarrones de María, ejecutado en 1616, y la de Vitorino Vichineva, un indio ahorcado, descuartizado, exhibido y arrojado al río Bogotá en 1707 por el homicidio de un capitán indígena.

La principal reforma fue la creación del virreinato de la Nueva Granada, para tener un gobernante capaz de imponerse a la Real Audiencia. El primer virrey, después de un ensayo entre 1719 y 1727, llegó en 1739, en medio de una guerra con Inglaterra, y coordinó con éxito la defensa de Cartagena. En el nuevo sistema la Audiencia Real conservaba poderes judiciales y tareas administrativas, pero el virrey asumía el nombramiento y control de los gobernadores, la vigilancia del fisco y el mando sobre las tropas, que crecieron rápidamente. Se intentó suspender la venta de cargos, que llevaba a que los ricos monopolizaran los puestos municipales, pero la falta de recursos hizo que siguiera. De todos modos, los virreyes aumentaron poco a poco el número de españoles en los principales cargos, en particular al mando de tropas, como los gobernadores, que ya para 1794 eran casi todos españoles. Los cabildos, con regidores que casi siempre compraban sus puestos, siguieron en manos de los criollos, a pesar de algunos intentos de los virreyes de nombrar regidores adicionales en Bogotá y otros sitios.

Al fomentar exportaciones, apoyar la aplicación de la ciencia a la minería y la agricultura, estimular el desarrollo de las universidades y la cultura, las reformas coincidían con los intereses de los criollos, que acogieron con entusiasmo el nuevo espíritu. Entre 1764 y 1780 uno de los mayores promotores del cambio fue el criollo Francisco Antonio Moreno y Escandón, defensor de indios y asesor del virrey. Moreno tuvo que ver con la reforma de los hospicios, la renta de salinas y, sobre todo, con la disolución de muchos resguardos indígenas del oriente cuyas tierras se entregaron a criollos y mestizos. Fue también el ejecutor de una medida que tuvo más opositores, la expulsión de los jesuitas, que trató de usar para promover el mundo letrado. Moreno propuso que con sus libros se creara una biblioteca pública, para beneficio de estudiantes pobres, y que se usaran los bienes de los jesuitas para crear una universidad pública, ya que la única que podía dar títulos era la de los dominicos, mucho más ortodoxa que la Javeriana, cerrada con la expulsión. Moreno pensaba que esto permitiría que "el tesoro de la ciencia" dejara de ser monopolio de una comunidad religiosa y llevaría a una enseñanza más ilustrada. En 1774 aprovechó el escándalo creado por las conferencias de José Celestino Mutis, en las que enseñó las teorías copernicanas sobre el sistema solar, con gran oposición de los dominicos, para que se aprobara un plan de estudios que recomendaba huir de la escolástica, adoptar autores "modernos" y enseñar derecho público. El plan comenzó a aplicarse, con apoyo del virrey y los criollos ilustrados, pero fue suspendido en 1779, por oposición de los religiosos y de funcionarios como el visitador Francisco Gutiérrez de Piñeres, que veía en las reformas apoyadas por Moreno un esfuerzo criollo para imponerse sobre la autoridad española, y desautorizó tanto el plan de estudios como la distribución de tierras y la liquidación de resguardos.

Pero las reformas borbónicas tenían un interés central, que era el aumento de los ingresos locales y el control de gastos, lo que era menos fácil de hacer aparecer como amable a los habitantes. Hasta 1739, los principales impuestos eran el almojarifazgo y la avería, que gravaban la entrada de productos españoles, y la alcabala, que se cobraba en la venta de productos dentro del país. A estos se añadieron pronto dos grandes rentas basadas en el establecimiento de monopolios o estancos: la del aguardiente y la del tabaco.

El aguardiente local, de caña, se había producido desde el siglo XVI, pero con frecuencia se prohibió, considerando que era dañino y además para favorecer el aguardiente español. Las polémicas sobre sus efectos fueron grandes y, por ejemplo, en 1704 en Cartagena fue autorizado, después de años de prohibición, por el provisor de la diócesis, con el argumento de que era sano y menos peligroso que las aguas de los aljibes. En 1714 se prohibió otra vez, pero en 1736 el rey aceptó su carácter benéfico —estaba compuesto solo de agua, miel y aromas de canela y anís— y ordenó que se rematara en beneficio del fisco el derecho a producirlo y venderlo, comenzando por Cartagena. Para estimular la renta se prohibió la importación de España de aguardientes de uva, que se mantuvo, con interrupciones, hasta 1789. El estanco funcionó a medias y las formas de aplicarlo variaron. Desde 1760 se adoptó la administración estatal de la renta en algunas regiones, y en 1777 se comenzaron a construir "reales fábricas de aguardiente" en varias ciudades, con alambiques y destilerías complejas. Juan Bautista Monzón, un ingeniero español que había participado en la fortificación de La Habana, dirigió la construcción de las fábricas de Honda, Cali, Zipaquirá y Medellín, entre otras. Estas fábricas, que eran los establecimientos industriales más avanzados de la época, compraban la miel a grandes productores locales, mientras que los pequeños cañeros abastecían a los productores clandestinos, que eran muchos. Antes de que Antonio Narváez de la Torre montara la fábrica de Corozal, destruyó por lo menos 65 alambiques caseros en las sabanas vecinas. Por otra parte, la venta exclusiva de aguardiente era rematada a "estanqueros" en cada región.

Estos sistemas provocaban conflictos con diversos intereses locales, pues enfrentaban a los funcionarios reales y a la guardia de rentas con los productores clandestinos, y hubo levantamientos y motines en algunas regiones, como en Tunja y Sincelejo, en 1752, y en Cartago y el occidente desde 1765. Además, los pequeños productores de miel, que no podían lograr los contratos de abastecimiento para las fábricas de aguardiente, competían con los grandes hacendados, que producían con esclavos y tenían grandes trapiches.

El otro monopolio fue el del tabaco. Antes de 1740 su producción y venta había sido libre, pero ese año la Corona ordenó su estanco, para convertirlo en fuente de rentas. Este comenzó a ponerse en práctica en 1764, al arrendar la producción de Honda para su venta en algunas provincias, y se fortaleció en 1774, cuando se generalizó un sistema en el que los administradores de tabaco compraban toda la cosecha y la vendían a los intermediarios. En 1779, cuando llegó el visitador Francisco Gutiérrez de Piñeres a imponer una reorganización general de las rentas, prohibió el cultivo en todas partes, menos en Ambalema, Girón, Pore y Palmira, y con una oferta controlada subió los precios. Esto produjo un descontento general, tanto de los consumidores como de los productores de las zonas donde se prohibía sembrarlo, como Socorro o Guarne: en todos estos sitios se produjeron levantamientos que confluyeron, en 1781, en una revuelta general.

Precisamente una de las reformas administrativas de los Borbones desde 1766 fue la creación de las "intendencias": el nombramiento de un administrador general de hacienda de cada virreinato, para hacer cumplir las leyes tributarias, controlar el contrabando y promover los ingresos. Francisco Gutiérrez de Piñeres fue nombrado visitador general del Nuevo Reino para que preparara el establecimiento de la intendencia. Al llegar ordenó el sistema de correos, reorganizó las tesorerías, revivió impuestos vigentes pero olvidados, controló el contrabando en la costa e hizo cobrar con rigor los impuestos de aduana y, como ya se señaló, dio una estructura firme a los monopolios del tabaco y el aguardiente, así como a otros, de menos impacto, como el de naipes y pólvora. Todo esto produjo un rechazo generalizado de propietarios grandes y pequeños, cultivadores de tabaco y consumidores. A la incomodidad de los cultivadores de tabaco y de caña se sumó la de los comerciantes, porque el visitador revivió varios impuestos, aumentó las alcabalas y sometió todo el comercio a un rígido sistema de control para cobrar los impuestos sobre las ventas.

Los levantamientos comenzaron en Charalá y Socorro cuando, en el día de mercado del 16 de marzo de 1781, los enfurecidos campesinos y comerciantes arrancaron los avisos de las nuevas reglas de impuestos. Las protestas crecieron con rapidez y poco a poco fueron incorporando a los notables locales de todo el oriente y se extendieron a los llanos orientales. En decenas de pueblos se formaron grupos de gente del "común" que se unían y armaban para pedir el cambio de los impuestos. El gobierno de Bogotá mandó a los pocos soldados disponibles a tratar de frenar a los rebeldes, pero el 8 de mayo fueron derrotados por unos 500 hombres al norte de Tunja, lo que provocó el pánico en Bogotá, la huida de Gutiérrez de Piñeres a Cartagena donde estaba el virrey Manuel Antonio Flórez y el nombramiento de una comisión encabezada por el arzobispo de Bogotá para hablar con los rebeldes y tratar de impedir la toma de la capital. Un nuevo grupo armado se formó en Bogotá para defender a las autoridades, en buena parte por cuenta de su capitán el marqués de San Jorge, un criollo que parece haber simpatizado con los rebeldes y que no los atacó. A mediados de mayo estos grupos, coordinados por los notables de Socorro, Vélez y otros sitios, elegidos por el común, habían formado un ejército de 16 000 personas, que llegó a Zipaquirá, a un día de camino de

Bogotá. Los delegados de las autoridades fueron enviados a hablar con los jefes "comuneros", para tratar de impedir la toma de la indefensa ciudad. Para ello, aceptaron casi todas las peticiones de los rebeldes y firmaron unas "capitulaciones" el 7 de junio de 1781, que fueron solemnizadas con un juramento en la iglesia de Zipaquirá encabezado por el arzobispo Antonio Caballero y Góngora.

Estas incluían la anulación de los cambios recientes: la eliminación del impuesto revivido de Barlovento y de un tributo personal a los blancos (de dos pesos) —que parecía especialmente ofensivo, pues los trataba como a indios al cobrarles un impuesto personal—, la reducción de la alcabala y del precio del aguardiente, la sal y los correos y la supresión del monopolio del tabaco. Añadían reivindicaciones de los grupos criollos: en particular, la de que los cargos del virreinato se dieran a los americanos, por la antipatía que los funcionarios europeos mostraban a los habitantes locales. Además, incluían algunas peticiones de comerciantes, grandes y pequeños: el derecho a hacer rancherías en los caminos, la libertad para abrir tiendas y pulperías sin impuestos especiales. Como algunos grupos de indígenas, encabezados por Ambrosio Pisco, quien fue proclamado cacique de Bogotá, se sumaron a las protestas, las "capitulaciones" prometían también dar la tierra en propiedad, y no solo en usufructo, a las comunidades indígenas cuyos resguardos no hubieran sido ya disueltos, y la reducción del tributo a cuatro pesos por año.

Estos convenios fueron aprobados y jurados con solemnidad por las autoridades españolas y el arzobispo que, sin embargo, hicieron un acta secreta en la que declaraban que eran inválidas, por haber sido obtenidas mediante la fuerza. Cuando los confiados comuneros se desbandaron y volvieron a sus pueblos, el virrey mandó tropas desde Cartagena —el único sitio con un número amplio de soldados, por la guerra con los ingleses— y comenzó a reprimir a los rebeldes. Al anunciar que no se cumplirían los acuerdos, algunos volvieron a tomar las armas, dirigidos por José Antonio Galán, pero ahora las autoridades, encabezadas por el arzobispo, que recorrió las zonas de Socorro acompañado por varios capitanes sometidos, fueron capaces de enfrentarlos y derrotarlos, y en diciembre Galán y cuatro compañeros fueron ejecutados y sus cabezas exhibidas en la picota pública.

La rebelión era una revuelta tradicional, que buscaba, por un acuerdo con las autoridades obtenido mediante la resistencia de los vasallos fieles, frenar las medidas, sobre todo tributarias, que el rey, por ignorancia de los hechos, podía estar tomando. Buscaba corregir los errores y excesos y en ningún momento se puso en duda la autoridad real. Pero mostró a criollos y españoles la debilidad militar del reino, encontró un horizonte común de reivindicaciones que puso por primera vez en un mismo lado del conflicto a criollos, mestizos e indios, a comerciantes, cultivadores y mineros. La elección de un cacique indígena, la liberación de esclavos que hizo el capitán José Antonio Galán en Neiva y el lenguaje desafiante de los manifiestos y documentos de los comuneros dejaron un recuerdo inquietante. La rebelión fue controlada con facilidad, y el papel de la Iglesia fue fundamental, así como el interés de los capitanes comuneros, miembros en su mayoría de familias notables, por evitar el tratamiento de traidores que se dio a quienes mantuvieron su actitud rebelde, y que fue anunciado por el virrey Flórez en julio: "Todo aquello que se exige con violencia de las autoridades trae consigo mismo perpetua nulidad, y es una traición declarada".

Ante la muerte de un nuevo virrey, que apenas alcanzó a llegar en junio de 1782 a Bogotá, asumió como nueva autoridad Caballero y Góngora, que buscó, durante sus seis años de gobierno, continuar las reformas ilustradas, pero mejorando la capacidad de las autoridades para enfrentar resistencias. Concedió una amnistía total a los rebeldes y retomó las reformas educativas —estableció la cátedra de Matemáticas—, y apoyó la Expedición Botánica, encabezada por el médico español José Celestino Mutis, que durante los veinte años siguientes hizo un inventario cuidadoso de la flora local y, sobre todo, reunió en sus trabajos a un grupo de jóvenes letrados criollos, interesados en la naturaleza local. Aunque, siguiendo instrucciones de la Corona, hizo unas expediciones armadas contra los indios del Darién y La Guajira, fue flexible con el comercio del Caribe y, puesto que la guerra con Inglaterra impidió la llegada de buques españoles hasta 1785, permitió la entrada de buques neutrales que venían principalmente de las Antillas holandesas y francesas, así como de Estados Unidos, permiso que se mantuvo, para casos especiales, incluso después de que con la paz volvieron los buques de España. Este permiso dio a los comerciantes y productores criollos una experiencia real de "comercio libre".

La ocupación del territorio y las regiones al final de la Colonia

El Nuevo Reino de Granada, a fines del siglo XVIII, estaba integrado por las áreas sometidas a la Real Audiencia de Santafé y al virrey. Excluía por lo tanto Quito, donde existía una Real Audiencia, y Venezuela, donde se había creado una capitanía general autónoma en 1768. Panamá, aunque dependía formalmente del virreinato, tenía una administración muy autónoma.

La distribución de la población indígena y la ocupación española configuraron regiones con funciones económicas y rasgos propios. Bogotá era el centro de la más poblada, la altiplanicie oriental, habitada por campesinos mestizos, minifundistas o agregados en las grandes propiedades de los terratenientes, y con una comunidad criolla fuerte, por el papel cultural y administrativo de la capital; los llanos orientales la abastecían de carnes. En Popayán los criollos usaban sobre todo esclavos para explotar sus minas del Pacífico y sus haciendas, donde se formaron comunidades con gran población de origen africano, mientras que los indios de las tierras altas vivían todavía en sus pueblos, hablaban su lengua, conservaban sus resguardos y estaban bajo la influencia de curas y grandes propietarios. En Santafé de Antioquia y Medellín, donde la población libre se sentía blanca, la principal actividad era la minería de aluvión. La agricultura era pobre y se estaba promoviendo la colonización de nuevas tierras. En Socorro y Pamplona los habitantes se agrupaban en pequeñas parroquias rodeadas de una agricultura de grandes y medianos propietarios blancos y con numerosos artesanos. Las tierras bajas del Pacífico (Chocó y Barbacoas) eran de minería esclavista, explotados por propietarios de Popayán. El valle del Cauca (Cali, Buga, Cartago) se había convertido en una zona de grandes haciendas que abastecían las minas de Antioquia y Chocó. La costa atlántica (Cartagena y Santa Marta) tenía ante todo una función comercial, con ricas comunidades de españoles y criollos y una población formada en gran parte por "castas": mestizos de origen africano, negros libres y otros grupos. En el río Magdalena se prolongaba esta función comercial y de transporte con villas como Mompox, Ambalema y Honda, y al sur (Neiva y Mariquita) tenía sabanas donde se criaban ganados para Bogotá.

Estas zonas se identificaban con una ciudad principal, con un cabildo compuesto por criollos orgullosos y celosos de su autonomía, a veces en competencia con ciudades y villas menores. Estas rivalidades dieron origen a una tradición de tensiones de orgullos locales que influyó en los conflictos civiles de la Independencia y del siglo XIX, pues ciudades como Cartagena, Socorro o Mompox se resistían a aceptar la primacía de Bogotá o sitios como Pasto o Santa Marta, enfrentados a Popayán o Cartagena, apoyaron, en las guerras de Independencia, a los españoles contra los patriotas.

CAPÍTULO V

La Independencia inesperada: 1810-1819

El impacto de las revoluciones y la crisis española de 1808

El crecimiento de la minería, la agricultura y el comercio aumentó el poder de las grandes familias del Nuevo Reino. Muchos de sus hijos, frustrados por las restricciones al comercio o a la agricultura, o por la política de dar los mejores cargos a los europeos, querían un nuevo "pacto" colonial que les diera más poder, reconociera su derecho a ocupar los cargos públicos y creara mayores oportunidades para el progreso, mediante la libertad de comercio, la reducción de impuestos, la supresión de monopolios o la distribución de tierras (baldíos y resguardos). Pocos, influidos por el ejemplo de Estados Unidos o por la lectura de ideólogos ilustrados, pensaron antes de 1808 en la conveniencia de independizar América. Quizá el único que durante años lo creyó fue Pedro Fermín de Vargas, uno de los jóvenes bogotanos interesados en el conocimiento y la reforma del reino, quien se exilió desde 1791 y vivió en Europa y el Caribe hasta 1810, de conspiración en conspiración, y apoyó en algunos momentos los proyectos de independencia de Francisco Miranda. Y es posible que también Antonio Nariño lo haya considerado, al menos entre 1795 y 1798, cuando estuvo exiliado.

Un gobierno independiente parecía menos remoto por el ejemplo de las colonias inglesas del norte en 1776, cuando se crearon los Estados Unidos de América, con un gobierno federal, republicano y representativo. Pero era difícil pensar cómo sería un país independiente. ¿Incluiría en un solo Estado todas las colonias españolas o sería una federación de centenares de provincias?, ¿se gobernaría con un rey o como una república representativa?, ¿quiénes serían ciudadanos, la "nobleza" criolla o todos los hombres libres?, ¿y cómo podría lograrse, con una rebelión armada o de otra forma? Las dificultades parecían insuperables. Por ello, la mayoría de los notables americanos, fieles a la realeza, pero descontentos con sus políticas, esperaban que el gobierno español hiciera reformas, pues si eran bien tratados, si los abogados y bachilleres criollos tenían los cargos que creían merecer y si el gobierno buscaba el progreso, se podrían sentir bien como vasallos del imperio español.

Después de sometida la revuelta comunera las cosas parecieron volver a su cauce normal y autoridades y vecinos parecen haber tratado de olvidar el levantamiento. Los virreyes, sobre todo Caballero y Góngora (1783-1787), José de Ezpeleta (1787-1797) y Pedro de Mendinueta (1797-1803), aunque trataron de imponer la autoridad, nombraron peninsulares (o al menos americanos de otras regiones) para los cargos principales y mantuvieron los odiados estancos del tabaco y el aguardiente, siguieron patrocinando los proyectos de los intelectuales criollos. Apoyaron, desde 1783, la Expedición Botánica, en la que, siguiendo la orientación de Mutis, trabajaron Francisco José de Caldas, Francisco Antonio Zea, Jorge Tadeo Lozano, José María Carbonell y otros letrados neogranadinos. Respaldaron también empresas de "fomento", como la sociedad anónima para la explotación de minas de Almaguer, la modernización de las minas de Santa Ana, la exportación de añil y de quina, la apertura de caminos o la fundación de pueblos en tierras tituladas, pero sin utilizar, como se hizo en Antioquia. A pesar de que el plan de estudios de Moreno y Escandón fue desmontado, los profesores, con apoyo oficial, siguieron guiándose por su espíritu y trataron de crear una cátedra de Medicina, con la idea de graduar doctores en ese campo. Acogieron la formación de Consulados de Comercio, formados por los principales importadores de bienes, y de Sociedades de Amigos del País, para discutir otras medidas de fomento. En 1791 el virrey Ezpeleta apoyó el primer periódico, el *Papel Periódico de Santafé de Bogotá*, en el que escribieron los jóvenes eruditos, como Caldas, Joaquín Ricaurte, Joaquín Camacho, Nariño y Zea, en apoyo a las reformas de los estudios, a la investigación de las riquezas naturales del Nuevo Reino, a la aplicación de la economía política o la estadística al gobierno o discutieron qué era eso de ser granadino, español y americano. En 1801 Jorge Tadeo Lozano, hijo del primer marqués de San Jorge, y José Luis de Azuola, uno de sus familiares, publicaron el primer periódico privado, el *Correo Curioso*. Todavía en enero de 1808 los jóvenes científicos lograron el apoyo del virrey Antonio Amar y Borbón para un periódico dedicado a la geografía, la botánica, la zoología y la promoción de la educación pública: el *Semanario del Nuevo Reino de Granada*, dirigido por Francisco José de Caldas.

Los intelectuales americanos parecen haber disfrutado el ambiente ilustrado promovido por los virreyes y lo aprovecharon para formarse, consolidar una red social en las ciudades y villas principales, y participar en discusiones en las que empezaron a sentir que, aunque eran parte de la nación española, tenían intereses propios americanos.

Por otra parte, la Revolución francesa trajo en 1789 nuevos temores. Para muchos, la violencia popular, el ataque al clero y a la monarquía, la ejecución de Luis XVI, eran prueba de los nefastos resultados de las ideas de la Ilustración. Los enemigos de las reformas aprovecharon para buscar firmeza de las autoridades: ¿no estaban estas promoviendo ideas peligrosas al criticar la filosofía escolástica, impulsar periódicos donde los criollos discutían las nuevas ideas, apoyar sus tertulias?

Aunque hubo conflictos locales —una revuelta en Barbacoas contra el monopolio del aguardiente en 1791, otra en Túquerres en 1794 en la que los indios mataron al corregidor, la huida de esclavos para formar aldeas cimarronas— no parecían indicar más que la tradicional indisciplina que los virreyes atribuían a negros e indios. Algo más irritante era el creciente enfrentamiento entre americanos y españoles por el nombramiento de peninsulares en la mayoría de los cargos, que producía peleas y conflictos cada vez más frecuentes, sobre todo con los más quisquillosos nativos, que se sentían maltratados y sin reconocimiento. Jorge Miguel de Lozano, marqués de San Jorge, que había tenido una participación ambigua en la revuelta de los comuneros y se negaba a pagar algunos derechos por el marquesado que había comprado, escribió en 1785 fuertes quejas de la política de los virreyes y las mandó al rey: pronto fue apresado y encarcelado en Cartagena, en una respuesta inesperadamente drástica. Lozano nunca volvió a Bogotá, pues, liberado en 1793, murió al poco tiempo en Cartagena.

La primera confrontación preocupante, que las autoridades y los españoles vieron como señal de voluntad de independizarse de España, ocurrió a comienzos de 1794, cuando Antonio Nariño, un joven y próspero comerciante, de las familias más poderosas del reino, que había sido alcalde en 1789 y recaudador de diezmos y reunía en su casa una tertulia con otros jóvenes letrados, publicó, en la imprenta que había establecido con patrocinio del virrey, la Declaración de los Derechos del Hombre y del Ciudadano hecha por la Asamblea francesa de 1789. Aunque Nariño recogió las copias y nunca se encontró un impreso de la Declaración, fue apresado y juzgado con dureza después de que en agosto se pegaran en las paredes de la ciudad pasquines contra las autoridades. Aterrados por las denuncias de que se preparaba una conspiración para acabar con los estancos y apoderarse del gobierno local, que hacía recordar la gran marcha comunera de trece años antes, y por la participación de miembros de las familias más prominentes de Bogotá, los oidores se plegaron al más autoritario Juan Hernández de Alba y empezaron un proceso en el que torturaron a varios acusados y condenaron a Nariño y a diez más (entre ellos su abogado José Antonio Ricaurte, Francisco Antonio Zea, el médico francés Luis de Rieux, Sinforoso Mutis y el impresor Bruno Espinosa) a prisión en Cartagena o España. Nariño se escapó al llegar a Cádiz y después de buscar sin éxito el respaldo francés e inglés para una posible revuelta volvió en 1797 a pedir perdón al arzobispo y al virrey. Aunque es probable que el deseo de independencia no hubiera existido más que en la mente de los temerosos funcionarios, la reacción violenta confirmó la sospecha de los letrados criollos de que las autoridades españolas eran cada vez más hostiles a sus intereses.

Las Juntas autónomas

En 1808 los criollos tuvieron que decidir de repente quiénes podrían gobernar las Indias. Desde 1796 España, que se había vuelto a aliar con Francia, estaba en guerra con Inglaterra, en la que sufrió las derrotas de San Vicente en 1798 y Trafalgar en 1805, que destruyeron la armada española y bloquearon casi por completo el comercio entre España y América. En medio de esta crisis, cuyo efecto era que las colonias tuvieran que defenderse por sí mismas, Napoleón Bonaparte, inquieto por la incapacidad del rey Carlos IV de España, que había abdicado a favor de su hijo Fernando VII y por la actitud algo menos sumisa de este, logró que los reyes renunciaran al trono a favor de su hermano José Bonaparte.

Frente a un rey francés impuesto a la fuerza o por traición hubo una rebelión inmediata en varios sitios de España, con gran apoyo popular, y se formaron Juntas locales para gobernar en nombre de Fernando VII, mientras siguiera preso de los franceses. Sin embargo, algunos ilustrados y parte de la nobleza española apoyaron a los franceses y, en julio de 1808, unas reducidas Cortes de España reunidas en suelo francés (en las que participaron dos neogranadinos, Francisco Antonio Zea e Ignacio de Tejada, que expresaron su satisfacción con las concesiones de Napoleón), aceptaron una "constitución" redactada por los franceses, basada en la idea del pacto entre el rey y el pueblo.

Así, a partir de este momento, existieron dos autoridades: la del emperador José Bonaparte, que controló la mayor parte del país, y las Juntas de Gobierno, con poder en pocos sitios del sur de España, pero con gran apoyo popular. La Junta Suprema de España e Indias, que se formó en Sevilla, y la Junta Central, que la reemplazó en 1809, trataron de que las colonias las reconocieran como autoridades legítimas y así ocurrió, aunque en medio de dudas y debates. Pronto en toda la América española los criollos propusieron que, siguiendo el ejemplo español, se formaran juntas de gobierno con participación de virreyes y gobernadores españoles y de los criollos, para gobernar temporalmente a nombre de Fernando VII.

Esta idea se reforzó por la invitación de la Junta Central, en enero de 1809, para que las provincias americanas, a las que declararon iguales a las españolas, escogieran representantes para hacer parte de ella. Sin embargo, al Nuevo Reino de Granada le correspondió un solo representante, lo que mostró el trato desigual a las provincias americanas y las ibéricas y la invitación a mandar delegados, en vez de frenar la constitución de juntas locales, que era lo que buscaba, terminó impulsándola. Cada cabildo escogió tres candidatos y en septiembre de 1809 se eligió como representante del Nuevo Reino a Antonio de Narváez y Latorre, un criollo de Cartagena. Aunque nunca viajó a España, pues la Junta fue reemplazada por un Consejo de Regencia, y España, con excepción de Cádiz, quedó bajo el poder francés, todos los cabildos hicieron documentos dándole sus instrucciones.

El más importante fue el del Cabildo de Santafé, escrito por Camilo Torres en noviembre, un "memorial de agravios" que expresó el pensamiento de los principales criollos, su aceptación de la autoridad del monarca y su esperanza de que se evitara una "funesta separación", pero siempre que se corrigieran los abusos. El documento, que exaltaba la riqueza de la naturaleza del Nuevo Reino, sus posibilidades de convertirse, con un canal en el istmo, en centro comercial, y la inteligencia e industria de su población, hacía una dura crítica al despotismo del arbitrario gobierno español, a su oposición a las "luces", al nombramiento de peninsulares que, por lograr rápida fortuna, maltrataban a los habitantes, al "ignominioso tributo" que se hacía pagar a los indios. Proponía que se reconociera la igualdad de los españoles americanos, así como su derecho a representar a América, y que toda provincia americana eligiera un diputado a la Junta Central, por el voto del pueblo —incluyendo tal vez a los mestizos— y no, como los cabildos, por herencia o compra. Y que en cada provincia se formaran Juntas de Representantes locales para que se impusiera el "santo derecho de la igualdad", el pueblo no temiera que las autoridades lo entregarían a los franceses y se evitara así una "separación eterna".

El tono amenazante del documento, firmado por regidores y funcionarios del cabildo, hizo que no se mandara a España, pero guio las acciones de los criollos el año siguiente. Al plantear la representación del reino sobre bases de igualdad entre españoles y americanos, y al amenazar con la independencia si eso no se lograba, iba mucho más allá de las reivindicaciones fiscales de los comuneros. En vez de una monarquía absoluta formada por reinos iguales y limitada por la obligación del rey de buscar el bien común y la justicia, planteaba como ideal una monarquía constitucional basada en la soberanía popular y en un pacto social cercano al "contrato social".

En esta situación era difícil mantener la confianza mutua de criollos y autoridades. Estas pensaban que los criollos podían aprovechar la crisis del gobierno español para tomar el poder y reemplazarlos por gobiernos locales. Los criollos, por su parte, temían que las autoridades españolas, ante la quiebra del poder del rey y para conservar sus cargos, se entregaran a Napoleón y a José Bonaparte.

En agosto de 1809 los criollos de Quito, ante rumores de que las autoridades se pasarían a Francia, forzaron la creación de una junta, que fue reprimida con violencia por el virrey de Lima y el de Bogotá; este convocó en septiembre de 1809 unas reuniones para oír la opinión de las autoridades y los principales criollos. En ellas se advirtió la gran tensión: los criollos, casi unánimemente, se opusieron al uso de la fuerza contra los quiteños, pues consideraban que la junta era fiel al rey, y respaldaron la formación de juntas de gobierno en América, en especial una Junta Suprema del Nuevo Reino subordinada a la de España. Los oidores vieron estas propuestas como prueba de que los criollos querían tomar el poder y poco después, en medio de rumores sobre conspiraciones criollas, Antonio Nariño y un oidor de Quito residente en Bogotá fueron apresados, pero la represión no fue muy fuerte y los demás sospechosos quedaron exonerados de culpa. Para controlar el cabildo, que acababa de firmar el Memorial de Agravios redactado por Torres, el virrey nombró en diciembre seis regidores españoles adicionales e impuso a un español como alférez real en Santafé, lo que provocó la reacción enfurecida de los americanos, que protestaron por lo que veían como una arbitrariedad, porque se les tratara con el "ignominioso nombre de criollos" (que era el nombre dado a los esclavos nacidos en América) y por la violación de su derecho a elegir al alférez. Entre enero y marzo la tensión entre el cabildo y la Audiencia, y entre los americanos y los españoles aumentó y hubo peleas e insultos en el cabildo.

En febrero, dos estudiantes, José María Rosillo y Vicente Cadena, se fueron con un grupo armado a los llanos a organizar un ejército para defender al reino de una posible toma francesa: capturados pronto, fueron juzgados y ejecutados, y sus cabezas se llevaron para exhibirlas en Bogotá, lo que provocó el rechazo de los criollos. Mientras tanto, en España, la Junta Central tuvo que huir por la toma de Sevilla por los franceses. En Cádiz se instaló a fines de enero de 1810 una Junta Ciudadana, que se planteó como modelo "para todos los pueblos que quieran elegirse un gobierno representativo digno de su confianza" y el 1 de febrero se instaló un Consejo de Regencia para gobernar a nombre del rey. Este Consejo mandó delegados a América, entre ellos al quiteño Antonio Villavicencio. En abril de 1810, a la llegada de los delegados, se formó una junta en Caracas a imitación de la de Cádiz, y el 22 de mayo, con el apoyo de Villavicencio, el cabildo de Cartagena impuso al gobernador una Junta Autónoma de Gobierno. Tres semanas después, cuando el gobernador resistió las instrucciones de la Junta, el cabildo, bajo la dirección del criollo José María García de Toledo y con el apoyo del pueblo movilizado por el artesano pardo Pedro Romero, lo depuso y posesionó a un nuevo gobernador español como presidente de la junta. Así, los primeros actos de "rebeldía" se hicieron con el apoyo del delegado del gobierno español, para el cual las juntas eran compatibles con la obediencia a la Regencia. Los criollos pudieron así derribar a las autoridades españolas locales, tomar el poder y asumir la soberanía mientras declaraban su fidelidad a Fernando VII.

En estas condiciones, el modelo de las juntas provinciales fue copiado por varios cabildos del Nuevo Reino, con el apoyo del delegado de la Regencia, pero con la oposición de las autoridades españolas en América, que veían con claridad que las juntas fundadas en la voluntad del pueblo local les arrebatarían la autoridad, aunque insistieran en que los gobernadores y virreyes formaran parte de ellas y juraran obediencia a la Regencia. Así, el 3 de julio el cabildo de Cali juró fidelidad al Rey y a la Regencia, pero pidió formar una Junta Superior en Santafé; el 4, el de Pamplona derribó al corregidor y el 10 el cabildo de Socorro, donde la tensión entre el corregidor, un español recién llegado, y la población llevó a un tumulto en el que las autoridades mataron a nueve personas, lo destituyó, creó un gobierno "libre" y declaró que era independiente del virrey, aunque seguía obedeciendo al rey. Cuatro días después el cabildo expidió unas Bases Constitucionales, el primer texto neogranadino en el que se proclamaba un gobierno representativo.

En Santafé, los oidores y el virrey estaban empeñados en impedir que estos ejemplos llevaran a la formación de una Junta de Gobierno en Bogotá. Los dirigentes del grupo criollo —Camilo Torres, Frutos Joaquín Gutiérrez, José Acevedo y Gómez— sabían que contaban con el apoyo de Villavicencio, y decidieron aprovechar su llegada para establecer la Junta. Para presionar al virrey Antonio Amar y Borbón, provocaron el 20 de julio, día de mercado, una pelea callejera con un español al que fueron a pedirle un florero para adornar la mesa en un banquete en honor de Villavicencio. El español dijo que se "cagaba en los americanos", lo que les permitió enardecer al pueblo bogotano. Una multitud se lanzó a las calles y pidió al virrey un cabildo abierto: una reunión del cabildo con la participación de los notables locales y de los principales funcionarios para formar una junta autónoma. El virrey cedió a la presión, y el 20 por la noche se formó la Junta de Santafé, que asumió el gobierno, bajo la presidencia del mismo virrey, a nombre del rey de España y bajo la orientación del Consejo de la Regencia.

Todavía en este momento, en medio de los agitados días del 20 al 26 de julio, tal vez solo algunos de los dirigentes estaban pensando en una ruptura con España. Para la mayoría se trataba de asumir la soberanía a nombre del pueblo mientras el rey recuperaba el poder. Pero el peso de los partidarios de separarse de España era evidente, como lo muestra la redacción del acta misma, que dice que gobierna a nombre del rey Fernando VII, y que le devolverá la soberanía "siempre que venga a reinar entre nosotros", una condición imposible de cumplir; y la correspondencia de Torres, Acevedo o Gutiérrez muestra que al menos desde mayo, tras la formación de la Junta de Caracas, y tal vez después de las juntas de septiembre del año anterior, se inclinaban por un gobierno local totalmente autónomo, sin sujeción al Consejo de Regencia: el 29 de mayo Torres habló de "nuestra independencia y libertad, esta independencia que debíamos disfrutar desde [...] septiembre de 1808 [...] Ya está muy cerca el día [...] en que se declare y reconozca que somos hombres, que somos ciudadanos y que formamos un pueblo soberano" y añadió que "podemos depositar la soberanía como queramos, siguiendo los intereses de la "nación americana: todo el poder, toda la autoridad ha regresado a su fuente original, que es el pueblo".

Es también evidente que desde el 21 de julio, formada la Junta, sentían que habían logrado la libertad ("Somos libres", escribió en la tarde de ese día el regidor José Acevedo y Gómez) y la "independencia", una palabra usada con cautela en los textos oficiales, aparece en el acta del 20 de julio, llamada desde ese día Acta de Independencia. Los textos ambiguos muestran la necesidad de encontrar un punto común entre los americanos y de evitar divisiones que pudieran favorecer a los españoles. En efecto, unos pocos, como Camilo Torres, José Acevedo y Gómez o Frutos Joaquín Gutiérrez, pensaban que la independencia era posible y conveniente, pero trataban de lograrla sin provocar la reacción de los españoles (e incluso Acevedo hizo nombrar a varios peninsulares en la Junta del 20 de julio) y de los americanos temerosos; otros, la gran mayoría, estarían satisfechos con un gobierno que reconociera sus derechos y sus distinciones, y otros, como José María Carbonell, querían provocar la ruptura inmediata con las autoridades españolas, para lo cual promovieron entre el pueblo el temor de que estas masacrarían al pueblo y a sus dirigentes. En los días siguientes y en medio de rumores de conspiraciones y de que llegarían 300 negros a perseguir a los patriotas, el pueblo salió a la calle, acompañado de tropas armadas con cañones, a pedir la detención del virrey, y cuando se temió que se fugaría del convento en el que se le había encerrado, a pedir que trasladaran a la cárcel al virrey y a la virreina.

El 26 la Junta, presidida desde el 23 por el alcalde José Miguel Pey, después de que la amplia revuelta popular le permitió apresar al virrey, revocó su juramento de adhesión a la Regencia y desde entonces Bogotá fue independiente de toda autoridad española. Los notables, que habían tratado de movilizar el pueblo para lograr el poder local, empezaron a tratar de frenarlo y a evitar choques con los españoles. En todo caso, el 15 de agosto Bogotá estaba ya gobernada por una Junta Autónoma y el virrey había sido expulsado a Cartagena.

Había ya juntas similares en Cartagena, Cali, Pamplona, Socorro, Tunja, y en las semanas siguientes se añadieron Neiva, Quibdó, Nóvita y Mariquita. En Antioquia se formó de común acuerdo entre los cuatro cabildos de la provincia. En Cali la Junta se estableció por un cabildo que no era cabeza de provincia, y en Mompox se hizo una Junta a comienzos de agosto, que buscaba la independencia de Cartagena, su cabecera de provincia, así como de las autoridades españolas de la Regencia. En todos los casos, los americanos, al deponer a las autoridades españolas, mantuvieron fidelidad expresa a Fernando VII, en cuyo nombre gobernarían. Algunos cabildos declararon también fidelidad a la Regencia, aunque luchaban contra sus agentes o, como Cartagena a fines de 1810, afirmaron que la obediencia al gobierno español era condicional, sujeta a que diera total igualdad a la representación de las provincias americanas. Estas declaraciones de fidelidad no engañaban a nadie: para los contemporáneos era claro que los miembros de las Juntas Autónomas estaban contra la Regencia, por lo que fueron tratados como rebeldes por las autoridades españolas y muchos condenados a muerte y ejecutados, aunque declararan que defendían la Regencia y que su único interés era proteger al reino del peligro de un triunfo de los usurpadores franceses.

En algunas ciudades, donde los gobernadores españoles tenían algo de tropa, y además, como en Santa Marta, había un amplio número de comerciantes catalanes y las autoridades contaban con la simpatía de los caciques indígenas, la Junta se mantuvo fiel a la Regencia, manejada por el gobernador español. En Pasto, donde las tropas locales habían derrotado a fines del año anterior una expedición de la Junta de Quito, ocurrió lo mismo. En Popayán, donde el gobernador español Miguel Tacón tenía un pequeño ejército a su mando, no se hizo junta, hasta que tropas enviadas de Cali y Santafé de Bogotá derribaron en marzo de 1811 a los amigos de la Regencia y los reemplazaron por un gobierno autónomo. Pasto se adhirió a los partidarios de la autonomía también a la fuerza en octubre de 1811, después de que llegaron tropas de Quito que tomaron la ciudad y la saquearon, con lo que fortalecieron la lealtad de sus habitantes hacia las autoridades españolas.

Desde el 20 de julio la Junta había propuesto que se escribiera una "Constitución" que afianzara "la felicidad pública". Para buscar el consenso de las provincias y evitar que estas sintieran que Bogotá fijaba las reglas, el 29 de julio, siguiendo sobre todo la orientación de Camilo Torres y José Acevedo y Gómez, que querían un congreso "federativo" en el que las provincias se unieran para enfrentar cualquier peligro, Bogotá invitó a todas las demás juntas a enviar un representante a esta ciudad, para un congreso preparatorio que fijara las reglas con las cuales se elegiría un Congreso Constituyente. Sin embargo, los criollos de las provincias que desconfiaban de Santafé temían que los santafereños aprovecharan para fijar las bases de acuerdo con sus intereses. Así, aunque la Junta de Cartagena había sugerido el 29 de junio que se formara una Junta Suprema con representantes de todos los cabildos, contestó en agosto a Bogotá que reasumía toda la soberanía y no se consideraba sujeta a ella —la ausencia del rey eliminaba la subordinación propia del antiguo régimen— y propuso que el congreso se hiciera en Medellín, con una representación que tuviera en cuenta la población de cada provincia para establecer de una vez un gobierno conjunto. En esta reacción, fuera de la desconfianza y rivalidad tradicionales, tenía mucho que ver que ya Mompox había declarado, a comienzos de agosto, su independencia de Cartagena y de la Regencia, de modo que se consideraba un gobierno soberano, igual a Cartagena o Bogotá; el temor de Cartagena era que una multitud de pequeños cabildos impusieran la mayoría en Bogotá o terminaran aliados contra las capitales provinciales. Antioquia, Tunja, Socorro y otras ciudades y provincias compartían el mismo temor y respaldaron la reunión fuera de Bogotá. En diciembre se reunieron en Bogotá los delegados de las provincias que mandaron representantes en respuesta a la cita de Santafé: Nóvita, Socorro, Pamplona, Neiva, Chocó y Bogotá. Faltaban Popayán, Pasto y Santa Marta, que estaban en manos de partidarios de la Regencia, Cartagena y Antioquia, que habrían preferido un congreso en otro sitio y Tunja, que rechazaba la anexión de Sogamoso a la Junta de Santafé.

Este Congreso gastó la mayor parte de su esfuerzo discutiendo problemas de representación. Para formar un gobierno común, si la soberanía residía en el pueblo, ¿sus representantes debían ser los "cabildos" o diputados elegidos por los vecinos?, ¿la representación de los cabildos debía ser igual o proporcional a la población? Si el pueblo estaba formado por los ciudadanos (o vecinos) y los delegados debían ser elegidos por voto popular, ¿quiénes tendrían derecho a ese voto? En Cartagena, en diciembre de 1810, para formar una Junta Provincial, se invitó a participar a todos los vecinos libres: esto otorgaba el voto a mestizos y castas, con excepción de esclavos, y a los que no supieran leer ni escribir, siempre que tuvieran casa poblada o fueran padres de familia y tuvieran un ingreso independiente, sin "servidumbre asalariada". En el primer año de Independencia el entusiasmo por la participación del pueblo primó sobre la visión estamental de que solo los criollos ricos e ilustrados (que supieran leer y escribir) debían votar, que terminó imponiéndose en la Constitución de Cúcuta en 1821.

Mientras la representación la tuvieran los cabildos, el más pequeño tendría tanto poder como Bogotá. Esto amenazaba la supremacía de Santafé, sede tradicional de las autoridades. En Santafé muchos pensaban que, habiendo sido la capital, debía seguir ejerciendo una autoridad central. Esto llevó a un debate sobre el federalismo y el centralismo: los cartageneros, antioqueños, socorranos y payaneses, y algunos bogotanos, impulsaron la idea de un Congreso Federal, mientras que otros santafereños, como Antonio Nariño, querían garantizar la supremacía de Bogotá y evitar las dificultades de coordinar un gobierno central subordinando las provincias a este.

Por otra parte, no era claro qué provincias debían participar en el nuevo gobierno. El virreinato no constituía una base definida y aceptada para un gobierno separado, pues no era clara su jurisdicción. Panamá, Caracas y Quito tenían grados diferentes de autonomía: Quito tenía una audiencia independiente, y Caracas era una "capitanía general" autónoma en términos administrativos y militares. Las provincias no se veían como un "país" o una nación diferente a la nación española, aunque ciertos lazos intelectuales y emocionales "neogranadinos" o "americanos" habían comenzado a formarse entre los letrados. Para los criollos había una "patria" española y una "patria" que era la provincia o la ciudad donde habían nacido (Antioquia, Popayán o Cartagena), y se estaba formando la idea de "una patria americana", por las tensiones y rivalidades con los españoles, que los convertían en un grupo diferente a estos. Pero no había una "patria" neogranadina, pues la

Nueva Granada era ante todo una jurisdicción administrativa, que podía ser el virreinato, sin la capitanía general de Venezuela (y así lo interpretó Bogotá en su invitación de julio de 1810, que contó veintidós provincias, es decir las de Santafé, Panamá y Quito) o el territorio sujeto a la Real Audiencia, o este territorio más las provincias de Popayán, Cali y Pasto, que estaban bajo el mando del virrey, pero sujetas a la Audiencia de Quito. Esa idea de una patria neogranadina comenzaba a surgir en algunos grupos: mientras en 1791 el periódico local se llamó *Papel Periódico de Santafé de Bogotá*, en 1809 la revista científica publicada por Francisco José de Caldas fue el *Semanario del Nuevo Reino de Granada*.

Todo esto debía resolverse sin experiencias previas de elección de funcionarios por los ciudadanos o de coordinación entre las provincias, como las Asambleas Provinciales y las de todas las colonias que se habían reunido en Estados Unidos bajo el gobierno inglés. Los cabildos ofrecían una tradición limitada de gestión local en las ciudades, y allí los criollos habían aprendido reglas de gobierno y mecanismos de elección, compromiso, argumentación y transacción. Pero tenían dos fallas: no eran electivos y no cubrían el territorio de forma ordenada, pues muchos núcleos urbanos no tenían cabildo, mientras poblados casi desaparecidos podían tenerlo. Por eso, la tendencia fue aceptar la representación de los cabildos cabeza de provincia: Santafé, pero no Zipaquirá o Tocaima; Tunja, pero no Villa de Leyva o Sogamoso; Cartagena, pero no Tolú o Mompox; Socorro, pero no San Gil. De este modo las provincias, sin contar Panamá y Quito, eran catorce, en vez de treinta o más cabildos existentes y que incluían ciudades muy pequeñas, como Pore, Barbacoas, Toro o Timaná. Pero así como Cartagena o Socorro consideraban con recelo la supremacía de Santafé, Mompox o Girón sufrían por la primacía de esas ciudades y pensaban que también ellos tenían derecho a reasumir la soberanía a nombre del pueblo.

Por ello fue difícil lograr que los cabildos de una zona, con rivalidades por fronteras y territorios, por el manejo del comercio, por distinciones y rituales, actuaran en forma coordinada. Solo se logró algo en Antioquia (que reunió en un solo congreso los cabildos de Santafé, Marinilla, Rionegro y Medellín) y en el valle del Cauca, donde se unieron en 1811 cuatro cabildos, quizá ayudados por un compartido recelo de Popayán, cabeza de provincia.

Por esto, el Congreso preparatorio se enredó en debates sobre la admisión o no de los delegados y para febrero, cuando decretó un receso de dos meses, no había avanzado mucho en sus tareas, pero planteó un nuevo tema de conflicto al intentar crear un gobierno único, yendo mucho más allá de las atribuciones que le daba la convocatoria, lo que provocó protestas en Bogotá, pues parecía que suplantaría a la Junta de Santafé.

Las primeras constituciones y la independencia absoluta

Bogotá, inquieta por la posibilidad de que el Congreso de las Provincias Unidas creara un gobierno al que debiera someterse, convocó un Congreso Electoral provincial que, en mayo de 1811, expidió la Constitución de la Provincia de Cundinamarca y adoptó un sistema político electivo y representativo, basado en la elección de representantes por los ciudadanos, es decir, todos los varones adultos, aunque en forma indirecta. La elección de un nombre indígena (aunque no era de la lengua local, sino quechua) para la provincia tenía valor simbólico y expresaba una ruptura con el imperio español y una tenue evocación del pasado indígena. Esta primera Constitución —que precedió por varios meses a la de Cádiz— estableció una monarquía constitucional, pues reconocía a Fernando VII como rey legítimo. Pero en vez de afirmar que era un gobierno provisional, mientras el rey estuviera preso, condicionaba su poder a que viniera a gobernar a Bogotá y jurara obediencia a las nuevas instituciones, lo que hacía de su monarquismo una declaración vacía, para disminuir la oposición de los enemigos locales de la Independencia.

Cartagena, Antioquia, Popayán, Chocó, Tunja, Pamplona, Socorro, Neiva y Mariquita, para garantizar la soberanía que habían asumido, aprobaron constituciones provinciales imitando la de Cundinamarca. No hubo constituciones de Panamá, Pasto ni Santa Marta, que siguieron sujetas al gobierno de la Regencia y después de 1814, cuando recuperó el poder, a Fernando VII. Comenzando por Cartagena en noviembre de 1811, casi todas las provincias, sobre la base de la Constitución local declararon la independencia absoluta de España. Este proceso ayudó a definir en cada provincia un espacio regional de gobierno y lealtades políticas, que correspondía a lazos reales entre sus habitantes, a regiones económicas y sociales más o menos definidas: fueron la matriz que delimitó los ocho "estados soberanos" que integraron en 1861, con Panamá, los Estados Unidos de Colombia.

Estas constituciones tenían características comunes. Las primeras, como Cundinamarca y Tunja, cuando era incierto qué pasaría en España, se hicieron a nombre del rey y lo reconocieron, pero con condiciones imposibles para gobernar. Lograban así unas instituciones independientes, representativas y republicanas de hecho, aplacando los recelos monarquistas. Desde mediados de 1812 aceptaron que la ruptura era irreversible y crearon "provincias independientes" de España. Las constituciones adoptaron los principios del liberalismo naciente: separación de poderes, eliminación de instituciones rechazadas por los ilustrados (inquisición, tortura, prisión por deudas), declaración del derecho de los hombres a la propiedad, la seguridad y la libertad, aunque ninguna, dada la fuerte tradición católica, reconoció la libertad de cultos. Al mismo tiempo se apoyaban en la visión de la sociedad como un organismo cuyo bien común estaba por encima de los intereses individuales. De este modo, constituían compromisos entre las concepciones orgánicas o comunitarias de la sociedad y el individualismo liberal. Al definir sus provincias como soberanas, la única forma de unirlas era mediante tratados entre ellas, pues para las provincias mayores (Cartagena, Popayán, Antioquia, Tunja o Socorro) someterse a otra, y en particular a Santafé, era inaceptable.

El ejercicio del poder, la participación en congresos y colegios electorales, la redacción de las constituciones y el manejo de los problemas creados por la autonomía, las relaciones entre unas provincias y otras, la firma de tratados entre ellas o con provincias como Caracas, el manejo de las guerras con España y las guerras civiles, fueron un ejercicio exigente y difícil, y formaron en la práctica a muchos de los dirigentes criollos, que tenían una visión formal y escolar del derecho político, y les dieron la preparación que les permitió a muchos participar después en los gobiernos de la república. La intensidad de esta tarea puede advertirse si se piensa que de un poco más de veinte constituciones escritas en los dominios españoles entre 1811 y 1821, quince se escribieron en Colombia.

Centralistas y federalistas

Dada la tradición colonial de autonomía local, la idea de que las provincias se sometieran a la dirección de Bogotá, como si esta hubiera heredado el poder del virrey, era irreal. Pero con su peso y su papel como cabeza de la administración colonial, era improbable que aceptara estar en una federación en condición igual a la de las otras ciudades, muchas de ellas minúsculas. Al comienzo Bogotá, donde la Junta tenía muchas personas de fuera, propuso un sistema federal, pero pronto los gobiernos bogotanos se inclinaron por un gobierno unificado y centralizado. La respuesta de Cartagena a la invitación del 29 de julio, que subrayaba su independencia de la capital, produjo un intercambio de argumentos y documentos hostiles.

Con Bogotá empeñada en ser centro del gobierno, la posibilidad de un acuerdo que estableciera una "confederación" o una "federación" y en la que la unidad fuera el resultado de una decisión de todas las provincias desapareció. A finales de 1811 las principales provincias firmaron un Pacto de Unión Federal y formaron un gobierno conjunto de las Provincias Unidas. Bogotá no aceptó firmarlo e intentó seducir a varias ciudades para que abandonaran su provincia y se le anexaran, lo que aceptaron algunas, como Leyva y Sogamoso, para romper su subordinación a Tunja. Bogotá mandó después tropas para sostener y promover estas y otras rebeliones locales contra las provincias de Tunja y Socorro, lo que condujo a la primera guerra entre los dos bandos de patriotas, en 1812 y 1813, que enfrentaron al Congreso de las Provincias Unidas (que representaba a Cartagena, Antioquia, Pamplona, Tunja y Socorro) y a Bogotá (que tenía el apoyo de Mariquita) y que resultó favorable a Bogotá, gobernada por Antonio Nariño.

El gobierno federal se concentró en buscar la derrota de los ejércitos españoles que se habían reorganizado en Venezuela, con gran participación de americanos. Simón Bolívar, apoyado por el Congreso de las Provincias Unidas, logró derrotarlos y formar la República de

Venezuela en 1812, pero esta no pudo sostenerse. En 1813 el gobierno de Nariño logró el respaldo del Congreso Federal para hacer una expedición contra Popayán y Pasto, que estaban bajo autoridades españolas. Él mismo encabezó la expedición, que fue derrotada y tuvo como resultado una nueva prisión de Nariño, enviado por tercera vez a España. En 1814 representantes de Bogotá y las Provincias Unidas firmaron, como lo habían hecho otras veces, un acuerdo para establecer un gobierno conjunto, pero el gobierno de Bogotá, a cargo de Manuel de Álvarez, se negó a ratificarlo. A finales de año las tropas federales, encabezadas por Bolívar, entraron a Bogotá y la obligaron a sumarse al gobierno unificado de la federación, ya en vísperas de la llegada de la expedición de Pablo Morillo.

Las regiones donde los criollos no habían tenido enfrentamientos y conflictos de fondo con los gobernadores españoles, y donde estos tenían tropas más o menos confiables, como Santa Marta y Pasto, siguieron reconociendo al gobierno español. En 1810 se reunieron en Cádiz las Cortes de España para hacer una Constitución que limitara el poder de la monarquía y creara instituciones representativas. Hubo delegados de Indias y a nombre de la Nueva Granada actuó un quiteño; se habían elegido también diputados de Cartagena, Riohacha y Santa Marta, que no participaron. La Constitución aprobada en 1812 determinó que las provincias americanas tendrían representación en las Cortes, mediante elecciones en las que podían participar los mayores de veinticinco años que descendieran de indígenas o españoles: es decir excluyó del voto a las castas que tuvieran algún origen africano. Fue reconocida en las provincias leales a España, Santa Marta, Popayán y Pasto, pero derogada en 1814, no tuvo aplicación real.

La reconquista

Fernando VII recuperó el trono en 1814, cuando Napoleón fue derrotado por Inglaterra. Pronto reasumió el gobierno absoluto en España, derogó la Constitución de 1812 y preparó una expedición militar que, en 1815, partió hacia Caracas y la Nueva Granada. La expedición, encabezada por Pablo Morillo, recuperó Caracas, siguió a Santa Marta y a mediados de 1815 atacó Cartagena, que enfrentó un largo sitio. Después de más de tres meses de hambre, muertes y enfermedades (que atacaron tanto a los sitiadores como a los sitiados) la ciudad se rindió y en los meses siguientes el ejército español retomó en forma gradual todo el territorio de la Nueva Granada. En julio de 1816 las tropas españolas entraron otra vez a Santafé de Bogotá. Los dirigentes patriotas habían abandonado la capital para tratar de resistir en el sur, pero la mayoría de la población, fatigada o indiferente, recibió bien a los españoles. Poco después los restos del ejército patriota fueron derrotados.

Las tropas españolas estaban diezmadas por las enfermedades, en especial el paludismo y la fiebre amarilla: en 1820 sobrevivían menos de 3 000 de los 12 000 que habían llegado en 1815 a América. No era probable que un ejército español pudiera controlar un territorio como la Nueva Granada. Sin embargo, la población no estaba aún decidida a favor de la Independencia. Los pocos criollos que habían pasado por la universidad y muchos de los funcionarios locales, con su experiencia de las tensiones y rivalidades de 1790 a 1810 y la formación política recibida en las discusiones, tertulias, proyectos científicos y publicaciones de estos años, se sumaron en forma casi unánime a la lucha contra España. El resto, aunque compartía el recelo y la rivalidad con los españoles, encontraba tolerable el gobierno monárquico y no tenía una gran pasión por el gobierno popular. Los indígenas de Santa Marta y Pasto, que habían tenido buenas relaciones con las autoridades españolas, se sintieron más protegidos por el apoyo a una organización tradicional, con derechos limitados pero predecibles, que ante la posibilidad de un gobierno de los criollos locales, con sus propuestas de igualdad para los indios, pero también su idea de repartirles los resguardos en forma individual, para que fueran propietarios privados, algo que representaba para sus caciques una importante pérdida de poder y destruía la base de existencia de la comunidad. Apoyaron pues, en general, a los españoles, y en momentos decisivos fueron clave para el triunfo de estos sobre los criollos patriotas que atacaban Pasto desde Popayán o Santa Marta desde Cartagena.

Los mestizos se sumaron unas veces a los independentistas y otras a las autoridades españolas. En Bogotá el pueblo participó con entusiasmo en los momentos de crisis, como en julio de 1810 o cuando la ciudad fue invadida por los federalistas: en general, siguieron a los notables bogotanos contra los extraños, los hombres de la costa, el Socorro u Occidente. La elección de la Junta de Cartagena, en 1810, fue resultado del acuerdo entre personas de la "nobleza" y mulatos como Pedro Romero. Algunos miembros de las familias tradicionales, en Bogotá o Cartagena, estimularon la participación de grupos populares, del "pueblo bajo" y las "castas". Al hacer esto ayudaban a que se desarrollara una conciencia política propia de estos grupos, que antes no tenían formas aceptadas de participación y en casos extremos recurrían a la rebelión y al motín. Los mulatos y pardos del Patía, después de los ataques violentos y crueles de los patriotas a Pasto, apoyaron a los realistas, bajo la influencia de criollos notables como José María Obando. Los indígenas de Popayán siguieron en general la dirección de las familias con las que tenían relaciones laborales y sociales y fueron movilizados a favor de la Independencia.

Los esclavos constituían un grupo especial: en Venezuela los jefes españoles, sin tropas suficientes, ofrecieron desde 1812 la libertad a los que se sumaran a ellos: reforzaban así su poder militar mientras debilitaban a los criollos, dueños de los esclavos. Los políticos criollos, influidos por las doctrinas de igualdad, estaban en general contra la esclavitud, pero consideraban que había que acabar con ella gradualmente, sin violar el derecho de propiedad de los dueños. En 1814, en Antioquia, aprobaron una forma para hacerlo: prohibir el tráfico de esclavos, para que estos no aumentaran, y declarar que los hijos de los esclavos que nacieran en el futuro serían libres. Para los dirigentes de Antioquia, donde la minería dependía sobre todo de artesanos libres, o de Santafé o Cartagena, donde la esclavitud era en buena parte doméstica y su impacto en la producción no era decisivo, la "libertad de vientres" era una buena opción, pero en Popayán, donde los principales dirigentes eran dueños de minas y haciendas trabajadas con esclavos, la emancipación, incluso gradual, era vista con gran temor. Bolívar, que había sido derrotado en 1812 y 1815 en Venezuela, luchando contra ejércitos españoles que incorporaban esclavos liberados, decretó en 1817 la libertad para los esclavos que combatieran al lado de los patriotas. La promesa de libertad gradual de los criollos y la oferta de Bolívar hicieron que muchos esclavos favorecieran la Independencia.

Por otra parte, en Cartagena tenían gran peso negros y mulatos libres. Estos grupos sufrían fuerte discriminación social, pero tenían formas de vida y trabajo que les daban gran autonomía personal: eran comerciantes pequeños y artesanos, y a veces propietarios, y habían participado en las milicias de pardos creadas por los españoles décadas atrás. Constituían un grupo activo y convencido de sus derechos, que había visto las polémicas sobre las cédulas de "gracias al sacar"; entre ellos algunos habían tenido un notable ascenso. Las relaciones personales y la amistad con criollos notables ayudaron a formar redes políticas informales muy activas. En 1810 y 1811 los mulatos de la ciudad participaron en los grandes movimientos y, bajo la influencia de criollos como los hermanos Gutiérrez de Piñeres, de la "nobleza" de Mompox, y encabezados por mulatos de prestigio como Pedro Romero, fueron decisivos en la declaración de Independencia absoluta en noviembre de 1811. La primera Constitución de Cartagena les dio el voto y por lo tanto su primera experiencia de ciudadanía, y en general parecen haber dado su respaldo entusiasta a la Independencia.

La represión española en 1816 y 1817 fue muy violenta. En una época recordada como "el terror", las autoridades aprisionaron, juzgaron y ejecutaron a centenares de patriotas, como los expresidentes Camilo Torres, Liborio Mejía, Joaquín Camacho y Jorge Tadeo Lozano, miembros de las Juntas Provinciales, sobre todo de Cartagena, criollos de prestigio intelectual como Francisco José de Caldas, o gente del pueblo que había apoyado a los rebeldes, como Policarpa Salavarrieta. Otros fueron desterrados y algunos huyeron al Caribe o a Estados Unidos. Probablemente fue esta represión la que convirtió a la mayoría de los criollos, mestizos y pardos vacilantes en defensores de la Independencia y en enemigos del gobierno español. Sin ella el apoyo que recibieron los ejércitos criollos de la población entre 1818 y 1823 no habría sido tan grande.

CAPÍTULO VI

La República de Colombia: 1819-1830

Cuando cayó el gobierno independiente, grupos pequeños de soldados patriotas huyeron a los llanos orientales y formaron guerrillas que sobrevivieron de 1816 a 1818. En este año Bolívar ya había formado un ejército de llaneros en las riberas del Orinoco y, en vez de atacar Caracas, que tenía un ejército español fuerte, decidió unirse a los grupos de los llanos encabezados por Francisco de Paula Santander. En 1819 sorprendieron a las tropas españolas que controlaban Tunja y el Socorro cruzando la cordillera por una ruta juzgada imposible y atacándolos cerca de Sogamoso. En dos batallas en julio (en Pantano de Vargas) y agosto derrotaron al ejército español: la batalla decisiva fue la de Boyacá el 7 de agosto de 1819.

Este triunfo permitió ocupar Bogotá y llevó a que Bolívar, para darle significación política, convocara para diciembre de ese año un Congreso en el Orinoco, en Angostura, donde se constituyó la República de Colombia. Usaba el nombre propuesto en 1806 por Francisco Miranda para toda la América independiente, para un estado que según Bolívar debía incluir el territorio del virreinato: Caracas, Bogotá, Quito y Panamá. Bolívar fue elegido presidente y el neogranadino Francisco Antonio Zea vicepresidente.

Los patriotas organizaron el gobierno en Bogotá, pero seguían bajo control español Santa Marta, Cartagena, Antioquia y Cauca, Pasto, Caracas y Quito. En 1819 y 1820 las tropas patriotas recuperaron Antioquia y Cauca, y después de un armisticio en 1820, entre 1821 y 1823 Cartagena y Santa Marta, e hicieron la campaña que consagró la Independencia de Venezuela.

En 1821 el Congreso que se reunió en Cúcuta aprobó la Constitución de la República de Colombia, con delegados de Nueva Granada y Venezuela. Esta Constitución definió un orden republicano, una palabra que se usó, en las dos primeras décadas del siglo XIX, para indicar un régimen no monárquico, representativo y con elección de autoridades por los ciudadanos. También estableció un sistema liberal, basado en el reconocimiento de los derechos naturales de los individuos y la protección de estos de la arbitrariedad de las autoridades. El Estado estaba dividido en poderes independientes y limitados, siguiendo la visión de Montesquieu: legislativo, ejecutivo y judicial.

La creación de Colombia y los problemas constitucionales

Derrotados los españoles en 1821, Panamá se unió a la República. Bolívar marchó al sur con sus ejércitos y en 1823 derrotó a los españoles en Guayaquil y Quito e impuso la entrada de estas ciudades, como departamento del Ecuador, en el nuevo país. Después siguió a Perú y Bolivia, derrotó a los españoles y creó, en 1826, la República de Bolivia, que lleva su nombre, y dejó establecido un gobierno republicano en Perú.

La creación de Colombia fue el resultado del prestigio y la capacidad de Bolívar: Caracas y Quito habían sido independientes de hecho de Bogotá y poco los unía a la Nueva Granada. Su estructura social y su economía eran diferentes. Venezuela era un país con una participación amplia de esclavos en las actividades económicas y sobre todo un exportador de productos agrarios; la zona montañosa tenía unas pocas ciudades fuera de Caracas, pero gran parte del territorio estaba formado por las llanuras del sur y el occidente, donde vivía una población dedicada a la ganadería. Quito, con Guayaquil como su gran puerto, era una ciudad parecida a Bogotá, pero con un mayor peso de la población indígena y una orientación agrícola. Los contactos entre los grupos dirigentes de las tres regiones habían sido escasos y unían algunas zonas fronterizas de la Nueva Granada: Popayán y Pasto tenían muchas relaciones, comerciales y culturales con Quito, y la región de Pamplona tenía vínculos fuertes con Maracaibo y el Táchira.

La Independencia había creado nuevos lazos, en particular por la participación de soldados venezolanos en Colombia y de neogranadinos en las campañas venezolanas. Entre 1819 y 1830 los soldados venezolanos estuvieron en varias ciudades neogranadinas, especialmente Bogotá, Cartagena y Santa Marta. En casi todos estos sitios hubo rivalidades con los soldados caraqueños. Aunque en Cartagena se enfrentaron el venezolano Mariano Montilla y el almirante guajiro Prudencio Padilla, ambos militares, en Bogotá el rechazo a los venezolanos se tiñó de un matiz civilista: los criollos santafereños se veían como un grupo de abogados educados, sometidos a los desplantes de militares sin educación: en esta relación se formaron algunas de las contraposiciones emocionales entre "granadinos" y "venezolanos", apoyadas en estereotipos como el civilismo santafereño y el militarismo de los venezolanos. Y en Bogotá los dirigentes veían a los soldados rasos venezolanos como miembros de las castas de pardos que despreciaban en el país.

La decisión de unir las jurisdicciones de las tres Audiencias no era realista: el gobierno de provincias tan distantes era casi imposible, los congresistas tardaban varios meses en llegar a la capital, las leyes no podían atender en forma adecuada las diferencias ni sopesar los intereses locales. Por eso, los constituyentes en 1821 no mostraron entusiasmo al hacerlo, aunque lo aceptaron por deferencia a Bolívar y como solución temporal. Al definir el tipo de organización política, los constituyentes se sometieron también a la preferencia clara de Bolívar por un gobierno centralista.

Bolívar había atribuido el fracaso de la república venezolana de 1812 a las disputas entre regiones, y aunque había apoyado a los federalistas en las guerras civiles de la Nueva Granada, tal vez por el apoyo que recibió de dirigentes como Camilo Torres, siempre pensó que el único régimen efectivo debía dar toda la autoridad al gobierno central. Esto, además, correspondía a las necesidades de la guerra, en la que el manejo de los recursos por autoridades locales no dejaba actuar. Así pues, la Constitución dio amplios poderes al presidente, que nombraba autoridades locales, y no previó ninguna forma de autogobierno regional: mantuvo los cabildos, que se renovaban por cooptación, y no creó las asambleas provinciales que algunos consideraban convenientes para promover la participación política de las poblaciones locales. El sueño de un gobierno que enseñara a los ciudadanos las virtudes de la república al tomar decisiones sobre lo que los afectaba, de un gobierno "cercano a los ciudadanos", como lo pidió José Ignacio de Márquez, se aplazó para tiempos mejores. Se creó así una insatisfacción profunda en las regiones, donde muchos sentían que sus pueblos seguían, como antes de la Independencia, subordinados a un poder remoto.

Ya desde 1819 en Angostura, Bolívar, que no confiaba en los sistemas democráticos de representación, había propuesto que se adoptara un gobierno que combinara el poder del pueblo y las virtudes de la aristocracia, eligiendo un presidente vitalicio y un senado hereditario, que impidiera los excesos del pueblo, siempre sujeto a la seducción de los demagogos. En Cúcuta, con gran representación de los ideólogos neogranadinos, influidos por un liberalismo más igualitario y por el republicanismo, que veían al presidente vitalicio como una forma disfrazada de monarquía, estas ideas no tuvieron acogida. Sin embargo, la participación electoral, comparada con las constituciones de 1810 a 1815, se redujo: ahora la idea era que votaran solo los propietarios y los que supieran leer y escribir; esta última condición se aplazó por veinte años, para dar a los ciudadanos la oportunidad de adquirir esta habilidad esencial para la democracia. La restricción de la ciudadanía a una pequeña capa definida por ingresos y propiedades puede verse como un intento de los grupos dirigentes de quitarle al pueblo sus derechos políticos. Sin embargo, esta era una concepción usual, aplicada en casi todas las constituciones de Estados Unidos y Europa durante el siglo XIX, derivada de los argumentos de John Locke de que solo los que tenían interés en el orden político, porque tenían propiedades y pagaban impuestos, actuaban racionalmente.

La restricción por analfabetismo partía de la idea de que la participación era un derecho que exigía elegir con discernimiento y esto no podía hacerlo quien no tenía un bagaje intelectual apropiado. Por eso, como afirmaba Bolívar, la sociedad debía tener un grupo selecto de personas capaz de dirigirla, pues de otro modo el conflicto de los intereses individuales, que es lo que buscan satisfacer los que no tienen virtudes republicanas, destruye el orden social. Se advierte en estos debates cómo la visión escolástica y orgánica de la política, en la que el bien común es anterior a los individuos, predominaba sobre la idea individualista y liberal de que el bien social se lograba a partir de la búsqueda del interés individual y de la felicidad de cada uno, lo que exigía ante todo la aceptación de las reglas del juego. Del mismo conjunto de ideas hace parte el rechazo que hubo entre 1810 y 1840 a los "partidos", vistos como formas perversas de dividir la sociedad e impedir la búsqueda del bien a los ilustrados gobernantes.

Los constituyentes de 1821 declararon la igualdad de los indios, de modo que podían participar en elecciones si llenaban los demás requisitos, y eliminaron toda discriminación basada en criterios étnicos o de origen racial: de este modo predominó la idea de la igualdad de todos los ciudadanos. Sin embargo, las estructuras sociales y culturales seguían limitando la igualdad real. Las estructuras comunitarias de los indios de resguardo cumplían una función doble y contradictoria: defendían la comunidad y sus formas de cultura y vida, pero impedían su vinculación con otras culturas y formas de trabajo. Los indios, en la práctica, no iban a las escuelas republicanas, no aprendían a leer y escribir, no eran sujetos independientes en la economía: estaban segregados en una forma que los protegía de los males de la competencia, el trabajo asalariado y la propiedad privada, pues no podían vender sus tierras o comprar otras, pero los condenaba a la subordinación y a la pobreza, y los convertía en víctimas del autoritarismo de propietarios y políticos vecinos.

La participación política de las castas terminó limitada por las restricciones electorales que pronto impusieron los dirigentes y por la distribución desigual de recursos económicos y culturales propia de una sociedad tan jerárquica como la Nueva Granada. De todos modos, la Independencia cambió las reglas fundamentales al abrir el camino a la participación popular, así la limitara en forma inmediata con las reglas sobre el voto. Y la experiencia de guerra y luchas entre 1809 y 1821 formó muchos sectores populares en el ejercicio político y despertó sus deseos de una igualdad real y una ciudadanía universal. Esto se expresó colectivamente mediante la participación en movimientos populares que apoyaron a algunos dirigentes, sobre todo liberales, que establecieron relaciones fuertes con algunos grupos populares y apoyaron la ampliación de la ciudadanía, como José Hilario López, o que los acompañaron en sus ataques a los esclavistas y propietarios conservadores. Y se expresó individualmente gracias a la aparición de mecanismos que permitían a gente del pueblo ascender y llevaron a que algunos mulatos o mestizos vistos como indios llegaran al Congreso o a la presidencia de algún estado.

La liberación de los esclavos y la igualdad de los indios

Los esclavos no eran hombres libres y por lo tanto no tenían derechos políticos. Pero la existencia de la esclavitud contradecía los principios que habían defendido los patriotas y estos decidieron acabar con tal institución. Aunque Bolívar prefería algo más rápido, adoptaron el modelo de Antioquia: prohibir el tráfico de esclavos, declarar que cualquier esclavo que pisara territorio nacional quedaba libre y definir como libres a los hijos de los esclavos que nacieran en adelante. Así se garantizaba la decadencia gradual de la esclavitud, por el paso del tiempo y el envejecimiento de la población esclava. Sin embargo, para acelerar el proceso, crearon "fondos de manumisión", financiados con los impuestos a las herencias, para liberar esclavos meritorios pagando su valor a los amos. De esta manera se reconocía el derecho a la libertad de los esclavos, aunque sujeto a que hubiera fondos suficientes para no desconocer el derecho a la propiedad de sus dueños. Esta ley, muy discutida, facilitó la decisión posterior de liberar a todos los esclavos, tomada en 1850, cuando ya eran menos de la mitad que en 1821, y redujo los conflictos que su emancipación produjo en otras zonas de América, como Estados Unidos.

El estatus legal de los indios era otra herencia que, en opinión de los legisladores, contradecía los principios republicanos. No tenían derechos políticos individuales, no podían tener tierras propias, sino comunitarias, y estaban sometidos a una tutela permanente por parte de funcionarios públicos (corregidores) y curas doctrineros. En un país donde no había impuestos personales, eran los únicos que pagaban un tributo personal: cada adulto debía pagar seis pesos anuales, mientras que los otros neogranadinos pagaban impuestos a la producción (el diezmo y el quinto del oro) o al consumo (impuesto a las ventas o alcabala, pero ya solo sobre bienes extranjeros, e impuestos de aduana). Los legisladores decidieron dar a los indios plena igualdad legal, eliminar el tributo indígena y ordenar la entrega gradual a los indios adultos de las tierras de sus resguardos. De todos modos, como temían que los indios, sin experiencia como propietarios, podían ser engañados, prohibieron que pudieran transferirlas antes de veinte años.

La distribución de resguardos no tuvo apoyo de las autoridades indígenas ni respondía a una demanda de los indios: estos, que no habían tenido propiedad privada en sus comunidades prehispánicas, habían convivido a satisfacción con la forma comunitaria de propiedad. Rechazaron que las autoridades españolas redujeran el tamaño de los resguardos y suprimieran algunos, obligando a los indios a trasladarse a compartir la tierra con otros, pero aunque la tierra de comunidad no fuera propiedad plena, creaba las bases para su supervivencia. Por ello, esta propuesta de división produjo en general el rechazo de las autoridades indígenas, y fueron pocos los resguardos que se disolvieron en el siglo XIX.

La crisis de 1827, la convención de Ocaña y la dictadura de Bolívar

Santander ejerció desde 1819 el gobierno de Colombia, excepto por unos breves periodos en que Bolívar estuvo en Bogotá, primero como gobernador de Cundinamarca y desde 1821 como vicepresidente de Colombia. Fue un gobernante ordenado y cuidadoso, atento a los detalles, y obsesionado con acostumbrar a los ciudadanos a obedecer la ley que sus representantes habían adoptado. Una de sus frases favoritas, que presentaba como complementarias las armas y las leyes, terminaba dando primacía a estas: "Colombianos: las armas os han dado la independencia, solo las leyes os darán la libertad". Este esfuerzo de aceptación de la ley, incluso cuando chocaba con los intereses concretos de una persona, una corporación o una localidad, iba contra la tradición española de aplicación selectiva y negociada de las leyes y contra la experiencia de la revolución, que había logrado el poder con las armas y, por lo tanto, podía seguir invitando a usarlas para lograr los objetivos de la sociedad y sus grupos.

Santander fue exitoso en este esfuerzo hasta 1826, cuando enfrentó el primer gran desafío. Una irregularidad administrativa, un posible abuso de sus facultades al hacer el reclutamiento, hizo que el gobernador de Venezuela, José Antonio Páez, el caudillo y jefe militar más importante de ese departamento, que había dirigido durante una década los ejércitos llaneros, fuera denunciado ante el Congreso de Colombia, que lo llamó a responder a Bogotá. Aunque Santander trató de convencerlo de que debía dar ejemplo de cumplimiento y de asegurarle que todo saldría bien, Páez se negó a obedecer e hizo un "pronunciamiento" declarándose en rebeldía y considerando injusta la investigación a la que se le quería someter. Como se volvió usual, afirmó que actuaba así por voluntad del "pueblo", y contrapuso a neogranadinos y venezolanos. Santander pensaba mandar tropas a someterlo, pero a fin de cuentas Bolívar viajó, en 1827, a tratar de lograr su obediencia.

Las relaciones entre el vicepresidente y el presidente, que estuvo entre 1819 y 1826 dirigiendo en el campo de batalla la guerra contra los españoles, habían sido cordiales. Bolívar pedía soldados y provisiones y a veces se molestaba, en especial por los argumentos de Santander para demorarse, por su insistencia en la necesidad de seguir los procedimientos legales, en que no podía expropiar los bienes de los ciudadanos para sostener la guerra, sino aplicando las leyes tributarias, y en que no podía desmantelar la minería y mandar a los esclavos a aumentar las tropas por el efecto que esto tendría sobre los ingresos del Estado.

Sin embargo, en febrero de 1826, Bolívar, en Perú, con todo el poder que le dieron sus triunfos contra los españoles, aprovechó que la nueva República de Bolivia le pidió escribir una constitución para poner en práctica sus convicciones profundas, algunas de las cuales había propuesto desde 1815. En ella el presidente sería vitalicio y podría escoger a su sucesor, y habría un senado hereditario, escogido entre los militares. Quería así crear instituciones, tomadas en parte del modelo aristocrático inglés, capaces de resistir a los ideólogos que proponían un gobierno con un presidente débil, un parlamento fuerte y una gran descentralización o federalismo. Para Bolívar, estas propuestas eran ingenuas y se apoyaban en una copia de Estados Unidos, donde tal vez sí funcionaban: era un plan de gobierno ideal, inapropiado para un país con un pueblo inculto, ignorante y desobediente como el de Colombia, que podía ser manipulado por toda clase de demagogos a menos que las elecciones se redujeran al mínimo posible. Desde 1812 había responsabilizado a estas repúblicas "aéreas" de la derrota en Venezuela, y de nuevo lo hizo en 1815. Santander compartía su rechazo a un sistema federal, al menos mientras no hubiera mayor experiencia política, pero creía que la mejor forma de educar al pueblo para el gobierno era dándole la oportunidad de participar en la elección de sus gobernantes y reconociendo sus derechos políticos. Además, el rechazo de los grupos letrados al autoritarismo colonial hacía improbable que un gobierno muy fuerte tuviera apoyo real de estos grupos poderosos.

Tan pronto se aprobó la Constitución de Bolivia, Bolívar propuso que fuera adoptada en el Perú y, finalmente, usando el poder del ejército, lo logró a fines de 1826, cuando fue elegido "presidente vitalicio" del Perú. Mandó entonces la Constitución a Bogotá, sugiriendo que fuera también adoptada en Colombia. Esta propuesta violaba la Constitución vigente, que con la intención de evitar mutaciones frecuentes había establecido que no podría reformarse sino después de diez años de prueba. Santander hizo notar esto a Bolívar, mientras que la prensa liberal bogotana, en manos de jóvenes abogados amigos de Santander, atacó las propuestas de Bolívar.

En todo caso, Bolívar creía que solo con todo el poder podría gobernar Colombia. En Guayaquil varios militares propusieron, en un acta pública, que asumiera la dictadura. Bolívar, aunque expresó su desacuerdo, ascendió a varios de los participantes y escribió a Santander defendiendo en privado la idea de la dictadura. En este momento, ante el desafío de la desobediencia de Páez, Bolívar consideraba que Colombia estaba "perdida para siempre", si no se tomaba una decisión radical. Nuevas actas pidieron la dictadura o la adopción de la Constitución boliviana y, cuando Bolívar llegó a Bogotá, en noviembre de 1826, fue recibido con cortesía fría, pero con obvio rechazo a sus planes: las pancartas de la recepción hablaban de la "defensa de la Constitución". Irritado, Bolívar dijo que su llegada debía ser un momento para hablar de la gloria del ejército y no de la Constitución o de la violación de las leyes. Y si eso había ocurrido era porque estas eran "muchas veces inicuas". Al final se puso del lado de Páez y escribió para decirle que tenía toda la razón, pues "los abogados han impuesto a los militares" un mar de normas prematuras. Este incidente es sin duda revelador y marca la creciente tensión entre los abogados bogotanos y los militares, muchos venezolanos, pero respaldados por algunos neogranadinos, como Tomás Cipriano de Mosquera y Pedro Alcántara Herrán, que rompió con su sable varias pancartas el día de la llegada de Bolívar.

Bolívar fue a Venezuela, donde justificó la rebelión y dio a Páez una amnistía total, lo ratificó como Jefe Militar y Civil de Venezuela y lo llamó "salvador de la república" ("Nosotros, los americanos, hemos sido criados en la esclavitud y no sabemos vivir de conformidad con leyes sencillas y liberales", afirmó entonces para explicar la rebelión de Páez). Santander, aunque se tragó esta desautorización, después de presentar su renuncia y retirarla, nunca la olvidó, y a partir de entonces muchas de sus acciones se explican por el esfuerzo de frenar los proyectos de Bolívar: consideraba que buscaba romper la Constitución para formar un gobierno no sometido al molesto control de las leyes. Dos meses después, en marzo de 1827, rompieron relaciones personales, aunque Santander siguió ejerciendo el poder ejecutivo. En agosto el Congreso convocó a una convención en Ocaña para reformar la Constitución, contra la oposición de los santanderistas. Santander se sometió y reglamentó las elecciones y, cuando Bolívar llegó a Bogotá y asumió en agosto la presidencia, Santander encabezó las listas opuestas a las de Bolívar. Las elecciones fueron en diciembre de 1827 y Santander tuvo más apoyo popular: la convención se reunió en 1828 con mayorías opuestas a la Constitución boliviana, y Santander y sus amigos presentaron un proyecto que consagraba el federalismo. Santander, que siempre había preferido el centralismo, aceptó la opinión de sus amigos, considerando que los poderes locales harían contrapeso a Bolívar. Sin embargo, los bolivarianos, ante la inminencia de una derrota en la Convención, decidieron disolverla y al retirarse destruyeron el *quorum*. Fracasó así el intento de Bolívar de cambiar la Constitución y establecer una presidencia muy poderosa por medios legales.

Después de que los militares amigos, como Mosquera y Herrán, hicieran actas "populares" pidiendo que asumiera la dictadura, el 24 de junio de 1828 suspendió la Constitución de Cúcuta y proclamó la dictadura. Pero el gobierno fuerte mostró su debilidad, hubo varias revueltas militares y en Bogotá un grupo de jóvenes abogados y estudiantes preparó un golpe y atacó, el 25 de septiembre, el Palacio de San Carlos, sede de la presidencia. Bolívar se escapó gracias a Manuelita Sáenz, su pareja, que entretuvo a los conjurados mientras Bolívar saltaba por una ventana. Varios de los participantes fueron juzgados y condenados a muerte, aunque algunos, como Mariano Ospina Rodríguez, lograron escapar. El primero en ser ejecutado, aunque no había participado en la rebelión, fue José Prudencio Padilla, víctima probable de los prejuicios contra los pardos; unos días después fueron fusilados otros catorce. Santander, que no había participado en la conspiración, pero se había enterado de ella, fue también condenado a muerte, pero el Consejo de Ministros insistió en que se le conmutara la pena por destierro y Bolívar, a regañadientes, lo aceptó.

A los pocos días se rebelaron en Popayán los generales José María Obando y José Hilario López, con el apoyo de guerrillas pastusas, probablemente movidas por el odio a Bolívar por su represión de 1823. Derrotaron a Tomás Cipriano de Mosquera y, en marzo de 1829, pactaron la paz con Bolívar, sobre la base de que se reuniera una nueva convención a escribir otra vez una Constitución: esta fue convocada para 1830. En septiembre de 1829 se rebeló en Antioquia el general José María Córdoba; derrotado a los pocos días, ya rendido, fue muerto por un comandante del ejército.

La dictadura no trajo, entonces, más orden y tranquilidad. Buscando apoyo político, Bolívar cambió varias de las políticas que habían enfrentado a Santander con la Iglesia: prohibió las sociedades bíblicas que promovían la lectura de las Sagradas Escrituras por los fieles —y en esto mostraban afinidad con el protestantismo—, así como la enseñanza de los textos de pensadores liberales como J. Bentham y D. de Tracy en las universidades. Además, restableció el tributo indígena.

Bolívar viajó al sur en 1829 para reprimir la rebelión de Obando y López y enfrentar una amenaza de guerra del Perú. Los ministros, creyendo interpretar el deseo de Bolívar, empezaron a hacer consultas con legaciones europeas para estudiar la posibilidad de que un príncipe europeo aceptara ser rey de Colombia. Bolívar no estaba de acuerdo con la iniciativa y ordenó suspenderla. Ya no veía salidas: aunque estaba contra la monarquía, cualquier imitación de la Constitución de Estados Unidos le parecía fatal. Y aunque quería mantener la unión con Venezuela, eso ya no era posible: "es la quimera más impracticable". Los colombianos no aceptaban "ni presidente vitalicio ni dictadura", reconoció y se preguntaba: "¿Por qué no se ahogan de una vez en el estrepitoso y alegre océano de la anarquía?". Tras 20 años de luchas, había llegado a la conclusión de que las nuevas naciones eran ingobernables.

La disolución de Colombia

En enero de 1830 Bolívar regresó e instaló el Congreso. En Venezuela, unos días antes, un congreso convocado por Páez había decretado la separación de ese departamento de Colombia. En el Ecuador se anunció también la separación a mediados de año. En el Congreso, en Bogotá, José Ignacio de Márquez presentó un proyecto de constitución federalista, con la idea de que la única manera de mantener la unión era permitir a las grandes regiones una administración autónoma. Bolívar, enfermo y desconsolado, renunció en marzo y asumió la presidencia un civil neogranadino, el vicepresidente Domingo Caicedo. En abril se aprobó una Constitución centralista para Colombia (los santanderistas más definidos no participaron y su jefe estaba en el exilio) y el Congreso nombró a Joaquín Mosquera como presidente. Bolívar salió en mayo para Cartagena y los militares venezolanos de las guarniciones de Bogotá hicieron en agosto de 1830 una revuelta; el general Rafael Urdaneta se apoderó del gobierno, pidiendo el regreso de Bolívar. Este, ya en Cartagena, no aceptó y a finales de año murió en Santa Marta, esperando un barco que lo llevara a Europa, y cuando ya Colombia se había fragmentado en tres Estados independientes, dirigidos por tres soldados venezolanos: Rafael Urdaneta en la Nueva Granada, José Antonio Páez en Venezuela y Juan José Flores en el Ecuador.

Los principales dirigentes neogranadinos, desde la revuelta de Urdaneta, se unieron en defensa del gobierno legal. Aunque el presidente elegido por el Congreso, Joaquín Mosquera, se fue al exilio en agosto, el general José María Obando se rebeló e hizo una rápida campaña que logró pronto el apoyo de Cartagena, de Antioquia, donde se levantó el coronel Salvador Córdoba, y del general José Hilario López, su antiguo compañero en la rebelión contra Bolívar. Después de unos triunfos rápidos de los militares legalistas, Urdaneta se sometió y entregó el poder, en abril de 1831, al vicepresidente constitucional, Domingo Caycedo.

Ya para este momento Venezuela y Ecuador se habían separado de Colombia. El presidente convocó entonces a una "Convención Granadina", que el 10 de noviembre de 1831 reconoció los hechos y creó la "República de la Nueva Granada".

Se cerraba así un periodo en el que la definición del nuevo país estuvo influida por las esperanzas grandiosas de Bolívar de formar una nación llamada Colombia, que uniera a varios de los antiguos dominios españoles. Los dirigentes del nuevo país se resignaron a definir la jurisdicción de la Nueva Granada como la de la Real Audiencia de Santa Fe, aunque añadiendo las provincias del occidente, de Cartago a Pasto.

Se creó así un país sin un sentimiento fuerte de unidad, que hiciera sentir a sus habitantes como "granadinos", distintos a los ecuatorianos o venezolanos. Con Quito y Caracas, que tenían lengua, religión y tradición legal similares y con quienes se compartía el rechazo al "despotismo" y la opresión española y el orgullo de vivir en una república de ciudadanos, había más elementos comunes que de separación. Fuera de economías diferentes y de unas estructuras sociales algo distintas, lo que diferenciaba a los granadinos de sus vecinos parecía ser el legalismo, el dominio abrumador de los abogados que tanto molestaba a Bolívar, el rechazo a todo poder militar y el culto, más verbal que real, a la ley por encima de la fuerza.

CAPÍTULO VII

La Nueva Granada y la aparición de los partidos políticos

Al establecerse la República de la Nueva Granada en 1832, se adoptó una nueva Constitución, que cambió en algo la de Cúcuta: concedió el voto sin restricciones de riqueza o renta (pero excluyó a los sirvientes y jornaleros) y, aunque mantuvo el centralismo, creó cámaras de provincia electivas con la idea de "ensayar" instituciones de gobierno local para educar a los ciudadanos en el autogobierno y avanzar en forma paulatina hacia la federación.

La Independencia fue justificada por los criollos con la teoría de que el pueblo reasumía, por la ausencia del rey, una soberanía que le pertenecía. La soberanía popular y el "bien del pueblo" (que empezó a reemplazar al "bien común") se convirtieron en la invocación favorita de los políticos, incluso para romper las reglas acordadas por los representantes del "pueblo". En 1811, Antonio Nariño dio el primer golpe de Estado, al derribar, a nombre del bien común, con el apoyo de los militares, el gobierno de Jorge Tadeo Lozano. Entre 1811 y 1815 los dirigentes criollos, centralistas y federalistas, se enfrentaron con las armas, pues cada sector pensaba que representaba al pueblo. En 1826 los bolivaristas promovieron el desconocimiento de la Constitución de Cúcuta, mediante "actas populares" organizadas por autoridades militares o civiles. En 1828, cuando Bolívar anuló la Constitución y estableció la dictadura, sus enemigos consideraron, recordando la historia antigua y el atentado a Julio César, que era lícito usar la fuerza contra el tirano y trataron de derribarlo en septiembre: algunos de los conjurados estaban dispuestos a matar al dictador. Dos generales, José María Obando y José Hilario López, se rebelaron en el sur contra Bolívar a nombre de la Constitución y de la representación popular. En 1830, cuando Bolívar renunció y fue reemplazado por el vicepresidente Domingo Caycedo, los militares bolivarianos, sobre todo venezolanos, proclamaron dictador al general Rafael Urdaneta, que gobernó unos meses: la mayoría de los dirigentes neogranadinos defendió al gobierno legítimo contra una usurpación militar, ilegal, bolivariana y venezolana.

Estos incidentes muestran que, para la mayoría de los políticos y jefes militares, era legítimo violar las leyes fundamentales para defender lo que consideraban el bien común o la salud de la patria. La derrota de la concepción propia era identificada con un desastre para el país y en vez de aceptarla y luchar, dentro de las reglas, para cambiar los resultados, pensaban que tenían derecho a desobedecer esas reglas y adoptar las formas de lucha que les dieran el triunfo.

Los gobiernos de Santander, Márquez y Herrán

La herencia de los conflictos de 1826 a 1830 entre Santander y Bolívar marcó la política entre 1832 y 1845. Santander, vuelto del exilio, gobernó entre 1832 y 1837 con apoyo de los legalistas (federalistas y centralistas, liberales y tradicionalistas), pero atacó a los que habían apoyado la dictadura de Bolívar y trató con severidad dos intentos de revuelta: los participantes fueron condenados a muerte y ejecutados, lo que consolidó la imagen de Santander como gobernante despiadado. Creía que el orden y el respeto de la ley eran esenciales para la libertad y que el Estado debía imponerlo: en el escudo de Colombia, desde su gobierno hasta hoy, el lema es "Libertad y Orden", que expresa la esperanza de hacer compatibles los dos ideales. Fue otra vez un administrador cuidadoso y, en una coyuntura difícil, cuando las exportaciones eran escasas, los recursos públicos cayeron y los precios internos bajaron, mantuvo una política proteccionista, con tarifas elevadas para ayudar a los terratenientes sabaneros y a los artesanos bogotanos, que se quejaban por la llegada de productos mejores y más baratos que los de ellos, aunque se negó a prohibir la entrada total de las manufacturas que competían con las locales. Revivió además la enseñanza de las doctrinas de Bentham, lo que reanimó las discusiones sobre el liberalismo y la Iglesia.

Los partidarios de un gobierno centralista y autoritario, amigo de la Iglesia, enemigo del utilitarismo y respetuoso del orden y las jerarquías se unieron a los que habían respaldado la dictadura de Bolívar para apoyar la candidatura de José Ignacio de Márquez para la presidencia. Los enemigos de la dictadura, que compartían ideas liberales y federalistas, sospechosos de la intervención eclesiástica en política y promotores de una ciudadanía más amplia, se dividieron entre dos candidatos, el general José María Obando, apoyado por Santander, y el abogado y periodista Vicente Azuero, ideólogo y defensor constante de las doctrinas liberales. Márquez, un civilista moderado, pero cada vez más hostil a los santanderistas, fue el ganador y en su gobierno se enfrentaron los defensores de la tradición religiosa y del orden, que recibieron el nombre de "ministeriales" y los liberales, reunidos alrededor de Santander, que buscaban una mayor libertad de comercio, menores impuestos y una educación menos sometida a la Iglesia. Se formaron así los núcleos de los dos partidos, aunque todavía sus fronteras eran borrosas.

En 1839 el cierre de unos conventos produjo una revuelta religiosa en Pasto, con el apoyo del clero local y de antiguos guerrilleros enemigos de la Independencia. Los jefes liberales de provincia, resentidos por la pérdida del poder en 1837 y por la política de Márquez, ansiosos de retomar la promesa federalista y las reformas liberales de antes de 1827, se sumaron a la revuelta. La encabezó el general José María Obando, quién se sintió perseguido por el gobierno, que intentó juzgarlo por el asesinato del general venezolano Antonio José de Sucre en 1830. En varias provincias, a nombre del federalismo y del poder local, y en defensa de Obando, antiguos generales de la Independencia o nuevos generales liberales se pronunciaron y asumieron el poder como "jefes supremos" y llevaron al país a una larga y costosa guerra de casi tres años, de 1839 a 1841, que terminó con el triunfo del gobierno y el debilitamiento brusco del liberalismo.

Los amigos de Márquez y enemigos de Santander ganaron las elecciones en 1841, cuando fue elegido presidente el general Pedro Alcántara Herrán, quien derrotó a Vicente Azuero. Herrán tuvo como principal ideólogo de su gobierno, en lo que era ya un coherente proyecto conservador, a Mariano Ospina Rodríguez. Este fue ministro del Interior y promovió una drástica reforma educativa, para erradicar las influencias benthamistas, así como una reforma constitucional, en 1843, que limitó la ciudadanía a los propietarios y ricos de más de veinticinco años y reforzó el centralismo y los poderes presidenciales, al grado de que el joven político Rafael Núñez la juzgó una "monarquía constitucional". Además, el Congreso permitió vender esclavos fuera del país. Y para dar un contenido religioso a la educación de los niños, Herrán trajo otra vez a los jesuitas. Entre la libertad y el orden, el gobierno ponía énfasis en el orden.

La elección en 1845 de Tomás Cipriano de Mosquera, sobrino de uno de los regentes de España en 1810, dueño de minas y esclavos y señor de haciendas e indios, que como su yerno Pedro Alcántara Herrán había sido defensor firme de la dictadura de Bolívar, parecía una obvia consagración de la continuidad. Sin embargo, su gobierno se orientó, más que a la defensa del orden y la tradición, a la búsqueda del progreso. Al poner en primer lugar, aunque en forma poco ideológica, el fomento a la producción y el desarrollo material, cambió el debate político.

Estas medidas incluían, por ejemplo, la unificación del sistema de pesas y medidas, adoptando el sistema métrico decimal; la definición de un sistema monetario que volvía legal la circulación de moneda extranjera, la eliminación del monopolio del tabaco y su exportación libre, el impulso a la navegación en el río Magdalena, así como la creación de una escuela militar que formara ingenieros. Ninguna de estas políticas contradecía los ideales del grupo conservador que lo había llevado al poder, pero ponían el acento en el cambio y el progreso más que en el mantenimiento del orden y la tradición.

El cambio más brusco de este gobierno fue la adopción inesperada del liberalismo económico internacional. Aunque este había sido un deseo de casi todos los dirigentes, rebajar los ingresos aduaneros, principal fuente de ingresos del gobierno, parecía arriesgado desde el punto de vista fiscal. Por eso Santander y Márquez mantuvieron tarifas altas (aunque menores que las coloniales) y su reducción brusca había sido una propuesta casi exclusiva de los ideólogos más teóricos del grupo de Santander, que él mismo no compartía. Pero fue un antiguo santanderista, ministro de Hacienda de Mosquera, Florentino González, el que impulsó las nuevas tarifas en 1847.

Un clima de cambio

El gobierno de Mosquera agitó el ambiente político, que se llenó otra vez de periódicos y polemistas. Algunas de las promesas de la Independencia revivieron: después de treinta años de emancipación, en un país que seguía pobre, muchos se preguntaban qué se había logrado. Las discusiones de 1846 a 1848 volvieron a poner sobre la mesa la ciudadanía —si debía adoptarse el sufragio universal y no solo tener una república liberal, sino una "democracia"— así como el federalismo y el gobierno local. A partir de 1848 la revolución liberal en Francia inspiró a muchos grupos, en especial los jóvenes liberales, algunos de los cuales hablaban a nombre del "proletariado" y del "socialismo" y buscaban organizar a los artesanos. En 1847 trabajadores y estudiantes radicales crearon una Sociedad Democrática de Artesanos, y pronto se formaron decenas de clubes populares liberales, a los que respondieron sociedades populares conservadoras.

En las calles de Bogotá, Cali y las ciudades de la costa la agitación popular crecía. Esta retórica produjo una reacción temerosa de los dirigentes tradicionalistas, que estaban empeñados en frenar el radicalismo liberal y habían visto en la rebelión de 1839 las pruebas del efecto destructivo del sueño federal y liberal. Las polémicas de 1826 a 1848 habían ido definiendo dos grupos contrapuestos: conservadores y liberales. Ambos compartían el respaldo a un régimen republicano y representativo y con separación de poderes, aunque con matices diversos. El liberalismo inicial tenía ideólogos doctrinarios, como Vicente

Azuero, Francisco Soto y Florentino González, que tenían fe en las doctrinas del liberalismo europeo y políticos más pragmáticos, como el presidente Santander y los generales de la Independencia, como López y Obando. En el conservatismo inicial, que ejerció el poder entre 1837 y 1851, se unían los antiguos bolivarianos (Tomás Cipriano de Mosquera, Pedro Alcántara Herrán, José Manuel Restrepo) con enemigos de la dictadura convertidos en defensores del orden tradicional, como Mariano Ospina Rodríguez y José Ignacio de Márquez y con políticos moderados como Rufino Cuervo.

Ya en mayo de 1848 Mariano Ospina Rodríguez y José Eusebio Caro consideraron conveniente fundar un partido conservador, para defender la sociedad "contra las doctrinas inmorales y anárquicas que se están predicando": los aterraba la posible marcha del liberalismo hacia posiciones más radicales, pero temían también a "conservadores" tibios como Mosquera, más interesado en el progreso práctico que en los principios, o como el escritor Julio Arboleda, que apoyó la expulsión de los jesuitas cuando esta se discutió en el Congreso de 1848.

Pocos días después, en julio, el abogado Ezequiel Rojas respaldó la candidatura presidencial de José Hilario López, en un texto que se convirtió en el programa de un partido que adoptó el título de liberal, a nombre de la defensa de los derechos y libertades públicas, la independencia de las ramas del poder y el debilitamiento del ejecutivo, la separación de la Iglesia y el Estado, la defensa de los pobres y la concentración del gasto público en vías de comunicación.

Así, aunque liberales y conservadores podían compartir los principios constitucionales, no tenían dificultades para definirse: los que creían en la separación de la Iglesia y el Estado, la libertad amplia de expresión y de prensa, el derecho al voto para todos y se oponían a la pena de muerte, veían a los conservadores como defensores de un Estado orientado por la Iglesia, autoritario y sin respeto por las libertades ciudadanas; los conservadores, a su vez, veían en los liberales enemigos de la Iglesia (con la promoción de Bentham en las universidades, el hostigamiento a la Iglesia y a los jesuitas, la eliminación del diezmo o la propuesta de separar la Iglesia y el Estado y entregar al gobierno el manejo de los registros civiles, el matrimonio y los cementerios), partidarios de la anarquía en nombre de la ciudadanía democrática, atacantes de la propiedad privada (sobre todo por sus propuestas de liberar a los esclavos y de poner impuestos a las rentas y propiedades de los ricos) y de la familia (con su defensa del matrimonio civil y hasta del divorcio), frente a lo cual se definían ellos, los conservadores, como defensores del orden, la familia, las jerarquías, la propiedad y la civilización cristiana.

En cierto modo, el conservatismo tenía un programa moral y de civilización, mientras el liberalismo planteaba una propuesta más política, basada en la defensa de las libertades individuales contra el autoritarismo. En general, el liberalismo se inclinó por el federalismo y la participación de la ciudadanía en el gobierno local, lo que contradecía a los ideólogos conservadores que deseaban un gobierno central fuerte; sin embargo, ante el temor de un gobierno central liberal, enemigo de la Iglesia, muchos conservadores, en el Cauca y Antioquia, se inclinaron por el federalismo y en 1856 un congreso de mayoría conservadora aprobó una Constitución federal; entre 1863 y 1886 los conservadores de Antioquia y Tolima, federalistas por pragmatismo, controlaron estos estados.

Los proyectos de Mosquera ayudaron a reanimar el sueño de progreso: la protección no había dado muchos resultados y los liberales pensaban que la ampliación del comercio y las mejoras materiales traerían la prosperidad. Se abrió así un periodo de intensas reformas, que pronto sumaron al pragmatismo progresista de Mosquera todo el entusiasmo doctrinario de los liberales, y que se aplicaron entre 1847 y 1880, e incluyeron la emancipación de los esclavos, los derechos electorales para todos, incluyendo indios, pobres y analfabetos y un Estado federal que rigió entre 1853 y 1886, y que en principio consagraba amplias libertades a todos los ciudadanos, con la eliminación de la pena de muerte por delitos políticos, la consagración de los juicios por jurado y la ampliación de la libertad de prensa. Además, los liberales decretaron la separación del Estado y la Iglesia, suprimieron el fuero eclesiástico, establecieron el matrimonio civil y el divorcio, entregaron los cementerios a las municipalidades y expropiaron los bienes de la Iglesia: las tierras y las rentas de "manos muertas". Esto estuvo acompañado de la reducción de impuestos al comercio y la supresión del diezmo, para reemplazarlo con un impuesto (proporcional o incluso progresivo) a la propiedad y a los ingresos de las personas.

La revolución del medio siglo

Para 1849 los candidatos presidenciales eran, en el conservatismo gobernante, el vicepresidente Rufino Cuervo, un maestro boyacense, civilista y antiguo secretario de Hacienda, que representaba el espíritu de transacción con el liberalismo que ahora encarnaba Mosquera, y Joaquín José Gori, antiguo bolivariano, apoyado por grupos preocupados por algunas medidas de Mosquera que afectaban a la Iglesia. El liberalismo unido apoyó a José Hilario López, general de la Independencia y antiguo rival del presidente Mosquera.

La elección de López en 1849, que tuvo la votación más alta, pero al no tener mayoría absoluta tuvo que ser decidida por el Congreso, bajo la presión de un pueblo vociferante y tal vez armado, llevó a una ruptura fuerte con el pasado. En los dos años anteriores se habían consolidado los partidos. Los conservadores eran fuertes entre los grupos de propietarios del centro y de Antioquia, que no querían sacudir la sociedad rural, y entre los grandes mineros y propietarios de Popayán, dueños de haciendas y esclavos. Los liberales provenían en buena parte de notables de provincia, en zonas con una historia de rivalidad con Bogotá, como Socorro o Cartagena, y en ciudades comerciales como Mompox, Honda, Rionegro, Mariquita o Cúcuta. Había comerciantes importantes y terratenientes en ambos partidos, lo mismo que abogados y letrados. Las familias de mayor prestigio colonial, las que presumían de ancestros hispánicos en Bogotá, Popayán o Tunja, se inclinaban al conservatismo, pero a veces sus hijos se volvían liberales. Los sacerdotes eran por lo general conservadores, pero había curas y hasta obispos que simpatizaban con los liberales, incluso cuando tomaron las armas en 1839, y no faltaron en las "sociedades democráticas" entre 1847 y 1853. Los enfrentamientos y rivalidades entre localidades vecinas ayudaron a vincular el partido con el sitio de nacimiento, a veces a raíz de un conflicto que los había enfrentado con el pueblo vecino. Las guerras civiles, en el siglo XIX, reforzaron este patrón: los notables de un pueblo, ligados a un partido, terminaban logrando la solidaridad local, sobre todo si había un pueblo rival que pudiera verse como enemigo. Los campesinos de las tierras altas, más influidos por curas y propietarios conocidos, tendían a sentirse más cerca de los conservadores, mientras que los habitantes de las ciudades de la costa y las tierras de colonización, sobre todo las poblaciones de negros y pardos, vieron en el liberalismo una promesa de ciudadanía y democracia, reforzada por la liberación de los esclavos en 1851 y la aprobación del sufragio universal en 1853.

Entre 1849 y 1854 el liberalismo presentó las reformas como la realización del programa de progreso planteado desde los años veinte, pero frenado por la dictadura bolivariana y la pausa conservadora de Márquez y Herrán. La libertad total de enseñanza, que llevó a eliminar la exigencia de título para ejercer profesión, fue en parte una respuesta al malestar creado por la reforma educativa de 1843, que había roto con el plan de estudios benthamista que, aunque interrumpido por Bolívar, había sobrevivido y era parte de la lucha contra el dominio ideológico de la Iglesia. Los jesuitas, que habían vuelto en 1843, fueron expulsados otra vez, en un acto que para algunos contradecía los principios liberales de respeto a la libertad de conciencia: se apoyaron en el formalismo de que la orden del rey Carlos III de 1767, que los había expulsado, no se había derogado nunca.

La expropiación de los bienes y rentas de la Iglesia buscaba promover la circulación de tierras, pero también separar al Estado de la Iglesia, que hasta entonces se tutelaban mutuamente: el Estado presentaba los candidatos para obispos y cobraba los diezmos, pero gobernaba bajo la supervisión de la Iglesia. Aunque en el papel el proyecto liberal era "Iglesia libre en el Estado libre", de hecho estuvo impulsado por un fuerte anticlericalismo, que en parte reflejaba la incomodidad liberal por las intervenciones de la Iglesia a favor de sus opositores: la mayoría de los curas se había opuesto a la revolución de 1839 y los más activos sacerdotes habían atacado con vigor, desde la Independencia, los esfuerzos liberales por promover la enseñanza de ideólogos liberales o permitir las sociedades bíblicas que ponían la Sagrada Escritura en manos "ignorantes". Además, el gobierno de Pedro Alcántara Herrán

(1841-1845) se apoyó con fuerza en la Iglesia y le dio protección. Por eso, cuando en 1851 se aprobó la abolición del fuero eclesiástico y la constitución civil del clero, que ordenaba que los párrocos fueran elegidos por los fieles, esto fue visto como un intento de someter a la Iglesia a la voluntad de los civiles. Los obispos rechazaban la separación de la Iglesia y el Estado, la declaración de la libertad de cultos, la libertad de enseñanza, así como los intentos por transferir al Estado el manejo del registro civil de nacimientos, el matrimonio —con la aprobación del matrimonio civil y del divorcio, que rigió apenas de 1853 a 1856— y los cementerios. El conflicto llevó a un proceso en la Cámara y a la expulsión del país del arzobispo de Bogotá, monseñor Manuel José Mosquera, hermano del expresidente Mosquera.

A partir de entonces el choque entre la Iglesia y el liberalismo —cuyos dirigentes eran creyentes, pero enemigos de su injerencia en los conflictos políticos y de que el Estado le diera apoyo— se convirtió en elemento central de la política colombiana, que se agudizó durante el segundo gobierno de Tomás Cipriano de Mosquera (1861-1864). Este, ya asociado con los liberales, decretó la expropiación de los bienes eclesiásticos y de los capitales de "manos muertas" y trató de obligar a los jerarcas eclesiásticos a jurar su obediencia a las leyes, lo que produjo nuevos conflictos y llevó a la expulsión del nuevo arzobispo de Bogotá, Antonio Herrán, hermano del expresidente Herrán.

Las reformas tropezaron con gran hostilidad. Los propietarios de esclavos se alzaron en armas en 1851 contra el gobierno liberal, con el apoyo de la mayoría de los conservadores. Por su parte, los artesanos urbanos, sastres, carpinteros o herreros, sentían que no podían competir con los bajos precios de los productos importados. Los jóvenes liberales, formados en las universidades, tenían una ideología que evocaba el socialismo y defendía al pueblo de los ricos, pero al mismo tiempo creían en la libertad de comercio y los bajos impuestos, lo que llevó a conflictos con los artesanos a los que habían ayudado a organizarse. La mayoría de los políticos, liberales o conservadores, se oponía a elevar los precios a los consumidores para defender a un grupo pequeño. Sin mucho respaldo, los artesanos se mantuvieron fieles a los viejos jefes liberales, José Hilario López y José María

Obando, por el vínculo del liberalismo con la apelación a una ciudadanía más amplia. Por ello, apoyaron con entusiasmo, en un ambiente de confrontación social, la elección de López, pero cuando este mantuvo la política librecambista los artesanos bogotanos se enfrentaron a los liberales doctrinarios o "gólgotas" y buscaron la protección de liberales más pragmáticos, como José María Obando. Sin embargo, las políticas liberales no cambiaron y las tarifas siguieron siendo bajas durante el resto de siglo, al menos hasta la década de los ochenta. En muchos momentos los grupos artesanales, sobre todo urbanos —pues los tejedores rurales, en gran parte mujeres que trabajaban en el hogar, no parecen haberse movilizado—, se enfrentaron con energía al gobierno y organizaron ruidosas protestas que a veces se convirtieron en motines violentos.

El general José María Obando fue elegido presidente en 1853 y ese año se aprobó una nueva Constitución. Inspirada por los liberales radicales, reconoció por primera vez la libertad de cultos, estableció el voto universal masculino, sin restricciones por alfabetismo ni riqueza, y dio a las provincias el poder de escribir sus constituciones y elegir a los gobernadores. Una de ellas, la de Vélez, concedió el voto a las mujeres, aunque la norma fue derogada por la Corte Suprema porque violaba el orden nacional. En desarrollo de los principios federalistas de esta Constitución se crearon en 1856 los estados soberanos de Panamá y Antioquia y, en 1857, los de Santander, Cundinamarca (del que en 1861 se segregó el Tolima), Boyacá, Bolívar, Magdalena, Cauca y Santander, que expidieron también sus constituciones.

Obando, poco inclinado a teorías y principios, no compartió los esfuerzos de sus amigos liberales por debilitar el poder presidencial y establecer un federalismo extremo, ni sus esfuerzos por reducir el ejército, ni sus discursos a favor del "socialismo" y contra los ricos. Con el presidente y los liberales gólgotas enfrentados y en medio de peleas callejeras entre artesanos y jóvenes y políticos liberales, el intento de someter a juicio al jefe del ejército, José María Melo, por el homicidio de un soldado provocó, el 17 de abril de 1854, un golpe militar, que buscaba ante todo la defensa del ejército y de la autoridad del gobierno central y que el presidente, descontento con las reformas constitucionales, no enfrentó con decisión, aunque se negó a asumir el poder que los golpistas le ofrecían.

El general Melo ejerció entonces el gobierno y, buscando respaldo popular, se declaró favorable a los artesanos bogotanos, enfrentados a los liberales librecambistas. La contraposición entre el pueblo de artesanos y los cachacos y letrados (los de ruana contra los de casaca) promovida por los golpistas, así como la violencia de la represión ordenada a fines de año por los legalistas triunfadores —que llevó al destierro, a Panamá, donde muchos terminaron sus vidas, de centenares de "melistas", entre ellos bastantes artesanos— y dejó un rechazo a las "oligarquías" liberales y conservadoras, creó una alianza más o menos duradera entre ellos y los dirigentes liberales que apelaban a la confrontación social y a la movilización popular y creó un vínculo entre la defensa del modo de vida artesanal y las formas de rebelión y protesta "primitivas", como las llamó el historiador Eric Hobsbawm. Otras reivindicaciones contra abusos de propietarios y autoridades locales alimentaron esta diferenciación política, que se apoyó en diversas formas de ideología popular disidente. La lucha por la defensa de los ejidos en Cali, los movimientos religiosos populares de la costa, la reivindicación de las castas y de los grupos sociales discriminados, la protesta encendida y a veces violenta contra insultos o maltratos públicos incorporaron casi siempre un lenguaje de reivindicación de casta y de clase, y encontraron aliados en dirigentes liberales locales.

El temor del general Obando y otros liberales de que, en un ambiente de conflicto con el ejército y la Iglesia, la descentralización y el sufragio universal llevaran, por el influjo de curas y propietarios rurales, a la elección de autoridades hostiles se cumplió: las elecciones de Congreso, gobernadores y procurador general de 1853 dieron mayoría a los conservadores, seguidos por los liberales radicales o gólgotas, y dejaron en último lugar a los defensores del gobierno o liberales "draconianos". De todos modos, la reforma constitucional, que creó la posibilidad de que las provincias se constituyeran como estados y expidieran sus propias constituciones, como lo hicieron entre 1853 y 1856, abrió el paso a una experiencia de gobierno similar a la de

1810-1815 y condujo a un cambio radical: la Nueva Granada aprobó en 1858 una nueva Constitución y se convirtió en la Confederación Granadina, formada por estados con constituciones y leyes diferentes, aunque mantuvo la ciudadanía universal aprobada en 1853.

Las reformas de 1847 a 1858 han sido presentadas como la "revolución del medio siglo", que destruyó el orden colonial. En verdad, hubo grandes cambios, pero muchas instituciones, sobre todo las que se apoyaban en hábitos y formas mentales, en jerarquías y prejuicios sociales, y en estructuras sociales y económicas básicas, que nadie intentó cambiar, siguieron ejerciendo influencia.

En el manejo económico se redujeron las tarifas aduaneras, lo que llevó a la expansión de las exportaciones y del consumo de textiles extranjeros. Además, se creó en 1851 el impuesto directo, reviviendo una norma de 1821, pero se dejó su reglamentación a cada provincia. La economía, impulsada por comerciantes y agricultores que buscaban mercados en el exterior, comenzó a crecer después de casi medio siglo de estancamiento. Además de reducir los impuestos los liberales se empeñaron en quitar las restricciones al mercado de tierras y promover la distribución de lotes a pobladores de las áreas de colonización. Para ello, en mayo de 1851 decretaron que todo deudor podía sanear sus hipotecas o "censos" perpetuos pagando 50 % del capital al Estado, que asumiría el pago de los intereses de deuda al propietario: buscaban así liberar las propiedades de los gravámenes de "manos muertas" a favor de la Iglesia, que hacían casi imposible su venta. Esta medida fracasó por falta de recursos fiscales y se derogó en 1855, pero fue retomada por Mosquera entre 1863 y 1867, cuando decretó la expropiación de los bienes urbanos y rurales de la Iglesia y de las rentas de "manos muertas". Esta vez se aplicó con firmeza: se expropiaron las rentas de manos muertas, desaparecieron los censos a perpetuidad y unas 200 000 hectáreas de las haciendas de la Iglesia y las comunidades se remataron, de modo que donde había unas pocas haciendas inmensas se formaron unos centenares de grandes propiedades, más pequeñas que sus predecesoras, compradas por ricos que las podían pagar y que, como liberales, no tenían reservas morales para hacerlo.

En la discusión del impuesto directo algunos sugirieron cobrar una tasa más alta a los de ingresos mayores, lo que el ministro José María Plata consideró "un principio un poco comunista". En la misma dirección igualitaria, la discusión del problema de la tierra llevó a la propuesta de usar los baldíos no solo para obtener recursos fiscales y promover la inmigración, sino para reducir la concentración de la propiedad rural, que desde la Colonia se había considerado desigual y dañina. Así, en 1852, el secretario de Hacienda, Manuel Murillo Toro, propuso repartir los baldíos en pequeñas parcelas, entregar en propiedad hasta treinta hectáreas a los colonos que estuvieran ocupando y trabajando un baldío, prohibir acumular más de 640 hectáreas por propietario y que los baldíos que no se trabajaran revirtieran a los cinco años al Estado. El Congreso aprobó la ley, pero el presidente López la vetó, considerándola "cuasicomunista" e inapropiada en un país donde, según él, no había concentración de tierras. En efecto, el Estado, que buscaba igualdad legal y política de los ciudadanos, no tuvo una política de tierras que redujera la desigualdad en la propiedad, aunque aprobó muchas leyes que buscaban esto.

La mayor ruptura social con la tradición colonial fue la emancipación de los esclavos en 1851, aunque ya habían disminuido mucho por la ley de 1821 —habían pasado de unos 50 000 a 15 000 y todos tenían más de 30 años de edad— y su importancia económica se había reducido. En algunos sitios, como en el Cauca, todavía algunas haciendas usaban esclavos, y allí los empresarios rurales buscaron reemplazarlos mediante la adscripción de trabajadores a las tierras en contratos de "aparcería". En todo caso, en muchas actividades rurales se amplió el trabajo asalariado, aunque lo común era que coexistieran pequeños propietarios dispuestos a trabajar por un salario con trabajadores adscritos a haciendas y fincas.

La revolución del medio siglo, hecha a nombre del liberalismo, abrió el camino para la participación política de pardos y mestizos, apoyada en el voto universal aprobado en 1853 y tuvo un gran impacto. Por una parte, los ciudadanos —en especial donde los liberales impulsaron la movilización popular— se convencieron de que tenían derechos propios que las autoridades no podían violar. Así, la resistencia a los abusos, que antes se hacía ante todo bajo la orientación de notables que argumentaban contra el "mal gobierno" y a nombre del "bien común", se convirtió en parte del lenguaje diario de los ciudadanos: "es que yo tengo derecho". Además, las tensiones y conflictos que generó convirtieron al liberalismo y al conservatismo en las instituciones políticas centrales del país, porque llevaron a que toda la población masculina se identificara con dos ideales opuestos de progreso: uno respetuoso del pasado, moderado y respaldado por la Iglesia, y otro apoyado en la movilización de sectores plebeyos de la población, el reconocimiento de sus derechos de ciudadanía, el ataque a los ricos en nombre de la justicia y en la lucha contra el poder temporal de la Iglesia.

Aunque los dirigentes de los dos partidos tenían muchos vínculos familiares y económicos entre sí y en los jefes de ambos había latifundistas, empresarios rurales, comerciantes grandes y pequeños y, sobre todo, "letrados", profesionales y periodistas de familias prósperas, la sociedad neogranadina se partió en dos visiones enfrentadas. Estos grupos se dividieron, en cada partido, en un sector dominante encabezado por los políticos más activos y luchadores, convencidos de que el otro partido era el mal absoluto, un peligro para la nación, que había que enfrentar incluso con las armas y en grupos más reducidos, a veces apoyados por los propietarios y empresarios, que pensaban que era posible transar y organizar un país que reconociera derechos a ambos partidos.

Estos grupos "transaccionales", legalistas y pacifistas, se convirtieron periódicamente en promotores de acuerdos entre los partidos, en los que los sectores moderados de ambos se unían para frenar las líneas más radicales o, sobre todo, para enfrentar rupturas militares de las reglas de juego. Como había ocurrido en 1830, cuando los moderados bolivaristas y los liberales santanderistas se unieron contra el gobierno militar del general Rafael Urdaneta, en 1854 liberales "civilistas" y conservadores se unieron contra el golpe militar de José María Melo. En pocos meses derribaron al presidente de facto, entregaron el poder a un encargado conservador y gobernaron en una coalición que organizó las primeras elecciones presidenciales con el voto de todos:

como lo habían temido los liberales "draconianos", los conservadores ganaron en 1856.

Las elecciones enfrentaron al conservador Mariano Ospina Rodríguez, el liberal Manuel Murillo Toro y a Tomás Cipriano de Mosquera, que se presentó a nombre de un nuevo partido. Ospina, que logró 46 % de los votos, contra 38 % de Murillo, asumió el mando y no pudo impedir el triunfo del federalismo en la Constitución de 1858. Sin embargo, sus esfuerzos por debilitar el poder de los estados y establecer un sistema electoral nacional, que muchos dirigentes regionales liberales pensaban que impediría su triunfo, llevó a la revuelta armada de 1861, encabezada por Tomás Cipriano de Mosquera, que tuvo apoyo en las regiones donde el liberalismo y el federalismo habían revivido desde 1851.

De este modo, en 1861 el liberalismo llegó al poder por las armas, bajo la dirección de un general de la Independencia identificado, de 1820 a 1850, con los conservadores. Mosquera convocó una Asamblea Constituyente que se reunió en Rionegro en 1863 a la que solo asistieron los triunfadores de la guerra, mientras los conservadores quedaron excluidos. Los liberales definieron entonces un sistema federal más radical que el de las Constituciones de 1853 y 1858, pues quitaba al gobierno nacional la función de mantener el orden interno de los estados y debilitaba el poder del presidente, cuyo periodo se redujo a dos años, para fortalecer el legislativo: en esto tuvieron que ver las ideas liberales pero, sobre todo, el temor a un caudillo imprevisible y arbitrario como Mosquera.

Este liberalismo continuaba los enfrentamientos en torno del utilitarismo, del sistema educativo laico —buscaron convertir al maestro, en vez del cura, en el educador del pueblo— del divorcio y del papel legal de la Iglesia, pero el hecho de que estuviera dirigido por el general Tomas Cipriano de Mosquera, militar de la Independencia, gran propietario, empresario de ferrocarriles e ideólogo del progreso, y que confiaba poco en los dirigentes e ideólogos liberales, le dio un matiz caudillista. Los ataques a la Iglesia consolidaron la imagen del Partido Liberal como anticlerical y permitieron al conservatismo ganar el respaldo político de la Iglesia, que sería central en la política colombiana de 1876 a 1958. Este choque religioso reforzó la función de los dos partidos como proyectos globales, como culturas incompatibles, y le dio un aire de cruzada y guerra santa a la política, interrumpido de vez en cuando por pactos de convivencia entre los sectores moderados de ambos partidos.

CAPÍTULO VIII

La república federal

La Constitución de 1863 partió de la ficción de que los estados, que eran soberanos, habían creado los "Estados Unidos de Colombia" mediante un pacto. Esta ficción, al dar base supraconstitucional a la autonomía estatal, convirtió la aplicación de las normas de la Constitución en fuente de conflictos, pues solo existía un orden nacional en los asuntos expresamente delegados al gobierno central. El sistema electoral y la elección de las autoridades eran asuntos estatales: varias provincias dominadas por los liberales abandonaron el sufragio universal y exigieron saber leer y escribir, pues la experiencia había demostrado que el pueblo iletrado votaba más bien por los conservadores. Además, la Constitución eliminó el ejército nacional y concedió un amplio repertorio de derechos a los ciudadanos.

El principio de no intervenir en los asuntos internos de los estados fue aplicado por Manuel Murillo Toro, presidente de 1864 a 1866, cuando aceptó que en Antioquia gobernara Pedro Justo Berrío, el dirigente conservador que derrotó al gobernante liberal Pascual Bravo en una guerra local. Como cada estado daba un voto, cada dos años, para elegir presidente, la tentación de usar la fuerza o el fraude para garantizar ese voto era grande, tanto para los poderes locales como para el gobierno de la federación. Las divisiones del Partido Liberal se convertían en incentivos para golpes y revoluciones y, como dos estados fueron dominados por los conservadores (Antioquia y Tolima), la disputa por los otros siete era decisiva.

Las propuestas para crear un mecanismo que garantizara elecciones limpias y permitiera al gobierno central apoyar los gobiernos legítimos estatales fueron vistas como contrarias al pacto constitucional, fuera de que nadie confiaba en la imparcialidad del gobierno nacional. A falta de un mecanismo de ley, el gobierno dio con frecuencia su apoyo ilegal, abierto o encubierto, muchas veces armado, mediante la guardia nacional, a las ramas estatales de su preferencia o a quienes trataban de tumbar gobiernos incómodos. Del mismo modo, los aspirantes presidenciales trataban de usar los recursos de los estados amigos para ampliar su poder derribando gobiernos vecinos enemigos.

Las elecciones de 1876, que enfrentaron a un liberal en vía de transacción con los conservadores, Rafael Núñez, con el liberal doctrinario "radical" Aquileo Parra, mostraron la honda crisis del arreglo constitucional. Núñez, que como ministro de Mosquera había organizado la expropiación de los bienes eclesiásticos, después de años en Europa se convenció de que era necesario abandonar el radicalismo, transar con la Iglesia y los conservadores y establecer un sistema político autoritario y centralista, capaz de mantener el orden: el positivismo evolucionista de Herbert Spencer lo convenció de que las instituciones debían responder a la realidad social en vez de usarse para transformarla: en vez de revolución, de ruptura con el pasado, había que conservar los elementos tradicionales que ayudaran a mantener el orden. Núñez estuvo a punto de ganar y sus partidarios atribuyeron el triunfo de Parra a fraudes e ilegalidades.

Poco después, los conservadores se rebelaron contra la política educativa del gobierno, que había traído profesores protestantes para las escuelas normales (aunque en Antioquia permitió que los cambiaran por católicos) y había retirado la enseñanza de la religión del programa de estudios, aunque autorizó que, siempre que los padres lo pidieran, las escuelas programaran clases de religión a cargo de los párrocos locales. Esto no tranquilizó a la Iglesia, que llamó a una guerra santa y juzgó legítima la guerra civil de 1876 contra un gobierno tiránico.

Núñez se negó a respaldar la rebelión clerical y conservadora: prefería estar del lado de la ley. El gobierno ganó la guerra pero perdió, en cierto modo, la paz: el general más destacado del ejército triunfador y seguro presidente, el caucano Julián Trujillo, era de los "independientes", el grupo de Núñez que buscaba una transacción con los conservadores para encontrar un sistema aceptable para ambos partidos.

Su gobierno, entre 1878 y 1880, garantizó la elección de Núñez en 1880, que comenzó a maniobrar para reformar la Constitución. Esto era casi imposible, pues toda reforma requería el voto unánime de los estados. Núñez, como presidente en 1880-1882 y en 1884-1886, debilitó el poder de los liberales doctrinarios o "radicales" en todos los estados y en 1885, cuando estos iban a perder el control de Santander, el último que les quedaba, se lanzaron a una revuelta. De este modo los desesperados radicales, ante el riesgo de perder su último bastión, rompieron el orden legal, sin el apoyo de muchos liberales civilistas que temían que la revuelta, justa pero inoportuna, sería suicida o que habían llegado a la sincera convicción de que había que cumplir las reglas de la democracia. En noviembre de 1885, Núñez, al enterarse de que en la batalla de La Humareda los radicales habían sido derrotados, declaró que la Constitución de 1863 ya no existía.

La crítica al modelo liberal de progreso
El rechazo a España y a los elementos asociados con el orden colonial —el peso de la Iglesia, la sociedad jerárquica, la reglamentación casuística y minuciosa de la economía, las limitaciones al comercio internacional— dio ánimo a los liberales entre 1820 y 1870. Aunque hasta mediados de siglo la oposición a las medidas que consideraban de progreso fue sobre todo de los grupos afectados —los dueños de esclavos, los artesanos que pedían prohibir las importaciones de manufacturas baratas, los curas a los que se trataba de someter a la tutela del Estado— críticas más generales surgieron cuando se vio que las instituciones liberales no parecían dar los frutos prometidos: en vez del progreso y la armonía anunciados, el país se había estancado y tenía guerras frecuentes.

Para algunos liberales, los resultados de las reformas mostraban los efectos del gobierno español: 300 años de despotismo e ignorancia habían dejado un pueblo sin capacidad de autogobierno, sometido a curas y propietarios y dispuesto a votar por sus opresores: solo la educación podría formar ciudadanos autónomos y libres, capaces de gobernarse. El camino a las urnas pasaba por la cartilla de lectura, como afirmó en 1870 el presidente Eustorgio Salgar.

Por otra parte, la herencia española incluía una sociedad jerarquizada, en la que unos pocos concentraban el poder y el saber, sobre la base de las diferencias entre blancos, negros e indios. Por ello, según el liberal José María Samper, el único camino para establecer la democracia verdadera era romper la separación racial y lograr una sociedad en la que el mestizaje creara la raza democrática por excelencia. Algunos liberales creían que las diferencias entre las razas eran naturales y el mestizaje encontraría un punto medio de virtudes y defectos, aunque podía tratar de mejorarse con la inmigración de mejores razas. Otros pensaban, como Samper, Salvador Camacho Roldán y Manuel Ancízar, que en las tierras bajas el clima había tenido un efecto negativo, pero que los defectos de las castas eran sobre todo consecuencia de las instituciones opresivas de España, que habían condenado a indios y negros, así como a sus descendientes mestizos, a la ignorancia y la pereza. Para muchos, además, la riqueza natural, que permitía sobrevivir sin esfuerzo, aumentaba la tendencia a la pereza de los habitantes de las tierras calientes: solo Eliseo Reclus vio en 1857 con simpatía a esos campesinos que no violentaban a la naturaleza con el trabajo. De todos modos, las instituciones liberales crearían poco a poco una sociedad democrática y una población capaz de superar el autoritarismo jerárquico y racista de sus ancestros, incluso promoviendo un mestizaje que borrara todas las diferencias injustas, todas las desigualdades que no surgieran del esfuerzo individual.

Quizá la propuesta más extrema fue la de Camacho Roldán, quien fue presidente en 1870: buscar la inmigración masiva de negros norteamericanos para que se mezclaran con la decaída raza blanca de Colombia y formaran una nueva raza mestiza, vigorosa y apta para la vida tropical. Por supuesto, la mayoría de sus amigos preferían la llegada de italianos o españoles para que blanquearan las poblaciones negras o indígenas, consideradas inferiores.

Sin embargo, desde mediados de siglo algunos neogranadinos empezaron a ofrecer una interpretación diferente de la Colonia y la Independencia. Para ellos, el caos y el desorden, el delito y la inmoralidad, venían del abandono de las instituciones españolas, que correspondían a la naturaleza y cultura de los pueblos. Un gobierno paternal era el apropiado para regir sociedades como las indígenas, de espíritu infantil, y una autoridad fuerte era indispensable para controlar el espíritu montaraz y rebelde de mestizos y mulatos. La Iglesia era esencial para que súbditos o ciudadanos aceptaran las restricciones de la vida en sociedad: al reemplazar la idea de pecado por la de utilidad personal los liberales habían invitado a buscar el beneficio personal sin tener en cuenta restricciones morales. Contra la idea de que la búsqueda del interés individual en un Estado respetuoso de los derechos podía llevar a la convivencia, la religión y el Estado fuerte eran las únicas garantías de orden.

Esta mirada estuvo acompañada de una diferente versión de la historia colonial: historiadores como José Manuel Groot idealizaron el esfuerzo educativo de España, la promoción de las ciencias, el impulso al arte y la literatura. Para los pensadores conservadores de la segunda mitad del siglo, el pasado glorioso del imperio español debía inspirar el arreglo de las instituciones. Miguel Antonio Caro tuvo gran influencia: rechazó con coherencia los principios liberales y democráticos, así como las teorías del contrato social y la utilidad, y desarrolló una visión de la nación colombiana en la que la voluntad de Dios se expresaba en instituciones conservadoras, autoritarias y jerárquicas. Había que retomar la herencia española: el idioma español, bien hablado y sin contaminaciones (y el idioma correcto era, decía, el que habla "la gente bien"), la religión católica, fuente esencial del orden y aliado natural de las autoridades para que la sociedad obedeciera la ley, y la raza blanca española, de los descendientes de los conquistadores. La Independencia había sido necesaria, pero no para salir de la opresión española, exagerada por los dirigentes independentistas, sino para entrar en la vida adulta para la que nos había preparado el gobierno español, como un hijo de familia que se emancipa de sus buenos padres. La tragedia había sido que los ideólogos y demagogos liberales, encabezados por Francisco de Paula Santander y seguidos por José Hilario López, Vicente Azuero y José María Obando, habían impedido la formación de un gobierno fuerte, centralista y autoritario, como el que habían propuesto Nariño y Bolívar, y habían aprovechado para romper con el pasado e importar teorías exóticas, contrarias a la esencia del país y a sus tradiciones, como el pensamiento liberal y las ideas democráticas. Las ideologías utilitarias y positivistas y los ideólogos revolucionarios y comunistas como Saint-Simon destruyeron el respeto al orden social y político e ilusionaron a las masas urbanas con una "ciudadanía" irresponsable, con el sueño de la igualdad civil y política de todos, con la utopía de un Estado que distribuyera beneficios a los pobres y de una sociedad sin ricos, y habían convertido a los esclavos y a sus descendientes liberados en 1851 en una masa rebelde y desordenada.

Esta reivindicación del pasado español y el intento para basar en ella un proyecto político fueron exitosos. Para 1876 muchos liberales, desesperados con el desorden y las guerras locales, concluyeron que había que aceptar a la Iglesia como guía del orden, reducir o eliminar el federalismo y abandonar la ciudadanía universal. Una autoridad fuerte era lo que necesitaba Colombia para tener paz, y la paz era condición para el progreso. Como decía Rafael Núñez, más policía era lo que faltaba para tener más progreso. Este grupo liberal "independiente", encabezado por Núñez, llegó al poder en 1880 y en alianza con los conservadores impulsó la "regeneración" política. Los grupos dirigentes partían ahora en su mayoría de la idea de que el orden era la condición del progreso, del avance gradual guiado por grupos educados. La educación, orientada por la religión, prepararía a las masas para el trabajo manual y la obediencia a la ley y la moral, y formaría en la universidad a los dirigentes. Esta visión —que no tenía en cuenta que el desorden podía venir de la respuesta desesperada de algunos ante los esfuerzos por impedir la participación política— era la de los dirigentes conservadores, la de la Iglesia y la de numerosos liberales, que para comienzos del siglo XX parecían dispuestos a aplazar sus sueños para mejores tiempos. Cuando el pueblo estuviera educado, podría abandonarse la tutela de la Iglesia y la protección del ejército y existir una sociedad laica, liberal e igualitaria.

Los éxitos del liberalismo

De todos modos, el modelo liberal tuvo éxitos notables. Después de años de estancamiento, la economía creció otra vez desde mediados de siglo hasta 1886 y siguió avanzando de 1886 a 1910, con políticas menos liberales, pero apoyadas en el desarrollo rural previo. El impulso provino de la ampliación del comercio internacional. Primero, entre 1825 y 1850, del oro, que se recuperó de la emancipación de los esclavos con la llegada de inversiones y técnicas traídas por inmigrantes y mineros europeos. Esto fue notable en Antioquia, donde la minería colonial, de mazamorreros pobres e independientes, fue complementada por nuevas inversiones que permitieron la explotación de minas de socavón.

El oro siguió siendo el principal producto de exportación hasta 1860 y mantuvo un volumen constante hasta fines de siglo. A las exportaciones de oro se sumaron, entre 1850 y 1880, otros productos agrícolas que tuvieron bonanzas de corta duración. El tabaco, cuyo cultivo se liberó en 1847, superó al oro entre 1860 y 1875, y la quina, recogida en las selvas, se convirtió en la principal exportación entre 1878 y 1885. Pero el gran avance se debió al café. Los primeros cultivos comerciales se hicieron antes de la Independencia: Alejandro de Humboldt visitó en 1801 el cultivo y el "beneficiadero" de Louis de Rieux en Honda, y el grano figuró entre las exportaciones del Nuevo Reino en 1806. Hacia mediados del siglo existían ya siembras en Santander y representaba 20 % de las exportaciones y, desde 1880, el café reemplazó al oro y al tabaco como principal producto agrícola de exportación.

A pesar de la inestabilidad de los productos, que incluyeron cueros, caucho, tagua y sombreros de iraca, el valor total de las ventas al exterior creció y pasó de unos 3 millones de pesos al año a mediados de siglo a 9 millones hacia 1875, 15 hacia 1882 y 19 en 1898. Entre 1850 y 1900, mientras la población se duplicó, las exportaciones se multiplicaron por seis. Entre 1850 y 1886 Colombia creció más que los demás países de América Latina, fuera de Argentina y Chile, de alta inmigración y grandes exportadores agrícolas. Este crecimiento favoreció sobre todo a comerciantes y a empresarios rurales, pero ayudó también a mejorar el nivel de vida general, al reducir los precios de telas y herramientas y al poner al alcance de grandes sectores de población nuevos alimentos y nuevos productos. Además, el tabaco dio empleo a buen número de trabajadores asalariados y la expansión de la ganadería aumentó el consumo de carne de casi toda la población.

El aumento de las importaciones de textiles y herramientas agrícolas, alambre de púas para cercar las tierras ganaderas y objetos domésticos para las clases medias: vajillas, vasos, muebles y espejos, afectó a los artesanos locales. Los productores de telas bastas de Santander y Boyacá, ya en decadencia desde finales de la Colonia, no podían competir con las telas más livianas y atractivas que se importaban de Inglaterra. Sastres, herreros y carpinteros, aunque fueron los más combativos, no parecen haber sido muy afectados, ya que la demanda de sus servicios puede haber aumentado. Fuera de algunos grupos de artesanos organizados de Bogotá y Santander, no hubo muchas quejas por la llegada de los productos extranjeros, pues favorecía a los consumidores pobres: el consumo de telas del país por habitante parece haberse multiplicado al menos cuatro veces desde la Independencia hasta 1900.

Las finanzas públicas se transformaron. La eliminación de algunos impuestos y monopolios y la caída de las aduanas redujeron el gasto público a menos de 3 % del producto nacional a mediados del siglo XIX, pero esto se revirtió y para 1884 era de 5 %. En términos absolutos, los ingresos del gobierno se multiplicaron por tres en la segunda mitad del siglo. En especial aumentaron los ingresos locales, que se multiplicaron por 20 en esos años, con las rentas cedidas en 1850 —aguardiente, diezmos y quintos y otras menores— y con algunos impuestos nuevos. En varias provincias y estados se aprobó desde 1851, en reemplazo del diezmo, un impuesto a la propiedad y a los sueldos ("contribución o impuesto directo"), que afectaba, además de a los agricultores, a los propietarios urbanos y a comerciantes, profesionales y empleados. Su aplicación, por falta de un catastro confiable, fue arbitraria. Las juntas creadas en cada provincia asignaron sumas para cada parroquia en proporción a su población, lo que hacía que los habitantes de los pueblos pobres quedaran más gravados que los de las capitales, y en muchas parroquias los cabildos gravaban a los enemigos políticos y eximían a amigos y familiares. En todo caso, algunos estados hicieron y publicaron detallados catastros de todas las propiedades inmuebles, con el nombre de sus dueños y su valor, como los de Cundinamarca (donde parece haberse aplicado con algo de cuidado) de 1879 y 1890. La contribución terminó considerándose injusta y para 1890 casi todos los estados la habían abolido.

Además de los éxitos económicos, los años del liberalismo dejaron en la cultura popular una mentalidad de reivindicación de los derechos individuales y una cultura política en la que coexistían la visión jerárquica colonial, que atribuía el valor de las personas a su pertenencia a un grupo, y la visión liberal, que insistía en la igualdad básica de todos los ciudadanos y que fue fundamental en las reivindicaciones de negros y mulatos. Por esto, las formas de discriminación racial, mantenidas con severidad en la "sociedad civil" —no había curas negros, ni estaban en los colegios elegantes, ni podían entrar a los clubes sociales, ni eran admisibles como pareja matrimonial de los blancos— se aplicaban en forma limitada en las entidades públicas, de modo que entre 1850 y 1950 era posible encontrar generales, congresistas, gobernadores, ministros, maestros y funcionarios "negros", tal vez con más frecuencia que en años posteriores. Finalmente, el liberalismo dejó una herencia de rechazo a una educación dogmática y una cultura de independencia y crítica, que ha revivido en varios momentos de la historia.

La colonización

Las zonas más pobladas del territorio nacional a fines de la Colonia eran las altiplanicies orientales, en las que vivía en 1778 casi 60 % de la población, así como Pasto y Popayán, y los puertos del Atlántico. Pero en el siglo XVIII, en Santander (Socorro y Pamplona) y Antioquia muchos hacendados y campesinos ocuparon tierras templadas (Girón, Bucaramanga, Cúcuta, Abejorral), donde podían sembrar caña, tabaco o cacao; y en el siglo XIX este proceso se aceleró. Para 1912 la población de la altiplanicie oriental era ya solo de 40 %, y el mayor crecimiento se había dado en las áreas montañosas de

Antioquia y Tolima; las vertientes de Cundinamarca (Tequendama y Sumapaz) se desmontaron también y lo mismo ocurrió en el valle del Cauca, Santander y la región de Cúcuta.

La colonización era vista como forma de progreso —tumbar montes para civilizar la selva tropical— y como una buena solución a la falta de tierras de los colonos pobres. Para promoverla, el Estado repartió pequeños lotes a los colonizadores, junto con lotes amplios (eran frecuentes los de 12 000 hectáreas) para hacer el pueblo y dejar algo para futuros colonos. Se formaron algunas poblaciones, sobre todo en Antioquia, Cauca y Tolima, menos desiguales que en el oriente: las propiedades grandes eran de centenares y no de miles de hectáreas, y eran abundantes los propietarios pequeños, con una agricultura comercial y de autoconsumo, que ofreció un ambiente favorable para el cultivo del café. Como no todos los adultos recibían tierras, los que llegaban tarde terminaban trabajando como "agregados" o aparceros en las tierras de los más afortunados.

La colonización se extendió a las tierras bajas: desde la Colonia, las zonas vecinas a Mariquita y Neiva estaban dedicadas a haciendas ganaderas. En el siglo XIX estas áreas se terminaron de ocupar y algo similar ocurrió en los valles del Sinú, del San Jorge y del Cesar. Allí se consolidó la ganadería de gran propiedad, acompañada de enclaves de campesinos que abastecían a las ganaderías de los pocos peones que necesitaban.

Las normas tenían en cuenta la importancia de dar tierras a colonos y evitar la concentración de la propiedad. La ley de 1863 dio prioridad al derecho del ocupante sobre los adjudicatarios de baldíos; la de 1874 consideró propietarios a los colonos que hubieran cultivado cualquier extensión de tierra baldía por cinco años y ordenó la reversión al dominio del Estado de las concesiones que no se cultivaran en cuatro años.

En los hechos, sin embargo, las asignaciones a colonos fueron una porción pequeña de la tierra entregada (quizá entre 10 % y 20 % de los baldíos adjudicados) y contrastaban con los grandes territorios vendidos o que apoyaban concesiones viales, muchas de las cuales se quedaron en el papel. Aunque buena parte de las concesiones de baldíos del siglo XIX no se hicieron efectivas y apenas pasaron de un millón de hectáreas, una suma pequeña comparada con las asignaciones de 1945 en adelante, la gran propiedad siguió en aumento. La mayoría de los colonizadores, al ocupar tierras sin explotar, no hacían los trámites de adjudicación ni registraban sus títulos y vendían sus "posesiones" ya desmontadas a empresarios que las titulaban y las dedicaban a la ganadería o los nuevos cultivos comerciales. Si las tierras que ocupaba el colono tenían ya un propietario con título, porque las había comprado a propietarios anteriores (que era lo más frecuente) o recibido del Estado como baldíos, se producía el conflicto entre "el hacha y el papel sellado". Los colonos de tierras incultas se convertían en dueños de una posesión, que daba derecho a pedir la propiedad, pero que podía perderse si alguien exhibía un título válido.

Mientras tanto, en las zonas de ocupación colonial se consolidó la división entre latifundistas, que habían recibido mercedes de tierras y trabajaban sus fincas con aparceros y arrendatarios, y pequeños propietarios, originados en la división de los resguardos, que nuevas subdivisiones familiares convertían en "minifundistas". El minifundio funcionaba como proveedor de alimentos y reserva de mano de obra para las grandes propiedades. Algo similar ocurría en las llanuras de la costa o del valle del Cauca, donde la tierra estaba más concentrada, pero la población, poco densa, se agrupaba en aldeas chicas y disponía de pequeños lotes de pancoger.

Esta situación provocó algunos conflictos sociales. Los colonos del sur de Antioquia tuvieron frecuentes choques con los dueños de "concesiones", y a uno de los propietarios de la concesión Aránzazu, Elías González, lo mataron a balazos en 1840, pero estos conflictos se manifestaron en rencillas y peleas individuales y en largos pleitos más que en grandes movimientos sociales. La política oficial a veces reconocía los títulos coloniales y a veces protegía a los colonos, y la expulsión de colonos que ocupaban tierras tituladas solía ocurrir en todo el país, desde mediados del siglo XIX, a veces con quema de cosechas y casas por los titulares, con la ayuda de las autoridades locales, como las que describe la novela *Risaralda*, de Bernardo Arias Trujillo.

Esta desigualdad de la distribución de la tierra fue señalada desde el siglo XVIII como causa de atraso: mientras los pequeños propietarios tenían tan poca tierra que no podían hacer ensayos, los grandes propietarios, con pocos trabajadores, se orientaban a la ganadería extensiva. Zonas como San Gil o Guaduas, donde había muchos propietarios, fueron presentadas como modelo: Humboldt describió como muy productivas las siembras de caña de Guaduas, donde la tierra estaba muy repartida y había decenas de pequeños trapiches. Reclus habló con entusiasmo similar de los cultivadores de tabaco de Fundación en 1857. Estas propiedades daban ingresos a una población que vivía sin el acoso y la miseria de los minifundistas y se arriesgaba con cultivos comerciales permanentes y más exigentes, como el azúcar, el cacao, el tabaco o el café. La llegada del café mostró las limitaciones de la gran propiedad: sin mano de obra suficiente y en medio de conflictos con sus trabajadores, las grandes explotaciones de Santander y Cundinamarca terminaron enfrentadas a dificultades severas y la expansión del cultivo, después de 1890, se dio ante todo en áreas de propietarios pequeños y medios.

Quizá esa desigualdad explique el contraste entre la productiva agricultura indígena, que descubrió centenares de especies y pudo alimentar bien cuatro o cinco millones de personas en 1500, y la más pobre agricultura colonial o republicana, que hacia 1900 alimentaba mal a una población similar, y que no añadió entre 1500 y 1950 una sola especie exitosa a los cultivos locales y más bien dejó perder muchas.

Al mismo tiempo, la agricultura colonial y republicana, con su orientación hacia el uso extensivo de sabanas en ganadería, impulsó la deforestación y ayudó a consolidar la idea de que el progreso rural equivalía a la destrucción de la selva, hasta el punto de que la prueba más usual de uso económico de un baldío, aceptada para asignar su propiedad, fue derribar bosque y sembrar pastos en un área determinada.

Las comunicaciones

El país, por su fragmentación regional, tuvo la obsesión, apoyada en la idea de que el progreso vendría del comercio internacional, de unir el interior con el mar. Para el oriente y el centro esto quería decir tener caminos al río Magdalena, como el del Carare, el de Bucaramanga a Puerto Wilches, el de Medellín a Nare y el de Cartago a

Ibagué (o "Paso del Quindío"). Y modernizar la navegación en el Magdalena, con barcos de vapor: en 1829 se trajo el primer buque, usando los modelos del Mississippi de rueda trasera, para evitar los bancos del río poco profundo.

Los colombianos discutieron si era mejor gastar los escasos recursos fiscales en buenos caminos y carreteras —era un país en el que el uso de la rueda fue casi desconocido hasta el siglo XIX, con excepción de las ciudades más grandes, donde había algunas carrozas y carretas— o pasar de una vez al ferrocarril: los impuestos no alcanzarían y había que depender de concesionarios extranjeros, a los que se prometían tierras baldías. Así, en 1856, inversionistas ingleses, aprovechando la fiebre del oro de California, hicieron el ferrocarril de Panamá a Colón, que unió los dos océanos. Después el gobierno nacional cedió a las presiones regionales y se empezaron varias rutas en forma desordenada. En 1869 comenzaron el ferrocarril de Sabanilla a Barranquilla, que se terminó en 1871, y el de Cali a Buenaventura, que se adjudicó en 1870, pero llegó a Cali apenas en 1914. El de Medellín a Puerto Berrío comenzó a construirse en 1876 y tampoco había llegado a Medellín en 1910.

Para fines de siglo, el mayor cambio técnico en los transportes estaba en los vapores del Magdalena, que reemplazaron a los champanes de pértigas manejadas por trabajadores indisciplinados, muy costosos para subir el río.

La expansión del comercio agrícola, apoyada en el café, se hizo en caminos para mulas, los "caminos de herradura" que seguían la traza de los "caminos reales" de la Colonia. El arriero fue el gran transportador del siglo XIX, y en esta actividad se hicieron algunas de las fortunas mayores de la segunda mitad de siglo. La comunicación entre ciudades del interior siguió siendo lenta y difícil: a fines de siglo el viaje de Medellín a Bogotá tomaba todavía dos o tres semanas, a pie o en mula, y un poco menos el de Bogotá a Cali.

La consolidación de la ciudad letrada
Lograda la Independencia, los letrados de Bogotá y otras ciudades entablaron sus discusiones en los periódicos, publicados en Bogotá desde 1791. Las autoridades, desde 1810, publicaron gacetas y otros

boletines impresos, pues los periódicos servían para "fijar la opinión" y buscaban que todos tuvieran los mismos principios. La idea de "opinión pública" oscilaba entre la visión tradicional de que debía haber un punto de vista único, sin divisiones ni "partidos", y la creencia liberal e individualista en la relatividad de los puntos de vista y la conveniencia de una controversia que enfrentara distintas opiniones. En ciudades grandes y pequeñas aparecieron periódicos que debatían los asuntos nacionales y, en menor medida, publicaban noticias. Escribir en los periódicos se convirtió en elemento principal del prestigio de los jóvenes de las universidades y esencial en la carrera de los políticos. En los años treinta aparecieron hojas más tranquilas, dedicadas a las familias, con poemas y narraciones. La influencia de los folletines franceses fue grande y la prensa, desde los cuarenta, publicaba cada semana capítulos de las novelas de Eugenio Sue y Paul Feval, junto con novelas y cuentos de autores locales que contaban historias de la vida bogotana. El sentimiento, el amor, la tragedia se volvieron comunes en las lecturas de un público cada día más amplio, por el aumento de las escuelas para hombres y mujeres.

Algunos autores usaron la literatura para describir el mundo real y a veces criticarlo, como los costumbristas que caricaturizaban a los gamonales de pueblo, a los políticos corruptos, a los campesinos ingenuos o a las mujeres inexpertas. Entre ellos se destacó Eugenio Díaz, con *Manuela* (1857), una burla de los dirigentes liberales de pueblo. Otros buscaban emocionar a los lectores con las tragedias de los enamorados, como Jorge Isaacs, que escribió *María* (1867), la historia de un amor imposible. Aunque algunos usaron el humor y la caricatura, los poetas más exitosos exaltaron sus sentimientos, como José Eusebio Caro y, sobre todo, José Asunción Silva, un poeta modernista cuyo suicidio, en 1896, convirtió su vida en leyenda y su *Nocturno* en el poema más conocido por sus compatriotas del siglo XX. Rafael Pombo se hizo popular por sus cuentos en verso, memorizados por los niños, como *La pobre viejecita*, *Rin-rin renacuajo*, *El gato bandido* o *Simón el bobito*.

En Antioquia, cuyas relaciones hostiles con los gobiernos nacionales ayudaron a formar un vivo regionalismo, la literatura exaltó lo local. Un extenso poema de Gregorio Gutiérrez González describió el cultivo del maíz; otro, de Epifanio Mejía, era un canto a los antioqueños que enfrentaban a los invasores: se convirtió en el himno regional, que todavía se canta con entusiasmo. Tomás Carrasquilla publicó en 1895 *Frutos de mi tierra*, una novela crítica, pero amable sobre Medellín, la capital antioqueña, y reforzó la tendencia de los autores locales de describir con realismo su ambiente y usar el lenguaje popular.

Desde la Colonia, las comunidades recitaban y cantaban romances y coplas de tradición española, que se transformaban con historias locales. Jorge Isaacs hizo una amplia recopilación de "poesía popular" y Antonio José Restrepo recogió en el *Cancionero antioqueño* las coplas de los troveros. En donde esto era tal vez más rico —las llanuras de la costa atlántica— no se hicieron muchas recopilaciones, pero el "cancionero popular" de Candelario Obeso, un poeta mulato costeño, seguía el tono de las canciones de los bogas del río Magdalena. Todavía hoy es posible encontrar en Chocó o en el norte del Cauca una tradición de romances españoles, que los esclavos aprendieron a cantar desde el siglo XVII o XVIII. Existían también leyendas y cuentos populares que intercalaban motivos europeos y africanos, en los que se apoyaron escritores como Tomás Carrasquilla (un ejemplo es *En la diestra de Dios Padre*, una narración oída en las minas hacia 1872) y se representaban "sainetes" populares.

La música que los grupos letrados oían, en la Colonia, era ante todo el canto religioso, a veces gregoriano, en las iglesias: no se conservan muchos ejemplos de lo que se cantaba en la vida diaria. En el siglo XIX la admiración cultural por Europa se alimentó con compañías de ópera que llegaban a Bogotá o Medellín y representaban obras de autores como Rossini o Donizetti, así como con conciertos de música clásica: desde 1851 se creó la sociedad filarmónica en Bogotá, que organizaba conciertos para un público reducido. No hay, sin embargo, muchos registros de música popular. En 1819 los soldados ingleses describieron la música llanera en Cúcuta y otros sitios, donde los jesuitas habían enseñado a los indios a tocar el arpa y los laúdes, que pasaron a los llaneros mestizos. Las partituras de las aprendices de piano o guitarra de la primera mitad del siglo XIX guardan, fuera de valses, mazurcas y otras danzas europeas, la música formal que se bailaba en las fiestas y celebraciones: la contradanza, de origen español y que las bandas militares de los ejércitos de Independencia tocaban en los desfiles.

Desde comienzos del siglo XIX hay referencias a "bambucos", "torbellinos", "galerones" y "pasillos". Las tocaban músicos populares en fiestas domésticas o en las plazas, con el tiple o el cuatro, instrumentos de cuerda derivados del laúd y la guitarra española, y acompañaban danzas complejas. Se originaban tal vez en España, pero influidas por los ritmos que acompañaban, con tambores y marimbas, la música de los esclavos.

El bambuco, de ritmo sincopado, fue adoptado en algunas versiones por las bandas militares de la Independencia y algunos intelectuales, como el poeta Rafael Pombo, lo presentaron como la "canción nacional", por integrar ritmos y motivos españoles, africanos e indígenas. Para fines del siglo XIX se había convertido en la música considerada popular en el interior del país, y era una de las formas favoritas de poetas y músicos urbanos. En sus historias se advierte un mundo campesino imaginado por los letrados urbanos, a veces observado y escuchado con simpatía, pero con frecuencia despreciado. Era música para serenatas y veladas, reuniones de fondas y cantinas; en los sectores elegantes se bailaban ritmos europeos, el vals o la polka, pero no bambucos.

En las zonas bajas la música seguía otros patrones. Los esclavos de la Colonia muchas veces no podían hablar entre ellos, porque provenían de distintas culturas con idiomas diferentes: la música fue una de las formas principales para comunicarse y reconocerse. Los tambores y otros instrumentos de percusión eran parte esencial de las comunidades esclavas y de los negros y pardos libres. Acompañaban fiestas en las que, junto con cantos de mujeres, la música y el baile eran esenciales, y ya desde el siglo XVIII aparecen descritos por los viajeros, a veces horrorizados por su sensualidad. La Iglesia y las autoridades, con frecuencia, prohibieron estos "fandangos" y "bundes", ocasión de pecados y rebeldías, aunque a veces se contentaron con prohibirlos durante la noche del sábado, para que los negros pudieran al menos ir a misa.

En el siglo XIX la música de la costa fue descrita casi siempre como bailable y en los medios más urbanos combinó tradiciones campesinas y urbanas populares con aportes europeos. El porro, la cumbia, el paseo se identificaron como la música bailable desde fines del siglo XIX hasta mediados del siglo XX, pero no tuvieron gran difusión en el interior. Seguían un ritmo básico afín a la contradanza española, pero con acompañamientos complejos que sugieren influencias africanas. En las llanuras ganaderas y sus pueblos, tanto en la costa atlántica como en los llanos, los romances y coplas cantados por los vaqueros narraban los acontecimientos locales, una tradición que llegó hasta el siglo XX.

Desde finales del siglo XVIII los letrados creían que solo con una educación universal, con escuelas públicas para toda la población, en la que se enseñara a leer, escribir, contar y rezar, donde se adquirieran los hábitos y valores cívicos y se aprendiera a vivir en una sociedad democrática, podría progresarse: las fábricas que el país necesitaba, decía José Ignacio de Pombo en 1810, eran escuelas de primeras letras en todos los pueblos. Para mejorar la educación y establecer un sistema ordenado —hasta entonces las escuelas eran producto de decisiones dispersas de diferentes niveles del gobierno, y muchas eran privadas y atendían ante todo a los niños de los ricos— en 1870 el gobierno liberal de Eustorgio Salgar contrató un grupo de maestros alemanes para tener en cada capital estatal una escuela normal para formar maestros. El esfuerzo fue inmenso y productivo: varios estados crearon periódicos —*El Maestro, La Escuela, La Escuela Normal*— en los que publicaban materiales pedagógicos e informes. Sin muchos recursos, el número de escuelas aumentó lentamente, pero durante el régimen federal algunos estados, como Antioquia y Santander, insistieron en apoyar la educación y para finales de siglo entre 20 % y 30 % de los hombres de Colombia, y un poco menos de las mujeres, pasaban por la escuela y aprendían a leer y escribir.

Las universidades coloniales habían estado en manos de las órdenes religiosas y la expulsión de los jesuitas dejó solo la Universidad de Santo Domingo, que daba títulos a jóvenes que cursaban sus estudios secundarios (Filosofía y Letras, Matemáticas y Ciencias Naturales) y profesionales (Teología y Derecho) en los colegios del Rosario y San Bartolomé y algunos otros. En 1827 el gobierno ordenó crear colegios y universidades públicas, y así se hizo en Bogotá (Universidad Central),

Cartagena y Popayán. En Antioquia se abrió el colegio público, pero no ofreció estudios profesionales hasta 1867, cuando inauguró su escuela de Derecho. La primera universidad pública fue la Universidad Central en Bogotá, que funcionó desde 1827 y graduaba médicos y abogados.

Los letrados de fines del siglo XVIII vieron en la ciencia la herramienta para transformar su país. Para ellos la botánica, la zoología, la mineralogía y la química eran ciencias útiles y al mismo tiempo modelos de pensamiento riguroso, para reemplazar la palabrería vana de la escolástica y los razonamientos huecos de los funcionarios. Estas empresas científicas incluían el inventario de las plantas, acompañado de mapas e ilustraciones, junto con ciencias aplicadas para usar los recursos naturales. Lograda la Independencia, el gobierno contrató una misión científica en 1823: un grupo de franceses, encabezados por Jean-Baptiste de Boussingault, vino a enseñar química y mineralogía e introducir nuevas técnicas en las minas de oro y plata. Boussingault aclaró la relación entre el coto, cuya frecuencia sorprendía a los viajeros, y las sales sin yodo del interior. El gobierno, además, apoyó la formación de academias científicas y organizó el Museo Nacional y la Biblioteca Nacional.

Por otra parte, los letrados narraron la Independencia. Caldas y Camacho contaron la historia del 20 de julio a fines de 1810 y en 1827 José Manuel Restrepo, que era en ese momento ministro del Interior, publicó una ambiciosa y extensa *Historia de la revolución*, que se convirtió en un relato aceptado de la guerra, con crítica moderada a España, exaltación del centralismo de Bolívar y Nariño, censura a las pasiones políticas que dividían a los dirigentes y visión de los criollos como promotores de un proceso en el que los grupos subordinados, indios y esclavos, fueron pasivos. A mediados de siglo Joaquín Acosta publicó unas *Consideraciones sobre la historia del descubrimiento de la Nueva Granada* (1846), que describían las culturas precolombinas. En la segunda mitad del siglo conservadores como José Manuel Groot hicieron una historia favorable de la Colonia. Otros ensayistas trataron de analizar los problemas de la sociedad y la cultura, del progreso, el atraso y el desorden (José María y Miguel Samper, Manuel Ancízar, Salvador Camacho Roldán).

La otra disciplina favorita fue la geografía. *El Semanario* en 1809 dio a conocer ensayos sobre la geografía del Nuevo Reino y sus provincias de Francisco José de Caldas, Joaquín Camacho, José Manuel Restrepo y tanto Caldas como Restrepo dibujaron mapas del territorio, complementando los de los ingenieros españoles. En 1848, mientras Joaquín Acosta acompañaba su historia de la Conquista con un mapa cuidadoso, pero general de la Nueva Granada, el presidente Mosquera contrató a Agustín Codazzi, un ingeniero italiano que había llegado hacia 1818 con los corsarios del Caribe al Chocó y después hizo una geografía de Venezuela, para que hiciera la de la Nueva Granada. De 1851 a 1859, Codazzi recorrió el país en la llamada Expedición Corográfica acompañado por Felipe Pérez, Manuel Ancízar y varios pintores que dibujaron los paisajes y tipos humanos, hicieron mapas y describieron el territorio, mostrando las posibilidades de progreso de su activa y diversa población. Aunque la expedición no publicó sino un volumen sobre Socorro, pues se pensó que podía servir a los revolucionarios, Felipe Pérez escribió una geografía descriptiva y después de una edición preliminar en París, a fin de siglo el gobierno logró publicar algunos de los mapas en el *Atlas geográfico de Colombia*.

Después de la Expedición Corográfica los grandes proyectos disminuyeron: el interés por la ciencia se mantuvo en universidades y sociedades científicas impulsadas por el gobierno, que reunían a unos cuantos aficionados bien educados. En la segunda mitad del siglo XIX puede destacarse a Rufino José Cuervo, un gramático cuidadoso que comenzó a hacer un imposible *Diccionario de la construcción y régimen* del español. El estudio del idioma atraía a los letrados locales: no requería laboratorios y era una fuente de prestigio, pues el uso de un idioma elegante y correcto era señal de distinción.

Sin laboratorios, las disciplinas más productivas eran las descripciones y estudios de la naturaleza, en las que neogranadinos y colombianos intentaron ofrecer algo nuevo al mundo: la geografía, la botánica y la zoología. José Jerónimo Triana y otros continuaron el esfuerzo de inventario de plantas que habían hecho José Celestino Mutis y su expedición botánica y que siguió, en 1801 y 1802, con la expedición de Humboldt y Bonpland. La botánica, con su aporte a la identificación de plantas exportables, como el añil o la quina, parecía, con la metalurgia y la química aplicables a la minería, un ejemplo de ciencia útil, una respuesta al "ideal de lo práctico" que marcó los intentos de la ciencia colombiana desde entonces pero que, con una industria que podía copiar su tecnología del exterior, no tuvo grandes resultados.

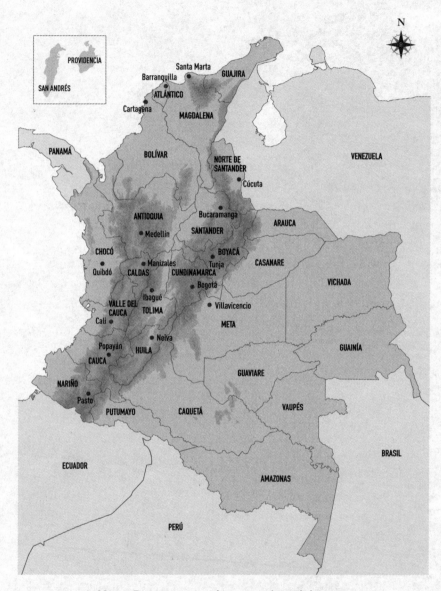

Mapa 2. Divisiones territoriales y principales ciudades, 1950.

CAPÍTULO IX

La república conservadora: 1886-1930

La Regeneración y los gobiernos conservadores
Para ganar la guerra de 1885 Núñez entregó el control de la guardia nacional a generales conservadores, lo que indicaba a sus copartidarios que estaba dispuesto a abandonar el barco liberal. Así ocurrió, y un Consejo de Delegatarios, formado en forma paritaria por conservadores y liberales "independientes", escogido de hecho por el presidente Núñez, y que no dio ni un puesto a los liberales doctrinarios o radicales, lo eligió presidente para un periodo de seis años, de 1886 a 1892. Y aprobó una Constitución que eliminó el federalismo y dio al presidente el poder de nombrar a los gobernadores de los departamentos. Los derechos electorales se restringieron otra vez; los ciudadanos elegían en forma directa solo concejos municipales y asambleas de departamento, y votaban por electores, que después elegían a los miembros de la Cámara de Representantes y al presidente. Además, el derecho a votar en las elecciones nacionales se limitó por riqueza y alfabetismo. El gobierno controló las elecciones y entre 1886 y 1902 apenas dos liberales fueron elegidos a la Cámara y ni uno al Senado.

La Constitución de 1886 devolvió a la Iglesia el poder perdido, siguiendo la nueva convicción de Núñez sobre la importancia de la religión para el orden público, y puso la educación bajo la tutela de la Iglesia. Para reforzar el poder del presidente, recuperar el orden perdido y acabar con revoluciones y guerras civiles, extendió su periodo a seis años y le dio poderes extraordinarios —de "estado de sitio"— para suspender las leyes y dictar decretos con valor legal en casos de conmoción del orden público o guerra. Limitó los poderes del Congreso y dispuso formas de elección de cortes y tribunales que garantizaban la influencia del gobierno. Eliminó el capítulo sobre derechos del hombre y el ciudadano —desaparecieron las libertades de expresión, imprenta, pensamiento y movimiento, aunque se mantuvo la libertad de prensa "en tiempo de paz" y se concedió a los no católicos el derecho a "no ser molestados" por sus creencias— y lo reemplazó con fórmulas que fijaban límites al poder estatal. En fin, se acogió la idea de Núñez de que "las repúblicas deben ser autoritarias, so pena de […] permanente desorden" y se estableció un ejército nacional, que el presidente consideraba esencial para "fundar la paz".

Este nuevo orden rigió más de cien años, hasta 1991, con algunas reformas y en forma limitada: los gobiernos declaraban el "estado de sitio" ante cualquier perturbación del orden interno y gobernaban con poderes extraordinarios, hostigando a la oposición, cerrando sus periódicos y confinando o desterrando los más visibles enemigos. El sistema fue centralista, religioso, autoritario, social y políticamente excluyente, rasgos que se suavizaron en 1910. En 1936 la concesión del voto a todos los varones adultos estuvo acompañada de otras reformas a la Constitución, que la hicieron aceptable para los liberales, sin quitarle sus rasgos más conservadores. De 1949 a 1958 se gobernó otra vez en "estado de sitio" y entre 1958 y 1991 también fueron frecuentes los periodos de suspensión de garantías constitucionales, aunque desde 1968 las reglas limitaban bastante la arbitrariedad del gobierno durante el estado de sitio.

La duración de esta Constitución —para 1991 era la más antigua de América después de la de Estados Unidos— muestra que, pese a sus excesos, era congruente con una nación en la que la Iglesia tenía gran influencia, los grupos dirigentes creían que para mantener el orden y evitar las guerras había que reforzar el poder del gobierno, y los grupos populares (campesinos, artesanos, peones y asalariados) carecían de organización propia y cuando participaban en política, fuera de protestas y revueltas breves y violentas, casi siempre se sumaban a grupos políticos orientados por grupos letrados.

Pero esta Constitución no resolvió el problema de los derechos de la oposición y al restringir la acción legal de los liberales hizo difícil pedirles respeto por las reglas de juego. La Constitución, en su forma original, no trajo la paz sino la guerra, y hubo tantas guerras civiles nacionales durante su vigencia como bajo la de 1863, pero desde su reforma en 1910 sirvió de base para una convivencia tensa y difícil entre liberales y conservadores, en la que largos periodos de paz relativa se interrumpían por bruscas erupciones de violencia, como la de 1931 y 1932, que fortalecieron los odios "sectarios" de los partidos y prepararon el conflicto que se desató a partir de 1948.

Para mediados del siglo XX casi todos los colombianos eran miembros entusiastas de un partido, al cual pertenecían desde la adolescencia, siguiendo a padres y coterráneos: las familias tendían a ser de un solo partido y el matrimonio mixto era una pequeña tragedia. La mayoría de los pueblos eran liberales o conservadores, y el otro partido formaba pequeños enclaves en algunos barrios o veredas. En muchos sitios esto llevó a un patrón de residencia que enfrentaba a dos pueblos homogéneos, de diferente partido, separados por unas horas de camino. Cambiar de partido, "voltearse", era un acto de traición, cobardía o corrupción.

En cierto modo, la exasperación por la aplicación sesgada de la Constitución de 1863 por los liberales, su intento de someter la Iglesia a la autoridad civil, su manipulación de las elecciones, que hizo casi impensable entre 1863 y 1880 el triunfo de la oposición, llevó después de 1886 a un extremismo simétrico aún más duro. Mientras la Constitución de 1863 redujo la participación política efectiva de la mitad de la población (los conservadores tenían el poder en dos estados, Antioquia y Tolima, donde tampoco podían ganar los liberales, y una minoría asegurada en el Congreso, pero siempre minoría), la de 1886, escrita por el conservador Miguel Antonio Caro, buscó la unanimidad. Los liberales, al violar sus principios y no dar garantías a los conservadores, dieron razones para que estos, que no creían que el error tuviera derechos, limitaran a fondo su participación política. La intolerancia de la opinión contraria y la persecución policial a disidentes y opositores, apoyados en la visión escolástica y colonial de que existía la verdad en política y de que quienes no la compartían estaban en error o pecado, fueron parte esencial de la cultura colombiana hasta finales del siglo XX.

La Regeneración estuvo acompañada de la idea de que el sistema político debía corresponder a la esencia de la nación, definida por sus valores tradicionales. Aunque a mediados de siglo algunos liberales habían planteado un "proyecto nacional" que incorporaba elementos populares o regionales, con la idea de que el mestizaje podía unificar los valores de todas las etnias, los grupos dirigentes identificaban la cultura con la tradición occidental. Para los ideólogos de la Regeneración el país debía reconocer como elementos centrales de la nacionalidad el catolicismo, los elementos hispánicos, el idioma español y las formas culturales propias de una sociedad jerárquica y respetuosa de la superioridad de los blancos. Estas visiones se mezclaban con los prejuicios étnicos y sociales de las clases altas, pero chocaban con las diferencias culturales de regiones y grupos sociales, así como con la resistencia liberal a ver en la religión el elemento clave de la nación. Y chocaron en el siglo XX con la afirmación de elementos considerados "populares" y sin valor por los grupos altos, impulsados por sectores marginales o por intelectuales contestatarios, de modo que, al fin del siglo XX, resultó imposible definir una "cultura nacional" con rasgos compartidos por todos.

El presidente Rafael Núñez se fue a Cartagena y desde allí gobernó, dejando en manos de vicepresidentes o designados el manejo de la administración: solo regresó para frenar debilidades o errores, como dar libertad de prensa a sus opositores o reabrir las posibilidades de autonomía regional, que antioqueños y caucanos de ambos partidos añoraban. Núñez fue reelegido en 1892 (y murió en 1894), y de nuevo dejó el poder en manos del vicepresidente, Miguel Antonio Caro, que gobernó con apoyo divino —"Dios lo hace todo", decía— y con un Congreso casi unánime. Allí, el único representante liberal y un grupo de conservadores, que para diferenciarse del Partido Nacional en el que se habían unido los conservadores amigos de Caro ("nacionalistas) y los liberales nuñistas se llamaron a sí mismos "históricos" y lanzaron un ruidoso manifiesto en enero de 1896, cuestionaron las emisiones clandestinas de moneda, las persecuciones a la prensa y el exilio de algunos políticos.

En 1898 se eligió a Manuel Antonio Sanclemente, un nacionalista de 84 años, con la vicepresidencia para el poeta y costumbrista José Manuel Marroquín, quien asumió el poder durante tres meses, bajó los impuestos al café y buscó una reforma electoral aceptable para los liberales. Esto no era tolerable para los nacionalistas y Sanclemente asumió el cargo y gobernó desde un pueblo remoto, pues su salud le impedía subir a las alturas de Bogotá.

Durante los gobiernos de 1886 a 1898 el gobierno, para obtener recursos, creó un Banco Nacional al que dio el derecho de emitir billetes de curso forzoso. Su manejo fue descuidado o ilegal, pero la expansión monetaria para financiar el gasto público provocó una inflación interna que favoreció algo a los exportadores, ante todo a los cafeteros. Los regeneradores, que buscaban el apoyo de los artesanos, se declararon proteccionistas y defensores de las industrias nacientes, y algo avanzaron en estos años las industrias modernas, ante todo la cerveza, surgida en la década de 1870, y algunas procesadoras de alimentos, como chocolates y pastas.

La confianza en que el autoritarismo eliminaría las guerras, en que el país elegiría entre "regeneración o catástrofe", resultó infundada: la supresión de los derechos a la oposición fortaleció las corrientes belicistas del liberalismo, minoritarias pero determinantes. En 1892 la convención liberal aprobó una línea ambigua, que combinaba la búsqueda de avances dentro de la ley con la autorización a los dirigentes para prepararse para la lucha armada, de obvios resultados: los actos de los belicistas traían la represión oficial arbitraria, que aumentaba la tentación de rebelión y servía para demostrar a los legalistas que era ingenuo esperar que el gobierno respetara los derechos liberales.

En este ambiente los más radicales se lanzaron en 1895 a una insurrección poco preparada y pronto derrotada. Cuatro años después el partido de gobierno estaba dividido: el presidente Caro encabezaba el sector intransigente, el Partido Nacional, que creía que el país debía borrar las ideas liberales de la cultura política, mientras los conservadores históricos buscaban una política flexible, menos centralista y con mejor trato a los liberales, con el apoyo de los empresarios cafeteros y comerciales y de otros moderados. Otra vez los belicistas liberales, convencidos de que no tendrían derechos electorales, se lanzaron a una guerra, muy larga —duró de octubre de 1899 a febrero de 1902— y de efectos catastróficos. Aunque algunos de los viejos dirigentes, como los expresidentes Aquileo Parra, Felipe Pérez y Salvador Camacho Roldán eran partidarios de esperar con paciencia la recuperación lenta de sus derechos, los más jóvenes, y muchos dirigentes de provincia, pensaban que la única salida era la guerra. El entusiasmo bélico se alimentó con la memoria de los derechos perdidos de estados y provincias y con el sentimiento popular, sobre todo en Cauca y la costa atlántica, de que los regeneradores rechazaban la participación del pueblo y de las castas de color.

En medio de la guerra, los conservadores "históricos" entraron en contacto con liberales legalistas para buscar que los rebeldes dejaran la guerra a cambio de una ley electoral que garantizara la limpieza del voto. El 31 de julio de 1900 los históricos, encabezados por el vicepresidente Marroquín, a quien se pensaba partidario del acuerdo, tomaron el poder. Pero nada se logró y la guerra siguió hasta 1902, cuando terminó con los Tratados de Neerlandia y Wisconsin: los liberales abandonaron las armas y recibieron amnistía plena y promesas de reformas.

En este largo conflicto se rompieron con frecuencia las reglas expresas o tácitas de la guerra. Ambos bandos aplicaron tácticas crueles, maltratos y ejecuciones de prisioneros (aunque el guerrillero liberal Ramón Marín se negó a fusilar a los presos conservadores, pues si lo hacía, preguntó, "¿en qué está la diferencia?"), retaliaciones contra los civiles y otras conductas que, aunque presentes en todas las guerras desde la Independencia, habían sido rechazadas por los dirigentes políticos y no eran muy frecuentes. Esto dejó una herencia de odios y resentimientos mutuos que tuvo gran influencia en la política de las décadas siguientes.

Además, como resultado indirecto de la guerra, el departamento de Panamá se independizó en 1903, sin que Colombia tuviera forma de responder. Esta región se unió en 1822 a Colombia y tuvo una relación difícil y remota con las autoridades nacionales. El ferrocarril de Panamá, terminado en 1857, convirtió al istmo en la vía favorita entre el Atlántico y el Pacífico y reanimó el sueño de un canal entre los dos océanos. En 1879 Colombia autorizó a una compañía francesa a construirlo, pero esta fracasó. Durante la Guerra de los Mil Días, Colombia y Estados Unidos negociaron un tratado, el Herrán-Hay, firmado en septiembre de 1902, que permitiría a los estadounidenses hacerlo. A fines de 1903 el Congreso colombiano, preocupado por algunos artículos que limitaban la soberanía nacional en la zona del canal, lo rechazó, con lo que crecía el riesgo de un canal en Nicaragua. Esta decisión fue, para muchos panameños, otra prueba de los males del centralismo y de que dentro de Colombia no se respetarían sus derechos. Por ello, el 3 de noviembre de 1903, Panamá declaró la Independencia, con el apoyo del gobierno de Theodore Roosevelt que, interesado en el canal y enojado por su rechazo en Colombia, prohibió el transporte de tropas colombianas por el ferrocarril y protegió la nueva nación. Se había logrado tener "regeneración y catástrofe".

El presidente elegido para el periodo 1904-1910, el general Rafael Reyes, estaba de acuerdo en que mientras Colombia siguiera dividida en dos tribus, hostiles e incapaces de cooperar, estaría sometida a riesgos como el que había llevado a la independencia de Panamá. Desde que asumió el poder trató de lograr un acuerdo con los liberales y nombró dos ministros (de seis) de ese partido, los primeros en casi dos décadas. Ante el rechazo de algunos conservadores, impaciente y autoritario, Reyes pidió al Congreso poderes extraordinarios que este le negó. Reyes aprovechó los rumores de conspiración de los descontentos conservadores para dar un golpe de Estado: cerró el Congreso y convocó en enero de 1905 a una Asamblea Constituyente, escogida por "Consejos de Gobierno" regionales presididos por el gobernador, lo que equivalía a que fuera nombrada por el presidente, que dio a los liberales la tercera parte de las curules y que lo primero que hizo fue extender el periodo presidencial, siempre que el presidente fuera Reyes, hasta 1914.

Reyes siguió nombrando ministros liberales, aunque nunca de guerra o gobierno. Este gesto dividió al Partido Conservador: muchos de sus jefes se oponían a cualquier concesión y otros estaban de acuerdo, pero rechazaban su forma personalista y arbitraria. La irritación de los conservadores más exaltados llevó a un atentado contra el presidente en 1906, ante el cual el gobierno, además de fusilar a los que dispararon, respondió desterrando a zonas remotas a varios políticos y parlamentarios y censurando periódicos. Reyes perdió el apoyo de muchos reformistas y liberales que no creían en concesiones de un gobierno arbitrario, aunque no muy dictatorial, y que había decidido quedarse en el poder hasta 1914. Otros, como el liberal antioqueño Rafael Uribe Uribe, colaboraron con el presidente hasta el final: al fin y al cabo, era el primero que hacía concesiones serias a los liberales, que los dejaba respirar.

La Asamblea, que reemplazó al Congreso de 1905 a 1909, hizo otras reformas. La más importante no se puso en práctica porque no hubo elecciones hasta 1909, pero creó el modelo que se aplicaría de 1910 a 1930: la modificación del sistema electoral, ordenando que en toda elección donde hubiera tres o más curules (las de concejos y Congreso) el partido minoritario debía obtener parte de estas.

El presidente, admirador del mexicano Porfirio Díaz, promovió el desarrollo económico, impulsando obras para el comercio internacional y protegiendo con medidas aduaneras algunas industrias, como las de textiles. El gobierno acompañó esta protección con subsidios en dinero a los empresarios, lo que produjo algunos resultados. Entre 1905 y 1909 hubo un ambiente económico favorable y el alza en los precios del café aumentó el comercio internacional y los ingresos públicos, descargados ahora del costo de la guerra.

El rechazo al autoritarismo de Reyes y a los negocios y privilegios de amigos y familiares del presidente fue aumentando entre 1906 y 1909 y se formó un grupo bipartidista que buscaba un régimen respetuoso de los derechos de las minorías. De este grupo, que se llamó "republicano", hacían parte conservadores históricos (a los cuales confirmó en su rechazo a Reyes la frecuencia con la cual iban a la cárcel los que firmaban manifiestos contra el gobierno), los liberales que se resistían a la arbitrariedad de Reyes o a sus intentos repetidos por manipular su sucesión, y sectores empresariales de Antioquia y otras regiones que creían que la convivencia crearía buen ambiente para el café y los negocios.

El presidente, además, promovió el tratado Cortés-Root, firmado en 1907 con Estados Unidos, en el que Colombia aceptaba la separación de Panamá y recibía una indemnización de 2,5 millones de dólares, y convocó en 1909 a la Asamblea Constituyente para que lo aprobara. Aunque la mayoría de la Asamblea, incluyendo liberales notables, lo aceptaba, hubo manifestaciones callejeras y discursos en contra, y el liberal Nicolás Esguerra esgrimió un argumento contundente: los tratados, según la Constitución, debían ser aprobados por el Congreso, que no se reunía desde 1904. Reyes, sorprendido, se acomodó a la situación y después de una renuncia que no fue aceptada, le pidió a la Asamblea aplazar la discusión y convocó a elecciones de Congreso.

Las elecciones de mayo fueron ganadas en sitios claves, como Bogotá y Antioquia, por enemigos de Reyes. Ante el resultado, Reyes, que a pesar de su talante autoritario y personalista no quiso ser recordado como dictador, renunció y encargó de la presidencia al designado que había escogido, Jorge Holguín. El Congreso aceptó la renuncia y después de presionar la renuncia del designado, nombró en agosto al general Ramón González Valencia, el vicepresidente legal cuyo retiro forzó Reyes en 1905, para terminar el periodo hasta 1910. González Valencia, después del triunfo republicano en las elecciones municipales de noviembre, convocó a una nueva Asamblea Constituyente elegida por los concejos municipales que, a diferencia de las de 1863 y 1886, tuvo representación de ambos partidos: los conservadores históricos y nacionalistas, los liberales y los miembros de la alianza republicana.

La Asamblea Constituyente, en julio de 1910, después de asignarse la competencia para elegir presidente, escogió al librero, periodista y empresario antioqueño Carlos E. Restrepo, con el apoyo de la coalición "republicana", de conservadores moderados y liberales que seguían al general Benjamín Herrera. La Asamblea suavizó la Constitución de 1886, suprimió la pena de muerte y creó un mecanismo, de uso frecuente entre 1958 y 1991, que permitía a cualquier ciudadano demandar las leyes si creía que violaban la Constitución. Restableció la elección directa de los presidentes, aunque mantuvo las restricciones de alfabetismo y riqueza para votar por presidente o representantes. Redujo el periodo presidencial a cuatro años, pero conservó su poder de nombrar gobernadores, que a su vez nombraban alcaldes municipales. Dejó así en pie el sistema creado en 1886 de gobiernos en los que, como se decía, hasta el último portero municipal dependía de la voluntad del presidente, y que llevaba a que todos los cargos públicos se entregaran en forma exclusiva al partido ganador. Pero en los cargos electivos adoptó el esquema de 1905: el sistema electoral debía garantizar la "representación proporcional de los partidos". Al reglamentar esta norma en 1910 se ordenó dar siempre un tercio de las curules al partido minoritario, que tendría así siempre una representación fuerte, aunque no proporcional, lo que le daba poder de negociación, sobre todo si el partido de gobierno se dividía. Esto llevó a que, con frecuencia, entre 1910 y 1930, el presidente nombrara, en ministerios distintos a guerra y gobierno, a liberales que le ayudaban a maniobrar contra los miembros díscolos de su partido.

Este acuerdo fue exitoso: de 1910 a 1948 se vivió en relativa paz, con momentos de conflicto político agudo que produjeron incidentes de violencia rural, como en 1931-1932 y en 1947-1948. Los liberales renunciaron a la guerra civil, que frente a un ejército más fuerte y mejor entrenado estaba condenada a la derrota: cuando algunos nostálgicos de la guerra civil proponían llegar al poder por las armas, tenían que enfrentar los resultados aceptables de la colaboración y la posibilidad de que la guerra propiciara el retorno a una hegemonía conservadora, como pareció que podía pasar en 1929. Tenían un arreglo que les daba algo, aunque no los dejara satisfechos, y que en 1930, debido a la división conservadora, les permitió ganar la presidencia.

Pero el acuerdo dejaba vivos dos problemas: la distribución anticipada de curules reducía la importancia de un sistema electoral limpio y en todas las elecciones, sobre todo desde 1914, el fraude fue amplio: voto de analfabetos, pobres y otras personas sin derechos, exclusión de votantes legítimos del grupo opositor, presiones, recuentos engañosos ("el que escruta, elige" era el lema de muchos jurados), interpretaciones forzadas de la ley para no dar curules a nuevas minorías u otorgar a disidencias conservadoras el cupo de las minorías. Además, era irritante el voto unánime de los religiosos y el casi unánime del ejército y la policía por el conservatismo, en mesas especiales. Los políticos se acostumbraron a elecciones que no eran confiables e invitaban al fraude y la violencia. Con 50 % de analfabetismo y condiciones de riqueza que tal vez no cumplía ni 20 % de la población, que hubiera tantos votantes en los comicios presidenciales como en los municipales, donde el voto era universal, indica lo rutinario del fraude. El otro problema era la burocracia homogénea, que convertía los puestos en premio a los servicios políticos de los copartidarios y hacía que el triunfo del partido contrario fuera una trágica amenaza de desempleo para los empleados oficiales.

En 1914 fue elegido un conservador, otro exlibrero, José Vicente Concha. El republicano Nicolás Esguerra obtuvo una votación reducida, pues el Partido Liberal, encabezado por Rafael Uribe Uribe, apoyó a Concha. Meses después dos artesanos vinculados a grupos republicanos y obreros que ya no tenían contratos de trabajo en el Ministerio de Obras, ahora dirigido por un liberal, tomaron venganza enloquecida y mataron a hachazos a Uribe Uribe en la acera del Capitolio Nacional.

Concha fue reemplazado en 1918 por el conservador Marco Fidel Suárez, antiguo director de la Biblioteca Nacional. Nacido en la pobreza, su visión del mundo estaba marcada por un catolicismo tradicional, según el cual la solución de los problemas sociales debía hacerse mediante la caridad. Los liberales se abstuvieron en esta elección (un candidato disidente tuvo unos pocos votos), aunque muchos, como los liberales Benjamín Herrera y Alfonso López Pumarejo y los republicanos Eduardo Santos y Luis Eduardo Nieto Caballero, apoyaron a un conservador disidente, el poeta Guillermo Valencia.

Al terminar la Primera Guerra Mundial, que frenó algo el desarrollo económico, la relación de Colombia con el mundo había cambiado: el principal mercado no era ya Inglaterra, sino Estados Unidos, de donde venían los principales inversionistas extranjeros, que controlaban los cultivos de banano y querían invertir en petróleo. Suárez buscó la cercanía con Estados Unidos: *Respice polum*, mirar al norte, fue su consigna, en el latín que había aprendido en el seminario. Para ello había que restablecer relaciones diplomáticas, rotas desde la separación de Panamá: el tratado Urrutia-Thompson, firmado en 1914 para reemplazar al fallido Cortés-Root y aprobado por el Congreso de Colombia, que expresaba el "profundo pesar" de Estados Unidos por la separación de Panamá y prometía una "indemnización elevada", esperaba su aprobación en aquel país. En 1921 el Congreso lo aprobó, con el apoyo del presidente Wilson y del *lobby* petrolero, pero quitando la cláusula del "profundo pesar", vista por sus partidarios como una condena inaceptable a Theodore Roosevelt. Por este cambio el tratado tuvo que ser presentado de nuevo al Congreso colombiano, donde, borrado el gesto de contrición, tenía pocas probabilidades de éxito.

El presidente Suárez, con un Partido Conservador dividido, había sido acusado, en ruidosos debates, de vender su sueldo a prestamistas y de pedir créditos personales a interesados en inversiones públicas. Para facilitar el acuerdo con Estados Unidos renunció en 1921 y asumió la presidencia el general Jorge Holguín, quien nombró ministro de Relaciones Exteriores, para defender el tratado en el Congreso, a Enrique Olaya Herrera, periodista y político liberal, director desde hacía más de una década de *El Correo Nacional*, uno de los diarios más influyentes. A fin de año se aprobó el tratado y Colombia entró en la danza de la prosperidad: iba a recibir 25 millones de dólares como indemnización y con Estados Unidos como amigo podía buscar créditos en Wall Street en el animado ambiente de los "años locos".

El presidente para el siguiente periodo (1922-1926) fue el antioqueño Pedro Nel Ospina, hijo de Mariano Ospina Rodríguez, el presidente derrocado en 1861 por el general Tomás Cipriano de Mosquera. Aunque había dirigido revistas literarias como *El Montañés* y participado en las guerras civiles y la política nacional, pues fue ministro de Guerra en 1899 y en 1901, era visto como un exitoso empresario, que había participado en la fundación de varias industrias y tenía ganaderías, minas y cafetales.

Los liberales tuvieron buenos resultados en las elecciones de concejos y representantes de 1919 y 1922, y en 1921 ganaron la mayoría en las capitales departamentales, donde el fraude era más reducido. Por ello se animaron a participar por primera vez desde 1898 con un candidato presidencial propio, Benjamín Herrera, que perdió sobre todo por el voto rural y de pequeñas localidades: en muchos sitios el voto por Ospina fue superior al total de varones adultos. El evidente fraude hizo que el liberalismo se abstuviera otra vez en 1926, cuando fue elegido el abogado y profesor universitario Miguel Abadía Méndez, escogido, en un conservatismo dividido, por el arzobispo Bernardo Herrera Restrepo, quien reunió a los dos candidatos y prometió al otro, el general Alfredo Vásquez Cobo, su apoyo en 1930.

Auge cafetero y desarrollo industrial

Las primeras tres décadas del siglo XX fueron de gran progreso económico, impulsado por las exportaciones de café. En Santander las haciendas se explotaban en *aparcería*: el dueño de la tierra cedía al cultivador un lote en el que este sembraba café y entregaba parte de la cosecha. En Cundinamarca, donde las siembras crecieron mucho entre 1890 y 1900, los propietarios quisieron explotar directamente el cultivo. Como faltaba mano de obra, trataron de atar a los trabajadores a la tierra entregándoles parcelas en las que podían tener cultivos de pancoger, pero no café, a cambio de trabajar en los cafetales del dueño.

Pero fueron las zonas de reciente colonización, en las vertientes del sur de Antioquia y otras regiones templadas, las que ofrecieron un ambiente más apropiado. Allí las grandes concesiones de tierras se hicieron en zonas planas y valles bajos que se volvieron haciendas ganaderas, mientras que los "colonos" recibían lotes pequeños y medianos en zonas quebradas. Estas propiedades, con una agricultura de subsistencia eficaz, sostenían a familias numerosas, que aportaban mano de obra, y tenían relaciones estrechas con tenderos y comerciantes. Entre 1890 y 1930 las zonas de colonización montañosa de Antioquia y Tolima, de Cauca y Valle se dedicaron febrilmente al cultivo del café y su producción pasó de 5 % en 1890 a 60 % del total en 1932 y de

6000 sacos anuales a más de 2 200 000. Esta expansión fue muy rápida entre 1900 y 1914, y combinó cultivos de todos los tamaños: para 1932, 60 % de la producción del país se hacía en unos 150 000 cultivos de menos de doce hectáreas, mientras 40 % correspondía a 4 000 cafeteros que trabajaban con aparceros o peones en cafetales de doce a cien hectáreas.

El café dependía de una atención cuidadosa y de un comercio eficiente. Estimuló innovaciones mecánicas menores, como despulpadoras, trilladoras y secadoras, casi los únicos inventos nacionales que se usaron en todo el siglo. Los comerciantes y grandes cultivadores compraban la cosecha y la llevaban a las ciudades desde donde se exportaba, con un nombre de origen: "Medellín Excelso" o "Manizales". Los grandes exportadores, con representantes en Europa o Estados Unidos, hacían las ventas finales y se quedaban con la mayor parte de las utilidades.

De este modo el café enriqueció a comerciantes e intermediarios, arrieros y transportadores, trilladores, comisionistas y exportadores. Al mismo tiempo dio ingreso monetario a pequeños propietarios y creó empleo asalariado, en épocas de cosecha, para hombres y mujeres. La trilla del grano, que se hacía en pequeñas "fábricas" fue, en las primeras tres décadas del siglo, la principal empleadora de trabajadores en las ciudades de la región: las escogedoras y trilladoras eran casi siempre mujeres.

Al distribuir los ingresos entre una población numerosa y dispersa, a diferencia del tabaco, donde se concentraron más, amplió el mercado de las industrias nacientes. Muchos campesinos se convirtieron en consumidores de bienes industriales, lo que estimuló la producción local de bienes, como cerveza, gaseosas, chocolate y cigarrillos, telas, vajillas, muebles metálicos y herramientas sencillas. Las industrias ofrecieron trabajo asalariado en las ciudades; en los primeros años, sobre todo en Medellín, la mayoría de los trabajadores fueron mujeres. Las textileras crearon hogares para que estas vivieran en un ambiente apropiado tratando, con apoyo de sacerdotes, de tener una clase obrera disciplinada y de contribuir a su moralidad. Este paternalismo fue uno de los rasgos iniciales de la industria antioqueña.

La producción dispersa estimuló los esfuerzos por asociar a los cafeteros, ligados a ambos partidos. Rafael Uribe Uribe y Mariano Ospina Rodríguez escribieron folletos para promover el cultivo y buscaron asociar a los cultivadores. Desde 1871 existía la Sociedad de Agricultores de Colombia, y en 1920 los cafeteros reunieron su primer congreso y formaron una federación en 1927, en un momento de altos precios y optimismo por una industria a la que veían gran futuro, aunque algunos riesgos, sobre todo por la agitación rural. Un año después, la Federación de Cafeteros firmó con el gobierno un contrato para administrar el impuesto a las exportaciones creado en 1927.

Al crear la Federación, los grandes cafeteros de Cundinamarca unieron sus esfuerzos a los de Antioquia. Aquellos enfrentaban problemas por la escasez de asalariados, muy fuerte durante años de ampliación del empleo en obras públicas y ciudades, y por las difíciles relaciones con agregados, aparceros y arrendatarios. En Antioquia, los dirigentes, aunque tenían cafetales extensos, encontraron en el ideal de la pequeña propiedad una respuesta al riesgo de un campesinado revolucionario que aparecía en las zonas del oriente. Esta posición fue compartida por el gobierno nacional, algunos de cuyos funcionarios recomendaron al mismo tiempo la prohibición de propaganda comunista y la distribución de grandes haciendas y baldíos a pequeños cultivadores. La Federación se presentó como vocera de una industria cafetera con gran participación de pequeños propietarios, sin confrontaciones graves entre propietarios, aparceros, arrendatarios o cosecheros. El éxito de esta ideología contribuyó a la relativa tranquilidad rural del occidente entre 1930 y 1960, rota por los conflictos partidistas desde 1949, pero más o menos aislada de los enfrentamientos sociales de otras regiones.

En estos primeros años estuvieron cerca de la Federación el expresidente Carlos E. Restrepo y el empresario cafetero Mariano Ospina Pérez, quien la dirigió en los primeros años. La crisis de 1929, que trajo una brusca caída de los precios y de las exportaciones, le dio una tarea a la Federación, que usó el impuesto a las exportaciones para crear almacenes de depósito, impulsar cooperativas y promover los cultivos y su comercialización. El éxito de la Federación la convirtió en el mayor grupo de presión al gobierno: su influencia se manifestó en la orientación del Banco de la República y en el predominio de políticas cambiarias y de comercio exterior liberales. En cierto modo, los grandes dirigentes cafeteros, propietarios o exportadores, establecían sus acuerdos en la Federación y el gobierno solía seguir sus puntos de vista.

El país, que había estado más bien aislado del mundo en su vida diaria, terminó, por la expansión de su comercio exterior, afectado por las condiciones económicas internacionales. Como lo mostró Diego Monsalve en un gráfico ingenioso de 1927, hasta los matrimonios en Antioquia y la tasa de natalidad aumentaban o bajaban según el movimiento del precio del café en Nueva York.

Colombia, durante el siglo XX, tuvo un desarrollo económico continuo y elevado, al menos comparado con otros países de la región, como Brasil o México: en promedio creció a más de 4 % anual durante todo el siglo. Los únicos años en los que la economía decreció fueron 1930-1931 y 1998-1999, y en estas ocasiones la recuperación fue rápida. De 1905 a 1929 el gran impulso provino del auge cafetero y amplió las importaciones, con un débil pero constante crecimiento de la industria local. Se apoyó también en exportaciones menores, como esmeraldas, oro, banano y petróleo, que creció en manos de empresas extranjeras hasta 1951, cuando el gobierno, presionado por los sindicatos, creó una empresa pública: Ecopetrol.

La crisis de 1929 ofreció oportunidades de sustitución de importaciones a las industrias locales, que habían comenzado a crecer sobre todo en Medellín y Bogotá, y los años de 1931 a 1957 fueron de desarrollo de la industria local, que se convirtió en el sector más dinámico de la economía y llegó a representar 23 % del producto nacional hacia 1975, mientras la agricultura perdía importancia. Desde los años ochenta la industria y el café perdieron fuerza, pero la exportación de productos mineros, petróleo y carbón sostuvo el crecimiento hasta hoy, aunque con graves problemas ambientales. En todo caso, el impacto de la industria, la minería industrial, la agricultura de plantación y, sobre todo, de los servicios sobre el empleo fue grande y el trabajo independiente fue sustituido por relaciones salariales capitalistas: si en 1918 apenas 32 % de los trabajadores eran asalariados, este porcentaje había subido a 62 % en 1984.

El papel del Estado

El tamaño del Estado también se alteró: mientras que en el siglo XIX sus ingresos apenas le permitían pagar a los funcionarios y dar apoyo tímido a vías de comunicación y escuelas, a partir de 1922 la inversión pública adquirió importancia. Desde 1918 se logró tener al fin un "impuesto a la renta", establecido por el gobierno conservador, cobrado a los ingresos elevados y que en 1927 se trató de convertir en palanca de "justicia social", al fijarle tasas progresivas más altas a los ricos. El impuesto predial, aplicado desde 1908, pero con tarifas rurales muy bajas, fue el principal ingreso de las ciudades grandes e intermedias. El Estado seguía dependiendo de los impuestos al comercio, sobre todo aduaneros, que crecieron mucho, y de monopolios e impuestos al consumo, en especial al tabaco y al alcohol que, cedidos a departamentos y municipios, financiaban el sistema escolar.

La inversión pública se concentró en las comunicaciones, financiada en parte con la indemnización por Panamá y con crédito externo. La red de ferrocarriles se multiplicó por tres entre 1914 y 1934 y apoyó la expansión cafetera, pero se estancó en los años siguientes, con excepción del ferrocarril de Bogotá a la costa atlántica, inaugurado en 1958. A partir de 1930 la prioridad se dio a vías asfaltadas que unieran las principales ciudades. Pero las carreteras eran malas, lo que explica el desarrollo temprano de la aviación, que empezó en 1919 y para 1930 unía las principales ciudades. Bogotá y Medellín, las dos ciudades más grandes, apenas tuvieron carretera directa a mediados de los sesenta y la comunicación por tierra de estas con la costa atlántica se logró también en esos años.

Las reformas educativas

El esfuerzo liberal por convertir al maestro en contraparte civil y avanzada del cura se frenó hacia 1880. Los gobiernos de la Regeneración, sin embargo, promovieron escuelas y colegios, aunque con mayor vigilancia a la ortodoxia de los maestros. A partir de 1887 se impulsó la educación privada, con órdenes religiosas que vinieron a educar a mujeres de clase alta o se especializaron, como los jesuitas, en colegios para los grupos pudientes que buscaban educación religiosa; una línea similar siguieron los colegios de franciscanos y hermanos maristas. Los Hermanos de La Salle, que llegaron en 1893, abrieron también escuelas técnicas y artesanales. Algo similar hicieron los salesianos, que enseñaban mecánica, carpintería o tipografía.

Mientras tanto, las escuelas elementales para el pueblo se sostenían con recursos públicos. En 1903 se organizó el sistema y desde entonces los municipios y departamentos asumieron el manejo de la escuela primaria. Esta creció con rapidez: a pesar de que la población en edad escolar se multiplicó casi por diez, para 1980 los niños iban en promedio cinco años a la escuela, mientras que en las ciudades la asistencia era de nueve años.

La secundaria, en ciudades intermedias y grandes, quedó en manos de colegios privados, usualmente religiosos, aunque educadores liberales abrieron instituciones privadas para los que no querían educación confesional. En Bogotá, Medellín, Cali y otras ciudades, el gobierno estableció colegios nacionales de secundaria para varones, que ofrecían educación de calidad, preparaban para el ingreso a la universidad y fueron canal de ascenso para los hijos de artesanos, maestros y otros grupos de clase media.

Aunque Núñez había ordenado abrir un colegio femenino público en Bogotá y anunció que vendrían profesoras del exterior para enseñar a cocinar y lavar, la educación femenina se limitaba a la primaria y a algunos colegios privados y religiosos. En los veinte hubo colegios femeninos nacionales, pero todavía no otorgaban el título de bachillerato a las mujeres.

Aunque los niños aprendían de memoria lo que dictaban los profesores (y el maestro "dictaba" clase, que el alumno copiaba en sus cuadernos, desde que hubo cuadernos) estos conocían las teorías pedagógicas de moda, de Pestalozzi a Decroly, y sabían que debían evitar la enseñanza memorística y desarrollar las capacidades del niño de aprender e investigar. A partir de 1914 estas corrientes trajeron la "escuela nueva" y abrieron colegios innovadores, que aplicaron algo de las teorías.

Para buscar una educación más eficiente, el gobierno contrató una misión alemana que vino en 1922 y, aunque sus propuestas nunca se aprobaron, de ellas surgió en 1929 la primera facultad de educación en Tunja, trasladada después a Bogotá y convertida en la Escuela Normal Superior. Los colegios públicos se apoyaron en docentes de alta calidad formados entre 1935 y 1950 por la Escuela Normal Superior y sus antecedentes, cuyos licenciados eran científicos y educadores bien formados, que transformaron la enseñanza de las ciencias naturales y sociales en los grandes colegios y en las universidades.

La Universidad Nacional, creada en 1867, y la de Antioquia y la del Cauca, fueron las principales universidades públicas. Las universidades se multiplicaron por los conflictos ideológicos. Para combatir el liberalismo, la Iglesia fundó en 1884 la Universidad Católica en Bogotá, de corta vida. Los liberales abrieron en 1886 el Externado de Derecho y en 1890 la Universidad Republicana, transformada en Universidad Libre en 1923. En Medellín los católicos crearon, en 1936, la Universidad Pontificia Bolivariana, en los mismos años en los que la Universidad Javeriana revivía en Bogotá en manos de los jesuitas, y en 1949 los profesores liberales retirados de la universidad oficial fundaron la Universidad de Medellín.

En la universidad se preparaban abogados, médicos e ingenieros, a veces con énfasis especiales: la Escuela de Minas de Medellín, abierta en 1887, subrayó la formación práctica y enseñó a los ingenieros los principios de la administración; muchos de los fundadores de las grandes empresas antioqueñas de la primera mitad del siglo XX estudiaron en esta escuela.

La agitación obrera

Las industrias crearon un sector obrero cuyo crecimiento preocupaba a dirigentes conservadores y religiosos, por los riesgos para la moral y el orden. Existía una tradición de organización artesanal combativa y los conflictos entre artesanos y autoridades habían llevado a motines y desórdenes: los dirigentes artesanales generalmente combinaban una defensa decidida del proteccionismo con ideas variadas acerca del sindicalismo, el socialismo y la participación política de los obreros.

Durante las dos primeras décadas del siglo la clase obrera industrial era reducida y en algunas ramas, como la textil, predominaban las mujeres. Por ello, los esfuerzos de sindicalización fueron ante todo de artesanos y trabajadores de obras públicas y comunicaciones, en el río Magdalena o los puertos. Obreros y artesanos, ayudados por jóvenes liberales, fundaron en 1909 la Unión Industrial y Obrera, que creó en 1910 un Partido Obrero. En 1910 la Iglesia, siguiendo las ideas del papa León XIII, creó la Acción Social, para acercarse a estos grupos y alejarlos de las doctrinas socialistas. En 1913 se creó la Unión Obrera de Colombia y otra vez en 1916 un Partido Obrero, refundado en 1919, cuando se celebró la fiesta del trabajo del Primero de Mayo. Estos partidos participaron en las elecciones, casi siempre aliados con liberales o republicanos, aunque a veces fueron solos y tuvieron resultados prometedores.

Estos grupos, aunque pequeños, ayudaron a formar la ideología política de amplios sectores. Un abanico izquierdista se constituyó al menos desde 1918, integrado por organizaciones sociales, disidencias políticas liberales y nuevos partidos. Su visión iba desde la defensa de los derechos de organización y de las condiciones de vida de los obreros, acompañada de la idea de que el Estado tenía un papel central en el logro de una sociedad más justa, hasta la convicción de que había que hacer, siguiendo el ejemplo ruso, una revolución armada. Los primeros creían que el Estado debía gravar ingresos y propiedades grandes, apoyar la educación, distribuir baldíos o grandes propiedades a los campesinos, proteger a los trabajadores y reconocer los derechos a la organización y la negociación colectiva de obreros y campesinos. Este grupo reformista, fuerte en la izquierda liberal, pero también en quienes creían que las burguesías liberales podían ayudar a destruir un sistema social que creían feudal, esperaba un avance gradual, y confiaba en el apoyo de la mayoría de los dirigentes liberales y de algunos empresarios y conservadores. Los segundos partían de la necesidad de un cambio revolucionario: el país estaba sometido al imperialismo y sus clases dirigentes se opondrían a todo cambio sustancial, que solo podría lograrse mediante la lucha de los explotados, bajo la dirección proletaria y con apoyo campesino.

La realidad no confirmó las esperanzas de cambio radical: los campesinos, en su gran mayoría, no respaldaban la revolución, y los grupos obreros eran pequeños y poco organizados. Los socialistas, cuando lograban el apoyo de unos miles de obreros o campesinos, sentían que el pueblo estaba con ellos y que podrían guiarlos a la revolución y ante las dudas sobre la conveniencia de desafiar la ley, solían descalificar todo cálculo de oportunidad como gesto de cobardía, pues los revolucionarios tenían la obligación de luchar incluso si iban a ser derrotados.

Entre 1910 y 1922 fueron cada vez más frecuentes las huelgas, buscando mejoras en las condiciones de trabajo. La respuesta del gobierno osciló entre la represión al anarquismo y el comunismo con los que identificaba al obrerismo, y el paternalismo para regular los conflictos y evitar que se radicalizaran. Para ello expidió en 1920 una ley que permitió las huelgas, pero sometidas a condiciones rígidas y etapas obligatorias de negociación, mientras los patronos conservaban el derecho a contratar trabajadores durante la huelga, lo que estimulaba la violencia.

Las huelgas más visibles fueron la de Fabricato en 1920, insólita por estar organizada por mujeres y por ser en una empresa industrial, las de la Tropical Oil en 1924 y 1927, y las huelgas contra la United Fruit Company: estas últimas se apoyaron en el creciente nacionalismo contra los empresarios "yanquis". A fines de la década los obreros lograron gran visibilidad social y política con su campaña por la jornada laboral de ocho horas, encabezada por Raúl Mahecha y María Cano.

En el sector rural las movilizaciones, fuera de las rebeliones indígenas en el sur del Tolima y el Cauca, revivieron después de 1920, apoyadas por ligas agrarias o campesinas, por un efímero Partido Agrario, por disidencias liberales y por el Partido Socialista Revolucionario, y estuvieron concentradas en sitios como el Tequendama y Sumapaz. Allí surgieron sobre todo por los intentos de los cafeteros de impedir a los aparceros la siembra de café y por los conflictos entre propietarios y colonos que habían ocupado y abierto tierras que parecían no tener dueño. Los campesinos se enfrentaban a propietarios en dificultades, muchas veces liberales, y que no siempre tenían apoyo del gobierno. Este acogió algunas peticiones campesinas, aprobó la ley 74 de 1926 que permitió comprar fincas de más de 500 hectáreas para parcelarlas en lotes no mayores a 50 hectáreas y repartió entre 1928 y 1936 algunas haciendas cafeteras, vendidas a sus aparceros.

Aunque en estos movimientos participó una parte pequeña del campesinado, se conservaron en la memoria de grupos rurales y organizaciones socialistas. Los campesinos de las zonas de conflicto de los veinte, que sintieron como triunfos notables las parcelaciones de las haciendas, mantuvieron un orgulloso recuerdo de ellas y una inclinación a seguir los movimientos políticos herederos de las Ligas Campesinas o del Partido Socialista Revolucionario que los apoyaron. Allí, en Tequendama y Sumapaz, tuvo el Partido Comunista su base rural más importante durante los 30 años siguientes, aunque poco inclinada a las luchas armadas "ofensivas". Y en esta zona se formaron, en momentos de conflicto y provocación, sobre todo después de 1949, grupos armados para defenderse de ataques de propietarios o autoridades, pero que se resistían a volverse ejército revolucionario. La zona de Viotá es un buen ejemplo de esta continuidad desde las luchas por la propiedad para los colonos y aparceros de los años veinte hasta las guerrillas de autodefensa entre 1949 y 1964.

Mientras tanto, en las demás zonas de minifundio o pequeña propiedad, como Boyacá o Antioquia, el campesinado respaldó sobre todo al Partido Conservador, que defendía la religión y el orden y presentaba al liberalismo como afín al comunismo y a la destrucción de la propiedad privada. En zonas de colonización más recientes, pobladas por campesinos desplazados de pequeñas localidades y sujetos al frecuente choque con los propietarios y las autoridades, se formó un campesinado más cercano al liberalismo. El liberalismo mantuvo también fuerte presencia rural en la costa atlántica y en otros sitios donde se dieron las luchas de las "castas" durante el siglo XIX, que tendieron a dejar una identificación muy estrecha entre el liberalismo y los negros, a la que alude la copla popular recogida en el *Cancionero antioqueño*:

> Un negro conservador
> es música que no suena.
> Es como un parche en el culo
> cuando el dolor es de muela.

El enfrentamiento del sindicalismo y los movimientos socialistas con el gobierno conservador, que coincidía con el esfuerzo liberal por volver al poder, ayudó a que los movimientos sindicales y las movilizaciones urbanas se asociaran con el Partido Liberal. Así, este partido, para 1930, contaba con mayorías fuertes en Bogotá y las ciudades de la costa atlántica, Santander y Valle y con un electorado amplio en las demás zonas urbanas, aunque el conservatismo tenía mayoría en las ciudades del área cafetera y de las regiones de tradición colonial como Boyacá, Cauca o Nariño. Gran parte de las pequeñas localidades seguía dando su apoyo casi unánime a uno y otro partido con base en enfrentamientos y rivalidades del siglo XVIII o XIX (como Rionegro, liberal, y Marinilla, conservadora, en Antioquia, o Socorro, liberal, y Pamplona o San Gil, conservadores, en Santander) y en la historia de conflictos locales.

Como la distribución de la población reflejaba la historia de la ocupación colonial, con el predominio de "castas" en tierra caliente y una herencia de mestizaje indígena en las zonas indígenas, el voto rural o de los pequeños poblados, en los escasos momentos en que se expresó libremente, como 1930, 1946 o 1958, tendió a seguir la geografía. Así, la tierra caliente se inclinó al liberalismo, con unos pocos enclaves y ciudades conservadores. La tierra fría, sobre todo de temprana ocupación española, fue más conservadora, rodeada de nichos y valles liberales o comunistas donde el campesinado se radicalizó. Las zonas de colonización antioqueña del siglo XIX fueron mixtas, con colonos conservadores, provenientes de Sonsón o Marinilla, y zonas más liberales o equilibradas, como Pereira o Armenia; la colonización de vertientes de Santander a Cúcuta dejó una población rural dividida, más liberal en el sur, más conservadora en el norte.

Paz y violencia

Para 1930 Colombia llevaba treinta años de relativa paz entre los partidos, sin guerras civiles ni grandes enfrentamientos. En los días de elecciones las pasiones se inflamaban, se oían vivas e insultos y las peleas eran a veces mortales, y en algunos conflictos sociales el gobierno o los propietarios echaban mano de la violencia contra manifestantes o colonos invasores.

Había homicidios, a veces escandalosos, y el sistema policial y judicial los enfrentaba con aparente éxito, aunque no faltaban las quejas por la impunidad, sobre todo desde que se suprimió la pena de muerte. El *Anuario estadístico de Antioquia* se sorprendía por el gran número de homicidios de 1914 en Medellín: cinco en una población de 100 000 habitantes. Setenta y cinco años después la tasa sería casi ochenta veces más alta. Entre 1918 y 1927 ocurrieron en Antioquia 1591 homicidios, pero hubo un acusado en más de 90 % de los casos y unas 400 sentencias. Entre 2005 y mayo de 2008 hubo 63 000 homicidios en el país, y solo hubo condenas en 2,7 %.

Pero en comparación con los años de 1886 a 1902, parecía haber paz y tranquilidad. El Estado podía, casi sin policía, mantener el orden, pues los valores religiosos y las tradiciones rurales hacían respetar los mandamientos de Dios y, en menor medida, las leyes humanas. A pesar del lenguaje autoritario del gobierno, no parecía requerirse gran esfuerzo para dar seguridad. La policía local, en centenares de centros poblados, era suficiente para mantener el orden y las autoridades, con el apoyo de la comunidad, capturaban y sancionaban a los peores delincuentes. La arbitrariedad del gobierno, la decisión de perseguir y encerrar a los opositores, no se repitió después de los destierros ilegales de congresistas hechos por Reyes en 1905, aunque apareció en el tratamiento de los conflictos obreros y agrarios, hasta que se volvió a agitar la bandera de la amenaza revolucionaria en 1928.

El país, pues, parecía haber encontrado el camino a la democracia, la paz y el progreso económico. El optimismo del momento puede medirse por el libro *Colombia Cafetera*, de 1927, en el cual, a varios colores y en varios idiomas, se inscribieron las frases autocomplacientes del consenso nacional:

> Colombia: su población es esencialmente pacífica, laboriosa, inteligente y frugal, honrada, valerosa, generosa y amante de la libertad y el progreso, de espíritu hospitalario, independiente y emprendedora.
>
> Hay tolerancia de ideas religiosas y libertad de prensa.

No existen prejuicios de raza porque se goza de iguales derechos en todo el país. Sus libertades públicas no se registran en ningún otro país del mundo.

La paz está cimentada en forma imperecedera.

La seguridad personal y el respeto por la propiedad son tradicionales.

Todo esto era cierto y engañoso, verdadero y falso. ¿Por qué podían los dirigentes creer que ese era el país en el que vivían y qué se escondía bajo las apariencias? Aunque Colombia había entrado en un camino de desarrollo económico rápido que no se interrumpió hasta la crisis de 1929, la tolerancia política era menor de lo que parecía: la paz de los últimos años se había logrado a partir de un arreglo engañoso e inestable: la concesión de un cupo fijo minoritario al liberalismo en el sistema representativo, pero manteniendo el control conservador del ejecutivo y la burocracia. Aunque esto calmó el afán revolucionario del liberalismo, que dejó de buscar el poder por las armas, convertía un eventual cambio de gobierno en un terremoto social. El sistema político no funcionaba de acuerdo con la Constitución ni los valores sociales democráticos permeaban la sociedad. Aunque muchos creían que las minorías debían tener derechos, que todos los ciudadanos eran iguales, que el Estado no debía prohibir la libre expresión de ideas, gran parte de los grupos dirigentes creían que era su derecho y su obligación orientar el país, que las ideas contrarias al consenso eran peligrosas y solo podían discutirse en forma limitada y que, como se repetía, "el mal no tenía derechos".

Aunque el conflicto social se había manifestado en áreas definidas, en pocas zonas rurales y pocos sindicatos, la respuesta represiva y violenta dejó la imagen de que el Estado estaba parcializado contra el pueblo. Si la protesta se acompañaba de gestos de desafío —pedreas, daños a las propiedades, discursos incendiarios— alcaldes y policías respondían con las armas. Así, las huelgas o marchas campesinas se convertían, por la exaltación de unos participantes, en batallas, con muertos y presos, que daban tono heroico a las luchas y comprobaban que el gobierno no toleraba la protesta social.

Los sindicatos, por su parte, no tenían capacidad de negociar con las empresas: con una mano de obra abundante, los huelguistas eran reemplazables. Por eso los sindicatos dependían de su capacidad política para provocar la intervención del gobierno. Solamente tuvieron éxito en sectores como el transporte, entre Barranquilla y Bogotá, donde el gobierno los apoyaba, o en enclaves externos, donde podían convocar el nacionalismo contra los explotadores extranjeros.

El tono de las relaciones sociales, en las grandes ciudades, seguía marcado por la separación entre la "gente bien" y el "vulgo" y por el desprecio de las minorías étnicas y la cultura popular. Al mismo tiempo, se mantenía la correlación difusa, pero real, entre jerarquías sociales y color: la gente bien era la blanca o los mestizos y mulatos que podían pasar por blancos, mientras que, en las tierras frías, los indios y los mestizos aindiados eran el pueblo, pobre e ignorante, y en las zonas bajas, los negros y los mulatos eran la masa plebeya. La cultura aceptada mantuvo el rechazo a lo indígena y lo afrocolombiano y los esfuerzos por reconocer estos elementos estuvieron marcados por el paternalismo de los intelectuales y por gestos de desafío social y político de los que luchaban por el reconocimiento de la igualdad.

Estas tensiones sociales, presentes desde la Colonia, adquirieron fuerza con los cambios del siglo XX: el crecimiento de la industria y el comercio abrió posibilidades de ascenso económico para grupos distintos y la discriminación que estos recibieron aumentó la tensión social y política. El liberalismo se volvió el partido de los sectores en ascenso: de los pobres y obreros, de los indios (como en Bogotá) y los negros (en Antioquia y las ciudades de la costa), que se definieron como el pueblo, en contraposición a las oligarquías, y a veces de los artesanos y las clases medias. Los políticos liberales más radicales, para movilizar una cauda incierta, apelaron a definir a los otros como "oligarcas", incluyendo a los jefes de su partido, y llamaban a sus seguidores "el pueblo". El enfrentamiento de pueblo y oligarquía (y de campesinos y terratenientes, pobres y ricos) endureció las relaciones entre grupos dominantes y nuevos sectores y les dio un tono intenso de resentimiento y reclamo.

Mientras tanto, en los políticos blancos se extendió la creencia de que la "raza" colombiana o sus componentes (negros, indios, mestizos, mulatos y zambos, o incluso los blancos españoles) tenían defectos genéticos, que no podrían ser eliminados por la educación o el avance social: solo la inmigración de razas superiores permitiría el progreso, como argumentaron varios letrados entre 1918 y 1928 en un gran debate sobre las "razas colombianas". Entonces Laureano Gómez subrayó los aspectos negativos de las "razas colombianas", mientras otros insistieron en la necesidad de mejorar la raza con la inmigración, y algunos creían que esto se lograría con el mestizaje, que reuniría las virtudes de todos los grupos, minimizaría sus defectos y permitiría formar una cultura nacional fundada en la cultura occidental —sus valores éticos y políticos, la voluntad de progreso, la ciencia— y la democracia. En cierto modo esta idea se apoyaba, como el sueño regenerador, en crear una "identidad" nacional que borrara las diferencias, aunque para la Regeneración esa identidad era blanca, hispánica y católica, y para los intelectuales del siglo XX era mestiza, democrática y occidental.

A fines de siglo, sin embargo, el desarrollo de las ciencias sociales y la valoración de lo indígena y africano desautorizó la discusión en términos biológicos y abrió el camino a una visión positiva de las diferencias culturales: las costumbres y hábitos que se habían visto como obstáculos al progreso comenzaron a defenderse como riquezas. El esfuerzo de definir una nacionalidad contradictoria, pero admisible para todos, llevó a intelectuales, políticos y funcionarios públicos a insistir en el valor de la diversidad cultural y regional. García Márquez elogió la "malicia indígena", mientras otros destacaban la creatividad musical de las poblaciones de origen africano o la riqueza gastronómica de las regiones. La Constitución de 1991, al declarar que Colombia estaba formada por varias "culturas", trató de lograr un nuevo consenso, en el que cada cultura regional es a su vez un mosaico de culturas, con distintas tradiciones y diversa presencia de grupos étnicos, tradicionales o recientes.

Aunque la distribución de la riqueza fue siempre desigual, esto comenzó a verse como injusticia social sobre todo desde los años veinte y justificó el lenguaje radical. Los intelectuales de avanzada propusieron un progreso que, más que en el desarrollo económico y el mejoramiento gradual, consistía en la justicia social en la forma del socialismo.

La desigualdad de la propiedad volvió al centro de los debates. Los cafeteros promovieron la idea de que la pequeña y mediana propiedad era la solución a los conflictos sociales, como ya pasaba en Antioquia, Caldas, Santander y otras regiones similares. Los partidos socialistas y la izquierda liberal presentaron el latifundismo como responsable del atraso rural en las llanuras del Atlántico y de la opresión de la población de tradición indígena de Cundinamarca, Boyacá, Cauca o Nariño.

La cultura política era aún autoritaria, con débil tolerancia a la disidencia. La falta de un sistema electoral de reglas políticas confiables y aceptadas por todos convirtió la violencia y el fraude en tentación continua para ganar elecciones y luchar contra derrotas que se juzgaban inválidas. Esta lucha se apoyó en otros elementos del conflicto: el enfrentamiento del pueblo y la oligarquía y del catolicismo y el liberalismo, presentado como agente del laicismo, el protestantismo y el comunismo. Las desigualdades de riqueza y las diversas formas de discriminación sirvieron para alentar el conflicto político y justificar la revolución.

Entre 1924 y 1929 la tradición de las guerras civiles se unió a las nuevas ideas revolucionarias. Las organizaciones obreras se acercaron a los grupos conspiradores del liberalismo, que soñaban con la guerra civil o la revolución armada para acabar con el gobierno conservador. En las ciudades se formaron grupos de jóvenes liberales, atraídos por el socialismo, y de dirigentes de pequeños grupos de obreros y artesanos que, influidos por la Revolución rusa y el marxismo, el socialismo o el anarquismo, creían que debía hacerse la revolución armada y establecer el socialismo.

La historia de los partidos revolucionarios comienza, más que con los partidos obreros de 1910 a 1918, con la creación del Partido Socialista, que participó en las elecciones de 1921 y apoyó la candidatura liberal de Benjamín Herrera, que incluyó en su programa algunas ideas de los socialistas. Luego se sumaron a él dirigentes obreros e intelectuales, influidos por un "grupo comunista" que se formó en 1924. En ese año el Congreso Socialista se dividió y un sector se declaró Primer Congreso Comunista de Colombia, encabezado por escritores y jóvenes abogados. Pidieron entrada a la Internacional Comunista y un delegado que hablara español para orientarlos. En diciembre de 1926 se reunió el III Congreso Nacional Obrero, presidido por Ignacio Torres Giraldo. Contra la oposición de dirigentes artesanales como Carlos León y Juan de Dios Romero, de visión más sindical, se aprobó la creación del anhelado partido comunista. Este recibió el nombre de Partido Socialista Revolucionario y su secretario general fue un intelectual, Tomás Uribe Márquez. El partido, además de respaldar las luchas obreras y campesinas, buscaba el fin del régimen conservador y esto, con el origen de muchos militantes, lo acercaba a los liberales. El mismo nombre de "revolucionario" atraía a liberales que sentían que su partido, como en el siglo XIX, debía hacer la revolución contra los conservadores. En la Convención Nacional del PSR en septiembre de 1927 hubo mucho liberal radical y Torres Giraldo habló de la inevitabilidad de la vía armada y la inminente insurrección para sustituir al régimen, lo que para la mayoría quería decir derribar el gobierno conservador.

El Partido Socialista Revolucionario fue recibido en la Internacional Socialista en 1928, con reservas por su composición intelectual y su débil arraigo sindical. En julio de 1928 el PSR formó un Comité Central Conspirativo para hacer la "revolución armada" de que hablaban sus documentos. El gobierno tomó a la letra las ilusiones y preparativos del PSR y trató de hacer creer al país que el riesgo de revolución era real y debía enfrentarse con firmeza. Para ello, el ministro de Guerra hizo aprobar una Ley de Facultades Extraordinarias o Ley Heroica, a fines del año, que los civilistas consideraron una respuesta desmesurada y represiva a un proyecto revolucionario imaginario. El PSR promovió a fin de año la huelga en los cultivos bananeros como parte de un proceso que llevaría a la toma del poder. Según Raúl Mahecha, principal dirigente de esta, confiaban en que si se ganaba podrían tomar el poder en tres departamentos de la costa y apoderarse de Bogotá: en su opinión esto había fracasado por la debilidad de los dirigentes del PSR, que no le dieron apoyo real. La huelga terminó en tragedia cuando el gobierno, convencido de que tenía intención revolucionaria, mandó el ejército, que después de algunos enfrentamientos con obreros armados, en uno de los cuales murió el dirigente obrero Erasmo Coronel, ametralló una plaza llena de obreros y mató a cerca de cien trabajadores, que se convirtieron en miles en la memoria nacional y en el realismo mágico de Gabriel García Márquez.

La Internacional Comunista intentó corregir la línea del PSR y frenar un nuevo intento de revolución planeado para el 29 de julio de 1929, pero la orden de parar el levantamiento no llegó a todas partes, y en el Líbano los "bolcheviques" se levantaron y fueron reprimidos con violencia. A partir de este momento el PSR perdió toda iniciativa, aunque presentó en 1930 la candidatura a la presidencia de Alberto Castrillón, un crítico de la línea insurreccional que tuvo menos de mil votos.

En 1931 el PSR se transformó en el Partido Comunista de Colombia y condenó los golpes armados y el sueño de una revolución violenta como ilusiones aventureras y "putchistas", mientras no existiera una organización comunista amplia y solo tuvieran el respaldo de una ínfima parte del pueblo. Sometido a la disciplina estalinista, siguió la política de "frente popular" y respaldó al gobierno liberal de Alfonso López, visto como un régimen burgués progresista, aunque vacilante, mientras trataba de fortalecer los movimientos agrarios, sobre todo en Cundinamarca y Tolima.

CAPÍTULO X

La república liberal:
1930-1946

En 1929 el desgaste del gobierno era grande. Al descrédito por la represión de las manifestaciones de Bogotá contra la corrupción y el clientelismo en junio, cuando murió un estudiante, y por la masacre bananera, se sumó la crisis mundial, que produjo una baja brusca de las exportaciones a partir de diciembre. Después de años de "danza de los millones" y de "prosperidad a debe" hubo quiebras y el gobierno despidió a más de 20 000 obreros de obras públicas.

Los liberales pensaron que había llegado el momento de ensayar el poder del voto, que sus dirigentes legalistas defendieron: frente a la amenaza militar, los conservadores se unían, pero se descuidaban ante la amenaza electoral. En efecto, los conservadores se dividieron y hubo dos candidatos, Alfredo Vásquez Cobo y Guillermo Valencia. Los dirigentes buscaron que el nuevo arzobispo de Bogotá, Ismael Perdomo, decidiera y este apoyó a Vásquez Cobo, para cumplir la promesa de su predecesor, pero el presidente Abadía escribió al Vaticano y logró el respaldo a Valencia. Muchos obispos, no obstante, siguieron con Vásquez Cobo, por lo que el Vaticano dio libertad a Perdomo, y este volvió a apoyar a Vásquez Cobo. La confusión deleitó a los liberales, que lograron presentar un solo candidato.

La dirección liberal, con prudencia, postuló a Enrique Olaya Herrera, embajador en Washington, que llevaba años colaborando con los conservadores. Olaya insistió en que no aceptaría sino la candidatura de una concentración de ambos partidos y volvió a Colombia, donde hizo una veloz campaña con inmensas manifestaciones callejeras, en Barranquilla, Cartagena, Puerto Berrío, Medellín y otros sitios. Olaya ganó en marzo de 1930 con 45 % del total de votos: los conservadores, juntos, todavía eran mayoría. Fue la primera vez, desde 1851, que un candidato de un partido diferente al del presidente recibió el poder por su triunfo electoral, en medio de una ola latinoamericana de golpes y gobiernos militares. Junto al sufragio manejado por caciques de ambos partidos, hubo numerosos votos influidos por el debate político, estimulado por diarios cada vez más leídos, por sus comentarios y sus caricaturas. Además, sacó la política de clubes y restaurantes a la calle, con sus multitudinarias manifestaciones. El influjo del clero se desgastó en el debate interno conservador, en vez de insistir, como en elecciones previas, en la prohibición de votar por los liberales.

El presidente electo, consciente de las dificultades para gobernar como liberal después de cuarenta y cuatro años de dominio conservador, nombró un gabinete paritario, con cuatro conservadores (entre ellos los ministros de Gobierno, Guerra y Hacienda) y cuatro liberales. Antiguo republicano, Olaya escogió como ministro de Gobierno a Carlos E. Restrepo, el conservador que había presidido el arreglo de 1910 que permitió la representación de las minorías, y dio la mitad de las gobernaciones a conservadores.

Las elecciones de 1931 iban a ser una señal decisiva. Sin el apoyo de las autoridades ni el control del sistema electoral, el conservatismo podría perder sus mayorías, y su poder, basado en redes de empleados públicos y en un sistema electoral sesgado, podría desmoronarse. En 1929 se aprobó, pero poco se había avanzado en aplicarla, una cédula de ciudadanía con fotografía, para identificar a los electores y reducir el fraude. La tensión aumentó en muchos sitios, ante las denuncias de que los liberales preparaban un fraude. Para hacer más confiables las elecciones y evitar que los electores votaran varias veces, se ordenó que untaran su dedo de tinta indeleble al votar. De todos modos, con un sistema electoral que daba el derecho al voto para los cargos nacionales solamente a los que supieran leer y tuvieran ciertos ingresos mínimos, definir quién era elector de "primera clase" era una gran fuente de arbitrariedad. Las tres elecciones de 1931 —de asambleas, representantes y concejales— fueron preparadas con entusiasmo hostil: grupos, a veces armados, de conservadores y liberales se presentaban ante los jurados de inscripción para registrarse, en medio de gritos e insultos, que llevaban a frecuentes choques armados. La tradición de fraude y el enfrentamiento entre pueblos vecinos creaban condiciones para unas elecciones violentas, como había ocurrido desde 1910.

En diciembre de 1930, cuando comenzó la campaña, empezaron los incidentes: un encuentro armado entre conservadores y liberales produjo once muertos en Capitanejo, Santander. En los meses siguientes hubo nuevos choques en Cundinamarca, Boyacá y Santander. En las elecciones de 1931, sobre todo en octubre, se produjeron hechos de violencia y en todo el año hubo algo más de 200 muertos. En las de febrero de 1931 para asambleas locales y en las de mayo para Cámara de Representantes el liberalismo tuvo más votos, pues ganó en las ciudades más grandes. Sin embargo, en el Senado, de elección indirecta, el conservatismo mantuvo su mayoría. En 1932, año sin elecciones, los incidentes siguieron: en la versión conservadora, los alcaldes liberales y la policía atacaban y provocaban a los conservadores; en las versiones liberales, los conservadores, buscando recuperar las mayorías en 1933, se armaron para atacar a los liberales.

El nombramiento de gobernadores y alcaldes liberales, que no se había hecho desde 1886, provocó grandes resistencias, sobre todo al empezar a repartir cargos: comenzaron a nombrar policías, maestros y hasta jueces liberales, incluso en zonas conservadoras. La policía se volvió liberal en pueblos con alcalde de este partido.

Los enfrentamientos de 1931 y 1932, fuertes en Boyacá, Santander y algunas áreas de Bolívar, se daban en un país gobernado por una coalición, con ministros de Guerra y Gobierno y la mitad de los gobernadores conservadores, pero con profundas divisiones en cada partido. Mientras muchos de los dirigentes nacionales buscaban calmar la violencia, los jefes locales, gamonales y caciques luchaban con todas las armas a su alcance. El conservatismo apoyó al comienzo al gobierno y pasó poco a poco a la oposición, aunque todavía en agosto de 1932 el ministro de Gobierno era conservador. Laureano Gómez se lanzó ese año a una oposición ruidosa y agresiva, acompañada de ataques contra sus copartidarios gobiernistas, mientras que un grupo de políticos jóvenes, los "Leopardos", introdujo la retórica de la derecha europea para invitar a la guerra como fuerza creativa. En el liberalismo, dirigentes cercanos a obreros y campesinos, sobre todo en Cundinamarca, impulsaban manifestaciones contra los terratenientes, con apoyo comunista, reprimidas por la policía y las autoridades. El 31 de agosto de 1932 la fiesta por la aparición del periódico del Partido Comunista en Viotá terminó con tres campesinos muertos.

El choque político cedió de repente por un hecho externo: en septiembre de 1932, soldados peruanos ocuparon Leticia, en el Amazonas, y Colombia entró en guerra con Perú. El gobierno logró apoyo entusiasta: el enemigo exterior creó una explosión insólita de nacionalismo, en un país todavía herido por la separación de Panamá. Los conservadores anunciaron la paz interior mientras había guerra con el país vecino y trataron de mostrarse más nacionalistas que el gobierno, al que presentaron, cuando se acordó un armisticio en mayo de 1933, como cobarde: la "guerra" reforzó la retórica bélica que después volvió a usarse contra el gobierno liberal.

Terminado el breve conflicto con el Perú, de pocas acciones militares, los conservadores volvieron a la oposición y rechazaron el Protocolo de Río que le dio fin. Para subrayar la ilegitimidad del gobierno, por el fraude y la violencia, no participaron en las elecciones de 1933 y 1934. La abstención permitió que se eligiera un Congreso homogéneo y que en 1934 Alfonso López fuera elegido presidente con gran votación liberal, probablemente con algunos votos fraudulentos.

Aunque la violencia política y la represión de las protestas disminuyeron en los años siguientes, la tensión política no dejó de crecer y fue llevando, hacia 1942-1945, a que la pugna entre liberales y conservadores fuera, más que un enfrentamiento político por el triunfo electoral, una guerra santa por modelos sociales: el orden conservador, basado en el mantenimiento de las jerarquías sociales y el control religioso, y alentado por la fe en el esfuerzo propio, y un orden liberal-popular, basado en la idea de que la tarea central del Estado era promover el progreso económico apoyando a los empresarios, tratando de corregir las desigualdades e injusticias sociales y promoviendo la igualdad mediante la educación, la tributación y el gasto social. Los liberales consideraban injusto el orden tradicional y estaban dispuestos a apoyar a los grupos populares en sus conflictos con propietarios y empresarios reaccionarios, y a quitar a la Iglesia su poder temporal. Y los conservadores veían a los liberales como demagogos dispuestos a promover la lucha de clases y la destrucción del orden, mediante la violencia y la expropiación injusta de los bienes legítimos de los propietarios. Y aunque en ambos partidos se prefería derrotar al enemigo con herramientas legales, en ninguno se rechazaban con convicción amplia el fraude o la violencia propios.

La revolución en marcha y la política de masas

Alfonso López Pumarejo gobernó entre 1934 y 1938, con un ministerio homogéneo y sin oposición parlamentaria. Esto le permitió aplicar el programa de "la revolución en marcha", que pretendía modernizar al país. A pesar de la retórica de confrontación, los cambios no fueron muy drásticos. Entre estos estuvieron una reforma constitucional que dio otra vez el voto a pobres y analfabetos. El sufragio universal estuvo acompañado de la movilización del electorado, que se acostumbró a hacer manifestaciones callejeras para respaldar un gobierno que prometía educación, separación de la Iglesia y el Estado (sobre todo, liberar la educación de la tutela religiosa y establecer el registro civil), impuestos progresivos y una solución al problema agrario. El nuevo gobierno, que aceptó formar un "frente popular" con el Partido Comunista, tomó posición a favor de los sindicatos, cuya organización promovió y cuyas huelgas ayudó a resolver favorablemente. Esto le permitió al liberalismo atraer a muchos intelectuales y políticos de izquierda que habían fundado partidos populares, como la Unión de Izquierda Revolucionaria (UNIR), creada en 1931 por Jorge Eliécer Gaitán y que no tuvo respaldo amplio. El Partido Liberal se convirtió en una alianza flexible de sectores empresariales y capitalistas y grupos sindicalistas y populares radicales: las nuevas clases medias y obreras, que en otros países de América Latina crearon partidos diferentes, se incorporaron en Colombia ante todo al liberalismo y en menor escala a sectores conservadores.

López era, más que un revolucionario social, un liberal progresista que creía en la obligación del Estado de apoyar un desarrollo económico que permitiera mejorar el nivel de vida de obreros y campesinos. Y creía que con un sistema electoral limpio y gobiernos que no impusieran los resultados a la fuerza, los partidos podían superar los odios heredados y convertirse en promotores abiertos, sin exceso de transacciones, de programas que los ciudadanos pudieran apoyar o rechazar en las elecciones.

El problema agrario

El problema agrario resurgió en la década de 1920. En zonas de latifundios, como en la costa atlántica, organizaciones de asalariados o aparceros buscaban mejorar sus condiciones laborales, sobre todo en el Sinú. En zonas de colonización del siglo XIX (Antioquia, Santander, Tolima, vertientes de Cundinamarca) los problemas surgían del choque entre terratenientes y colonos, debido a la falta de claridad de los títulos de propiedad. Muchos colonos habían ocupado y cultivado tierras que suponían baldías sobre la base de que su explotación les permitiría obtener su propiedad, como lo determinaron las leyes. Además, desde 1882 la adjudicación de un baldío se anulaba si no había sido trabajado en los diez años siguientes a esta. Así, los ocupantes de buena fe de baldíos titulados, pero inexplotados, tenían derecho a la propiedad. Si el propietario del predio inculto mostraba un título válido, la ley daba al colono el derecho a comprar la tierra o a recibir el valor de las mejoras. Por esto, los colonos estaban tentados a asumir que la tierra sin explotar era pública y a ocuparla y desmontarla.

Pero los baldíos asignados entre 1827 y 1931 fueron menos de 3 % de la tierra del país, y la mayoría de las propiedades se apoyaba en mercedes de tierras coloniales o en títulos de compraventa no sujetos a reversión. Los dueños de estas tierras, al ver que un predio se valorizaba con el trabajo de los colonos, reclamaban su propiedad y trataban de expulsarlos o de llegar a arreglos que reconocieran su propiedad. En algunas zonas donde los colonos tuvieron el apoyo de organizadores campesinos o de abogados socialistas o liberales, como en Cundinamarca, estos se resistieron a entregar las tierras ocupadas, usando la fuerza o la ley. El conflicto se agravó cuando en 1926 la Corte Suprema de Justicia decidió que para expulsar a colonos había que demostrar un título originario expedido por el Estado. Una parte muy pequeña del territorio los tenía: la mayoría de las propiedades surgía de ocupaciones legalizadas por compraventas aceptadas por la comunidad durante centenares de años y registradas (sobre todo por grandes y medianos propietarios, alfabetas y con recursos) en escribanías públicas y notarías.

Otro conflicto enfrentó a los terratenientes con aparceros y arrendatarios. En Colombia las grandes plantaciones trabajadas con asalariados eran pocas fuera del banano y la caña. Casi todas las grandes propiedades estaban ocupadas por ganado —que tuvo mejoras importantes en el siglo XIX por la introducción de pastos, nuevas razas y alambre de púas— y pequeños lotes de pancoger, entregados a los agregados como pago parcial por su trabajo. La expansión de cultivos comerciales en la segunda mitad del siglo XIX (caña, tabaco, añil y, sobre todo, entre 1870 y 1899, café) hizo que los propietarios entregaran a los cultivadores lotes para que sembraran estos productos a cambio de una participación en la cosecha (aparceros). Si la relación entre propietarios y aparceros no era buena, el control del producto, para distinguir la cosecha propia de la de los campesinos, era difícil y por ello fue frecuente prohibir la siembra de "cultivos permanentes" como el café por aparceros o agregados, lo que provocó nuevas protestas.

El gobierno, para resolver estos problemas, aprobó en 1936 la Ley 200, según la cual quien ocupara la tierra de buena fe y sin conflicto se presumía dueño de ella (con lo que buscaba resolver el problema a los propietarios que no tenían un título original de propiedad, es decir, la gran mayoría). Al mismo tiempo, para favorecer a los colonos, se presumían baldías las tierras inexplotadas y se consideraban propietarios los colonos si las habían ocupado durante los dos años previos a la ley.

Además, decretó que todas las tierras no explotadas durante diez años, y no solo los baldíos, revertían al Estado, aunque nada se hizo para aplicar este precepto. En el papel parecía una buena solución, derivada de una concepción moderna (el derecho de propiedad surge del trabajo, toda tierra abandonada o no explotada vuelve a manos del Estado, los títulos inscritos basados en compraventas entre particulares son válidos, pero sin eficacia, contra colonos de buena fe), y fue muy atacada como enemiga de empresarios y ejemplo de las tendencias comunistas del gobierno. En la práctica confirmó la gran propiedad: la inmensa mayoría de la tierra de latifundistas, si tenía títulos, no había conflicto con colonos y mostraba alguna forma de uso, quedó en firme.

En los siguientes 30 años la ganadería sirvió a muchos para probar que un predio estaba siendo explotado. Y como la presunción de propiedad de los colonos ponía en peligro los títulos de quienes tenían aparceros, estos fueron expulsados preventivamente de las haciendas. A la desaparición de los lotes de pancoger que usufructuaban los campesinos, de donde provenía la mayor parte de la producción de alimentos distinta a la de los minifundistas, se atribuyó una caída fuerte en la producción de alimentos en los años siguientes. Por eso, en 1944 la Ley 100 trató de regular estos contratos y de revivir la aparcería, cuya conveniencia económica y social parecía clara, pero prohibió a los aparceros sembrar sin permiso del dueño cultivos permanentes que después sirvieran para reivindicar la propiedad o las mejoras. Al mismo tiempo extendió a quince años el plazo para la reversión de la tierra no usada si se hacían contratos de aparcería de cierta magnitud.

No es claro si entre 1936 y 1945 la propiedad rural se concentró o no, pero el periodo siguiente fue el de mayor desarrollo de la gran propiedad y estas normas impulsaron la intensa colonización, que convirtió inmensos territorios baldíos y de selva, sobre todo en las zonas bajas, en los Llanos Orientales, el Caquetá, el Magdalena Medio o Urabá, en propiedades privadas convertidas en pastos o cultivos comerciales. Tomó fuerza entonces la transformación del campo por la conversión de las grandes propiedades mejor situadas en plantaciones modernas, que añadieron a la caña y al banano productos como el algodón, el arroz, el ajonjolí y el sorgo.

La pausa liberal

Las elecciones de 1938 para la presidencia, las primeras por sufragio universal y directo desde 1856, las ganó, con el apoyo de liberales y comunistas y sin que los conservadores votaran, el liberal Eduardo Santos, director de *El Tiempo* y amigo de transacciones y acuerdos. En el poder, Santos frenó aspectos conflictivos de la "revolución en marcha" sin alterar su contenido básico: protección moderada a la industria y al café, medidas favorables a obreros y a campesinos, apoyo a grupos empresariales modernos. Desaparecieron los gestos ruidosos de solidaridad con los movimientos sindicales y campesinos y se abandonó el "frente popular" con el Partido Comunista, pero Santos mantuvo el apoyo a la Confederación de Trabajadores y creó un Instituto de Crédito Territorial, para dar vivienda a obreros y empleados organizados. Por otra parte, el gobierno creó un Instituto de Fomento Industrial (IFI), que ayudó a montar fábricas de llantas y de otros productos escasos por la guerra. La relación con los cafeteros, que había tenido algunas dificultades en el gobierno anterior, cuando el economista liberal Alejandro López había sido impuesto por el gobierno como gerente de la Federación de Cafeteros, mejoró cuando el gobierno apoyó, en diciembre de 1940, el primer "pacto cafetero" con Estados Unidos, que garantizó precios altos para el producto.

El gobierno fue muy cuidadoso con la Iglesia, evitando choques y provocaciones, mientras negociaba en Roma la modificación al concordato de 1887, firmada por el Vaticano en abril de 1942: los cementerios pasaron al Estado, los jueces adquirieron poder para decretar separaciones de cuerpos, pero no se admitió el divorcio y para casarse por lo civil se siguió exigiendo que los contrayentes abjuraran públicamente de su religión. Tampoco se aceptó la libertad de conciencia que los liberales incluyeron en la Constitución. A pesar de que la reforma era casi nominal, los obispos estuvieron en desacuerdo y el conservatismo se opuso con vigor a ella, de modo que, aunque el concordato fue aprobado por el Congreso, el gobierno prefirió no ratificarlo y Laureano Gómez usó el concordato mismo y el reconocimiento de la libertad de conciencia como pruebas de que el liberalismo no había cambiado y seguía empeñado en atacar a la Iglesia y al pueblo católico. Finalmente, el concordato fue ratificado en 1943 por el siguiente gobierno.

Santos pues, confirmó la "pausa" en la "revolución en marcha" que López había anunciado y de la que se había arrepentido: en su último discurso ante el Congreso lamentó haberla hecho, y aludió al "republicanismo" de Santos, ese tipo de movimiento que había intentado civilizar las costumbres colombianas por el único camino que no debía adoptarse: "restar fuerza a la lucha ideológica".

Los conservadores acentuaron su rechazo al liberalismo. En 1939 Aquilino Villegas, desde *El Siglo*, recomendó al conservatismo la adopción de la "lucha armada" y Laureano Gómez elogió la "acción intrépida" en la convención conservadora. Los liberales, tranquilos en el poder —habían ganado al conservatismo cuando este se había presentado, en 1935, 1937 y 1939— mantenían sus disputas internas. López comenzó a diferenciarse del gobierno, para preparar el regreso al poder. Fundó un periódico, *El Liberal*, dirigido por su hombre de confianza, Alberto Lleras Camargo, y mostró sus desacuerdos con Santos, por su política demasiado fiel a Estados Unidos o su timidez social. Ya en 1941 el liberalismo estaba dividido, con una dirección gobiernista y una disidente, que lanzó la candidatura de Alfonso López Pumarejo y ganó por poco las elecciones parlamentarias de ese año, lo que convirtió a López en el candidato oficial, aunque muchos liberales insistieron en oponerse a su reelección.

La Segunda Guerra Mundial llegó de pronto, aunque no la afinidad de Santos con el gobierno de Roosevelt: apenas asumió el poder, en 1938, firmó un acuerdo de cooperación naval con Estados Unidos y en la Conferencia de Lima, Colombia intentó que se ratificara la política de solidaridad continental en caso de ataques a cualquier país americano que había sido aprobada antes en La Habana. Santos, cercano a círculos antifranquistas y antinazis, se solidarizó con las democracias y los países enfrentados a Alemania, pero no quiso romper con este país: su primera decisión, en septiembre de 1939, fue declarar la neutralidad de Colombia.

En esta primera fase Santos, aunque se negó a darle bases militares, ayudó sin ruido a Estados Unidos, que también era neutral, haciendo retirar al personal alemán de Scadta, la firma aérea colombo-alemana. Sin embargo, en enero de 1940, Pan American anunció que asumiría su control: había comprado en secreto las acciones, para sorpresa de Santos, que buscaba que pasara al gobierno. Finalmente, Pan American negoció y se creó Avianca con mayoría oficial y de accionistas locales.

En diciembre de 1941, a la entrada en guerra de Estados Unidos, Colombia rompió relaciones con Alemania, pero no declaró la guerra, incluso después del hundimiento de dos barcos colombianos por los alemanes en junio y julio de 1942.

Colombia solo "declaró" la beligerancia —una palabra escogida para evitar la declaración de guerra— en noviembre de 1943, durante el gobierno de López, como respuesta al hundimiento del barco privado Ruby por un submarino alemán, pero no tuvo una participación bélica muy activa: puso muchos bienes de alemanes en administración, confinó en 1944 a unos 100 alemanes en Fusagasugá y mantuvo alguna vigilancia sobre los inmigrantes alemanes y japoneses, a los que alejó de las costas y de Bogotá, aunque los que eran parte de las redes antifascistas se quedaron en sus sitios y recibieron apoyo estatal.

Santos promovió una activa política cultural: acogió a emigrantes europeos, como los profesores de la Escuela Normal Superior o el antropólogo Paul Rivet, que ayudó en el Ministerio de Educación a crear el Instituto Etnológico Nacional. Vinieron el socialista español José Prat, el poeta comunista Eric Arendt, los profesores José María Ots Capdequi o Gerhard Masur. Fue una migración selectiva, con énfasis en intelectuales, pero llegaron también inmigrantes árabes o judíos. Estableció la Radio Nacional, que comenzó a emitir programas culturales desde 1940: música folclórica y clásica, teatro universal y nacional, conferencias y debates. Abrió desde 1940 los salones nacionales de arte que mostraron las nuevas tendencias artísticas asociadas con el liberalismo, como el indigenismo y ciertas formas de vanguardia y de pintura alusiva a problemas sociales y políticos. Se destacaron los muralistas antioqueños, como Pedro Nel Gómez e Ignacio Gómez Jaramillo (que ganó el premio en el Primer Salón de Artistas) y pintoras como Débora Arango, que desafiaron las convenciones al pintar desnudos e imágenes de prostitución y alcoholismo, atacadas por la curia y por los periódicos conservadores como parte del proceso de corrupción promovido por el partido de gobierno. En el Tercer Salón de Artistas se premió una *Anunciación* de Carlos Correa, en la que la Virgen María aparecía desnuda: el cuadro se vio como una blasfemia. La *Anunciación* y las pinturas más polémicas de Débora Arango solo tuvieron tímidas exhibiciones durante los veinte años siguientes. Los murales de Pedro Nel Gómez hechos después de 1935 en el Concejo Municipal de Medellín fueron cubiertos a fines de los cuarenta, pues tenían mineras desnudas. Estos artistas —así como los pintores indigenistas, como Luis Alberto Acuña— subrayaron su originalidad en contenidos desafiantes y se mantuvieron dentro de la pintura figurativa que tenía el apoyo de los artistas comprometidos. En Colombia tuvo poco impacto la vanguardia formalista: hasta 1947 o 1948 no aparecen ejemplos de arte abstracto o surrealista. Así, los artistas participaron con cierto vigor en las polémicas culturales y políticas, pero no rompieron con las formas de representación tradicionales.

El segundo gobierno de Alfonso López

Al final del gobierno de Santos los partidarios de reanimar la "revolución en marcha" promovieron la candidatura del expresidente Alfonso López. Esta tuvo el apoyo de los sindicatos y de los dirigentes más izquierdistas, y cierta hostilidad del gobierno y de políticos como Jorge Eliécer Gaitán, que había pasado del radicalismo de izquierda al gobierno de Santos. De todos modos, López fue elegido candidato oficial, apoyado con tibieza por Santos y su gobierno, mientras que los grupos liberales enemigos del sesgo social, algunos empresarios, y los conservadores se unieron en torno a Carlos Arango Vélez, un empresario liberal enemigo de las tendencias "socialistas" del presidente. López ganó en los departamentos siempre liberales (Bolívar, Atlántico, Tolima, Santander), mientras que Arango tuvo mayoría en Caldas, Cauca y Valle y casi gana en Antioquia, donde los aparatos políticos eran cercanos a los empresarios y la Federación de Cafeteros y donde el campesinado era más respetuoso de la ley y el derecho de propiedad. Además, López barrió en Boyacá y Norte de Santander, más conservadores, lo que puede indicar el peso de la maquinaria oficial.

El gobierno de López siguió apoyando a los aliados en la guerra, e incluso intensificó la persecución a los sospechosos alemanes. Las condiciones de la guerra hicieron difícil promover proyectos reformistas, de modo que fue un gobierno moderado y que perdió el contacto con las masas urbanas. La política se animó por las duras acusaciones de El Siglo al hijo del presidente y por un ambiente de chismes y calumnias impulsado por el conservatismo. López, desalentado, pidió varias licencias durante su mandato para acompañar a su esposa en sus problemas de salud y fue reemplazado por Darío Echandía. Al volver, en julio de 1944, hubo un fallido golpe militar, cuando algunos oficiales lo encerraron brevemente en Pasto. Después de impulsar una reforma constitucional que se concentró en aspectos administrativos, López renunció a la presidencia en julio de 1945 y lo reemplazó Alberto Lleras Camargo.

En su política social adoptó la Ley 100 de 1944, ya mencionada, y trató de modificar la lógica sindical. Hasta entonces, las huelgas exitosas eran las que se hacían en sectores claves de la economía y se resolvían con apoyo del gobierno, favorable a los sindicatos. Esto había llevado a un sindicalismo aliado al gobierno y había permitido consolidar una central obrera única, la Confederación de Trabajadores de Colombia, CTC, dominada por liberales y comunistas, sin mucho peso en las empresas privadas; nunca llegó a tener ni 6 % de la fuerza laboral afiliada. La Ley 6 de 1945 trató de crear condiciones para la negociación colectiva en empresas privadas, lo que fortaleció el sindicalismo de base y sirvió para mejorar las condiciones y prestaciones laborales. Al mismo tiempo buscó frenar el sindicalismo político, para lo cual prohibió las huelgas de solidaridad y las huelgas en los servicios públicos. El breve gobierno de Alberto Lleras trató de hacer cumplir estas normas y se enfrentó a la CTC, que intentó una huelga general que fracasó y fue aprovechada por el gobierno para romper la tradición de apoyo político a las negociaciones sindicales: en diciembre de 1945 declaró ilegal la huelga de trabajadores del río Magdalena y obligó a los sindicatos a someterse a un arbitramento.

En los años siguientes se fortalecieron los sindicatos en empresas privadas, pero se orientaron en general hacia una nueva central, la

Unión de Trabajadores de Colombia, UTC, creada con el apoyo de la Iglesia y del nuevo gobierno conservador, la cual obtuvo su personería jurídica solo en 1949, cuando se rompió el gobierno de unidad nacional. La CTC mantuvo su vínculo estrecho con el liberalismo, aunque con una fuerte presencia comunista, hasta 1952: en mayo de ese año, en el X Congreso, el Partido Liberal presionó a la CTC para nombrar una dirección puramente liberal, ante lo cual el Partido Comunista retiró sus delegados y creó una CTC paralela.

En julio de 1945 la convención liberal escogió como candidato oficial a Gabriel Turbay, nieto de inmigrantes libaneses. Jorge Eliécer Gaitán y sus seguidores no asistieron a la convención y lanzaron en septiembre su candidatura disidente. Aunque en años recientes había sido un fiel militante del partido y participó como ministro en la "pausa" a la "revolución en marcha", la memoria de su radicalismo de 1929 a 1935 le permitió revivir un pasado de luchador popular. Orador elocuente, convirtió la plaza pública en escenario central de la política, con manifestaciones entusiastas en las cuales hablaba al "pueblo" y lo contraponía a la oligarquía, compuesta por los dirigentes liberales y conservadores.

La división liberal enfrentaba a dos políticos con una historia de radicalismo juvenil (Turbay había sido fundador del Partido Socialista Revolucionario en 1926 y Gaitán de la UNIR) y de gestión en los gobiernos liberales, entre 1936 y 1944. Gaitán se presentó como el candidato del "pueblo", mientras que caracterizaba a Turbay como el representante de los políticos profesionales y de las maquinarias lopistas. Los discursos de Gaitán, invitando a la unión del pueblo liberal y conservador, al abandono de sus divisiones para enfrentar al enemigo común, la oligarquía, atrajeron amplios sectores urbanos. Sin embargo, Turbay obtuvo el apoyo de las organizaciones obreras y del Partido Comunista.

Los conservadores anunciaron que no participarían en las elecciones, lo que estimuló la decisión de ambas candidaturas de ir hasta el final: Gaitán se negó varias veces a aceptar la unión liberal a menos que se demostrara que la división produciría el triunfo conservador. Los conservadores dijeron en varias ocasiones que apoyarían a Gaitán y, en diciembre de 1945, la embajada de Estados Unidos informó a su gobierno que "era posible" que la división entre Turbay y Gaitán "permita a los conservadores, aunque estén apoyando aparentemente a Gaitán, ampliar la brecha dentro del Partido Liberal hasta el punto en que podrán lanzar un candidato a última hora con excelente probabilidad de éxito. Los rumores actuales [...] indican que Mariano Ospina Pérez puede ser el candidato conservador". En efecto, el 24 de marzo, mes y medio antes de las elecciones, los conservadores lanzaron su candidatura, con el apoyo de Laureano Gómez, que sabía que la suya habría producido la unión liberal.

Su campaña trató de presentar a Ospina, un empresario antioqueño que había mostrado su habilidad como dirigente cafetero, industrial y urbanizador, como un político prudente, tolerante y católico, ejemplo de las virtudes nacionales, cercano a campesinos y obreros. En sus intervenciones subrayó su moderación política y social y anunció que, si era elegido, gobernaría con un gabinete paritario de Unión Nacional. Incluso para muchos liberales tanto los antecedentes marxistas de Turbay y el apoyo que le daban los comunistas, como los discursos encendidos de Gaitán contra las oligarquías, se veían amenazantes. Además, Turbay fue presentado por los conservadores y los gaitanistas, como "el turco", alguien "sin una gota de sangre colombiana", y Gaitán, por los conservadores, como "el negro", el jefe de una banda anarquista, violenta y borracha. Ambos representaban, para dirigentes como Laureano Gómez y Guillermo León Valencia, un peligro para Colombia. Turbay también tenía la mancha, como ministro de Relaciones Exteriores, de haber restablecido relaciones con la Unión Soviética y haber logrado la firma del Vaticano para el concordato.

En las elecciones del 5 de mayo de 1946, Ospina obtuvo 45 % de los votos, seguido por Turbay, mientras Gaitán logró apenas 25 % del voto popular. Ospina ganó en los departamentos cafeteros y de tradición conservadora y campesina (Antioquia, Boyacá, Caldas), mientras Turbay ganaba en los departamentos liberales como Santander, Valle y Tolima. Gaitán logró derrotar a los conservadores apenas en tres departamentos (Bolívar, Atlántico y Cundinamarca), sobre todo por el voto de Cartagena, Barranquilla y Bogotá. Turbay tuvo gran ventaja entre los liberales de Antioquia y Valle. El gobierno de Alberto Lleras Camargo se empeñó en que hubiera una votación sin presiones ni fraudes, y estas elecciones ofrecen el retrato más exacto de las lealtades políticas entre 1938 y 1950. Los liberales, resentidos por la ausencia de apoyo del gobierno, hablaron de que habían recibido, como dijo Turbay, "una alambrada de garantías hostiles" por parte del gobierno y Lleras fue abucheado por los gaitanistas al salir del Palacio de Gobierno el día de la transmisión del mando.

CAPÍTULO XI

Violencia y dictadura: 1946-1957

El gobierno de Ospina Pérez y la violencia de partido

Ospina Pérez anunció en 1946 un gobierno de Unión Nacional con gabinete paritario: los jefes moderados de ambos partidos, con el recuerdo de 1931, volvieron a buscar —como lo había sugerido López Pumarejo al invitar a formar un "Frente Nacional"— el acuerdo entre ellos para prevenir la reaparición de la violencia entre los partidos.

La respuesta del liberalismo a la Unión Nacional no fue entusiasta. Alfonso López y Gabriel Turbay se retiraron de la política, mientras Alberto Lleras volvió a su trabajo de periodista y fundó la revista de noticias *Semana*. Eduardo Santos quedó como principal dirigente del Partido Liberal oficial. Gaitán, por su parte, decidió no colaborar con el gobierno conservador: esperaba que una posición firme le permitiera organizar alrededor suyo al desanimado Partido Liberal. En la convención gaitanista de enero de 1947 hizo aprobar un programa mesurado, para recuperar el apoyo de los liberales moderados y amigos de Estados Unidos. En las elecciones legislativas de marzo el Partido Liberal mantuvo su mayoría, algo disminuida, y el beligerante gaitanismo se impuso al santismo. Gaitán quedó como jefe del liberalismo, aunque las reservas de los grupos afines a Santos y López se mantuvieron.

Desde finales de 1947 se presentaron choques armados, sobre todo en zonas rurales, en los que murieron liberales: era evidente que en varias regiones los jefes conservadores locales, a veces con la complicidad de las autoridades, promovían el ataque a los liberales, para amedrentarlos y afirmar su dominio. Gaitán denunció la persecución a sus copartidarios, que siguió creciendo. En febrero de 1948 hizo una "marcha del silencio": más de 40 000 liberales se reunieron en la plaza de Bolívar, sin un grito, para oír la voz de su jefe, que pidió al gobierno paz y respeto para la vida de sus copartidarios. Ese mismo día, en Manizales, la policía atacó una manifestación liberal y murieron 12. Hubo nuevos choques: en los pueblos, una reunión política, animada con aguardiente o cerveza, podía terminar en una pelea armada con los espectadores del otro partido o con la policía, con vivas, insultos y muertos.

Aunque al comienzo el gobierno pensaba incluir a Gaitán en la delegación oficial a la conferencia de la Unión Panamericana, que se reuniría en Bogotá en abril, a última hora lo excluyó, cediendo a las presiones de Laureano Gómez, que seguía pensando a largo plazo en la derrota total del liberalismo: fue un gesto que este partido sintió como una agresión y llevó a que, junto con los hechos de violencia y las protestas de Gaitán, en febrero los liberales, con pocas excepciones, abandonaran la coalición y se retiraran de sus cargos. Cuando el 9 de abril Jorge Eliécer Gaitán fue asesinado al salir de su oficina en el centro de Bogotá, la reacción espontánea fue creer que lo habían matado sus enemigos políticos: grupos extremistas dentro del gobierno o del conservatismo. Laureano Gómez, a quien las masas juzgaban como el principal enemigo de su jefe, salió con prisa del país. Grupos liberales de Bogotá, donde estaba la mayor fuerza gaitanista, se lanzaron a las calles a protestar, quebrando las vitrinas de los almacenes e incendiando los edificios de los enemigos de Gaitán, como el periódico El Siglo, el palacio del arzobispo y varias oficinas del gobierno. Los jefes liberales trataron de convertir la furia desordenada popular en presión para lograr la caída de Ospina Pérez y pidieron cita con el presidente, que los recibió al final del día.

Mientras tanto, las vitrinas rotas invitaban al robo de mercancías y el saqueo de estancos y licoreras rompió las inhibiciones populares. La policía bogotana tenía todavía muchos agentes liberales —lo que sugiere que el plan de destruir al liberalismo no tenía en el gobierno la urgencia que le daban otros jefes nacionales o de provincia—, y en algunos casos estos entregaron sus armas a los manifestantes. Desde los edificios hubo disparos al ejército, pero se trató de una revuelta caótica, sin plan y sin acción militar coordinada. Algunos dirigentes de izquierda trataron de que el pueblo buscara la toma del poder y la revolución, aunque, sin preparación previa, se limitaron a pedir por radio que pararan los saqueos y que se organizaran para enfrentar al gobierno, pero los manifestantes callejeros no podían oír las emisoras. Otros jefes liberales usaron la radio para pedir a las masas venganza inmediata, lo que influyó para que en varias ciudades y pueblos los enfurecidos liberales atacaran a los que veían como enemigos. Iglesias y casas curales fueron quemadas y en Armero lincharon al cura. En algunos sitios los liberales, sobre todo gaitanistas y a veces con el apoyo de comunistas y socialistas, declararon que asumían el poder y formaron "juntas revolucionarias": así ocurrió en Barrancabermeja, Líbano y otros sitios pequeños.

Finalmente, en Bogotá, siguiendo a los jefes, una gran masa se acercó al Palacio de Gobierno, donde esperaron los resultados de las negociaciones con el presidente. Carlos Lleras y Darío Echandía pidieron su renuncia, pero el presidente defendió su legitimidad, esperando la llegada de refuerzos militares. En la mañana del 10 de abril, cuando el gobierno ya había reprimido la revuelta, que pudo haber dejado unos 2000 muertos en Bogotá y unos 500 en el resto del país, se logró un acuerdo: habría otra vez un gobierno de coalición nacional, con un ministro de Gobierno liberal, para garantizar un régimen imparcial en las siguientes elecciones y evitar más violencia.

A pesar del gabinete paritario y de que el presidente trató de que los gobernadores nombraran secretarios de gobierno de partido diferente al suyo, en los meses siguientes los incidentes continuaron y la desconfianza creció. Aunque algunos podían creer en la paz, muchos liberales estaban seguros de que la persecución volvería y había que prepararse para enfrentarla, mientras los conservadores más desconfiados creían que los liberales estaban ganando tiempo para una eventual revuelta.

El gabinete de coalición se mantuvo hasta mayo de 1949. Aunque los actos de violencia se redujeron en comparación con el año anterior, siguieron presentándose con regularidad. Algunos pueblos liberales fueron quemados, a veces con el apoyo o la tolerancia de los gobernantes regionales, a pesar de que la mitad de los departamentos tenían gobernador liberal. En Antioquia, el gobernador conservador renunció en protesta por las acciones "sectarias" de sus copartidarios y fue reemplazado por uno menos dispuesto a controlarlos: a los pocos días el pueblo de Rionegro, emblema de fidelidad a un liberalismo decimonónico, fue quemado con ayuda de empleados, transportados en camiones de la administración departamental. En algunos sitios los liberales empezaron a proponer la formación de guerrillas y a fines de 1949 comenzaron a actuar grupos armados en los Llanos, Antioquia y el Tolima.

El problema central era el de las elecciones. Mientras duró la coalición, se hicieron esfuerzos para tener autoridades electorales más o menos imparciales. Pero desde 1947 Laureano Gómez había denunciado que los liberales tenían 1 800 000 cédulas falsas, que les permitirían votar varias veces y ganar las elecciones de 1950. Incitadas por esto, algunas autoridades conservadoras hacían redadas y confiscaban las cédulas de los liberales, identificados por los sellos que indicaban en qué elecciones habían participado: en varias de ellas, entre 1936 y 1946, los conservadores habían decretado la abstención. Los intentos de quitar las cédulas provocaban respuestas violentas y los liberales andaban a veces en pequeñas escuadras armadas. Rota la colaboración, Laureano Gómez regresó del exterior y planteó que el liberalismo colombiano era en realidad un monstruo, un basilisco de cabeza comunista y cuerpo liberal, y había que destruirlo. A los pocos días el conservatismo lo eligió candidato a la presidencia.

Las elecciones de junio de 1949 mostraron mayoría liberal, pero ya reducida: en cinco departamentos ganaron los conservadores (los siempre conservadores de Antioquia, Boyacá y Norte de Santander y dos con pequeñas mayorías liberales en 1946 y 1947: Huila y Caldas) y en otros la ventaja liberal se redujo, lo que mostraba que la presión oficial tenía resultados y pronto habría mayoría conservadora.

Los asustados liberales, que todavía tenían mayoría en el Senado y la Cámara, intentaron frenar el ascenso conservador. Eligieron a Eduardo Santos como designado presidencial, trataron de reducir los poderes presidenciales y, sobre todo, proteger las elecciones. En agosto de 1949 anticiparon la fecha de la elección presidencial para noviembre de 1949, en vez de mayo de 1950, para no dejar tiempo para una anulación masiva de las cédulas liberales, lo que sirvió para provocar más a los conservadores y demostrarles que los liberales insistían en defender el fraude. Las sesiones del Congreso entre julio y noviembre fueron caóticas y violentas, y en septiembre, después de un intercambio de insultos y en medio de pitidos, dos representantes sacaron los revólveres: un espectador, según las versiones más creíbles, disparó contra el representante liberal, que murió, así como otro congresista liberal. La segunda decisión liberal fue tratar de destituir al presidente, acusándolo de violación de la Constitución. La idea de que en un clima tal de polarización el presidente aceptara un juicio político era ingenua y, en efecto, cuando el Congreso le informó el 9 de noviembre que lo juzgaría, el presidente mandó los soldados al Capitolio y cerró el Congreso. A partir de entonces gobernó mediante decretos de "emergencia" o de "estado de sitio", una práctica que se mantuvo hasta 1958; desde entonces hasta 1982 coexistieron un Congreso debilitado y los decretos legislativos del ejecutivo.

En muchos sitios se habían formado ya grupos armados liberales, que no contaban con respaldo claro de los dirigentes nacionales. En las dos semanas siguientes hubo nuevos enfrentamientos violentos y el 27 de noviembre, en unas elecciones sin participación liberal, pues Darío Echandía se había retirado, el conservatismo, entusiasta y triunfante, eligió presidente de Colombia a Laureano Gómez.

Los gobiernos de Laureano Gómez y Roberto Urdaneta

Aunque Laureano Gómez anunció que su gobierno sería "nacional", pronto volvió a su proyecto, que era hacer imposible un triunfo liberal futuro, que asociaba con el comunismo y el protestantismo. Las elecciones de septiembre de 1951 para el Congreso se hicieron sin participación del liberalismo —aunque el Partido Comunista se presentó a las urnas y logró menos de 1 % de los votos, y se inscribieron unas listas "gaitanistas", los llamados "lentejos", que también tuvieron una votación menor a 1 %—. A partir de este momento el Congreso estuvo compuesto únicamente por senadores y representantes conservadores.

Laureano Gómez, atraído por el falangismo de Francisco Franco en España, impulsó una reforma constitucional con elementos corporativos, elecciones menos frecuentes y más confiables y más autoridad presidencial. En 1952, cuando el presidente, enfermo, había sido reemplazado por Roberto Urdaneta Arbeláez, una Comisión de Estudios Constitucionales compuesta por siete conservadores elaboró un primer proyecto que proponía un Congreso elegido por empresarios y otros organismos, y en diciembre el Congreso convocó una Asamblea Nacional Constituyente, con 52 miembros, 35 conservadores y siete liberales, escogidos por las autoridades, además de diez delegados de las asociaciones empresariales.

Los factores que estimulaban la violencia seguían presentes y la desconfianza entre liberales y conservadores era cada día mayor. El liberalismo se dividió con respecto a la relación que debía tener con el gobierno. Alfonso López y Eduardo Santos eran partidarios de buscar un acuerdo con el gobierno conservador que frenara la violencia, pero la mayoría de los jefes se oponía a todo acuerdo con un gobierno que consideraban ilegítimo. La convención liberal de junio de 1951 mantuvo la política de abstención electoral y de "oposición civil": los principales dirigentes se oponían a apoyar la guerrilla, y en particular Eduardo Santos creía que las armas solo llevarían a endurecer al gobierno y producir nuevas represalias. López estuvo de acuerdo en que no se les diera apoyo, lo que se reforzó en octubre, cuando el directorio liberal condenó las guerrillas y pidió, en frase atribuida a Carlos Lleras Restrepo, el "desarme de los espíritus". Alfonso López, con autorización del gobierno, que buscó en varias ocasiones un acuerdo con la guerrilla que llevara a su desarme, se entrevistó con algunos jefes guerrilleros sin ningún resultado.

Sin embargo, las guerrillas seguían aumentando: en los Llanos Orientales, dirigidas por Guadalupe Salcedo y con el apoyo de muchos de los grandes terratenientes liberales, contaban con 2000 o 3000 hombres armados, que combinaban sus trabajos rurales con ocasionales acciones militares. En Antioquia eran también numerosas. Así, sin apoyo oficial liberal, crecían como respuesta a lo que veían como una persecución implacable de un régimen ilegítimo. Algunos abogados y dirigentes se sumaron a ellas y con su ayuda las conferencias o encuentros de jefes guerrilleros expidieron dos "leyes del llano", para darles un ideario más preciso. Estas guerrillas no parecían debilitarse, sino crecer, en respuesta a la acción militar del gobierno, que tomó formas cada vez más violentas: tras el secuestro de algunos notables conservadores y liberales en Líbano, el ejército lanzó una ofensiva en la que murieron más de 1000 personas, la mayoría ajenas a lo ocurrido. Esta estrategia aumentaba la disposición de los liberales locales de unirse a la guerrilla, a veces para defenderse, y promovía su crecimiento. Logró dar algunos golpes notables, como el ataque a la base militar de Puerto López o el ataque a la base militar de Palanquero en diciembre de 1952.

Frente a los actos armados, los conservadores sentían que tenían derecho a responder en forma similar. Así, en septiembre de 1952, después del entierro de unos soldados muertos por la guerrilla, grupos conservadores, con apoyo o al menos tolerancia de las autoridades de Bogotá, quemaron las casas de Alfonso López y Carlos Lleras Restrepo, así como los edificios de *El Tiempo* y *El Espectador*. En el campo se armaron grupos de civiles conservadores para apoyar al ejército, por ejemplo, para conservar el orden cuando este abandonara una zona ya dominada. Estas contraguerrillas, conocidas en algunos sitios como *pájaros*, aumentaron la violencia, pues se convirtieron en instrumento de venganzas políticas o se aprovecharon para apropiarse de fincas y ganados de los perseguidos.

El Partido Comunista (PC) había decidido responder a la "violencia" de los "bandidos falangistas" del gobierno con la "violencia organizada de las masas", aunque mantenía que lo fundamental era la organización y "la resistencia de las amplias masas" y no la lucha armada y, por ello, a pesar del ambiente violento, participó en las elecciones de 1951. El VII Congreso del PC respaldó, en 1952, a los grupos armados comunistas que se habían formado desde 1950, dándoles el nombre de "autodefensas campesinas". Sin embargo, la idea era que estos grupos sirvieran para resistir la represión y el Partido Comunista condenaba por aventureros a los que creían que podían llevar a que los revolucionarios tomaran el poder. Las dos principales guerrillas comunistas estaban en el sur y el oriente del Tolima y en Sumapaz y Tequendama, en Cundinamarca, donde el campesinado tenía una tradición de organización de más de 30 años.

El gobierno, por su parte, no logró mantener la unidad. Al enfermarse Gómez en 1951, la selección de Roberto Urdaneta Arbeláez como su reemplazo distanció a Gilberto Alzate Avendaño, el más influyente de los parlamentarios conservadores. Al mismo tiempo, los dirigentes de Antioquia y los sectores moderados del conservatismo seguían inclinándose por acuerdos con los liberales, para reducir la tensión y la violencia. Estos grupos, apoyados por empresarios industriales y cafeteros, responsabilizaban de la tensa situación a la intransigencia de Gómez y a su espíritu de cruzada y, en abril de 1952, proclamaron la candidatura de Mariano Ospina Pérez, quien la aceptó en un discurso crítico del gobierno. Gómez, aunque ya no ejercía la presidencia, contestó con un mensaje ridiculizando a Ospina y, a partir de este momento, insistió en su cruzada total contra el liberalismo, que venía corrompiendo a Colombia con sus ideas desde 1821.

Esta radicalización de Gómez le fue quitando el respaldo mayoritario del conservatismo, y fueron los grupos ospinistas y alzatistas los que, hacia mayo de 1953, comenzaron a buscar en los militares apoyo contra su temido regreso a la presidencia. Encontraron un aliado en el comandante del ejército, Gustavo Rojas Pinilla, que había sido ministro de Ospina. Gómez, temeroso de esta alianza, trató de alejar a Rojas del país para nombrar otro comandante, pero lo único que logró fue inquietarlo. Cuando Gómez ordenó que lo destituyeran, aprovechando que los subordinados del general habían sentado sobre hielo a un industrial de Medellín, sospechoso de conspirar contra él, el presidente en ejercicio, Urdaneta, se negó a hacerlo, y el 13 de junio Gómez reasumió el poder. Pero Rojas, con el apoyo de los alzatistas y de otros generales, reaccionó a su destitución, decretada en el primer Consejo de Ministros organizado por Gómez, y movilizó las tropas para rodear la casa de Gómez y tomar el poder.

Allí pidió a Urdaneta y a Ospina que asumieran la presidencia, a lo que se negaron, pues no querían cuestionar la legitimidad que reconocían al gobierno de Gómez. Ante esto, y como "la nación no puede quedarse sin gobierno" y no se sabía dónde estaba Gómez, Rojas asumió el poder. Era el primer golpe militar desde 1854, casi cien años después y, como entonces, el jefe del ejército, al que se intentaba destituir, quiso que el presidente en ejercicio (Obando en 1854, Urdaneta en 1953) pusiera la cara, pero entregando el poder real a los militares.

Por la noche Rojas anunció por radio su posesión, en un discurso en el que se presentó como ángel de paz: "No más sangre, no más depredaciones a nombre de ningún partido político [...]. Paz, derecho, libertad, justicia para todos [...] y de manera especial para las clases menos favorecidas de la fortuna, para los obreros y menesterosos. La patria no puede vivir tranquila mientras tenga hijos con hambre o desnudos". En este momento la retórica de la paz llegaba a los colombianos: si la violencia resultaba del enfrentamiento de los partidos, el ejército, que en principio no estaba ligado a ellos, podía garantizar la paz.

La dictadura militar

Para dar legitimidad al golpe de Estado, el nuevo presidente lo planteó como respuesta a la situación de violencia a la que los políticos habían llevado al país. Su discurso fue acogido con entusiasmo: aunque la violencia no afectaba mucho las ciudades, era el rasgo más fuerte de la vida nacional, y casi todos tenían conocidos o familiares entre víctimas o atacantes. Los primeros anuncios confirmaron la buena impresión inicial: decretó una amnistía general, que incluía a las guerrillas liberales, pero también a los grupos armados civiles conservadores y a los militares que se hubieran extralimitado al defender el orden. Anunció además que haría un gobierno "nacional", pero pronto mostró que quería mantener un proyecto conservador. Lucio Pabón Núñez, que había sido ministro en el gobierno anterior y había promovido la declaratoria, en 1952, de que Colombia era una nación "bolivariana", siguió en el mismo cargo y se convirtió en el ideólogo principal de Rojas. Creía tanto como Gómez en la necesidad de erradicar el peligro comunista, encarnado en parte en el liberalismo y en la democracia. A él se debe el bolivarismo de Rojas, que trató de arroparse en las imágenes de Bolívar y Cristo, y llenó el gobierno de ideólogos conservadores.

Para dar base "legal" a su gobierno, Rojas se apoyó en la Asamblea Nacional Constituyente, ANAC, convocada por el gobierno de Gómez y Urdaneta. Esta se reunió en los días siguientes al golpe y mostró que los jefes conservadores respaldaban a Rojas: el 18 de junio decidió que la presidencia había quedado vacante el 13 de junio y que el general tenía título legítimo para completar el periodo constitucional, hasta agosto de 1954. Para dar a Rojas mayor influencia en la Asamblea, autorizó el nombramiento de 38 diputados adicionales escogidos por él; además, asumió las funciones legislativas, de manera que el Congreso no se volvió a reunir. El presidente nombró a 22 liberales que aceptaron sus cargos contra las directivas de su partido y fueron calificados como "lentejos". Los demás liberales, a pesar de que no participaron en la Asamblea ni aceptaron colaborar en el gobierno, lo veían como una mejora tan clara sobre el anterior que le dieron su apoyo político y aceptaron, en noviembre, el nombramiento, para responder a la renuncia de la Corte Suprema, de una Corte Paritaria, en la cual estuvieron dirigentes liberales notables como Darío Echandía. Nadie pareció incomodarse porque el nombramiento lo hiciera el presidente, cuando la Constitución atribuía esta función al Congreso. También anunció, sin mayor oposición, que propondría a la ANAC que la Corte fuera nombrada en adelante por el presidente, para que no fuera elegida con criterios políticos, como los que dominaban en el Congreso. Esta asamblea, reunida en agosto de 1954, se apresuró a prorrogar por cuatro años el mandato de Rojas, hasta 1958, y a aprobar las dos propuestas en las que insistió el presidente: dar el voto a las mujeres y declarar ilegal al Partido Comunista.

Así, aunque el Partido Comunista dio un apoyo tímido al golpe militar, el gobierno subrayó su anticomunismo y reanudó la guerra contra los sitios donde había guerrillas de influencia comunista, relativamente inactivas, pero que no habían entregado las armas, como Sumapaz, Cunday y Villarrica. En noviembre de 1954 el ejército atacó Villarrica y en marzo y abril Cunday en operaciones muy violentas, descritas por diplomáticos como "de tierra arrasada" y que produjeron la muerte de muchos campesinos. Rojas buscó infructuosamente, como lo había hecho Laureano Gómez, que el gobierno de Estados Unidos le vendiera bombas de napalm para combatir el comunismo. En 1955 la ofensiva a Villarrica llevó a que muchos guerrilleros pasaran la cordillera hacia los Llanos Orientales, al Ariari y la Macarena, expandiendo las bases de las guerrillas de influencia comunista. El Partido Comunista se lanzó a la oposición y dio apoyo a las guerrillas perseguidas, a pesar de que, como declaró en el XVIII Pleno del Comité Central, su ideología condenaba "el aventurerismo y "el guerrillerismo" como tendencias pequeñoburguesas que "tratan de sustituir la lucha de masas" por "la acción de pequeños grupos audaces".

Varios hechos, que mostraban el autoritarismo del gobierno, debilitaron el amplio apoyo original. La censura de prensa se aplicó con firmeza, desde que, en septiembre de 1953, el gobierno cerró *El Siglo*, periódico de Laureano Gómez. En junio de 1954, en una manifestación, murió un estudiante de la Universidad Nacional. Al día siguiente, en el centro de Bogotá, otros doce fueron asesinados cuando el ejército disparó contra ellos: según Rojas, alguien había disparado antes contra los militares. La policía detuvo pronto a los intelectuales de izquierda que pudo, como Gerardo Molina, Diego Montaña Cuéllar y Antonio García, aunque, como era usual, los soltó rápidamente.

La censura, manejada con arbitrariedad e incoherencia, se hizo más intensa: al *Diario Gráfico*, asociado con Laureano Gómez, le prohibieron publicar lo que tuviera que ver con el gobierno militar o con el precedente. En octubre salió un decreto sobre prensa, con penas altas y arbitrarias por "injuria y calumnia", aunque el gobierno lo suavizó en respuesta a las protestas. En noviembre de 1954 se prohibió a la radio toda información y discusión sobre política. En mayo de 1955, Rojas ordenó encarcelar a quienes publicaran noticias que atribuyeran ilegalidades a los militares y en julio cerró *El Tiempo*, cuando se negó a publicar durante 30 días como propia una rectificación redactada por Lucio Pabón Núñez. En diciembre se aplicó una multa a *El Espectador*, acusado de divulgar noticias sobre la violencia y por fraude en impuestos, y se le prohibió publicar sus explicaciones, ante lo cual el periódico dejó de aparecer. Aunque el ataque a la prensa podría provocar alguna solidaridad de lectores irritados por la "gran prensa" y tuvo el respaldo entusiasta de los gaitanistas que publicaban *Jornada*, dañó la imagen del presidente e influyó en la rechifla a su hija en la plaza de toros La Santamaría, en febrero de 1956, a la que respondió la policía secreta en la corrida siguiente con el maltrato y asesinato de algunos espectadores.

El Tiempo y *El Espectador* se presentaban ya desde fines de 1954 como heroicos luchadores de la libertad contra la dictadura. *El Espectador* sirvió para poner en primera fila a Alberto Lleras Camargo, quien renunció a la secretaría de la Organización de Estados Americanos, OEA, a fines de 1954 y regresó al país. En septiembre de 1955 habló en el homenaje a Eduardo Santos por el cierre de *El Tiempo*, lo que provocó la respuesta furiosa de Rojas. Cerrado *El Espectador* en febrero de 1956, salió *El Independiente* como su reencarnación, dirigido por Lleras, pero en abril ya había tenido que suspenderse.

Desde ese momento Lleras dirigió y coordinó la resistencia al gobierno militar, con el apoyo del Partido Liberal. En el conservatismo, el laureanismo había sido el único grupo de oposición inicial. Para 1955 muchos alzatistas se habían separado del gobierno y a mediados de 1956 los ospinistas comenzaron a pasar a la oposición, de modo que para fines de 1956 el presidente no tenía apoyo de los partidos tradicionales, aunque seguía gobernando con un equipo conservador y un puñado de liberales gaitanistas.

En 1956 Rojas, cuyo anticomunismo seguía vivo, anunció que al fin se había destruido, con los batallones que habían vuelto de Corea, la supuesta fortaleza comunista de Cunday y Villarrica. Ese año la embajada de Estados Unidos informó que el presidente ya no tenía base política, pero que los partidos no parecían inclinados a derribarlo por la fuerza. Calculaba que había unos 6000 guerrilleros, de los cuales la mitad podía estar bajo influencia comunista. Esto mostraba que el gobierno había fracasado en su promesa de pacificar el país; y a la violencia rural, que aumentó otra vez en 1956, se sumaron arbitrariedades contra dirigentes y activistas políticos. En el Partido Liberal, aunque algunos dirigentes pensaban que debía respaldarse a los guerrilleros, la mayoría seguía oponiéndose, debido a los daños y muertes que produciría una guerra abierta y porque temían que la guerrilla justificara una respuesta cada vez más fuerte de una dictadura que, a pesar de sus ilegalidades, se mantenía por lo general dentro de límites, borrosos pero reales, de respeto a la vida y los bienes de los ciudadanos del común: una "dictablanda", como fue calificada por algunos de los hombres de la época.

Pero al dejar a la guerrilla sin apoyo liberal, los únicos grupos armados activos y con visión política eran los de las zonas de influencia del Partido Comunista: Sumapaz, Tequendama y el Tolima. Estos grupos estimulaban los enfrentamientos de clase en el campo, promovían la protesta de campesinos, aparceros o colonos por los abusos de los propietarios, acompañadas de chantajes y extorsiones ("impuestos") de la guerrilla, y ayudaron a formar un campesinado con conciencia de clase más definida. La violenta respuesta del gobierno terminó confirmando la convicción de los campesinos de estos sitios de que solo las armas los defenderían de las arbitrariedades oficiales. Del mismo modo, dejó en el Partido Comunista un amplio grupo de simpatizantes de la lucha guerrillera, enfrentados a quienes trataban de impulsar ante todo la "organización popular" y las luchas legales. La tensión entre estas dos tendencias y los esfuerzos dialécticos para hacerlos compatibles condujeron finalmente, en 1961, a la adopción de la teoría de la "combinación de todas las formas de lucha", que parecía resolver el dilema.

Para conseguir apoyo, el gobierno tomó algunas medidas que podían presentarse como orientadas a beneficiar al pueblo: creó el Banco Central Hipotecario, el INA (Instituto Nacional de Abastecimientos), que importaba alimentos cuando subían de precio, y el Sendas (Servicio Nacional de Asistencia Social), que repartía pequeños beneficios a las clientelas populares del régimen. Al mismo tiempo, hizo varios ensayos de crear un movimiento político diferente a los dos viejos partidos, el MAN (Movimiento Amplio Nacional) o la Tercera Fuerza. Aunque entre los asesores del gobierno había gaitanistas notables, el control seguía en manos de los antiguos conservadores. Un buen síntoma de lo difícil que era apoyar al general desde una perspectiva popular y de izquierda lo dio un discurso del dirigente gaitanista Jorge Villaveces, que consideró que Rojas y Gaitán eran casi iguales, por su bolivarismo, por el catolicismo del general y las ideas de Cristo adoptadas por Gaitán y, sobre todo, porque ambos estaban de acuerdo en que había que eliminar al comunismo de Colombia.

El gobierno militar, además, enfrentó un cambio en las condiciones económicas. El elevado precio del café acompañó el rápido crecimiento de la economía entre 1948 y 1955. Ante los altos precios de 1954, el gobierno liberó las importaciones y el comercio de oro y en 1955 creó un mercado paralelo para el dólar. El auge importador, estimulado por un dólar oficial barato, llevó a un crecimiento inmenso de la deuda externa y a una crisis de la balanza de pagos. Aunque los precios del café no bajaron, dejaron de crecer desde 1956, mientras aumentaba la producción. El dólar paralelo se disparó: a fines de 1956 valía el doble del oficial y en abril de 1957 casi tres veces más. A pesar de que el gobierno trató de evitar la crisis del comercio exterior y garantizar los pagos, la economía se frenó en seco en 1956 y 1957, los precios internos subieron (impulsados en parte por el aumento en las emisiones de dinero para financiar al gobierno) y la corrupción y la especulación aumentaron. Como el gobierno no pudo evitar un amplio déficit en 1955 y 1956 y hubo una reducción del gasto público en 1957, los indicadores económicos se pusieron, como es usual en estos casos, contra el gobierno, que no había sabido aprovechar la bonanza.

En 1956 el gobierno siguió perdiendo apoyo entre los grupos políticos y empresariales y enfrentó críticas más fuertes de los medios de comunicación, a pesar de la censura. Los liberales, encabezados por Alberto Lleras, habían perdido confianza en él y querían volver a un gobierno electivo, civil y sin una policía persecutoria, corrupta y arbitraria; los conservadores estaban divididos entre rojistas, ospinistas y laureanistas: solo los primeros le daban apoyo irrestricto al presidente mientras los laureanistas seguían en oposición total. Rojas dudó entre seguir, como hasta entonces, con una línea conservadora y anticomunista o adoptar una estrategia "populista" que atrajera a obreros y sectores similares, promovida por algunos gaitanistas y socialistas que pensaban que podría haber una revolución desde arriba. Pero esto lo habría enfrentado a sus principales fuentes de respaldo: el ejército y la burocracia conservadora. En junio de 1956 creó la Tercera Fuerza, que buscaba formar un nuevo partido y una nueva central obrera. Esto provocó el rechazo de la Iglesia Católica, que hasta entonces lo había respaldado, sobre todo por su anticomunismo, y que temía que fuera a arrebatarle el control de la mayor federación sindical, la Unión de Trabajadores de Colombia.

Frente a un gobierno sin apoyo y que debía definir la sucesión antes de 1958, los dirigentes tradicionales sintieron que había llegado la oportunidad para regresar a la democracia. En agosto de 1956 el rechazo a Rojas unió a los viejos enemigos: Alberto Lleras y Laureano Gómez, que estaba exiliado en España, hicieron una declaración conjunta, el Pacto de Benidorm, en el que decían que, ante el abismo social, la corrupción y la destrucción de la democracia, había que reconstruir la república y devolver el poder a sus fuentes populares con un gobierno de coalición.

El general Rojas convocó, en octubre de 1956, a una nueva reunión de la Asamblea Nacional Constituyente (ANAC) y anunció que si no aprobaba lo que iba a proponer, la disolvería. A las primeras reuniones asistieron Alberto Lleras y Álvaro Gómez Hurtado, que hablaron contra el proyecto oficial de ampliar la Asamblea para garantizar la mayoría rojista, que fue aprobado, aunque el conservatismo ospinista se sumó a la oposición.

La ANAC, en la que había una minoría opositora fuerte, se reunió en marzo de 1957 y buscó dar todo el poder al rojismo. Para ello decretó su disolución y su reemplazo por una nueva Asamblea Constituyente, de 90 miembros, la tercera parte de ellos nombrados por el presidente y los otros 60 por juntas locales escogidas por la Asamblea que se cerraba, un mecanismo que garantizaba que todos los delegados fueran amigos del gobierno.

Estas maniobras buscaban elegir a Rojas para el periodo presidencial de 1958 a 1962, pero eran incongruentes con el hecho de que el gobierno ya no contaba sino con el apoyo de las burocracias militares y civiles, de funcionarios conservadores y unos pocos políticos socialistas, sin impacto popular. Gremios empresariales, periodistas e intelectuales lo habían abandonado casi por completo, así como los jefes del liberalismo, el conservatismo y el comunismo y los dirigentes obreros y populares, de centro y de izquierda. A fines de 1956 el ospinismo pasó a la oposición y lanzó la candidatura presidencial de Guillermo León Valencia, aunque nadie sabía si el gobierno permitiría elecciones en 1958.

Como la enemistad entre los dos sectores conservadores parecía insoluble, Lleras promovió una declaración conjunta con los ospinistas, el 20 de marzo de 1957, en la que el liberalismo se comprometió a votar por un candidato conservador a la presidencia. En abril se reunió la nueva Asamblea Constituyente para reelegir al general, que ya no tenía casi ningún respaldo. El cardenal Crisanto Luque le escribió diciendo que la reelección sería ilegal. Aunque algunos ciudadanos podían simpatizar con Rojas, por sus gestos hacia las mujeres (nombró una ministra y apoyó la reforma constitucional que les daba el voto, aunque esto sonaba hueco en un régimen que nunca convocó a elecciones) y por algunos programas sociales, no muy efectivos, esta simpatía no se mostraba en organizaciones o actos políticos, y el discurso que invocaba al "pueblo" contra las oligarquías, que había penetrado las mentalidades urbanas desde hacía unos 30 años, no sonaba convincente en un gobierno amigo de los terratenientes, represivo y militarista, y que se enfrentó poco con los oligarcas.

En el gobierno la crisis era evidente. Los militares empezaron a rechazar la reelección y el ideólogo conservador y bolivariano, el ministro de Gobierno Lucio Pabón Núñez, renunció a comienzos de mayo y se fue del país. Los servicios secretos apresaron al candidato Valencia, aunque ante el rechazo general lo soltaron rápidamente. El 6 de mayo, empresarios, sindicatos obreros y dirigentes de los partidos comenzaron de común acuerdo un "paro cívico" nacional, con visible participación de los estudiantes universitarios. Cerraron industrias, bancos y almacenes y hasta los periódicos dejaron de aparecer.

El gobierno no tenía ninguna respuesta preparada, lo que fue aprovechado por el gaitanista Antonio García para proponer una revolución "socialista" a los militares: nacionalizar los bancos y las empresas que no abrieran al público. Eran sueños sin peso —el ejército y el gobierno, orientado por conservadores, no se enfrentarían a la Iglesia y a los empresarios con gestos de aire comunista— y nadie los tomó en serio. El 8 de mayo la ANAC, en reuniones casi clandestinas, reeligió a Rojas por cuatro años más. Como los demás periódicos no circulaban, *El Catolicismo*, órgano de la Iglesia, apareció para declarar ilegítima la reelección por una constituyente nombrada por el presidente; algunos obispos pedían la excomunión de los agentes del gobierno que habían entrado a las iglesias a golpear a los fieles cuando los curas hacían arengas por la democracia. Solo el obispo de Santa Rosa, Miguel Ángel Builes, seguía considerando a Rojas el adalid católico contra el comunismo y pedía su reelección.

Los jefes militares presionaron a Rojas y este, después de una leve resistencia, renunció y el 10 de mayo de 1957 anunció que abandonaba el poder y saldría del país: nombró, para su reemplazo transitorio, mientras se convocaba a la nación, a una junta compuesta por cinco generales. Las masas se lanzaron a las calles a celebrar la caída del "dictador", que había sido un gobernante autoritario e ilegítimo, pero no había tenido ni la voluntad ni el respaldo militar para establecer una dictadura integral, y en algunas ciudades fueron atacados y murieron detectives y miembros de los servicios secretos, odiados por su violencia. Como había ocurrido en 1854 y en 1909, la alianza entre los dirigentes políticos de los dos partidos les permitió enfrentar, con apoyo de sectores empresariales y de una opinión pública casi unánime, a los dictadores y presidentes que intentaron fundar el poder en el ejército. Y como entonces, el dictador prefirió renunciar y salir del país a enfrentarse a una nación que parecía unánime en su rechazo.

CAPÍTULO XII

El Frente Nacional: 1957-1974

Derrocado Rojas, Lleras y Gómez hicieron en agosto de 1957 un nuevo acuerdo, el Pacto de Sitges, en el que desarrollaron su propuesta anterior: habría 12 años de gobierno conjunto, con "paridad" en los ministerios, los organismos electivos y la burocracia. Para fundar el nuevo sistema en la voluntad del pueblo, la Junta Militar lo sometió a un plebiscito. En diciembre de 1957, con la participación electoral más alta de todo el siglo XX, 96,4 % de los ciudadanos, incluyendo las mujeres, aprobaron la extraña propuesta de coalición conocida como el Frente Nacional. Únicamente se opuso un pequeño grupo conservador, encabezado por Gilberto Alzate Avendaño, un antiguo simpatizante del fascismo que alegó esta vez, con razón, que la propuesta limitaba el poder democrático del pueblo.

Según lo aprobado, congresos y cortes serían paritarios y el presidente nombraría gabinetes con el mismo número de ministros liberales y conservadores, dando representación a las corrientes de cada partido según su fuerza en el Congreso. El plebiscito confirmó los derechos políticos de las mujeres y derogó las otras reformas constitucionales de la ANAC, de modo que legalizó al Partido Comunista aunque, al definir que los elegidos debían ser liberales o conservadores, le quitó la posibilidad de presentarse en su propio nombre, una incapacidad que afectaba también a otros partidos minúsculos, como el Partido Socialista Colombiano o el imaginario Partido Social Cristiano. Pocos se inquietaron por estas restricciones en un país en el que el voto liberal y conservador nunca había bajado de 98 %. Hasta el Partido Comunista invitó a sus seguidores a abstenerse, para no votar contra el plebiscito: parecía preferir un régimen civil que le permitiera organizarse y tener sus periódicos a una dictadura que atacaba a sangre y fuego a sus bases rurales, perseguía sus organizaciones y estaba llevando a muchos militantes a pensar que la única salida era la guerra abierta.

Como no pudo conseguirse un candidato conservador aceptable para Laureano Gómez, que rechazaba a los que hubieran apoyado la dictadura —todos los alzatistas y ospinistas tenían ese pecado—, el jefe conservador propuso la candidatura liberal de Alberto Lleras, pero con la garantía de que el siguiente presidente fuera conservador. Lleras fue elegido y el Congreso reformó otra vez la Constitución para establecer que los presidentes serían alternativamente de ambos partidos, y como el primero y el tercero serían liberales, para mantener la igualdad se añadieron cuatro años al Frente Nacional, el cual iría de 1958 a 1974. De este modo la alianza se volvió de hierro y el Frente Nacional se convirtió, como lo señaló el liberal Alfonso López Michelsen, en una especie de régimen de partido único, sin oposición, que volvía impensable cualquier propuesta que no contara con el consenso general.

Reformismo y parálisis

El primer gobierno de Alberto Lleras (1958-1962) comenzó en medio de la euforia general. Los electores estaban ilusionados, pues iba a lograrse la paz, después de ocho años de violencia, y dieron más de 80 % de los votos al candidato ganador, que recibió, fuera del apoyo liberal y conservador, el del Partido Comunista. El gobierno prometió reformas y programas sociales para atender una población urbana que crecía aceleradamente. El plebiscito aprobó que en los presupuestos públicos la educación tuviera al menos 10 %, lo que aseguraba su rápido crecimiento. Como las ciudades se habían llenado de barrios de invasión por la migración acelerada producida por el atractivo de la vida urbana y por la violencia y pobreza rurales, el gobierno aumentó sustancialmente la inversión en vivienda popular, en barrios financiados y construidos por el Instituto de Crédito Territorial.

El presidente Lleras anunció además que se haría una reforma agraria, para reducir la desigualdad de la propiedad rural a la que muchos atribuían la violencia, aunque las zonas de mayor concentración de la propiedad, como la costa atlántica, habían sido las más pacíficas entre 1948 y 1958. La ley de reforma agraria se aprobó en 1961. El gobierno de John F. Kennedy hizo presiones a su favor para impulsar en la región gobiernos democráticos y promotores del cambio social y prevenir nuevas revoluciones como la de Cuba, donde Fidel Castro tomó el poder el 1 de enero de 1959 y adoptó, en 1961, una línea comunista, que lo acercaba a la Unión Soviética y lo volvía enemigo de Estados Unidos.

La Revolución cubana se convirtió en ejemplo para los sectores radicales de América Latina y en Colombia, cuyos cambios sociales y económicos habían sido rápidos, pero donde la política parecía congelada por el bipartidismo y un clericalismo decimonónicos, y logró la simpatía de amplios sectores estudiantiles y sindicales que clamaban por cambios rápidos y profundos para resolver problemas sociales cada vez más graves.

El gobierno de Alberto Lleras no pudo conservar el casi unánime respaldo de opinión del comienzo, a pesar de la reducción brusca de la violencia, la ampliación de la educación elemental y el crecimiento de la economía. Su dureza para enfrentar huelgas ilegales y desórdenes urbanos le hizo perder el respaldo de los grupos de izquierda. Su política exterior, asociada a la de Estados Unidos y que llevó a la ruptura de relaciones con Cuba, hizo que los que simpatizaban con la revolución caribeña consideraran a Lleras un agente del imperialismo, un reaccionario enemigo de las reformas sociales. En el liberalismo surgió el Movimiento Revolucionario Liberal, el MRL, encabezado por Alfonso López Michelsen, hijo del presidente del mismo nombre, para enfrentarse al Frente Nacional e invitar a una "revolución social" contra las oligarquías y el imperialismo. Muchos jóvenes universitarios, a veces antiguos comunistas decepcionados con el legalismo de sus dirigentes o expulsados de su partido, pensaron que había que promover una revolución armada y entre 1959 y 1963 varios grupos pequeños se lanzaron a insurrecciones urbanas y rurales, que fueron pronto derrotadas y sus promotores muertos o exiliados.

Estos grupos guerrilleros, fáciles de reprimir, estaban compuestas por jóvenes de las ciudades, estudiantes o profesionales sin experiencia de combate ni de vida en el campo ni conexiones con los campesinos. Más eficaz resultó la estrategia del Partido Comunista y de los grupos guerrilleros bajo su influencia, que habían sobrevivido a los violentos ataques contra Villarrica y otras zonas en 1955. En 1957, los grupos armados de orientación comunista decidieron suspender la acción guerrillera, pero conservaron las armas, en previsión de posibles ataques del gobierno o de otros grupos. En efecto, en los años siguientes se enfrentaron con frecuencia a grupos guerrilleros liberales que competían por el control de su zona y a algunos ataques del gobierno, y en 1961 hicieron, en Marquetalia, la Primera Conferencia Guerrillera. En Sumapaz, bajo la orientación de Juan de la Cruz Varela, se mantuvieron a la defensiva, pero en el sur del Tolima, orientados por Pedro Antonio Marín, *Tirofijo*, tuvieron confrontaciones abiertas con autoridades y otros grupos armados. Aunque desde 1962 el gobierno pensó someterlos, no lo hizo hasta 1964, después de varios ataques a la policía y a grupos civiles y de que los políticos, encabezados por Álvaro Gómez Hurtado, promovieran la recuperación por el gobierno de Valencia (1962-1966) de las que llamaron "repúblicas independientes".

El violento ataque militar de 1964 contra Marquetalia fue, como el de 1955 contra Villarrica, contraproducente: los guerrilleros debieron emigrar de Marquetalia, pero reconstruyeron sus organizaciones armadas en cuatro o cinco focos nuevos, hicieron un programa político agrarista y lograron que el Partido Comunista, encabezado por Gilberto Vieira, cambiara su línea. Con resistencia, sus dirigentes nacionales, que en ese momento estaban tomando partido contra China y a favor de la Unión Soviética, con su línea de coexistencia pacífica, decidieron aceptar la lucha armada, aunque trataron de mantenerla controlada y limitada. Según el congreso comunista de 1966, la guerrilla campesina "crece en importancia" y "es una de las formas más altas de lucha", aunque "no es todavía la forma más importante". En esos días en Cuba los partidarios de las luchas guerrilleras habían reunido la Conferencia

Tricontinental, y ya algunos disidentes, con apoyo de Cuba, habían formado una guerrilla castrista, el ELN (Ejército de Liberación Nacional, 1964). En mayo de 1966 se constituyeron formalmente, como guerrilla asociada al Partido Comunista, las Fuerzas Armadas Revolucionarias de Colombia, FARC, que buscaban, además de defender a los campesinos, la toma del poder mediante las armas. En 1967 aparecieron las guerrillas de orientación prochina, el EPL (Ejército Popular de Liberación), creadas ante todo por expulsados y disidentes del PC, que habían fundado el Partido Comunista Marxista Leninista.

El Partido Comunista, desde entonces, hizo un esfuerzo complejo por conservar su perfil legal, lo que le permitía tener sus organizaciones y periódicos, al tiempo que aparecía, al menos frente a Cuba y a los revolucionarios, como orientador de una guerrilla armada. En esta "combinación de todas las formas de lucha", la lucha armada se presentaba como una respuesta obligada e inevitable a los ataques del ejército. Aunque estos respondían a algunas acciones guerrilleras, la forma brutal y ciega en que fueron combatidas las pequeñas guerrillas comunistas entre 1955 y 1965 dio credibilidad al relato oficial comunista de que las FARC se habían formado en respuesta a la agresión del Estado.

A partir de entonces el Partido Comunista y las FARC lograron mantener en acción las dos cartas —luchas legales y guerra armada— al mismo tiempo durante un largo periodo aunque, en algunos momentos, con dificultades que llevaron a que el Partido Comunista reconociera autonomía militar a la guerrilla, lo que le permitía evitar responsabilidad directa de sus actos. De todos modos, el atractivo de la insurrección armada para los jóvenes universitarios y sindicalistas era grande, y el Partido Comunista no pudo evitar que muchos de sus militantes formaran grupos disidentes. Este desangre de la militancia hizo que muchos de sus dirigentes se resignaran a acoger la lucha guerrillera bajo sus banderas. La reticencia era, sin embargo, evidente, y los disidentes acusaron al PC, entre 1963 y 1972, de "revisionista" y enemigo de la revolución y acuñaron el término "mamerto" para referirse en burla a los comunistas acomodados con el sistema político y que no se arriesgaban a la lucha armada. La polémica fue intensa, y algunos dirigentes notables apoyaron la lucha armada y otros fueron expulsados, pero casi todos, para 1986-1990, habían vuelto a creer que el camino al socialismo pasaba ante todo por la organización urbana y el sistema electoral.

En general, sin embargo, los que criticaron en los sesenta la lucha armada porque alejaba a las masas de la política y llevaba, en una democracia limitada, a que el sistema se hiciera cada vez más reaccionario y militarista, perdieron la discusión, al menos en las primeras décadas. Entre 1966 y 1986 el grueso de los marxistas creyó que la revolución era posible, que podía tomar el poder por las armas porque el sistema estaba condenado, por sus contradicciones, a desaparecer, de modo que la lucha en el campo era la preparación para cuando la crisis inevitable ofreciera la oportunidad de llegar al poder y cambiar la sociedad.

En esta perspectiva, el apoyo a medidas de reforma social tenía algo de inconveniente y algunos grupos de izquierda condenaron el reformismo como contrarrevolucionario, aunque no creían que fuera un gran riesgo, pues bajo el sistema capitalista era imposible mejorar la situación del pueblo en forma significativa. Con el abandono del reformismo y de la lucha por ampliar la democracia existente, los revolucionarios colombianos se alejaron del modelo seguido por la izquierda en otras partes de América Latina durante la segunda mitad del siglo XX: donde había dictadura, los revolucionarios defendieron la democracia y muchas veces llegaron al poder apoyados por los votos del pueblo, mientras que en Colombia, donde la democracia, con defectos y limitaciones, existía, los socialistas denunciaban sus imperfecciones, invitaban a la abstención electoral y proclamaban la lucha armada, mientras el pueblo era atraído por los partidos tradicionales, que le prometían reformas menores, pero cercanas. Los que, como el Partido Comunista, participaban en elecciones después de haber demostrado que la democracia era un engaño, no lograban atraer muchos electores.

El gobierno de Valencia
La necesidad de obtener el voto de los congresistas de ambos partidos afines a los propietarios rurales, que tenían una alta representación en el Congreso, hizo que la Ley de Reforma Agraria de 1961 fuera

muy tímida: las tierras que se expropiaran debían pagarse a precio de mercado y el trámite era de complejidad imposible. Aprobada a fines del gobierno de Lleras, su ejecución quedó a cargo del siguiente presidente, el conservador Guillermo León Valencia, un aristócrata provinciano sin programa social.

Sin apoyo del gobierno y con una ley sin fuerza, el Instituto Colombiano de Reforma Agraria (Incora) se concentró en promover la colonización de baldíos y en tratar de recobrar las propiedades que no hubieran sido explotadas durante diez años. Como es natural, las tierras tituladas a particulares y que no se habían ocupado eran remotas o poco apropiadas para la agricultura. Por ello, la mayoría de las asignaciones de tierras se hizo repartiendo baldíos en zonas de colonización. Esta política premiaba a los colonos por "desmontar" el terreno inculto —es decir, destruir la selva— y, cuando el lote estaba abierto, alguien les compraba la mejora y la titulaba mientras los colonos seguían tumbando más árboles, destruyendo la selva y creando grandes propiedades. Además, el Incora construyó, en zonas planas y bien situadas, sistemas de riego que buscaban promover la agricultura comercial de pequeños y medianos propietarios, más productiva y moderna y a la larga favorecieron también a los propietarios grandes, pues los beneficiarios originales de la distribución de tierras en estos distritos vendían sus lotes y derechos ante las dificultades para cubrir sus obligaciones con el Incora. La parálisis de la reforma agraria, que para 1968 apenas había comenzado, mostró lo que algunos críticos tempranos del Frente Nacional habían señalado: en un Congreso paritario, que además debía aprobar las leyes importantes con dos terceras partes de los votos, una minoría podía parar todo reformismo.

Las propuestas del Movimiento Revolucionario Liberal despertaron, en zonas de conflicto rural, las viejas emociones liberales contra gobiernos que parecían prisioneros de un conservatismo arcaico y reaccionario, y atraían masas urbanas cada vez más numerosas y activas, que miraban con ilusión a Cuba. El lenguaje revolucionario, el apoyo a Cuba, la apelación al viejo sentimiento liberal de muchos enemigos de los gobiernos conservadores, llevaron a que en 1962 tuvieran una votación alta, que se mantuvo hasta 1966. Sin embargo, el MRL, que no podría tener nunca la mayoría en un Congreso cuya mitad era conservadora, estaba dividido: los grupos más radicales y las organizaciones juveniles favorecían una perspectiva de cambio revolucionario, mientras que los dirigentes más cercanos al aparato liberal, encabezados por López Michelsen, tenían una posición legalista.

Por su parte, el electorado estaba lejos de apoyar una perspectiva revolucionaria: aunque cada vez confiaba menos en el Frente Nacional, tampoco creía en los revolucionarios. El pueblo se abstenía o votaba por los viejos dirigentes. Y como no votaba por los revolucionarios, muchos pensaban que había que apoyarse en ese desencanto y promover la "abstención" electoral como parte esencial de la propuesta revolucionaria. El MRL nunca sacó siquiera la mitad del voto liberal: su mejor resultado fue en 1962, cuando logró 20 % de los votos, un nivel que disminuyó en las elecciones siguientes y llegó a 13 % en 1966. Entre las líneas radicales y legalistas del MRL los electores favorecieron a los blandos contra los duros partidarios de la revolución. Por esto, la única perspectiva para sus dirigentes, si querían participar en el poder, era negociar con el liberalismo oficial y pactar con las vilipendiadas oligarquías.

La administración de Carlos Lleras: 1966-1970

En 1966, pese a la agitación radical y social evidente, con huelgas y protestas frecuentes, el pueblo dio su voto de respaldo a los moderados, tanto al ala blanda del MRL, encabezada por Alfonso López Michelsen, como al candidato oficial, Carlos Lleras Restrepo, un buen representante de los ideales reformistas y gradualistas liberales, portavoz de un proyecto de desarrollo capitalista con alguna sensibilidad social, que buscaba el apoyo de las clases medias y obreras urbanas. Lleras fue elegido por una gran mayoría y gobernó con decisión, a pesar de las restricciones del modelo constitucional.

Estas restricciones tenían efectos graves. Como cada partido elegía un número fijo de parlamentarios, la competencia se daba dentro de estos y cada uno se dividió al menos en dos grandes ramas. En los conservadores revivió la fractura entre el laureanismo, apoyado en grandes propietarios rurales y en organizadores políticos enemigos de los liberales y del comunismo, y el ospinismo, de corte más urbano, aunque muy fuerte entre empresarios y campesinos cafeteros. El discurso que había dado fuerza al laureanismo no era atractivo en medio de una alianza con los liberales: estos habían sido los enemigos de la civilización y ahora eran los amigos. Fuera de 1958, cuando los electores conservadores premiaron al gobierno derrocado en 1953 y sancionaron a los que habían apoyado la dictadura militar, los electores conservadores se inclinaron más bien por los ospinistas. En el liberalismo la división inicial fue entre el "oficialismo" y el MRL, que enfrentó con hostilidad a Alberto Lleras Camargo, principal asesor del presidente Alfonso López, y al hijo de este, Alfonso López Michelsen. Para Lleras, López Michelsen estaba apelando al sectarismo liberal y a una invitación vacía a la revolución, que llevaría de nuevo a la violencia, a nombre de la justicia social; para López Michelsen, el pacto liberal con los conservadores los condenaba a consolidar una oligarquía incapaz de cualquier reforma.

Como no había diferencias reales entre los programas de los partidos, pues ambos, en el poder, tenían que transar con el otro, los electores no tenían motivos para escogerlos. Ni siquiera el MRL ofrecía un programa distinto: como todos, prometía salud, educación, tierra y trabajo, reforma agraria y urbana, pero con un lenguaje revolucionario y con invocaciones a la lucha popular que sonaban algo huecas. De este modo, los electores dejaron de recibir un mensaje que los motivara: no eran ya el pueblo liberal ni los campesinos conservadores, miembros de comunidades enemigas enfrentadas, sino unos ciudadanos que, no importa cómo votaran, tendrían un gobierno pactado por los dirigentes políticos, y un Congreso escogido, en listas cerradas, por los directorios de los partidos. El voto popular, al elegir el Congreso o el presidente, era un acto de confirmación de lo acordado por los dirigentes, una adhesión plebiscitaria. Así, la abstención aumentó aceleradamente, y muchos políticos, para lograr los votos necesarios para llegar al Congreso, se apoyaron en la entrega de favores a sus clientelas.

López tenía claro esto y en 1967 pactó su reingreso al gobierno. Fue nombrado gobernador del Cesar, un departamento recién creado, y poco después ministro de Relaciones Exteriores, donde siguió una línea más independiente, pero sin alejarse mucho de Estados Unidos.

La desaparición de la oposición del MRL ocurrió durante un gobierno enérgico que, dado que no había diferencias de programas, trató de manejar con eficiencia los recursos del Estado y mejorar la calidad de la administración para basarla en información amplia, en estadísticas y estudios técnicos. El presidente formó grupos de expertos sin compromisos con los políticos, sobre todo en las instituciones de gestión económica como la Junta Monetaria, el Banco de la República y Planeación Nacional y logró una reforma constitucional y administrativa que intentaba crear instituciones fuertes, protegidas de presiones muy directas de los partidos. Así se fundaron decenas de entidades, como el Fondo Financiero de Proyectos de Desarrollo, el Instituto Colombiano de Cultura, el Instituto de Fomento Municipal (para llevar acueductos y otros servicios a las ciudades pequeñas), el Departamento Administrativo de Ciencia, Tecnología e Innovación y otras. En algunas, sin grandes presupuestos y cuyo manejo requería habilidades especializadas, la gestión respondió por un tiempo a criterios de eficacia. Pero los gobiernos siguientes entregaron la mayoría a jefes regionales de los partidos, que cada vez se sentían más como "clase política", como políticos profesionales enfrentados a una tecnocracia ciega a los deseos de los electores y como un grupo que todo presidente necesitaba para aprobar las leyes prometidas en sus campañas.

Así, en los gobiernos posteriores, puestos públicos o preferencias en contratos pagaban el apoyo necesario en el Congreso o en la elección del presidente. Esos puestos y contratos permitían financiar las maquinarias electorales: el clientelismo, la asignación de recursos públicos a favor de algunas personas o sitios, para hacer un camino o un acueducto, instalar conexiones eléctricas o teléfonos a cambio de apoyo electoral, se convirtió en la fuerza principal de atracción de los votantes.

La movilización popular, que había alcanzado niveles inesperados de conflicto ideológico y de clases entre 1930 y 1950, se concentró desde mediados de los sesenta en solicitudes concretas, en peticiones de carreteras y escuelas, de atención especial para los afectados por una catástrofe o la mala situación de la economía: lo único que logró movilizar a los electores por fuera de las redes de apoyo a las clientelas fue el alza en el costo de vida, que se disparó después de 1965 a niveles entre 20 % y 30 % anual.

Carlos Lleras, por su parte, trató de revitalizar la reforma agraria: estaba convencido de que el desarrollo moderno debía basarse en reemplazar los grandes propietarios ausentistas e ineficientes, que vivían de las rentas de la tierra y no tenían incentivos para mejorar su productividad, por propietarios medios y pequeños, capaces de una gestión moderna, atentos a la tecnología y abiertos a las señales de mercado. Para ello presionó al Congreso hasta que este expidió una nueva ley, que permitía pagar las tierras expropiadas con bonos y hacía más fácil expropiar "tierras adecuadamente explotadas", al menos para dar tierra a minifundistas.

Por otra parte, para mover a los campesinos en favor de la reforma agraria, el gobierno creó la Asociación Nacional de Usuarios Campesinos (ANUC), buscando que los uniera su interés en la reforma. Era extraño que, en un país de grandes propiedades y muchos campesinos con poca tierra o ninguna, no hubiera organizaciones campesinas fuertes a favor de la reforma agraria. La creación de la ANUC cambió esto, al menos en algunas regiones y en forma breve, pues la mayoría de sus afiliados eran pequeños propietarios no muy combativos. Pero en zonas como Sucre, Cesar y otras, el latifundismo ganadero saltó a la vista, y los usuarios se convirtieron en un grupo de presión para las expropiaciones. Buena parte de las acciones radicales fueron promovidas por organizadores urbanos, que veían en los campesinos un posible respaldo para la revolución socialista, y promovían marchas e invasiones en zonas donde los campesinos trataron de hacer la reforma por sus propias manos.

Para 1968 la situación económica se había complicado. La protección a la industria y sobre todo a la agricultura moderna las hacía rentables, aunque fueran ineficientes y no pudieran exportar. La caída en los precios del café, después de 1958, redujo los ingresos externos en un momento en el que la presión de la economía, con una industria interna más grande, que necesitaba maquinaria y materias primas, pedía recursos externos. Esto produjo una devaluación continua del peso, que indujo una fuerte alza de precios internos, que se convirtió en la principal preocupación de los electores.

Sobre esta alza del costo de la vida se montó el retorno del general Rojas Pinilla a la política: les recordaba a los electores lo que valían las cosas en su gobierno y acusaba al Frente Nacional del alza. Retomó también la contraposición de pueblo y oligarquías que había dejado huellas en la memoria popular, sobre todo por las movilizaciones gaitanistas de 1945 a 1948. El Frente Nacional quedó identificado por unos años con las oligarquías y el rojismo con el pueblo, una identificación que se hizo retrospectiva: se creó el mito de que el gobierno del general Rojas Pinilla había sido popular y se había enfrentado a las oligarquías, con base en sus programas de asistencia social, en el cobro de impuestos a los dividendos pagados a los accionistas de las empresas o incluso en la nacionalización de los bancos y de la industria que no había querido hacer.

Esta retórica respondía a condiciones reales: para 1970, en doce años de Frente Nacional no se había cumplido ninguna promesa importante de reforma. Los cambios exitosos en la gestión pública, como la devaluación gradual que permitió desde 1967 encontrar una salida al ciclo de altos precios de café, el crecimiento de la industria y las importaciones, la caída de precios del café, el endeudamiento y la alta devaluación, y la política fiscal responsable, aunque podían ayudar a que la economía creciera y la población tuviera mayor bienestar y mejores servicios públicos, no tenían atractivo popular y el freno al gasto hacía que la prestación de servicios sociales creciera con lentitud. El único avance de fondo de estos años, fuera de los programas de vivienda urbana, fue la ampliación del sistema educativo, que daría resultados mucho más adelante: fue la base para que, entre 1960 y 1990, se produjera una reducción importante en la desigualdad social, pues ayudó a buena parte de la población a conseguir empleos mejores. En los años siguientes la desigualdad volvió a aumentar y, aunque la educación se siguió expandiendo, dejó de tener el mismo efecto igualitario.

Aunque gran parte de los electores, sobre todo en las ciudades, votaba por una mezcla de lealtades tradicionales de partido, de convicciones difusas acerca de la calidad de los dirigentes y por la credibilidad que transmitían en sus discursos e intervenciones, una parte minoritaria, pero decisiva, respondía a la acción de las clientelas: eran votantes de barrio o del campo que seguían las instrucciones de sus caciques a cambio de pequeñas obras locales (un camino, una red eléctrica o una escuela y un maestro para un barrio de invasión) y, sobre todo, de favores personales: empleos en el sector público, becas en los colegios, una línea de teléfono, un cupo en un programa de vivienda.

En estas condiciones, las elecciones del 19 de abril de 1970 fueron críticas. Aunque los partidarios del Frente Nacional obtuvieron 60 % de los votos, Rojas logró 40 %, casi lo mismo que el candidato oficial del Frente Nacional, Misael Pastrana Borrero, que ganó por 70 000 votos. El día de las elecciones, los recuentos, que comenzaron por las grandes ciudades, donde el descontento por la inflación era mayor, daban una ventaja notable a Rojas. El gobierno, inquieto, suspendió la divulgación de resultados y cuando, al día siguiente, se anunció que había ganado Pastrana, la duda fue general: muchos creyeron que durante la noche se había hecho trampa en la cuenta de los votos. Las evidencias indican que el recuento fue correcto (aunque sin duda, como en todas las elecciones, hubo fraudes importantes en las zonas rurales) y que las zonas de las que faltaba informar (pero cuyo total de votos ya se conocía) eran en gran parte los sectores rurales donde Pastrana tenía mayoría, como Huila o Nariño. Había sido el liberalismo urbano el que había cedido votos al populismo rojista, mientras el voto rural, inflado por el fraude, seguía obedeciendo a los dirigentes tradicionales. Además, en las ciudades grandes, donde el desencanto era fuerte y no era fácil llegar a gran parte de la población con favores individuales, la mayoría no se molestó en votar.

Pastrana y el fin de la reforma agraria
El presidente elegido en 1970, Misael Pastrana, un conservador ospinista, moderado y paciente, enfrentó una agitación estudiantil y campesina de lenguaje revolucionario y una guerrilla más visible. Su principal acto de gobierno fue frenar del todo la reforma agraria: en 1972 los dos partidos, inquietos por la movilización campesina y su posible asociación con el auge guerrillero, decidieron que en vez de

repartir tierras había que crear presiones tributarias y ayudar a los propietarios para que se modernizaran. Se convertía así en política expresa lo que ocurría de hecho: la transformación apoyada por instituciones del Estado de algunas zonas de latifundio en plantaciones comerciales modernas, dedicadas a cultivos para consumo interno, como el algodón, el arroz o la producción de aceites (soya, sorgo, ajonjolí), mientras que las flores se sumaron a las exportaciones de café y banano. Pastrana orientó su proyecto económico y social, muy diferente al de Lleras, a promover el desarrollo urbano, creando un sistema de crédito basado en las UPAC (unidades de valor adquisitivo constante, cuyo valor estaba atado a la inflación) que hacía atractivo el ahorro para vivienda, pues garantizaba una tasa de interés real a los ahorradores, lo que permitió financiar durante 25 años una expansión rápida de las ciudades.

Con el gobierno de Pastrana terminaba el Frente Nacional, aunque se conservaron mecanismos de cooperación permanente entre los partidos. El objetivo principal del arreglo político parecía haberse cumplido: la violencia entre liberales y conservadores había desaparecido casi por completo y las tasas de homicidios, entre 1966 y 1974, fueron bajas: mientras que entre 1948 y 1957 pudieron haber muerto entre 10 000 y 15 000 colombianos cada año, ahora, con una población mayor, la cifra era de unos 5000 por año, la mayoría víctimas de la violencia de delincuentes comunes o de conflictos y venganzas personales. En esos años, las tasas anuales llegaron a 22,9 por 100 000 (1973), antes de que, hacia 1984, comenzaran a subir otra vez.

Sin embargo, aumentaba la violencia derivada de la aparición de las guerrillas revolucionarias, que justificaban su acción por la desigualdad social y las limitaciones democráticas del Frente Nacional. La restricción a los nuevos partidos fue vivida como una negación de sus derechos por muchos jóvenes, que juzgaban injusto que tuvieran que ser liberales o conservadores para participar en política. Por otra parte, el Frente Nacional había hecho la promesa de reducir las desigualdades sociales y hacer reformas importantes para disminuir la pobreza, y no había logrado nada. El voto rojista de 1970 mostraba la magnitud del desencanto, al que se sumaba el alto número de abstencionistas, pues raras veces votaba más de 50 % de los ciudadanos.

Los efectos políticos del Frente Nacional y la guerrilla

Además del debilitamiento de los partidos políticos, su división interna y el auge del clientelismo, el sistema político que funcionó entre 1958 y 1974, y se prolongó en ciertos aspectos hasta 1986, tuvo efectos muy complejos. Los gobiernos de estos años fueron exitosos en su manejo de la economía, a pesar de que la dependencia de las exportaciones cafeteras creaba muchas limitaciones. El país creció con rapidez y aumentó el tamaño del Estado, que cada vez manejaba una proporción mayor del producto interno. Los gobiernos se inclinaron por aumentar la tributación indirecta, fácil de cobrar, sobre todo los impuestos a las ventas, para evitar tensiones muy fuertes con los empresarios y los grupos más ricos.

La renuncia a todo esfuerzo por alterar la distribución de recursos como la tierra o por aumentar en forma sistemática la parte de los salarios en el ingreso nacional se compensó en parte por el uso de los impuestos para ampliar la educación y la atención de salud, hacer fuertes inversiones en carreteras y modernizar las ciudades, sobre todo, mediante la expansión de los servicios públicos (transporte, energía, teléfonos y agua) y la construcción de vivienda urbana. Durante el Frente Nacional el Instituto de Crédito Territorial y el Banco Central Hipotecario siguieron haciendo barrios obreros y financiando vivienda de clase media y, sobre todo a partir de 1995, se entregaron subsidios de vivienda a más de un millón de familias y continuó el esfuerzo de convertir las ciudades llenas de tugurios de 1960 en ciudades con barrios de viviendas estrechas, pero con electricidad, agua potable y alcantarillado.

Así pues, el modelo social y económico se orientó en sentido liberal, apoyando a los empresarios y confiando en que sus inversiones crearían empleo e ingresos para toda la población. La intervención estatal, aunque mantuvo la retórica de la lucha por la distribución del ingreso, se concentró en crear condiciones favorables para la inversión privada y en un asistencialismo social cada vez más amplio dirigido a los sectores pobres, ligado al clientelismo, de manera que los recursos públicos terminaron financiando los aparatos políticos de los caciques electorales y el subsidio a los sectores urbanos pobres, para evitar su radicalización política.

Esta radicalización adoptaba la forma de propaganda por el socialismo. Desde 1959 la fe en el socialismo mediante la lucha armada caracterizó a grupos pequeños, pero influyentes, concentrados en las universidades y en los aparatos sindicales y de las organizaciones sociales. Esta fe se puso a prueba con la organización de las guerrillas en la década de 1960, y se mantuvo, a pesar de que las guerrillas avanzaron poco durante estos años. Entre 1964 y 1974 apenas hubo guerrillas en lugares remotos, que no parecían afectar la vida urbana ni poner en peligro al gobierno. En 1974 apareció una nueva guerrilla, Movimiento 19 de Abril, M-19, bolivariana y populista, formada por jóvenes urbanos de clases medias, muchos de ellos antiguos militantes comunistas o del rojismo y con talento para las operaciones teatrales y de medios. Se concentraron en golpes en las ciudades y en secuestros espectaculares. Mientras tanto, crecieron también las guerrillas de las FARC y el ELN, que encontraron en la coca y en la extorsión a los petroleros una fuente de ingresos elevados.

De 1982 a 2002 el país vivió al mismo tiempo una mezcla explosiva: la expansión paulatina de la guerrilla, a pesar de las negociaciones exitosas de 1989-1991, el auge del negocio de la droga, el crecimiento acelerado de los grupos armados paramilitares creados por los particulares para defenderse de la guerrilla y el fortalecimiento del ejército, que recibió gran ayuda de Estados Unidos. El fortalecimiento simultáneo de los grupos enfrentados llevó a un aumento dramático de la violencia entre 1983 y 1991, cuando murieron 180 000 colombianos, y entre 1998 y 2002, cuando murieron 130 000, unos como resultado del enfrentamiento con la guerrilla (guerrilleros y soldados muertos en combate, homicidios de la guerrilla y de los paramilitares) y la mayoría por la disponibilidad cada vez mayor de armas y por la expansión gradual de bandas de delincuentes que aprovecharon las dificultades del Estado para promover grandes negocios ilegales.

El auge de la guerrilla nunca puso en cuestión la supervivencia del régimen: tenía el respaldo de una franja mínima de población, que se expresaba en un apoyo a los partidos de izquierda socialista o comunista que nunca pasó de 5 %. Sin embargo, una incongruencia fundamental la limitaba, la combinación de luchas legales y de apoyo a las armas. El Partido Comunista actuaba legalmente, publicaba periódicos y revistas, y tuvo varios congresistas, como el guerrillero campesino Juan de la Cruz Varela o su secretario general, Gilberto Vieira. En estas condiciones, aunque había conflictos sociales importantes, pobreza y desigualdad, la guerrilla no lograba el apoyo de la población, que se inclinaba por los movimientos legales. Sin respaldo social amplio, la guerrilla buscó desde el comienzo formas de financiación y supervivencia que rompían con el lenguaje humanitario de su lucha: se financió con extorsión a los propietarios rurales o a industrias como el petróleo, con secuestros por los que se cobraban altos rescates y, desde mediados de los años ochenta, con la droga.

¿Qué explica entonces la supervivencia y la expansión de la guerrilla a partir de 1964 hasta el final del siglo?, ¿por qué, mientras desapareció pronto en otros países como Venezuela, Bolivia, Argentina, Uruguay o Perú, donde la izquierda terminó llegando al poder, logró la guerrilla un poder militar tan grande y tan poco poder político en Colombia?

Pueden plantearse algunas hipótesis. Un factor fue la experiencia de lucha armada de grupos guerrilleros rurales. Muchos de los fundadores de las FARC en 1964 habían participado en las guerrillas liberales de 1949 a 1953 y, desde 1950, en guerrillas comunistas. Esto daba a sus líderes una experiencia con el medio y la población rural que faltó en otros lugares y que les permitía obtener el apoyo, voluntario o forzado, o al menos la tolerancia, de las poblaciones campesinas. Fuera de esto, actuaban en zonas con condiciones geográficas y sociales que les ofrecían protección: montañosas o selváticas, sin vías de comunicación para vehículos motorizados, con caminos desconocidos, en los que el ejército era poco eficaz. Se apoyaban además, sobre todo en el caso de las FARC, que surgieron donde los campesinos habían logrado la distribución de algunos latifundios, en los años veinte y treinta, en una base campesina real. Estos campesinos, agradecidos, confiaron en las FARC, aunque no compartieran el proyecto revolucionario de toma del poder y prefirieran, como su gran líder Juan de la Cruz Varela, mantener las organizaciones como fuerzas defensivas para proteger a los pequeños propietarios de abusos de autoridades o terratenientes hostiles. A esta base se añadió, en los ochenta y noventa, el campesinado dedicado al cultivo y recolección de coca, que se convirtió en la mayor base social de las FARC y en protagonista de grandes movilizaciones campesinas de las últimas dos décadas. Otras guerrillas, como el EPL y el ELN, buscaron respaldo campesino siguiendo el ejemplo de las FARC, pero con resultados pobres, a excepción de sitios como Urabá, donde se formaron sindicatos agrarios masivos en las plantaciones bananeras. Estos sindicatos recibieron el apoyo armado de las guerrillas contra los empresarios y sus mayordomos, y la lucha sindical fue suplantada por el amedrentamiento armado, lo que terminó debilitando las organizaciones sociales y provocando la respuesta militar de los terratenientes locales.

El narcotráfico

En la primera mitad del siglo XX, el consumo de drogas fue marginal. Algunos poetas, como Porfirio Barba Jacob, le cantaron a la marihuana, y otros, en ambientes bohemios o de tono aristocrático, vivieron entre "brumas de opio y aromas de café". Los gobiernos se acomodaron sin problemas a las reglas internacionales y en 1920 declararon ilegal el consumo, excepto con receta médica, de heroína, cocaína, marihuana y de otras drogas: muchos consumidores las conseguían en sus farmacias. Los cultivos de marihuana se prohibieron en 1941 y los de coca en 1947, lo que provocó la protesta de los agricultores del Cauca, donde era un cultivo tradicional prehispánico.

Para 1960 la marihuana, que se cultivaba en la costa atlántica y cerca de todas las ciudades importantes, se conseguía en los barrios bajos, donde era droga de desesperados y pobres, pero había ganado espacio en la bohemia juvenil, entre los "nadaístas" y jóvenes rebeldes. La demanda estadounidense súbita creó, entre 1968 y 1978, la oportunidad para que en Santa Marta y la Guajira, con su tradición secular de ilegalidad, los contrabandistas de cigarrillos se convirtieran en exportadores de marihuana. Algunos, de familias notables, combinaron el negocio de la "marimba" o marihuana con empresas de turismo y construcción y con la política, que servía en caso de persecución. Otros hicieron fortuna desde la nada, lo que ofreció una imagen de éxito atractiva en una economía con desempleo creciente y creaba figuras como el empresario acusado por *El Tiempo* de narcotraficante y limpiabotas, que escribió para aclarar con orgullo que nunca había sido limpiabotas. El sueño del enriquecimiento personal, fuerte en Antioquia y otros sitios en el siglo XIX, estuvo enmarcado por una ética social que valoraba la austeridad, al lado del orgullo familiar y la exhibición del poder y que atribuía la riqueza al trabajo esforzado. El narcotráfico ofreció oportunidades de dinero fácil y esto transformó radicalmente la cultura de los medios urbanos, en los que se admira la riqueza sin preguntar por su origen, sea el narcotráfico, la especulación o el engaño masivo e ingenioso de los ahorradores.

La marihuana dio a los traficantes un buen conocimiento de los mercados de Estados Unidos, y pronto grupos de Medellín y Cali actuaron como intermediarios entre la producción de hoja de coca de Ecuador y Bolivia y los mercados del norte. A mediados de los setenta ya se había formado una especie de cartel en Cali, dirigido por José Santacruz y los hermanos Rodríguez Orejuela. Figuraban como empresarios legítimos, con droguerías y otras empresas, dedicados a apoyar el deporte, aunque todos sabían de dónde venía su riqueza. En Medellín, Pablo Escobar y los hermanos Ochoa comenzaban a enviar modestos cargamentos —los primeros decomisos los tuvieron en 1976— mientras en Pereira, Carlos Lehder estableció una red que pasaba por las Antillas y tal vez con apoyo de Escobar compró en 1977 un islote en el Caribe para usarlo como puente. Para 1978, en menos de una década, los grupos de Cali y Medellín, que se apoyaban en un ambiente local permisivo y en la experiencia del contrabando, se habían convertido en los principales proveedores de cocaína de Estados Unidos. El poder de los colombianos provenía del control de las rutas, pues la distribución a los consumidores la compartían con estadounidenses y mexicanos, y la producción fue, hasta comienzos de los años ochenta, sobre todo en los países del sur, aunque en Colombia se hacía el procesamiento de la pasta, en cocinas o laboratorios dispersos, para convertirla en cocaína.

Para impedir el negocio, el gobierno, desde finales de los setenta, aumentó el control de la frontera con Perú y Ecuador, que hizo más difícil el paso de pasta de coca. Esto convirtió la siembra local en una alternativa rentable, en las selvas del sur o el oriente y en reservas naturales como La Macarena, invadidas por colonos que escapaban a las dificultades de otras regiones y donde la capacidad de control militar era reducida.

La riqueza y el poder de los narcotraficantes se advirtieron entre 1976 y 1982. Sus fortunas se exhibían: eran los "mágicos". Sus consumos conspicuos crearon una nueva estética que se impuso poco a poco en todas partes: joyas ostentosas, ropas estridentes y de marca, casas y edificios con exceso de lujos, griferías y decoraciones doradas, operaciones de cirugía plástica que convertían a las mujeres en objetos que se exhibían junto a carros y joyas lujosas. Podían enfrentar a la justicia y a la policía; a los que no podían corromper los amedrentaban o asesinaban. Escobar se animó a participar en política, buscando una protección más amplia. En 1982 se presentó como candidato al Congreso y quiso inscribirse en las listas del Nuevo Liberalismo, un movimiento encabezado por Luis Carlos Galán que había hecho de la lucha contra la corrupción el centro de su programa. Galán desautorizó a Escobar, que acabó elegido por otra lista liberal, e hizo una generosa contribución a la campaña del derrotado candidato presidencial de ese partido, Alfonso López Michelsen.

Escobar hizo un barrio en Medellín en el que alojó a sus servidores, donde también acogió a la población del relleno de basura del centro de la ciudad, e iluminó canchas de fútbol en los barrios pobres. Empezó a forjar una imagen de Robin Hood, de delincuente que usaba su riqueza para servir al pueblo y por eso era perseguido por las oligarquías.

La respuesta de los gobiernos fue tranquila o débil. Ni el gobierno de Pastrana ni el de López parecen haber juzgado muy peligroso el auge del narcotráfico, de modo que no se combatió más allá del funcionamiento rutinario, poco eficaz, de la justicia y la policía. En el siguiente gobierno, el de Turbay, crecieron los signos de la corrupción creada por las inmensas fortunas de algunos traficantes, sobre todo en gobiernos regionales de la costa y el Valle del Cauca, cuyo gobernador tuvo que renunciar por sus vínculos con los traficantes. El gobierno, presionado por Estados Unidos, en forma desordenada y poco sistemática trató de reprimir el comercio de la marihuana y la entrada de pasta de coca: uno de los temores obvios era que una represión muy fuerte creara oportunidades inmensas de corrupción en el Estado y la policía, como ocurrió.

CAPÍTULO XIII

El regreso a los gobiernos de partido: 1974-1986

López y Turbay, y el auge guerrillero
Terminado el Frente Nacional, la elección de 1974 enfrentó a un candidato liberal y a uno conservador. El interés de los votantes por las elecciones había decaído, debido al aumento de la población urbana y mejor educada y al impacto de una década de promesas reformistas incumplidas y de retórica revolucionaria. El candidato conservador, Álvaro Gómez, tuvo 31 % de los votos. La izquierda, en un clima de desencanto con el sistema y los partidos, de luchas estudiantiles, obreras y campesinas, presentó por primera vez desde 1930 un candidato propio, Hernando Echeverri Mejía, un liberal rojista apoyado por los izquierdistas de todas las vertientes, que logró 2,6 % de los votos, lo que se vio como un gran resultado. El liberal Alfonso López Michelsen retomó las promesas de avance social para el "pueblo" e hizo gestos que lo acercaban a la izquierda, sobre todo en relación con la política internacional; logró 55 % de los votos. El electorado urbano creyó más en las promesas del antiguo dirigente del Movimiento Revolucionario Liberal que en las de la hija del general Rojas Pinilla, María Eugenia Rojas de Moreno, cuyos pobres resultados

—menos de 10 % del total— representaron el fin de la Alianza Nacional Popular, ANAPO, el movimiento creado por su padre en 1971.

López ya había abandonado toda tentación reformista y se había alineado con las propuestas de abrir la economía al mundo y liberalizarla. Lo esencial era aumentar las exportaciones y para ello había que promover la agricultura de plantación y estimular las inversiones privadas en minería y petróleo para sacar al país de la dependencia del café. Mientras tanto, crecían las exportaciones de marihuana, notables desde 1968, y las de cocaína, que habían comenzado en la década anterior, pero eran todavía pequeñas.

En conjunto, la gestión económica de López fue prudente y más bien exitosa. La venta más fácil de dólares al Banco de la República ayudó al turismo y otras actividades marginales, pero también hizo más fácil traer al país dólares de la marihuana y la cocaína. En medio de un alza del precio del café llegó una bonanza con la que se negó a interferir, pues como dijo, "es de los cafeteros", a diferencia de otros gobiernos que trataron de imponerles cargas tributarias o cambiarias para impulsar otros sectores de la economía o prepararse para los años malos.

Las tensiones urbanas siguieron creciendo y el descontento de la población marginal y los sectores obreros se unió con la ideología cada vez más insurreccional de los radicales en un paro obrero en septiembre de 1977, apoyado por todas las confederaciones, que terminó en motines y saqueos, reviviendo los temores de un nuevo 9 de abril. La inclinación civilista del presidente, sin embargo, lo llevó a frenar un poco al ejército, al que la guerra parecía dar demasiado juego. Además, en el enfrentamiento entre "tecnócratas" y "clientelistas", prefirió apoyar a los eficientes políticos de la maquinaria, representados por Julio César Turbay Ayala, que a los amigos de la tecnocracia.

Turbay era un candidato coherente con la nueva estructura política: se destacaba por su capacidad para negociar acuerdos y cuotas, por su habilidad para manejar las más complejas maquinarias políticas, sin aludir a programas o principios. Elegido en 1978, con leve mayoría sobre el candidato conservador, tenía el mandato de los políticos profesionales, irritados por los esfuerzos tecnocráticos de Carlos Lleras Restrepo y por el ataque creciente al clientelismo y la corrupción, cada día más visibles. Con su realismo, declaró que había que reducir la corrupción a sus "justas proporciones", lo que en la práctica implicó que la corrupción siguió creciendo, aunque sobre todo en la política local y en los pequeños servicios y favores que alimentaban las maquinarias políticas. Sin embargo, nuevas formas de corrupción, quizá sin conciencia clara del presidente, se fueron extendiendo: el sistema financiero se llenó de operaciones que favorecían en forma indebida a los banqueros y se crearon varios grupos empresariales a partir del manejo habilidoso de depósitos privados y públicos, ya engrosados por fondos provenientes de la droga, mientras las inversiones públicas dieron ocasión a contratos que favorecían a grupos o personas específicas. Por otra parte, aumentó la represión militar a los cultivos y el tráfico de marihuana, y el gobierno firmó un tratado de extradición con Estados Unidos en 1979.

En cuanto a la guerrilla, cada vez más audaz y confiada en su triunfo inminente, el gobierno dejó que los militares, poco apoyados o incluso frenados por los civiles entre 1965 y 1978, actuaran según su leal saber y entender, para lo cual hizo aprobar el Estatuto de Seguridad al poco tiempo de posesionarse, que recordaba la Ley Heroica de 1928, aumentaba las penas por actos y publicaciones "subversivas" y daba a los militares el derecho a juzgar y sancionar a civiles por delitos de rebelión. Esto limitaba el debido proceso de los guerrilleros y de sus simpatizantes, así como de muchos inocentes que eran acusados, con la arbitrariedad usual, de ayudar a la guerrilla, lo que seguía mostrando las dificultades para sancionar a los que le daban apoyo.

El M-19 se hizo muy visible, con secuestros y asesinatos aparatosos, como el de José Raquel Mercado, el principal dirigente de la CTC, la confederación sindical asociada con el liberalismo, ejecutado como traidor al movimiento obrero. Dio muerte también a empresarios a los que secuestró en forma espectacular y, en diciembre de 1978, saqueó los depósitos de armas del principal centro militar de Bogotá. La reacción del ejército fue de orgullo ofendido: centenares de presuntos militantes fueron detenidos y sometidos a violentos interrogatorios. Los militares lograron capturar decenas de dirigentes y centenares de miembros del M-19, usando la tortura y otros medios ilegales, lo que deslegitimó a la larga la lucha contra la guerrilla. La aprobación del Estatuto de Seguridad y los abusos oficiales llevaron a que grupos civilistas de ambos partidos, abogados, organizadores sindicales y políticos, empezaran a unirse en movimientos de defensa de los derechos humanos. Estos movimientos eran apoyados por defensores del orden legal y también, por supuesto, por organizaciones de simpatizantes de las guerrillas, que buscaban proteger a sus miembros de los excesos que se estaban cometiendo y que estaban interesados en desacreditar al ejército, al gobierno y a los grupos dirigentes. El gobierno y los militares se defendieron acusando a las organizaciones de derechos humanos de apoyar el proyecto guerrillero y descalificaron las denuncias de torturas y maltratos como parte de una estrategia subversiva. Que jueces y juristas demócratas, en instituciones como la Procuraduría General de la Nación, trataran de castigar a los militares por sus excesos fue visto también como una colaboración inadmisible con la guerrilla, y pronto el mensaje público fue que el ejército no podía derrotar a la subversión por las restricciones legales, por el "síndrome de Procuraduría", que le impedía cumplir con su deber por temor a sanciones injustas.

Al mismo tiempo, en la izquierda se discutían los efectos negativos de la división en media docena de grupos y líneas, motivada por teorías dogmáticas y por la fidelidad a las distintas sedes mundiales del socialismo: había partidos y guerrillas prorrusos, prochinos, procastristas, trotskistas, partidarios o enemigos del uso de las armas y la violencia, reformistas o revolucionarios. Como esto producía resultados electorales pobres —nunca la izquierda pasó de 5 % de los votos—, debilitaba las luchas sindicales, en las que se enfrentaban unas líneas con otras, dividía a las organizaciones campesinas y en general volvía ineficaz a la izquierda legal, mientras la lucha armada era costosa y sin resultados, muchos invitaron a un cambio de política. En 1979 hubo un manifiesto a favor de un candidato único contra el sistema, que tuvo una acogida masiva y llevó a formar en 1980 un movimiento político llamado Firmes, que trataba de lograr la unidad de la izquierda y renunciaba a la lucha armada para buscar el respaldo electoral, lo que lo acercaba a los movimientos del "socialismo democrático", como el Movimiento al Socialismo, MAS, de Venezuela. Como Firmes, pese a su rechazo a la lucha armada, resultaba conveniente por su capacidad de resistencia a la represión, el M-19, que no tenía un partido político propio, lo apoyó en forma encubierta. Esto creaba contradicciones continuas, que debilitaron y destruyeron el movimiento, que desapareció después de un resultado flojo en las elecciones de 1982.

En 1980 el M-19, que había respondido a la represión con nuevas acciones armadas, secuestró a un grupo de diplomáticos en la embajada dominicana. El talante de compromiso de Turbay llevó a una negociación hábil que liberó a los rehenes sin que hubiera víctimas y con el pago de un rescate millonario a los guerrilleros, que salieron para Cuba. El ejemplo de esta negociación y el desgaste por la violación de los derechos humanos fueron quitando apoyo social y político al enfrentamiento armado con la guerrilla. En 1981, Carlos Lleras Restrepo y otros políticos propusieron que se conversara con las guerrillas. El gobierno acogió la sugerencia, promovió una ley de amnistía si la guerrilla dejaba las armas y formó una comisión que, al sentirse sin respaldo suficiente, se disolvió pronto. En efecto, el gobierno la miraba con desconfianza y los guerrilleros sentían que el clima político y social era favorable para la toma del poder: según las FARC, había señales de una "situación revolucionaria" que debía transformarse, como decía Jacobo Arenas, en "un movimiento guerrillero auténticamente ofensivo", y el M-19 adoptó como lema "Por las armas al poder".

De todos modos, la semilla de la negociación estaba sembrada y en las elecciones de 1982 los candidatos se presentaron como candidatos de paz. El conservador Belisario Betancur, amigo de los sindicatos y la izquierda, fue elegido en parte por la percepción de que cambiaría la estrategia represiva del gobierno de Turbay, rechazada por votantes urbanos de opinión, que reaccionaban contra la corrupción y la arbitrariedad oficiales.

El gobierno de Betancur: negociaciones y rupturas

Belisario Betancur inauguró su gobierno rompiendo con las políticas anteriores. Su política internacional lo acercó a los países no alineados y críticos del "imperialismo" y se convirtió en defensor decidido de los procesos de paz en Centroamérica, como miembro del Grupo de Contadora, enfrentado a la política estadounidense que buscaba desestabilizar al gobierno sandinista de Nicaragua. Ante las señales de corrupción en el sector bancario, investigaciones rápidas llevaron a la cárcel a conocidos banqueros. Insistió en un proyecto de vivienda sin cuota inicial, que favoreció a los más pobres y apoyó la elección popular de alcaldes, aprobada en 1986 y que se aplicó por primera vez en 1988. Esta reforma tenía un respaldo muy amplio, desde la derecha hasta la izquierda armada, pues abría la posibilidad de establecer bases locales de poder político con independencia del gobierno central.

Siguiendo el discurso nacionalista, se negó a extraditar colombianos a Estados Unidos, lo que debilitó la capacidad para enfrentar el evidente auge del narcotráfico. En 1983 un juez acusó a Pablo Escobar por un asesinato de años anteriores y el Congreso le quitó su inmunidad parlamentaria. En 1984, el Ministerio de Justicia, ocupado por un seguidor de Luis Carlos Galán, a cuyo movimiento había intentado entrar Escobar, logró la captura y destrucción de inmensos laboratorios de procesamiento de coca en los Llanos Orientales. Escobar respondió en abril con el asesinato del ministro Rodrigo Lara Bonilla y propuso una negociación "macondiana": abandonarían el negocio y pagarían la deuda externa del país si la persecución cesaba. La propuesta tuvo apoyo de políticos e intelectuales, pero se abandonó después de algunas reuniones en Panamá.

El gobierno respondió al asesinato con firmeza. En mayo el presidente ordenó la primera extradición. Este era el desafío central para los traficantes: la posibilidad de intimidar o comprar la justicia de Estados Unidos era mínima y preferían enfrentar sus problemas en Colombia. Después de Lara, entre 1985 y 1987, fueron asesinados decenas de jueces y magistrados que adelantaban procesos contra Escobar y otros narcotraficantes.

Por otra parte, el presidente comenzó una negociación con la guerrilla que se presentaba como generosa y abierta y, después de levantar el estado de sitio, logró la aprobación de una ley de amnistía que permitió a unos 1500 guerrilleros salir de las cárceles sin que sus grupos entregaran las armas y sin que los beneficiarios tuvieran que renunciar a la guerra. Así, a golpes de generosidad, logró una tregua breve con el M-19, que había vuelto a la guerra desde comienzos de 1983, pues había definido la paz como "salarios justos [...] salud y educación para todos" y anunció que mientras esto no existiera, seguiría la guerra. Los militares, que vieron salir a los presos del M-19 de la cárcel mientras su organización seguía actuando, y a los que la Procuraduría estaba investigando por su apoyo a grupos armados ilegales, se enfrentaron, abierta o indirectamente, al presidente, que forzó el retiro del ministro de Defensa, general Fernando Landazábal.

El presidente insistió en las negociaciones y en marzo de 1984 las FARC firmaron en la Uribe (Meta) un acuerdo de cese al fuego, en el que aceptaron abandonar los secuestros, lo que repetirían muchas veces en los años siguientes, y en el que el gobierno hacía vagas promesas de reformas. El M-19 firmó un acuerdo parecido en agosto, al que se sumó el EPL, con la promesa de un "diálogo nacional", sin que se pactara el desarme de la guerrilla ni mecanismos efectivos de verificación del cese al fuego.

Estos pactos imprecisos minaron el camino a un acuerdo real de paz. El diálogo nacional fue visto por el M-19 y por sus opositores como una estrategia para aumentar el poder de la guerrilla, sobre todo en los barrios populares donde establecieron campamentos y crearon "milicias urbanas" armadas. Ante la exhibición militar creciente del M-19, el gobierno trató de bloquearlo y de impedir sus eventos públicos, que en su opinión violaban los acuerdos: el M-19 argumentó que era el gobierno el que los violaba y a mediados de 1985 volvió a la guerra.

Las FARC vieron también la tregua como vía al poder. El Partido Comunista, en noviembre de 1984, en medio del cese al fuego, sostuvo que el "camino a desenlaces revolucionarios por vías insurreccionales" estaba abierto. Ya en diciembre de 1983 las FARC habían aprobado una estrategia que uniría las distintas formas de lucha, el camino armado y el político, incluyendo las negociaciones, para llegar en ocho años a un "gobierno provisional revolucionario".

Las negociaciones con las guerrillas estuvieron acompañadas de un aumento de la violencia, tanto la relacionada con el conflicto interno como de otro tipo. En efecto, para 1986 los homicidios habían aumentado casi 50 % en cuatro años, las FARC habían pasado de nueve frentes a más de treinta y los enfrentamientos armados eran más frecuentes. Las FARC nunca rompieron expresamente la tregua, aunque su aplicación fue parcial, pero el M-19, que se sintió traicionado por la respuesta del gobierno a sus esfuerzos por consolidarse en las ciudades y por construir un movimiento político apoyado en las armas, decidió atacar al presidente en forma directa.

En efecto, en noviembre de 1985, tal vez con apoyo de narcotraficantes interesados en frenar los procesos de extradición que estudiaba la Corte Suprema, el M-19 atacó el Palacio de Justicia con la intención expresa de someter al presidente a un juicio público. El gobierno no cedió y envió al ejército a recuperar el edificio y liberar a los rehenes, lo que hizo en una operación de absurda violencia. El gobierno, que no logró controlar y guiar la toma militar, se negó a negociar con los atacantes, como lo pidió el presidente de la Corte. Al cabo de dos días de bombas e incendios, doce magistrados de la Corte Suprema y cinco del Consejo de Estado habían muerto —muchos tal vez por la intervención militar—, así como unos treinta guerrilleros atacantes. En total habían muerto casi cien personas, entre ellos once soldados y unos 35 funcionarios. Algunos detenidos por el ejército desaparecieron, sin que hasta el momento se haya aclarado quiénes fueron los responsables.

Las negociaciones de paz de 1982-1985, al mostrar un gobierno que parecía dispuesto a hacer grandes concesiones y pocas exigencias a la guerrilla, mientras esta aumentaba su capacidad, crearon un ambiente que sirvió a sus enemigos para promover la alianza entre los sectores del ejército opuestos a la negociación de paz y los grupos armados creados al menos desde 1978 por terratenientes y narcotraficantes para enfrentar a la guerrilla. Se formaron así los llamados grupos "paramilitares", empeñados en atacar a la guerrilla y sabotear las negociaciones que pudieran reconocerles cualquier forma de poder.

Estas conversaciones también dejaron como herencia el reconocimiento oficial de que las guerrillas eran una respuesta a unas "condiciones objetivas" injustas. Pero no solo se aceptó el hecho de que en Colombia había serias injusticias sociales y graves limitaciones de la democracia, que daban razones para oponerse al sistema, sino que muchos justificaron, a nombre de esas limitaciones, la lucha armada. Hasta entonces, el lenguaje político colombiano aceptaba que, frente a la violencia armada estatal que impedía el ejercicio legítimo de los derechos o amenazaba en forma inminente la vida, los ciudadanos respondieran con la insurrección armada o al menos, como lo argumentaron las guerrillas, con formas de "autodefensa". Desde los años ochenta se aceptó de manera amplia la idea de que, ante la injusticia social y las limitaciones de la democracia, era legítimo que el pueblo descontento se organizara para buscar el cambio mediante el uso de las armas. La injusticia dejó de ser explicación de la violencia para convertirse en justificación de la lucha armada, alegada por grupos minoritarios que pretendían hablar a nombre de las masas. El derecho a la insurrección, aceptado antes en casos de tiranía, se extendió como respuesta a la violencia involuntaria o "estructural" del sistema, de modo que la guerra se justificaba porque no había educación o salud para todos. La justificación genérica del uso de las armas se extendió a formas de lucha contrarias a las reglas humanitarias: como las guerrillas no tenían los recursos del Estado y de las oligarquías, la extorsión, el secuestro de civiles, el reclutamiento de menores, el fusilamiento de los disidentes, el asesinato de figuras públicas y enemigos estaban justificados por la necesidad.

Aunque muchos sostuvieron, entre 1964 y 1986, que el uso de las armas por la izquierda era contraproducente, que llevaría al fortalecimiento del militarismo o de la violencia contra el pueblo, predominó la confianza en un triunfo fácil y en un apoyo entusiasta de las masas, y el endurecimiento del sistema y la aparición de formas cada vez más violentas de respuesta a la guerrilla se interpretó como prueba de la maldad del enemigo y no como respuesta a las estrategias de la guerrilla.

De todos modos, a pesar de su fracaso en el corto plazo y de su efecto difuso, el esfuerzo de negociación de Betancur legitimó, en el largo plazo, una vía de solución política del conflicto armado que podía ser la única realista y a la que se apegaron casi todos los gobiernos que siguieron.

Guerrilla y paramilitarismo: 1978-2002

aunque la experiencia guerrillera anterior a 1964 y la geografía favorable permitieron la supervivencia de la guerrilla y su relativa capacidad de resistir los ataques del ejército, no explican el gran crecimiento que tuvo entre 1978 y 2002. Este se debió a dos factores. El primero fue la inadecuada respuesta pública. La acción del ejército estuvo enmarcada en una tradición de desconfianza civil hacia los militares. Los dirigentes civiles trataron de mantener a los soldados dentro de los cuarteles para evitar nuevos intentos militares como el de 1953-1957. En 1958 Alberto Lleras planteó una división de tareas, reconociendo al ejército cierta autonomía en la definición de las estrategias militares, mientras el gobierno civil definía los objetivos políticos, las reglas legales de actuación y el presupuesto. Sin embargo, esto no funcionó bien, pues los límites no eran claros. En varios momentos hubo desacuerdos y tensiones entre civiles y militares, que se resolvieron con el retiro de los generales que promovían o recogían el descontento castrense. A pesar de la guerra con la guerrilla, todavía hacia 1986 Colombia tenía uno de los presupuestos militares más bajos de América Latina.

Con pocos recursos, contra una guerrilla que parecía sobrevivir y renacer fortalecida con el apoyo de la población, el ejército cayó en la tentación, que tenía antecedentes en la lucha contra los liberales en 1949-1957, de salirse de las normas legales: la violencia contra campesinos, la tortura de detenidos, el remate de guerrilleros heridos en batalla, el vestir de guerrilleros a víctimas de errores y excesos militares, pueden documentarse desde mediados de los años sesenta. Sin embargo, se volvieron frecuentes a partir de 1978-1980, cuando la generalización de la tortura, las ejecuciones extrajudiciales y las detenciones arbitrarias mostraron a la guerrilla como víctima de los abusos oficiales y lograron la movilización de amplios sectores de la población para buscar el respeto de los derechos humanos y una negociación que terminara la guerra. Uno de los factores que más explica el crecimiento guerrillero entre 1982 y 1998 fue la torpe represión oficial, que convirtió a los soldados en enemigos de los campesinos y llevó a estos a dar su apoyo, en caso de duda, a los "muchachos" de la guerrilla, vistos por gran parte de la opinión pública como víctimas de una represión despiadada.

El segundo factor fue el uso cada vez más efectivo de formas de financiación criminal. El secuestro, frecuente desde 1965, fue la fuente principal de recursos, con la extorsión y las amenazas, hasta comienzos de los ochenta. El M-19 le dio más visibilidad al aplicarlo en las grandes ciudades, contra empresarios y dirigentes políticos, lo que imitaron varios grupos y disidencias menores: en los años de 1978 a 1986 hubo un gran crecimiento de estas tácticas. Desde 1978 el ELN se financió extorsionando a compañías petroleras, amenazadas con bombas en sus oleoductos. Para las FARC el cobro por proteger los cultivos de coca ("gramaje") y la posibilidad de obtener ingresos de otras etapas en la producción fueron la base de su crecimiento militar entre 1982 y 1998.

Esta expansión ya no se hizo, a pesar de la visión de la guerrilla como víctima de la represión, mediante la incorporación de simpatizantes que compartieran el proyecto revolucionario. Terminado el Frente Nacional en 1974 y en un contexto de mayor democracia —aunque muy violenta—, la utopía armada se debilitó y pocos —fuera de algunos intelectuales y dirigentes— esperaban, después de 1982, que hubiera una revolución social o la toma del poder. La caída del Muro de Berlín en 1989 y el fracaso del proyecto cubano destruyeron los modelos de socialismo, y los jóvenes radicales después de 1991 se vincularon a redes urbanas de defensa de derechos humanos y a organizaciones sociales, pero dejaron de alimentar las filas de la guerrilla: estos grupos tuvieron que crecer, cuando podían comprar más armas y abrir más y más frentes, con el reclutamiento de menores o campesinos sin empleo, dispuestos a entrar por un salario o por el atractivo de una aventura ilegal armada. La guerrilla se convirtió poco a poco en un modo de vida ilegal, con formas muy variadas y una gran capacidad de adaptación.

Sin embargo, sus dirigentes seguían pensando en términos del proyecto revolucionario y entre 1980 y 1986 los de las FARC, según sus textos, parecen haber creído que era posible la toma del poder. Pero esas afirmaciones se hacían en el contexto de una negociación de la que esperaban concesiones importantes y es probable que no reflejaran una convicción real. En la medida en que la toma del poder se convertía en utopía improbable, la guerrilla parece haber buscado más bien algunos objetivos de mediano plazo. El primero era consolidar el poder local en sus zonas de influencia campesina, mediante la participación en la elección de alcaldes y concejales municipales, con el apoyo de movimientos políticos legales. Y el segundo era obtener concesiones amplias del gobierno que le dieran condiciones favorables para la participación política legal.

Con el inicio del gobierno de Turbay, por otra parte, la guerrilla enfrentó un nuevo desafío, que se volvió la mayor amenaza a su supervivencia: la aparición de los paramilitares. Estos comenzaron a organizarse en el Magdalena Medio hacia 1977-1978 como respuesta a los ataques de las guerrillas a terratenientes y políticos locales. Eran grupos armados financiados por propietarios, entrenados por militares retirados y que usaron, como las guerrillas comunistas, el nombre de "autodefensas campesinas". A partir de 1981, cuando los principales capos de la droga crearon el grupo Muerte a los Secuestradores, sobre todo como respuesta al M-19, las "autodefensas campesinas" crecieron con rapidez y se extendieron hacia donde actuaban las FARC, el ELN, el EPL o el M-19. Ahora el apoyo principal lo daban los carteles de la droga, que tenían buena experiencia en el manejo de grupos armados para defender sus negocios. El papel de las FARC en la protección de los cultivos de coca en los años siguientes creó alianzas breves entre frentes armados y narcotraficantes locales, pero eran más fuertes los motivos de conflicto, lo que llevó al ataque frontal de los narcotraficantes a las FARC y a sus aliados políticos, sobre todo la Unión Patriótica.

Para 1983, muchos mandos locales del ejército, irritados por la política de negociaciones del gobierno, molestos por las críticas a las violaciones de derechos humanos y frustrados por los controles legales de las autoridades civiles, apoyaron a estos grupos, que a su vez ayudaban al ejército con información sobre simpatizantes de la guerrilla y posibles secuestradores y extorsionistas.

En 1983, en el gobierno y la guerrilla había sectores que buscaban usar la negociación como estrategia para fortalecerse militarmente y ganar tiempo para una ofensiva posterior. Aunque ya muchos de los militantes urbanos comunistas consideraban que el efecto de las acciones guerrilleras era contraproducente y más bien frenaba las luchas políticas y fortalecía los sectores más derechistas y violentos, el crecimiento de la capacidad militar de la guerrilla despertaba ilusiones. Entre tanto, un cese al fuego permitiría frenar al ejército mientras se acumulaban fuerzas para fases siguientes.

En 1985 el Partido Comunista y las FARC decidieron lanzarse a una forma audaz de combinación de formas de lucha: la creación de un partido político no armado y legal, pero más cercano a las FARC que el Partido Comunista: la Unión Patriótica, UP. Además de lograr que jefes guerrilleros participaran en política y fueran elegidos al Congreso y otras corporaciones, buscaban crear un canal para simpatizantes y militantes civiles, muchos de ellos influidos por el eurocomunismo, que creían que el ambiente político y la fatiga con la violencia favorecían la acción legal y el fortalecimiento de luchas y organismos populares. Además, la elección de alcaldes abría la posibilidad de que algunos municipios quedaran bajo autoridades escogidas con el voto comunista.

La UP fue lanzada en 1985 y presentó como candidato presidencial para 1986, en lo que era un gesto desafiante y que subrayaba el vínculo con la guerrilla, al segundo hombre de las FARC, Jacobo Arenas. Pronto, sin embargo, la UP lo reemplazó por el abogado Jaime Pardo Leal. El resultado fue pobre, pero esperanzador: Pardo obtuvo un poco menos de 5 % de los votos, la mayor votación en la historia para un candidato comunista; la UP logró elegir 2 senadores de 116, y aunque en ningún municipio obtuvo mayoría, logró ser la primera fuerza en una docena de pequeñas localidades, sobre todo en zonas de colonización y cultivo de coca. El gobierno de Barco, que quería superar las limitaciones del Frente Nacional y volver a gobiernos más representativos, nombró un poco más de veinte alcaldes de la UP en los municipios donde tuvo mejor votación.

Aunque en términos nacionales los resultados electorales eran marginales, en algunas regiones la perspectiva de un alcalde vinculado a la guerrilla parecía intolerable a sus enemigos. Los paramilitares, con apoyo más decidido de los mandos locales del ejército, que temían que los guerrilleros terminaran en las alcaldías, emprendieron una campaña coordinada, activa al menos hasta 1991, para destruir las redes políticas de la UP: sus candidatos, organizadores y alcaldes fueron sistemáticamente asesinados en las zonas donde podían llegar a tener poder local y el excandidato Jaime Pardo fue asesinado en 1987 por órdenes de Gonzalo Rodríguez Gacha, *El Mexicano*, un narcotraficante que había tenido grandes enfrentamientos con las FARC en los años anteriores. Para un partido nuevo y pequeño la muerte de más de 4000 organizadores era una tragedia insuperable. Entre 1986 y 1990 el paramilitarismo se expandió del Magdalena Medio a regiones como Urabá y los Llanos Orientales, a pesar de algunos esfuerzos de los gobiernos de Betancur y Barco para frenarlo.

CAPÍTULO XIV

Entre la violencia y la paz: 1986-2016

Betancur fue sucedido por el liberal Virgilio Barco, que se presentó como un candidato que haría un gobierno liberal, con un programa liberal, respetuoso de la oposición, pero sin convertirla en cogobernante. Esperaba impulsar algunas reformas que consideraba centrales, como la de la justicia, y fortalecer el ejército dentro de marcos legales, para enfrentar a la guerrilla y realizar una negociación de paz, con una guerrilla ojalá debilitada por la acción militar. El gobierno, por otra parte, tituló a las comunidades indígenas gran parte del territorio nacional: entre 1988 y 1990 más de veinte millones de hectáreas fueron asignadas como resguardos, sobre todo en la Amazonía y la Orinoquía. De este modo, 20 % del territorio nacional quedó bajo el control de comunidades con menos de 2 % de la población.

Es probable que esta decisión haya estado influida por la idea de que era la única forma de detener el proceso de colonización que amenazaba con destruir del todo las selvas tropicales en la Amazonía y otros sitios. En ambos campos —el reconocimiento de derechos a las comunidades indígenas y la defensa del medio ambiente— esta fue una de las decisiones de mayor impacto tomada por un gobierno colombiano en el siglo XX.

El gobierno de Virgilio Barco (1986-1990) recibió desde el comienzo duros golpes de los narcotraficantes. En 1986 mataron al director asistente del diario *Occidente*, Raúl Echavarría, y asesinaron al respetado director de *El Espectador*, Guillermo Cano, cinco días después de que la Corte Suprema suspendiera el tratado de extradición por razones formales. Barco respondió con una guerra total contra el narcotráfico, en la que trató de presentar a Colombia ante la opinión mundial como una víctima de un negocio global, que no podría resolverse sin la colaboración de todos los países, consumidores y productores. Quería, además, fortalecer la justicia para que enfrentara en el país el poder del narcotráfico, evitando hasta donde fuera posible la extradición, pero manteniéndola como forma de presión.

Para que la justicia funcionara era preciso hacer una reforma drástica que, en opinión del gobierno, requería un cambio constitucional. Mientras se hacía esto, trasladó el juicio de los narcotraficantes a la justicia penal militar y revivió muchas de las normas represivas del Estatuto de Seguridad. El esfuerzo de reformar la justicia tropezó con dificultades de todo orden: el poder de los narcotraficantes les permitía influir en el Congreso, donde hubo varias modificaciones a la propuesta del gobierno, así como en las cortes judiciales. Cuando la Corte Suprema anuló el tratado de extradición en 1989 porque la ley que lo aprobaba no fue firmada por el presidente, sino por un ministro que tenía "funciones presidenciales", y solicitó que siguiera su trámite y fuera a firma del presidente, Barco la volvió a sancionar, pero otra vez la Corte la derogó, alegando que no podía firmar una ley ya anulada.

A pesar de todo, el ministro de Justicia, Enrique Low Murtra, en enero de 1988 dictó orden de captura contra Pablo Escobar y Gonzalo Rodríguez Gacha, *El Mexicano*, para extraditarlos, aplicando un tratado anterior. Esta era la declaración de guerra: a los pocos días fue asesinado el Procurador General de la Nación y entre 1988 y 1990, Escobar y Rodríguez Gacha, como cabezas del cartel de Medellín, se lanzaron al terrorismo general: bombas en centros comerciales, la destrucción del edificio del Departamento de Seguridad del gobierno, DAS, la explosión de un avión comercial lleno de pasajeros, el asesinato de centenares de policías y de decenas de jueces y funcionarios públicos, además del exterminio de la Unión Patriótica. Aunque el gobierno tuvo algunos éxitos, como la muerte de *El Mexicano* en 1989, la política de enfrentamiento total no contaba con un respaldo general, pues muchos veían la droga como un problema de los países consumidores y el terrorismo de los carteles como una respuesta a la violencia del Estado contra sus negocios.

Los niveles de violencia y homicidio crecieron con rapidez, como lo habían hecho desde la mitad del gobierno de Betancur, tanto en las ciudades como en el campo. De 1984 a 1990 aumentaron las acciones paramilitares, con decenas de masacres de simpatizantes de la izquierda y de poblaciones campesinas que, por coacción o simpatía, daban muestras de colaboración con la guerrilla.

El gobierno, aunque esperaba negociar desde una posición fuerte, reabrió en 1988 las conversaciones con la guerrilla, poco después del secuestro por el M-19 del principal dirigente conservador, antiguo promotor de los ataques a Marquetalia, Álvaro Gómez, el cual fue liberado como un gesto para recomenzar las conversaciones. Estas se desarrollaron en un marco más preciso que las del gobierno anterior, sin negociar cambios en las políticas sociales o económicas del gobierno. Si esto resultaba, la larga guerra terminaría sin que la guerrilla hubiera logrado imponer su proyecto político, pero se daría amnistía y ayuda a los combatientes y, sobre todo, se buscaría cómo ofrecer a los grupos políticos surgidos de la guerrilla condiciones favorables para el ejercicio democrático. La negociación llevó, a comienzos de 1990, a la firma de la paz con el M-19 y otros grupos guerrilleros (el EPL, el PRT, el indígena Movimiento Armado Quintín Lame), convencidos ya de la futilidad de su proyecto militar, mientras que las FARC, que estaban ampliando su presencia militar en nuevas zonas y veían crecer los ingresos derivados de la protección a los cultivos de coca, y el ELN, también en crecimiento, rechazaron los acuerdos con el gobierno, que les exigía el desarme.

Esta negociación coincidió con los esfuerzos gubernamentales de promover una amplia reforma constitucional, que comenzaron en 1988 y fracasaron en varias ocasiones por decisiones judiciales o por la actitud del Congreso, que intentó incluir en sus cláusulas la prohibición de la extradición o someterla a un referendo popular, tal como pedían los narcotraficantes.

La campaña electoral de 1989-1990 estuvo marcada por la violencia de los narcotraficantes que buscaban crear un clima de terror y forzar al gobierno a suprimir la extradición. Los paramilitares y narcotraficantes asesinaron a tres de los candidatos a la presidencia. En 1989 mataron a Luis Carlos Galán, candidato oficial, cuyo programa garantizaba la continuación de la guerra contra el narcotráfico y el mantenimiento de la extradición. En 1990, firmada la paz con varios grupos guerrilleros, asesinaron a Bernardo Jaramillo, candidato de la UP, el grupo político creado por las FARC, y a Carlos Pizarro, el candidato del M-19 que había firmado la paz.

De todos modos, el proceso de paz y la búsqueda de reformas se unieron otra vez en 1990: en las elecciones, en las que triunfó el liberal César Gaviria, una papeleta voluntaria, introducida por millones de votantes, pidió la convocatoria de una Asamblea Constituyente. Una serie de interpretaciones forzadas de la ley permitió escrutar la papeleta y convocar a la asamblea, que fue elegida en diciembre de ese año, respaldada por la voluntad directa del pueblo.

El gobierno de César Gaviria, la Constitución y la búsqueda de la paz

Elegido en medio del proceso de convocatoria de la Asamblea Nacional Constituyente y de la negociación con las guerrillas, el presidente Gaviria, que había sido funcionario central en el gobierno anterior, convocó a la elección de la asamblea, en la que participaron con entusiasmo los exguerrilleros del M-19 y el EPL, y siguió buscando un acuerdo con los grupos que no habían firmado aún la paz, las FARC y el ELN.

Por otra parte, cambió la política hacia el narcotráfico al ofrecer la posibilidad de un tratamiento judicial, sin extradición, a los que se sometieran a la justicia colombiana. Esto produjo una gran reducción de la violencia terrorista. Cuando la Asamblea Constituyente prohibió en 1991 la extradición de colombianos (lo que pedían los narcotraficantes), se entregó la principal cabeza del cartel de Medellín, Pablo

Escobar. Aunque su prisión y su fuga, un tiempo después, mostraron la debilidad del gobierno, su muerte en un enfrentamiento con la policía, en 1993, transformó la estructura del cartel de Medellín y terminó con el "narcoterrorismo", pues aunque el negocio de la droga continuó con fuerza, estuvo desde entonces en manos de traficantes interesados en no despertar la violenta represión estatal de la época de Barco y Gaviria.

La asamblea que se convocó en 1990 para hacer la reforma de la Constitución ofrecía una primera oportunidad a la guerrilla para probar su respaldo popular y el M-19 participó en las elecciones. Las FARC, que habían pedido en octubre, cuando ya estaban convocadas, un cambio de reglas, se negaron a firmar la paz, pues esperaban concesiones mayores; sentían que podían seguir mejorando sus posiciones militares y, sobre todo, no confiaban —quizá con razón— en que fuera posible tener condiciones apropiadas para la acción política cuando su grupo político desarmado, la UP, era víctima de una campaña de exterminio en la que participaban, a pesar de tibias sanciones, autoridades y miembros de las fuerzas armadas.

Las elecciones se hicieron el 9 de diciembre y el M-19, cuya sinceridad en el regreso a la paz parecía fuera de duda, obtuvo una votación de cerca de 25 %, un premio que los votantes "progresistas", y menos fieles a los viejos partidos, le daban por abandonar la lucha armada, pero manteniendo objetivos sociales radicales. Aunque la UP participó, lo hizo ya sin respaldo de las FARC, y logró dos representantes. Y como las FARC no aceptaron los acuerdos de paz ni quisieron entrar a nuevas negociaciones para las que se les pedía un cese al fuego previo —con la idea de que estas no debían hacerse en medio de la guerra—, el presidente Gaviria autorizó que se reanudara la acción militar contra esta guerrilla, la que se lanzó sin muchos resultados y con torpeza simbólica el mismo día en el que se elegía la Asamblea Nacional Constituyente.

Así, las FARC no aprovecharon la nueva oportunidad de entrar a la política legal a través de la reforma constitucional. En los dos años siguientes, mientras el país recibía con euforia la nueva Constitución, las FARC siguieron creando nuevos frentes de guerra y participaron en varios intentos de negociación en Caracas y Tlaxcala, en los que el gobierno modificó, desde 1993, la regla fundamental de las conversaciones de los tres años anteriores: que eran solo para lograr la reintegración de las FARC a la vida política legal y establecer las condiciones apropiadas para ello, sin que en los acuerdos se decidieran puntos sustantivos sobre el modelo económico y social, tarea que correspondía a los órganos elegidos por el voto popular. Los grupos armados que entregaron las armas, por otra parte, enfrentaron condiciones muy contradictorias: algunos de sus jefes hicieron carreras políticas notables, pero muchos militantes y milicianos fueron asesinados después de la firma de la paz. Los proyectos sociales para dar empleo, tierras y oportunidades de trabajo a los antiguos combatientes se aplicaron a medias.

La asamblea elegida en 1990 fue vista por los electores como oportunidad de paz. Fuera del M-19, premiado por su pacifismo, entre los conservadores ganó el grupo de Álvaro Gómez Hurtado, que había sido secuestrado dos años antes por el M-19 y defendía ahora, después de años de intransigencia, una negociación con la guerrilla. La mayoría liberal apoyaba también esta perspectiva, de modo que la constituyente estuvo animada por el entusiasmo por las posibilidades de paz, a pesar de la ausencia de dos guerrillas fuertes, las FARC y el ELN.

La asamblea no reformó la carta, sino que expidió una nueva Constitución que buscó fortalecer el respeto a los derechos humanos, la capacidad de representación de las instituciones políticas, la posibilidad de autogobierno local. Colombia sería ahora una democracia real, con un Senado elegido en forma que garantizara la representación proporcional de los partidos más pequeños, con alcaldes y gobernadores electos, con una carta de derechos políticos, económicos y sociales que se apoyó en las aprobadas pocos años antes en otras constituciones progresistas, como la de Brasil, y con toda clase de mecanismos e instituciones para proteger a los ciudadanos de las arbitrariedades del Estado y sus funcionarios, así como de las limitaciones del sistema social.

La Constitución de 1991 creó grandes esperanzas, en parte confirmadas y en parte incumplidas. Muchas de sus normas constituían una actualización indispensable de una Constitución formalista, ya centenaria, convertida en obstáculo a la democracia: reemplazó a una Constitución que existía en buena parte en la medida en que su vigencia se suspendía, de modo que se salió al fin de la arbitrariedad del estado de sitio permanente. Las declaraciones de derechos y los mecanismos para defenderlos, en especial la tutela, convencieron al fin a los colombianos de que tenían derechos. Sirvieron para proteger a las minorías y los débiles y para obligar a la burocracia, sobre todo del sector salud, a atender a todos los ciudadanos. Las sentencias de la primera Corte Constitucional desarrollaron nuevas visiones de los derechos sociales, ahora incorporados a la ley y transformaron a fondo la visión del Estado.

La descentralización que adoptó estuvo acompañada, para dar autonomía real a municipios y departamentos, de la cesión de grandes recursos provenientes sobre todo de la minería y el petróleo, que prometían nuevas bonanzas y en efecto generaron inmensos ingresos en las décadas siguientes. Pero como la paz no llegó, convirtió los recursos transferidos en botín gratuito, cuyo control se volvió parte esencial de la política local, en medio del enfrentamiento entre la guerrilla y los grupos de propietarios, narcotraficantes y políticos tradicionales aliados en el paramilitarismo. De este modo, un efecto secundario e involuntario de la Constitución de 1991 fue elevar los niveles de corrupción local ya muy altos en muchos sitios de Colombia, mientras que gobiernos locales modernos y responsables solo se lograron donde, como en algunas grandes ciudades, los conflictos armados no perturbaban tanto la política. Por otro lado, la representación proporcional adoptada para la elección de los senadores debilitó a los partidos: muchos políticos formaron pequeñas empresas electorales que les permitían ser elegidos uniendo votos en todo el país, sin someterse a la disciplina de los partidos. Estos desaparecieron para la mayoría de los efectos, aunque seguían pesando para elegir al presidente. En ciudades con grandes presupuestos, donde la violencia no llevó al control de la administración por los poderes armados, la corrupción también alcanzó niveles inesperados. Mientras tanto, la Constitución trató de evitar la corrupción: prohibió la donación de recursos públicos a personas o instituciones privadas —los "auxilios parlamentarios"— y estableció un sistema redundante de controles que ponían a los funcionarios bajo la vigilancia administrativa, fiscal, penal y moral en principio firme de la Contraloría, la Procuraduría, la Fiscalía, la Defensoría del Pueblo y las personerías municipales.

La Constitución creó también el marco para que parte de los recursos del Estado se orientara al pago de subsidios para reducir la desigualdad en el disfrute de derechos económicos y sociales, que abrieron la puerta a nuevas formas de clientelismo y corrupción, fuera de los tradicionales sectores de contratación en carreteras e infraestructura urbana, telecomunicaciones o nuevas tecnologías.

Por otra parte, el gobierno de Gaviria acentuó el retorno al modelo liberal de comercio que había comenzado con López y que reemplazó el programa de sustitución de importaciones. Ese modelo se basó, sobre todo desde 1947, en una alta protección a industriales y grandes productores agrícolas de bienes de consumo interno, que importaban materias primas, abonos y maquinaria. Las devaluaciones posteriores a 1957 les sirvieron también de protección, sobre todo con el "diferencial cambiario" que les permitió tener dólares baratos. Los consumidores pagaban precios elevados para garantizar los ingresos de los grandes productores, con la idea de que esto aumentaría el empleo. Al mismo tiempo, el contrabando de productos de consumo creció y en casi todas las ciudades se formaron grandes barrios de comercio ilegal, los llamados "San Andresitos".

Los economistas atribuyeron los ritmos menores de crecimiento de los setenta y ochenta al agotamiento de este modelo, que defendía a productores ineficientes y que terminó creando tasas de desempleo de las más altas de América Latina. La protección aduanera se redujo entre 1988 y 1992, cuando el país entró en la euforia de la nueva "apertura" al comercio internacional. Sus promotores creían que, además de reducir el contrabando, disminuiría la inflación, permitiría a todos consumir productos hasta entonces propios de la clase media y alta —lavadoras, automóviles, televisores— y promovería las exportaciones, sobre todo mineras y petroleras. La apertura se adoptó con cierta brusquedad y sus resultados han sido, como los del modelo anterior, contradictorios. El país aumentó sus consumos y los sectores populares se llenaron de aparatos baratos, apoyados en una revaluación de la moneda y en la caída de precios de la industria china: en las pequeñas ciudades desaparecieron los artesanos para ser reemplazados por nuevas capas de pequeños comerciantes. Sin embargo, la agricultura no ha respondido a las esperanzas de los dirigentes y Colombia se convirtió en importador de alimentos.

Samper y Pastrana: cuestionamiento moral y negociaciones generosas

El gobierno de Ernesto Samper estuvo marcado por un sorpresivo enfrentamiento con Estados Unidos, por el apoyo que narcotraficantes de Cali dieron a su campaña. A pesar de que Samper sostuvo que ese apoyo fue "a sus espaldas", lo que fue aceptado por el Congreso que lo juzgó, y enfrentó con fuerza a los traficantes de Cali, el gobierno estadounidense no confiaba en él y muchos sectores locales se unieron para buscar su retiro.

Aunque la gestión administrativa y económica de Samper no tuvo grandes dificultades, en 1997 y 1998 las autoridades económicas elevaron las tasas de interés para impedir las especulaciones contra el peso. Como desde 1992 las deudas del sistema subsidiado de vivienda estaban atadas a la tasa bancaria, crecieron bruscamente, mientras bajaban los precios de la vivienda por la caída en la demanda, afectada también por la crisis internacional. Muchos deudores vieron que el valor de su deuda superaba el valor comercial de sus casas y las suspensiones de pago, ventas y embargos de viviendas empezaron una espiral que produjo en 1999, por primera vez desde 1929, una caída en el producto nacional.

La guerrilla, frente a un gobierno que juzgaba débil, abandonó la táctica de ataque y retirada para reemplazarla por la llamada "guerra de posiciones". Las negociaciones con las FARC, suspendidas en 1993, no se reanudaron durante el mandato de Samper, aunque este parecía dispuesto a aceptar condiciones de la guerrilla, como negociar en medio de la guerra, sin cese al fuego, dentro del país y con un área amplia en la cual el ejército no actuaría. Mientras tanto, de 1985 a 1998 las FARC vieron que, en sitios como el Magdalena Medio,

Urabá, Córdoba y Norte de Santander, los paramilitares, que seguían creciendo, les hacían una guerra implacable. Las guerrillas aumentaron su capacidad militar en la región de cultivos de coca (Caquetá, Vichada, Meta) y dieron golpes que parecían ser el anuncio de una ofensiva final contra el ejército. La captura de centenares de soldados y policías planteó como eje de la estrategia política de las FARC, que no parecía interesada en acuerdos de paz, el "intercambio humanitario" de estos rehenes con los guerrilleros presos en las cárceles oficiales.

La fatiga de la población con el enfrentamiento armado y su simpatía por alguna forma de acuerdo o negociación política creció entre 1996 y 1998, y llevó a que en la elección de este año el candidato conservador Andrés Pastrana fuera elegido contra el liberal Horacio Serpa, en buena parte porque las FARC respondieron bien a sus gestos en favor de una negociación. Esta recomenzó en enero de 1999 y se llevó a cabo durante tres años, en una amplia "zona de distensión", en la región del Caguán (Caquetá) en donde, desde hacía 30 años, se habían consolidado los mandos de las FARC. El control de facto de este vasto territorio, del cual se retiró el ejército, permitió que las FARC lo usara como sitio de refugio, área de acumulación de recursos militares y económicos y lugar de experimentación de nuevas formas de poder local, más o menos compatibles con la existencia de autoridades civiles.

Con un amplio territorio bajo su control, extorsiones que se presentaban como "impuestos", cárceles para los soldados y otros rehenes, mientras se negociaba su intercambio por los guerrilleros detenidos, las FARC parecían satisfacer las condiciones para ser parte de una negociación formal como la regulada por los acuerdos de Ginebra y soñaban con el "reconocimiento de beligerancia". Las negociaciones, en las que se puso en discusión todo el modelo social y económico, avanzaron poco, mientras muchos comenzaban a criticar la estrategia oficial, que podía llevar al fortalecimiento de las FARC y, en los temores más exagerados, a la ruptura de la unidad nacional y al colapso del Estado. Las FARC confiaban en que podían lograr concesiones importantes, que les permitirían, si se firmaba algún acuerdo, mantener en muchos sitios un poder de hecho y en otros ampliarlo mediante la acción política posterior.

En realidad, dos factores ponían en cuestión el futuro de la estrategia guerrillera: por una parte, el gobierno, con apoyo de Estados Unidos, estaba modernizando y tecnificando el ejército, lo que le permitiría superar algunas de las dificultades tradicionales para enfrentar una guerrilla móvil. Por otra, aunque los confusos e insuficientes intentos legales por reprimirlos continuaron, los paramilitares siguieron expandiendo sus grupos y establecieron mecanismos de coordinación regional y nacional: en 1997 crearon las Autodefensas Unidas de Colombia, agrupando una decena de organismos regionales, y se lanzaron a la destrucción armada de los frentes guerrilleros en sus zonas de influencia, otra vez con el apoyo de autoridades departamentales y municipales, de sectores del ejército y la policía, y de parte de la población amenazada por la guerrilla, sobre todo propietarios y empresarios agrícolas, y a veces bajo la cobertura de organizaciones legales, como las cooperativas de defensa autorizadas por el gobierno desde 1994.

Esto llevó a un aumento de la violencia y del terrorismo rural, a la generalización de masacres contra poblaciones civiles acusadas de complicidad y tolerancia a la guerrilla, al ataque sistemático a organizaciones sociales y políticas que simpatizaban con la guerrilla o que, por sus convicciones sobre derechos humanos, se oponían a las ilegalidades de las autoridades. Mientras tanto, los grupos guerrilleros, aunque expulsados por los paramilitares de las zonas de agricultura moderna y confinados a la selva y las áreas de cultivos de coca, aumentaron sus golpes militares y empezaron a efectuar secuestros masivos en las principales carreteras, lo que exasperó a la población hasta el punto de que en las encuestas mostraba mayor simpatía por los paramilitares que por la guerrilla. En este clima, cuando un frente de las FARC secuestró en febrero de 2002 a un senador, el gobierno —como había ocurrido casi 20 años atrás— decidió suspender las negociaciones y reocupar el Caguán.

Desde unos meses antes, un candidato liberal disidente, Álvaro Uribe Vélez, había estado mostrando las incongruencias de las negociaciones y poco a poco su propuesta de suspenderlas y eliminar la "zona de distensión" había ido ganando respaldo. El fin de las conversaciones dio la razón a Uribe y debilitó al candidato liberal, Horacio

Serpa, que insistió en las negociaciones. La opinión pública, que había respaldado con firmeza las negociaciones del Caguán durante tres años, incluso cuando la actitud de las FARC parecía inexplicablemente prepotente, fue arrastrada por la esperanza de un ataque militar efectivo contra la guerrilla y eligió a Álvaro Uribe con 53 % de los votos, con el mandato simple de acabar con la inseguridad producida por la guerrilla y por sus enemigos paramilitares. El candidato de la izquierda, Luis E. Garzón, un notable sindicalista que se presentó a nombre del Polo Democrático, reunió votos tanto de sectores favorables como contrarios a la lucha armada, y obtuvo 6 %. Se cerraba así un primer ciclo de negociaciones, que había durado 20 años, en el que los gobiernos habían buscado terminar la guerra mediante un acuerdo con las guerrillas, pero al cabo de los cuales el poder de estas parecía mayor.

La reacción uribista

Por tercera vez las FARC perdieron en el Caguán la oportunidad de firmar un acuerdo en el que podrían haber obtenido grandes concesiones a cambio de un desarme real. Desde 2002 tuvieron que enfrentar, durante ocho años, un gobierno que apoyó con firmeza la acción militar, aunque sin descartar una eventual negociación, limitada a discutir las condiciones de reintegro de la guerrilla a la vida civil y condicionada a la previa suspensión de sus acciones armadas. Las FARC estaban más fuertes en algunas regiones, sobre todo en términos económicos, pero aunque tenían tres veces más frentes armados que veinte años atrás, estaban debilitadas militarmente por la acción más efectiva del ejército y por la campaña de exterminio de los simpatizantes de la guerrilla y de terror contra sus bases llevada a cabo por los paramilitares. Todo esto arrinconó a las FARC y las hizo replegarse a zonas remotas o incluso de frontera, con Venezuela o Ecuador.

Entre 2002 y 2007 el ejército atacó con algún éxito a los grupos guerrilleros, aunque, como en años anteriores, el uso de métodos ilegales resurgió y llegó esta vez a niveles insólitos, como los llamados "falsos positivos", en los que los soldados vestían de guerrilleros no a víctimas de errores y accidentes, sino a personas comunes, asesinadas a sabiendas de que no tenían vínculos con la guerrilla, para inflar el número de bajas y ganar reconocimientos por los resultados. Frente a estos excesos el gobierno, por una vez, actuó con decisión y destituyó, con el apoyo del ministro de Defensa, Juan Manuel Santos, a casi 30 oficiales que podían tener responsabilidad en estos hechos.

Al mismo tiempo, el gobierno había ofrecido en 2002 un tratamiento judicial favorable a los grupos armados que se desmovilizaran. Esto estaba dirigido a desarmar a los paramilitares: el gobierno consideraba que, dada su voluntad clara y demostrada de someter a la guerrilla, los paramilitares, que veían con simpatía el cambio de política oficial, podían considerar innecesario seguir en una guerra que habían justificado ante todo por la ineficacia del gobierno. En efecto, después de la firma de un acuerdo de paz con los paramilitares en Ralito en 2003, entre 2005 y 2006 se desmovilizaron los principales frentes paramilitares y se entregaron unos 31 000 hombres, presentados como combatientes, cuyos jefes recibieron condenas a penas breves de prisión. Algunos de los jefes principales, que siguieron dedicados a negocios de narcotráfico desde la cárcel, fueron extraditados en 2008. Aunque la Corte Constitucional impuso algunas obligaciones a los desmovilizados, como confesar sus crímenes, los acuerdos fueron generosos y su aplicación desordenada. Al final, las confesiones fueron insatisfactorias para las víctimas y pocos paramilitares tuvieron que devolver las tierras y fortunas acumuladas, basadas en la corrupción, la violencia a los campesinos y el tráfico de drogas.

De 2002 a 2007 los homicidios cayeron 50 % como resultado de la derrota relativa de las FARC, que tuvieron que abandonar algunas de las zonas más pobladas, de las acciones más eficaces de la fuerza pública en su contra y de la disminución de masacres y asesinatos por los paramilitares, ahora desmovilizados. Sin embargo, se formaron nuevas bandas armadas para proteger el negocio de la droga y, si volvía a ser necesario, actuar contra los simpatizantes de la guerrilla. En muchas regiones, además, la entrega de los paramilitares dejó instaladas unas estructuras de poder local en las que sus aliados conservaron el control de la política y el presupuesto.

La debilidad política de la guerrilla, con un discurso reducido a los "intercambios humanitarios", era cada vez mayor: en 2008 tuvieron lugar las marchas populares más grandes en la historia del país para protestar por los secuestros de civiles de las FARC, que ya habían disminuido mucho, debido al efecto negativo sobre su imagen y tal vez por las dificultades para retenerlos frente a un ejército más eficaz. Sin apoyo urbano ni rural, fuera del campesinado ligado a la coca, con una economía en crecimiento, con programas cada vez mayores de subsidios a sectores pobres, con movimientos políticos de izquierda muy débiles (fuera de algunas ciudades donde grupos reformistas de izquierda gestionaron administraciones no muy exitosas, populistas y asistencialistas), el proyecto guerrillero llegó a un muro que parecía insuperable.

Al mismo tiempo, sin embargo, las nuevas revelaciones sobre irregularidades de la fuerza pública —falsos positivos, grabaciones ilegales y hostigamientos a opositores— crearon desconfianza hacia el gobierno entre los electores. Pese a los éxitos militares, hacia 2007 o 2008 la lucha contra la guerrilla pareció estancarse. El gobierno, al tratar a las FARC como bandidos comunes y desconocer la existencia de un conflicto interno con raíces políticas y sociales, perdió flexibilidad y capacidad de acción para una negociación que consolidara sus éxitos militares, reales, pero limitados. Debilitada y golpeada por la muerte de sus más conocidos jefes y por operaciones exitosas del ejército, como el rescate en 2008 de la candidata presidencial Ingrid Betancourt, secuestrada durante siete años, la guerrilla parecía derrotada, pero destruir sus últimos reductos con un ejército otra vez en cuestión y con una política rígida y presa de su propia retórica parecía algo remoto y costoso.

Santos: una nueva negociación de paz

El radicalismo del ataque oficial y su desatención a la legalidad debilitaron al gobierno y en 2010, tras ocho años de avances en seguridad, los electores, después de que las encuestas mostraban un posible triunfo de los críticos de Uribe, eligieron al candidato del presidente, el exministro liberal Juan Manuel Santos, que prometía continuidad y firmeza contra la guerrilla, pero sin las rigideces y arbitrariedades del gobierno que terminaba.

Santos, que subrayó pronto su ruptura con el autoritarismo del gobierno anterior y perdió por ello el apoyo de los sectores más cercanos a Álvaro Uribe, volvió a buscar el fin del conflicto con la guerrilla mediante la negociación, aunque manteniendo la presión militar en su contra. Esta negociación, comenzada en 2011, se apoyaba en condiciones nuevas, que le daban algunas posibilidades de éxito: ya no se hacía porque la fuerza de la guerrilla llevara a admitir su proyecto político o sus ideas sobre el orden social o económico, sino para reducir los costos de una larga guerra contra un grupo que ha combinado con persistencia la lucha política y la delincuencia común.

En efecto, es evidente que el proyecto político de las FARC fracasó: Colombia, tras medio siglo de guerrilla comunista, no avanzó hacia el socialismo y la lucha armada para tomar el poder no tiene apoyo en ningún sector de la opinión. A pesar de que los dirigentes de las FARC, formados en tres o cuatro décadas de debate y guerra, mantienen una perspectiva y un proyecto político, la guerrilla es en su operación real ante todo una organización concentrada en el manejo de un negocio internacional de droga, de la que obtiene sus recursos y buena parte de su respaldo social, por su capacidad para movilizar a los campesinos que cultivan coca.

Para los dirigentes guerrilleros es evidente que su guerra política no tiene éxito posible. En 2016 lo que estaba en discusión, como en 1990, eran las condiciones para la reintegración de las FARC a la sociedad y a la democracia representativa convencional o burguesa: las garantías para que los militantes no sean perseguidos y exterminados, las formas de acción política abiertas a los dirigentes guerrilleros, el tratamiento legal y judicial a los combatientes por los delitos políticos y por delitos de guerra y crímenes de lesa humanidad y los gestos simbólicos de las FARC (pedir perdón, reconocer el fracaso de la combinación de formas de lucha) que hagan aceptable por la población su transformación en movimiento político legal.

Después de cinco años de conversaciones, en agosto de 2016 las FARC y el gobierno anunciaron que se había firmado un acuerdo de paz, que incluía complejas fórmulas de "justicia transaccional" que permitieran sancionar a los guerrilleros por sus delitos en forma que respondiera a las exigencias internacionales y de justicia y, al mismo tiempo, dejara campo a sus dirigentes para la participación en política. En esencia, se trataba de aceptar que las guerrillas reconocieran que lucharían por sus objetivos siguiendo las reglas democráticas: que abandonaban las armas y se convertirían en un partido que actuaría dentro de la ley.

Las concesiones relativas a políticas públicas que se le hicieron a las FARC fueron pocas, centradas en el compromiso de hacer al fin una "reforma agraria integral" no muy distinta a la que se había intentado en 1968, y estuvieron acompañadas de promesas un poco etéreas de ayuda de las FARC a los esfuerzos del gobierno para enfrentar el narcotráfico.

Para refrendar estos acuerdos el gobierno convocó a un plebiscito en el que, el 2 de octubre de 2016, los ciudadanos votaron, por un pequeño margen y en forma algo inesperada, en contra de los acuerdos. Este voto fue el resultado de una campaña encabezada por el anterior presidente Álvaro Uribe que presentó los acuerdos como pruebas de la entrega del gobierno a las FARC y como el camino para el triunfo final de un fantasma al que se ha llamado "castrochavismo" y que se apoyó en las emociones reales de buena parte de los ciudadanos. Después de décadas de violencia, muchos colombianos no parecían dispuestos a aceptar que las FARC abandonaran las armas sin pagar un costo alto, sin gestos que mostraran que la guerrilla estaba arrepentida y pedía sinceramente perdón. En particular, objetaron el sistema de justicia transaccional propuesto, que permitía a quienes hubieran aceptado su responsabilidad en delitos de guerra o crímenes de lesa humanidad recibir una amplia amnistía y conservar su posibilidad de ir al Congreso. Del mismo modo, había un amplio rechazo a la idea de que quienes habían hecho parte de un grupo armado fueran sostenidos durante dos años con recursos públicos, así como a que las FARC siguieran presentándose ante la opinión, con algo de prepotencia, como un movimiento que hizo una guerra justa, que era la respuesta inevitable a la opresión del sistema, lo que justificaba que las víctimas de estas décadas de violencia fueran compensadas con recursos públicos y no con las fortunas fabulosas y probablemente imaginarias que se atribuían, sin pruebas suficientes, a la guerrilla, sobre todo como consecuencia de su participación en el narcotráfico.

El acuerdo ha entrado en un proceso de revisión muy incierto. Fue modificado a fines de 2016 para tener en cuenta el rechazo de los ciudadanos, encabezados por los partidos afines al expresidente Uribe y los representantes de los grupos rurales empresariales y políticos más enfrentados a la guerrilla, que buscan sanciones fuertes, incluyendo cárcel y pérdida de los derechos políticos para los jefes de las FARC y que, más bien que un acuerdo con estas, tratan de lograr un acuerdo nacional en su contra. Las FARC, en esta encrucijada, mostraron nuevamente que su decisión de abandonar las armas es firme y se han venido ajustando gradualmente a la nueva situación, más exigente y menos generosa para ellos. En marzo de 2017 comenzaron a entregar las armas a las Naciones Unidas, concentraron sus hombres en zonas definidas de acuerdo con el gobierno y siguen mostrando su voluntad de convertirse en un partido legal.

En las condiciones políticas actuales y con un electorado que ha mostrado una gran indiferencia por el proceso de paz, el acuerdo enfrentará sin duda grandes dificultades en su aplicación y sufrirá nuevas restricciones y ajustes, aunque probablemente se cumpla, en forma desordenada y costosa, en sus aspectos esenciales.

De cualquier modo, si el país logra avanzar en estos procesos de búsqueda de paz, después de haber rechazado un acuerdo que en los hechos terminaba con las FARC, aunque dejaba muchas heridas vivas, tendrá la oportunidad de lidiar, sin enfrentar a un grupo armado experimentado y fuerte que justifica políticamente sus actos, con la difícil herencia de más de 60 años de coexistencia de armas y democracia, avance económico y desigualdad, progreso social y violencia, participación política y represión. Quizás entonces los males contra los que se levantó la guerrilla y que por el efecto contraproducente de su estrategia se han agravado en vez de disminuir —la desigualdad social y la pobreza, el modelo económico centrado en el apoyo a los empresarios y sin confianza en los campesinos y el pueblo, la tolerancia de los dirigentes civiles a los excesos militares y el apoyo de empresarios y dirigentes enemigos de la guerra a grupos armados ilegales, la ausencia o debilidad de organizaciones políticas y sociales que representen los sectores populares— puedan al fin superarse.

CAPÍTULO XV

Los grandes cambios del siglo XX

La urbanización acelerada

La complicada historia de Colombia en el siglo XX dejó la impresión de que, bajo el control de una oligarquía estrecha y con un sistema político restrictivo, la sociedad y la cultura tuvieron un largo estancamiento. Sin embargo, durante el siglo pasado hubo inmensos cambios, con logros y frustraciones, periodos de progreso y retroceso. Algunos fueron el resultado de políticas públicas más o menos ordenadas, como la expansión de la educación, pero la mayoría fueron el producto de la actividad a veces caótica de la sociedad, o de trabajadores, empresarios e intelectuales que ayudaron a adoptar en forma eficaz la ciencia y la tecnología avanzadas y promovieron, conscientemente o como consecuencia involuntaria de sus empeños personales, el siempre deseado progreso. Los cambios más visibles fueron el crecimiento de la población, la formación de ciudades modernas, la industrialización y el crecimiento del Estado. Esto permitió que mejoraran la salud y la educación y produjo transformaciones culturales notables, como el desarrollo de los nuevos medios de comunicación, los cambios en el papel de la Iglesia y la religión, el debilitamiento del patriarcado familiar y los avances en la situación de la mujer. En este ambiente se transformaron las formas de creación y recreación de los colombianos, el arte y la literatura, así como las creencias, hábitos y conductas de convivencia política y social.

En el siglo que siguió a la Guerra de los Mil Días (1899-1903) Colombia, que pasó de menos de cinco millones de habitantes en 1905 a casi cincuenta en 2015, dejó de ser un país rural para convertirse en una sociedad urbana. En la segunda mitad del siglo XIX el crecimiento de las ciudades siguió el ritmo de la población, pero a partir de 1910, las nuevas oportunidades en las ciudades estimularon la migración: los ricos de los pueblos emigraban a ellas mientras sus hijos estudiaban y los campesinos sin tierra veían allí un posible empleo. Mientras a comienzos de siglo Bogotá (que en 1870 tenía 40 000 habitantes y 2 % de la población) era la única ciudad con más de 100 000 personas y tenía 1,5 % de la población del país, en 1938 ya cuatro ciudades superaban esa cifra y en ellas vivía 9 % de la población; en 2005, 60 % de los colombianos vivía en 53 ciudades de más de 100 000 habitantes.

Las ciudades ya no se distinguían del campo apenas por tener iglesia, escuela y tiendas: se afanaban por ofrecer formas de vida modernas. Bogotá, Medellín, Barranquilla, Cali, Cartagena y otras ciudades ofrecieron iluminación eléctrica en las calles, energía para los hogares, acueductos con tuberías metálicas junto con sistemas de alcantarillado que ocultaban las aguas usadas, como el que reemplazó el sistema de Bogotá, de canales abiertos para las aguas negras. Además, se construyeron nuevos barrios como Aranjuez y Manrique en Medellín, vistos como ejemplos de un nuevo urbanismo, que adoptaba la planeación y buscaba dar comodidades a los obreros o, en 1952, el Centro Antonio Nariño, con edificios de apartamentos de más de doce pisos y jardines amplios entre estos. La mayor distancia entre la vivienda, el trabajo y el centro de la ciudad hizo necesario el transporte colectivo. En Bogotá se inauguró un tranvía de mulas en 1881 (una novela describe, todavía en 1906, los embotellamientos que había cuando las mulas se negaban a seguir avanzando) y en 1910 se convirtió en tranvía eléctrico, un sistema que copió Medellín en 1918. En Bogotá, el barrio de Chapinero, a unos seis kilómetros del centro, creció conectado por el tranvía y los buses eléctricos. Medellín se expandió hacia el occidente (La América y Laureles) y las laderas orientales, más allá de Manrique. Además, para los ricos, el automóvil, que ya se usaba en las ciudades, abría nuevas posibilidades: empezaron a hacer fincas de recreo, villas rurales a las que iban a descansar el fin de semana, a una o dos horas de casa.

La distribución de la población urbana cambió. En vez de un centro pequeño e integrado, en el que los ricos tenían casas cerca de la plaza de Bolívar (nombre usual desde 1883 para la plaza mayor), casi siempre de dos pisos, y en cuyas plantas bajas vivían artesanos y sirvientes, se construyeron barrios elegantes con árboles en calles y antejardines (el modelo de la "ciudad jardín", traído de Estados Unidos a Teusaquillo en Bogotá, a Prado en Medellín y a Barranquilla y a Manga en Cartagena) y barrios más alejados para obreros y pobres. Los viejos centros se despoblaron y se convirtieron en sitios comerciales y burocráticos, con cafés y hoteles de todos los niveles e inquilinatos en las zonas más pobres. La construcción cambió al aparecer, en el centro de las ciudades, edificios de concreto, de más de cuatro pisos, con ascensores.

Las grandes urbes necesitaban nuevos servicios y en la primera mitad del siglo se construyeron amplios y modernos hospitales, como San Juan de Dios o San Vicente de Paul, a los que se añadieron ambiciosos edificios de colegios públicos o privados.

Desde 1910 la electricidad fue usada cada vez más en la industria (el vapor nunca fue una fuente importante de energía, con excepción de los ferrocarriles) y en el transporte urbano. Con la electricidad se instalaron las primeras plantas telefónicas, la red de telégrafos, complementados por la telegrafía sin hilos y, sobre todo, desde 1929, por la radio, el equipo de sonido y, desde 1954, el televisor. Donde la energía era abundante, como en Medellín, se usó para las cocinas de los hogares, pero Bogotá siguió cocinando hasta mediados de siglo con leña y carbón vegetal y, en barrios marginales, con derivados de la gasolina.

Las ciudades traían nuevos hábitos y reglas de conducta. Entre 1910 y 1930 hubo campañas para enseñar a la gente a no arrojar basura y aguas negras afuera y guardar cerdos y gallinas, que antes eran dueños de las calles. Además, se transformó poco a poco el espacio público, con sitios de encuentro y recreación. Desde mediados del siglo XIX, la plaza española, un gran espacio empedrado apropiado para el mercado semanal y la lectura de bandos, se convirtió en "parque", con árboles y bancas y un kiosco para la retreta de la banda de la policía o el municipio. Después se construyeron parques amplios, para el descanso y el paseo en medio de la naturaleza, como el Parque de la Independencia en Bogotá y Medellín (1910) o el Parque Nacional en Bogotá (1936), a veces con lagos para remar; hacia 1960 Bogotá diseñó un sistema extenso de parques de gran amplitud.

El centro fue durante muchos años el eje del comercio: algunas calles se llenaron de almacenes elegantes y variados. La Séptima en Bogotá, la carrera Junín en Medellín, se convirtieron en lugares de paseo, que se caminaban para ver vitrinas y encontrar amigos. A mediados de siglo se fueron formando, en las grandes ciudades, nuevos barrios comerciales, a veces alrededor de almacenes de cadena como el Ley, Tía o Sears. Desde 1972 comenzó la construcción de los centros comerciales, como San Diego (Medellín, 1972) o Unicentro (Bogotá, 1976) que transformaron el paisaje urbano y los hábitos comerciales y, por el temor a la inseguridad, se convirtieron en el sitio favorito y casi exclusivo de muchas familias para pasar el tiempo libre.

Hasta mediados de siglo, el crecimiento de las grandes ciudades estuvo guiado por esfuerzos de planeación: se trajeron expertos, como el arquitecto Le Corbusier, para diseñar planes de regulación urbana, y las ciudades adoptaron reglas más o menos exigentes para su urbanización. A partir de 1958 la aceleración del crecimiento desbordó las capacidades de control de las ciudades y al lado de zonas bien planeadas se desarrollaron tugurios y barrios de invasión y zonas de vivienda costosa que se construyeron en sitios atractivos. Esto se agravó en las décadas finales del siglo, cuando las ciudades intermedias crecieron en forma brusca y desordenada, sin vías adecuadas y sobre todo sin servicios de transporte público, que están siendo reemplazados por la expansión del uso de motocicletas.

Salud y crecimiento de la población

El crecimiento de la población se aceleró entre 1905 y 1965, y pasó de 2 % anual a más de 3,2 %, ante todo por la caída en la mortalidad, que bajó de 2 % a 0,6 % entre 1918 y 2005. Después de 1965 la tasa de crecimiento bajó poco a poco, por el descenso en el número de hijos de cada mujer, hasta la tasa actual de 1 %. La menor mortalidad, sobre todo infantil, hizo que entre 1900 y 2000 la esperanza de vida promedio al nacer pasara de menos de 40 años a un poco más de 70, a pesar de tanta muerte por bala. Esto se debió, en las cuatro primeras décadas del siglo, a la mejoría en las condiciones higiénicas de las grandes ciudades, y de 1930 a 1980, a la extensión de estos servicios al resto del país. La ciudad, con su crecimiento brusco entre 1870 y 1910 y la formación de barrios de obreros mal alimentados y hacinados, ayudó a la propagación de enfermedades contagiosas, como la tuberculosis o las enfermedades venéreas. Pero desde 1910 el mejoramiento del abastecimiento de agua, primero en las grandes ciudades y después en núcleos intermedios, fue quizá el factor principal en la caída de la mortalidad infantil, causada sobre todo por parásitos e infecciones intestinales. Otros factores fueron la mejor higiene pública, el control de ratas y otros animales, el cambio en el tipo de viviendas, la construcción de letrinas e inodoros y la adopción por los habitantes de las ciudades de prácticas como el baño diario, el lavado frecuente de manos y pelo para evitar piojos, y el uso de cepillo de dientes y zapatos. En estos mismos años, la escuela y las autoridades promovieron la limpieza y la higiene. Los colegios, desde fines del siglo XIX, comenzaron a dar clases de gimnasia, que se volvieron obligatorias en 1904 para que los niños tuvieran "mente sana en cuerpo sano", y se popularizaron el fútbol y el baloncesto.

Otra causa del mejoramiento en la salud fue la prevención de las infecciones. Las vacunas contra la viruela (que se había ensayado ya en 1803), la fiebre amarilla, el sarampión, la varicela, la tosferina, el tifo y la difteria, y en los años cincuenta el polio, redujeron estas enfermedades. Hubo además campañas efectivas contra los mosquitos que transmitían la malaria, combatida también con quinina, y contra la fiebre amarilla, que llevaron al menos al control de estas enfermedades en algunos sitios.

Poco a poco, además, la medicina, muchos de cuyos mejores practicantes se empeñaron en investigar las enfermedades tropicales, fue ampliando su capacidad para atender a las personas. La tuberculosis

—una enfermedad de expansión reciente, asociada con las ciudades insalubres de fines del siglo XIX— y otras enfermedades fueron combatidas con el aislamiento de los enfermos y otras medidas sanitarias. El número creciente de médicos graduados por las universidades permitió que la salud de gran parte de la población no estuviera en manos de "teguas" y curanderos y de remedios populares, y llevó a que infecciones antes mortales fueran atendidas con inventos como las sulfas y los antibióticos, ya en los años cuarenta. Desde entonces, el control médico de las infecciones redujo las enfermedades de los adultos y aumentó sus posibilidades de tener una vida más larga. Ya para 1960 la mayor parte de este ciclo de adopción de técnicas sencillas, pero eficaces, se había cumplido, aunque la atención médica seguía siendo excepcional para la mayoría de la población.

Para ofrecer apoyo médico (y una pensión de retiro) a los trabajadores de la gran industria y el sector público se creó en 1948 el Instituto Colombiano de Seguros Sociales. Sin embargo, nunca logró atender a más de 20 % de los trabajadores. En 1993 el Congreso aprobó la Ley 100, que dio atención en salud a casi toda la población, pero con grandes problemas de financiamiento y manejo. Aunque estos se advirtieron pronto, no fue fácil encontrar salida: la presión de los usuarios para que el gobierno asumiera los costos tropezaba con la resistencia general a aumentar los impuestos y con la prioridad que las políticas públicas daban a la reducción tributaria. Por ello se buscó que los grupos con ingresos adecuados pagaran seguros privados y se orientaron los subsidios del Estado a los grupos de menores ingresos. Estos subsidios, sin embargo, se prestaron a fraudes y engaños masivos; el control de las instituciones financieras del sistema y de las clínicas fue inadecuado y pronto la corrupción se llevó muchos recursos. Con clínicas cerradas y organismos de financiación quebrados, las empresas de salud trataron de frenar el gasto reduciendo los servicios a los pacientes, que respondieron usando masivamente las "tutelas". Esto ha llevado a que, de hecho, la mayoría de la población pueda recibir, si tiene paciencia para los engorrosos trámites, una atención médica moderna, pero con los costos y deformaciones de condicionar gran parte de la atención a procesos judiciales. Además, en los últimos años el servicio de salud ha sido cada vez más costoso, porque la población tiene una proporción mucho mayor de viejos y esto cambió las enfermedades, que son ahora ante todo las circulatorias, el cáncer o la diabetes.

Además de los avances en la salud por la higiene y la atención médica, aumentó el consumo de proteínas, pues hubo mayor disponibilidad de arroz y de otros cereales, de carnes de res y cerdo y, en el último medio siglo, de pollo. Las frutas y verduras, antes muy escasas en las áreas urbanas de trabajadores, se hicieron más variadas y entraron en la comida de la mayoría de la población. La mejor atención de salud, la reducción del trabajo infantil y, sobre todo, la alimentación más rica produjeron un resultado inesperado, el aumento en la estatura: los adultos de hoy son más o menos diez centímetros más altos que los de 1920 y las mujeres crecieron un poco más que los hombres.

La educación

El otro cambio sustancial en la sociedad colombiana fue la expansión escolar. Colombia, en la voz pretenciosa de sus voceros, fue siempre una sociedad que valoró la cultura escrita, pero esta valoración fue al mismo tiempo una forma de exclusión y de imposición del poder de la minoría, pues las leyes, de 1886 a 1936, exigían, para ser ciudadano y elegir presidente o representantes, saber leer y escribir, algo que solo cumplía, a comienzos del siglo XX, 10 % de los adultos, lo que subió a 17 % en 1912, a 32 % en 1918, llegó a 50 % en 1938 y pasó de 90 % hacia 1990. La expansión educativa, lenta en el siglo XIX y veloz en el XX, universalizó la educación primaria y secundaria y en 2012 un joven iba a la escuela en promedio doce años.

Después de 1930 el gobierno trató de impulsar escuelas técnicas, con la idea de que no todos debían ser profesionales y, aunque hubo algunas de buena calidad, su impacto fue reducido. Apoyó también la Escuela Normal Superior, para preparar maestros, donde se reunieron inmigrantes alemanes y españoles para formar un grupo que sentó las bases para la creación de las ciencias sociales modernas en Colombia, en particular la antropología, que transformó la visión de las culturas indígenas, la sociología, la geografía, la economía y la historia. Entre 1948 y 1957 la escuela se desmanteló por razones ideológicas sin que tuviera, a corto plazo, un buen sustituto. La educación pública, que creció aún más rápido a partir de 1958, no pudo sostener la buena calidad de algunas instituciones: habría necesitado formar una generación entera de buenos docentes y tenía apenas dos o tres escuelas de educación de buen nivel. La expansión se hizo con un profesorado formado en normales pobres, y para los licenciados, que atendían la educación secundaria, se apoyó en facultades de educación universitarias. Ser maestro, cuando el sistema universitario ofrecía nuevas carreras (Economía, Arquitectura, Psicología, Sociología, Comunicación, abiertas entre 1940 y 1960), perdió atractivo y los mejores estudiantes se fueron a las profesiones de moda. La educación de mejor calidad, de la guardería a la universidad, se concentró en instituciones privadas costosas, de modo que se redujo casi del todo la contribución de la educación a la igualdad, muy marcada entre 1930 y 1980.

Para 1958 en las ciudades grandes existía una universidad pública, ya pluralista, universidades religiosas católicas y a veces conservadoras, y universidades privadas usualmente liberales. Eran pequeñas y había apenas unos 25 000 estudiantes para una población potencial de unos 400 000 jóvenes, en un momento en el que la demanda se había disparado por la expansión de las clases medias urbanas. Entre 1948 y 1956 se crearon unas diez universidades privadas. Las mejores, como la Universidad de los Andes, querían ser científicas, sin compromisos con los partidos, e investigar los problemas nacionales. Entre 1960 y 1980 se abrieron unas veinte universidades públicas departamentales. Las mejores (Nacional, Antioquia, Valle, Industrial de Santander), se reformaron hacia 1963-1968 para fortalecer la investigación con profesores de tiempo completo. En estos mismos años un sector del estudiantado de la universidad pública, de origen más popular que antes, se radicalizó, por el impacto de la Revolución cubana y sus grupos más activos se convencieron de que había que llegar al socialismo, para lo cual debían romper con todo reformismo y definirse como revolucionarios.

Sometidas a agitación continua, con ocasionales brotes de violencia, las universidades públicas, después de 1970, perdieron atractivo frente a las privadas. Los gobiernos, empeñados en domesticarlas, apoyaron sus administraciones, ensayaron el cogobierno y aumentaron los presupuestos, con resultados precarios. Sin embargo, el sistema siguió creciendo, y para 2008 ya había más de un millón de estudiantes, cerca de 30 % de la población en edad de ir a la universidad, la mayoría en privadas. La universidad pública, además, ofreció una mirada crítica de los modelos culturales, sociales, económicos y políticos dominantes.

Aunque la investigación se concentró en las universidades, después de 1960 no ha habido recursos adecuados para la investigación básica, cuya utilidad no era clara, ni para el desarrollo tecnológico, que carecía de demanda: las industrias, si bien podían emplear a algunos científicos, importaban sus máquinas y sus tecnologías. Fuera del café, donde hubo algunas invenciones aplicadas, en las demás ramas agrícolas las condiciones productivas y la concentración de la propiedad llevaron a que los productores se desentendieran de la selección de las plantas, que había dado a la agricultura indígena su fuerza, pues los grandes propietarios confiaban en la importación de variedades y tecnologías más que en hallazgos locales.

Sin embargo, el desarrollo de la industria y la presión para mejorar la productividad de la agricultura dieron como resultado algunos esfuerzos de investigación. Las granjas agrícolas y experimentales y las escuelas de agronomía revivieron el interés en la botánica, ahora más interesada en el desarrollo de nuevas variedades y en el conocimiento de los abonos e insecticidas. Cenicafé (Centro Nacional de Investigaciones de Café) logró un café resistente a la broca y hubo investigaciones con apoyo público en pastos, yuca o caña. A partir de 1968 surgió Colciencias (Departamento Administrativo de Ciencia, Tecnología e Innovación), un organismo de financiación de la investigación creado por el Estado, que apoyó el trabajo en la universidad.

De todos modos, los resultados han sido limitados: la investigación es un mecanismo de formación de docentes y estudiantes más que de búsqueda de nuevos conocimientos. El país ha dependido de la ciencia y la tecnología internacional para su modernización, lo que era inevitable. Pero en muchos aspectos la adaptación de esos conocimientos a las condiciones locales ha sido rutinaria o insuficiente y no son muchos los casos de transformaciones concretas exitosas y aplicadas, como los que hubo en la cultura del café en el siglo XIX o en los ferrocarriles de montaña de comienzos del siglo XX, que fueron rediseñados para volverlos más eficientes. Además, la ausencia de un sistema de investigación fuerte, en ciencias básicas y aplicadas, ha reforzado una educación enciclopédica, pero poco experimental, que se refleja en la debilidad de la mentalidad científica, en la fuerza de formas de pensamiento mágico y en el predominio de estilos de argumentación dogmáticos y personalistas en la cultura pública.

La situación de la mujer

Probablemente el cambio más radical en la vida de las personas lo tuvo la mujer. El modelo tradicional de familia fue promovido por la Iglesia y las autoridades durante la época colonial y el siglo XIX. En este tipo de familia la mujer asumía todo el trabajo doméstico y el cuidado de los hijos y el hombre trabajaba fuera, ejercía una autoridad absoluta en el hogar y controlaba los bienes de la pareja. Aun entonces, muchas mujeres tuvieron una vida diferente de la que se esperaba de ellas. En la Colonia fueron numerosas las que manejaron propiedades y negocios, y las pulperías y ventas de chicha y aguardiente estaban atendidas por ellas. Algunas lograron una educación literaria notable, aunque las únicas escritoras coloniales fueron monjas, pues entrar a una orden religiosa era quizá la única forma de evitar la vida de ama de casa y esposa.

Durante la Independencia y los años siguientes la ley y la ideología reconocieron que aunque las mujeres no tenían derechos políticos, tenían los derechos básicos de "los colombianos" —libertad de expresión o derecho al debido proceso, por ejemplo— aunque en muchos casos recortados por la sujeción al padre o al esposo. Las mujeres solteras, por ejemplo, podían moverse libremente, pero las casadas debían seguir la residencia del esposo. Igualmente, el derecho al trabajo era amplio en los códigos, pero restringido en la práctica: una soltera o viuda podían negociar y tener propiedades, pero la casada debía dar sus bienes al manejo del marido. El trato legal a la mujer y el hombre era desigual: mientras que el adulterio de la mujer autorizaba al varón para separarse y quedarse con todos los bienes de la pareja, el hombre era sancionado solamente en caso de amancebamiento. Apenas en 1933 la mujer casada adquirió un derecho igual al del hombre para administrar sus bienes, aunque la costumbre y los prejuicios mantuvieron por mucho tiempo las desigualdades que la ley eliminaba.

Las escuelas primarias, durante el siglo XIX, se abrieron a las mujeres, pero la educación secundaria, limitada para todos, lo fue más para las mujeres, que no podían obtener el título de bachiller: los estudios, en los pocos colegios que se abrieron en las capitales para las hijas de los pudientes, se concentraban, además de una preparación básica, en el aprendizaje hogareño: el arreglo de la ropa, la costura, el bordado.

Esto llevaba a que, en la vida real, las mujeres se casaban, entraban a los conventos o se quedaban "para vestir santos": mujeres solteras que vivían con sus familiares y ayudaban a sus hermanas casadas en el cuidado de sus niños y de los ancianos, se entretenían ayudando en las celebraciones religiosas, a veces en el papel de "beata". Las mujeres se casaban muy jóvenes, casi siempre antes de llegar a los veinte años, y quedaban embarazadas rápidamente. Se calcula que en promedio, a fines del siglo XIX, una mujer tenía más de siete hijos, que se han reducido a dos en la actualidad. La crianza de estas familias numerosas, incluso teniendo en cuenta que muchos hijos (casi la cuarta parte) morían en la infancia, era una tarea exigente que absorbía todo el tiempo de las mujeres. Ya en el siglo XIX algunas, defendiendo su igualdad intelectual, fueron escritoras y letradas: desde la cuarta década del siglo surgieron poetisas reconocidas y en la segunda mitad mujeres y editores promovieron periódicos para el "bello sexo". La creación de las escuelas normales, a partir de 1870, abrió un camino de educación y trabajo que emancipó a muchas mujeres del ingreso de su marido, aunque los sueldos de las maestras (que eran destinadas casi siempre a las escuelas rurales o a los sitios más pobres) no fueran muy altos. Pero la maestra, a fines de siglo, era ya un personaje respetado y reconocido, y hubo algunas que alcanzaron prestigio local, como Laura Montoya, maestra rural, escritora y fundadora de órdenes religiosas. Otras publicaron libros de urbanidad o de cocina, que dieron fama en el siglo siguiente a Sofía Ospina de Navarro, y que buscaban enseñar a las mujeres a ser buenas amas de casa.

El mayor impulso al cambio en el papel de la mujer vino del empleo: a partir de 1910 las industrias textiles y de café y las oficinas de las ciudades ocupaban a más mujeres que hombres, y se abrieron escuelas de comercio (como la Remington) en las que muchas aprendieron taquigrafía, mecanografía y contabilidad. Más adelante otras entraron a los negocios y crearon empresas de servicios, restaurantes y hoteles.

Pero la limitación de fondo seguía siendo la educación: aunque ya para 1925 había tantas mujeres en las escuelas primarias como hombres, solo en 1934 el gobierno, enfrentando la censura religiosa, permitió a los colegios dar el título de bachillerato a mujeres, lo que les permitía ir a la universidad. Las primeras entraron, una o dos entre centenares de hombres, a Medicina o Derecho, pero pronto algunas educadoras decidieron crear "colegios mayores", en los que las jóvenes podían seguir estudios en facultades femeninas y en ramas que parecían más apropiadas, sin competir con los hombres. En estas facultades, orientadas por educadoras que todavía creían que la mujer tenía un destino laboral diferente y que debía prepararse sobre todo para el hogar, aparecieron estudios en Economía Doméstica o Arte y Decorado, así como carreras auxiliares de las profesiones "masculinas", como Laboratorio Clínico, Enfermería o Dibujo Arquitectónico. Pero la presión real de las mujeres hizo que esta transición no durara: para 1950 la mayoría seguía carreras profesionales como Medicina, Derecho, Arquitectura, Odontología o Filosofía. Ya para 1980 el número de mujeres que entraban a la universidad era igual al de los hombres, si bien, por razones culturales y familiares, la selección de carreras seguía teniendo sesgos, aunque cada vez más difíciles de precisar.

Con los títulos se abrió el camino a los cargos públicos: la reforma constitucional de 1936, aunque reservó el voto a los varones, autorizó a las mujeres para ejercer cargos públicos por nombramiento, aun cuando la primera juez fue nombrada apenas en 1943 y no hubo ninguna mujer gobernadora, alcalde, embajadora o ministra antes de 1955. En 1945 la Constitución confirió la ciudadanía a las mujeres, pero fue un gesto simbólico, pues no mencionó el derecho al voto o a ser elegida.

Buena parte del cambio resultó de los esfuerzos de varios grupos de militantes, organizadas desde los años veinte para luchar por el reconocimiento legal de la igualdad, algo compartido por casi todos los grupos políticos, o por derechos políticos —elegir y ser elegida—, lo que tropezaba con grandes prejuicios. Aunque en los veinte y treinta algunas defendían la igualdad legal y educativa, pero rechazaban todavía la participación en política, esto cambió también. Poco a poco se extendió la convicción, incluso entre los políticos, de que había que dar a las mujeres el derecho a votar y ser elegidas. Este fue otorgado en la Asamblea Constituyente de 1954, en el gobierno militar de Rojas Pinilla; como no hubo elecciones solo pudieron dar su voto en 1957 para el plebiscito que creó el Frente Nacional y desde 1958 comenzaron a figurar en las listas de candidatos a las corporaciones públicas. Los gobiernos siguientes, a veces como respuesta a la creciente participación política de las mujeres y a veces como un gesto político, nombraron más y más ministras, gobernadoras y embajadoras.

La transformación de la familia, además del impulso al acceso al trabajo y la educación, se aceleró por los cambios en las costumbres sexuales: la adopción del control de natalidad fue especialmente rápida en Colombia, a pesar de la gran influencia de la Iglesia en la familia, que hacía pensar que sería lenta. La urbanización, hasta los años veinte, había limitado el crecimiento del tamaño de las familias: las ciudades tenían condiciones de salud inadecuadas y la mortalidad infantil era elevada, tal vez mayor que en el campo. Con la reducción en la mortalidad infantil, mientras se mantenía igual la fecundidad, las familias urbanas estaban agobiadas por cinco o seis hijos pequeños, criados en ambientes y espacios insuficientes. La preocupación privada por esta situación llevó a que la Iglesia comenzara a discutir la legitimidad de la planeación familiar, aunque solo mediante los llamados "métodos naturales", de eficacia limitada.

Hasta 1959 el control de la natalidad era excepcional en el ámbito familiar y tendía a practicarse, con condón o *coitus interruptus*, en relaciones no reconocidas o irregulares. Dentro de la familia, la moral dominante asociaba estas prácticas al pecado y las veía como formas degradadas de sexualidad. En 1960 comenzó a venderse de modo ilegal la píldora anticonceptiva y en pocos años su uso se legalizó y se extendió a sectores amplios de población. El gobierno de Alberto

Lleras comenzó a discutir la "explosión demográfica" y fundaciones privadas, como Profamilia, apoyaron a parejas que querían usar métodos efectivos. La Iglesia se opuso, pero el gobierno, sin romper con las autoridades eclesiásticas, respaldó el control de natalidad, insistiendo en que, sin frenar el aumento de población, el progreso social y económico iba a ser muy lento. Los partidos de izquierda criticaron toda la política de control de natalidad como una estrategia del imperialismo y sus aliados: para mantener los privilegios y evitar reformas radicales que darían bienestar a todos querían acabar con los pobres en vez de acabar con la pobreza. La respuesta de la población fue, sin embargo, contundente: el uso de los anticonceptivos se extendió a toda la población, en todos los niveles sociales y culturales. El gobierno de Carlos Lleras, en 1966-1970, además de crear el Instituto Colombiano de Bienestar Familiar, apoyó las clínicas de control de natalidad. Para 1985 el censo indicaba la magnitud de los cambios: entre 1973 y ese año la tasa de natalidad se redujo de 4,5 % a 2 %. Esta fue una señal de la ruptura entre la moral cotidiana de los ciudadanos, incluso de los católicos, y las normas de la Iglesia. En un país católico, en el que se suponía que las mujeres obedecían las órdenes eclesiásticas, aun si los hombres las ignoraban, el control de la natalidad se convirtió en hábito normal. Del mismo modo, se generalizó el aborto, clandestino, por lo común con buen apoyo médico en algunos sectores, y en forma primitiva y peligrosa en la mayoría de los casos. La ley, a pesar de algunas propuestas de cambio en 1975 y 1979, mantuvo los castigos al aborto, de aplicación excepcional, no obstante las campañas de las organizaciones femeninas para que se legalizara. En 2006, por decisión de la Corte Constitucional, se despenalizó por fin la interrupción del embarazo en casos de violación, riesgo médico y malformación genética.

El triunfo del control de la natalidad estuvo acompañado del aplazamiento del matrimonio, así como de modelos culturales que rechazaban el destino de las mujeres como madres y estimulaban la libertad sexual. Los hippies, la revolución de costumbres de 1968, cuando empezó a aceptarse la homosexualidad de hombres y mujeres y, después de 1991, el reconocimiento gradual, pero rápido de la igualdad legal para parejas del mismo sexo, así como el triunfo masivo del hedonismo —"la vida es pa' gozala"—, que reemplazó poco a poco la visión ascética o moralista promovida por la Iglesia, fueron parte de este cambio. Para muchas mujeres tener un hijo dejó de ser un destino y se convirtió en una decisión, que se tomaba en un contexto amplio de oportunidades laborales y de vida.

Del mismo modo, la aceptación cultural de la violencia contra las mujeres y los niños se redujo: ya no se acepta el derecho del varón a castigar físicamente a la mujer o el de los padres y maestros de castigar con golpes a los niños. Sin embargo, los hábitos culturales siguen manteniendo un elevado nivel de maltrato de las mujeres y de los niños que, en un ambiente que rechaza estos actos, adquiere en ocasiones formas crueles e incluso mortales.

La gran diferencia cultural de las regiones se advertía en sus muy distintas estructuras familiares. Estudios de mediados del siglo XX, como los de Virginia Gutiérrez de Pineda, encontraron una diversidad inmensa entre ellas, en el peso de la unión consensual y del matrimonio religioso, las reglas sociales expresas o implícitas sobre infidelidad, iniciación sexual o control de los hijos, etc. En un extremo podría tenerse a la familia tradicional católica, predominante entre los grupos blancos o mestizos de las regiones con Iglesia fuerte: Bogotá, Tunja, Popayán o Antioquia. En estos sitios el matrimonio era temprano, el número de hijos elevado y casi todos nacidos dentro del matrimonio. La infidelidad, aunque frecuente, se ocultaba a la familia principal y su forma dominante era la de una pareja adicional para el hombre casado, la "moza", a veces estable y con hijos que podían legalizarse. En las ciudades y los centros mineros la prostitución era frecuente y tolerada, y la iniciación sexual de los jóvenes se hacía en prostíbulos, en algunas ocasiones con la compañía de su padre. La autoridad en la casa, en lugares como Antioquia, la concentraba la esposa, que tenía una gran capacidad de decisión sobre los ingresos familiares. Sin embargo, fuera de casa la mujer tenía pocos derechos. Aunque había diversiones familiares, los sitios públicos de recreo —cantinas y cafés, donde el consumo de alcohol era elevado— eran casi exclusivamente masculinos, y la fiesta y la parranda no eran muy frecuentes.

En el otro extremo estaban las familias de los grupos afrocolombianos de tierra caliente: raras veces se formalizaban con el matrimonio, su estabilidad era limitada y hombres y mujeres cambiaban de pareja con frecuencia. A lo largo de su vida la mujer podía tener hijos de varios padres: algunos de ellos seguían ayudando a su manutención. La iniciación sexual se hacía entre adolescentes y en caso de embarazo podía concluir en la formación de una familia de hecho. En estas comunidades, hombres y mujeres asistían a fiestas comunales, bailes y fandangos, que podían desembocar en episodios de libertad sexual amplia, que mostraban una "sensualidad" elevada y una libertad de costumbres considerada inmoralidad en otras regiones.

La historia del adoctrinamiento religioso de las poblaciones de esclavos y pardos tiene que ver con esta baja nupcialidad, y es posible que haya habido una resistencia cultural a la disciplina impuesta por sus amos, de modo que las poblaciones de libres, sobre todo después de 1851, retornaron a formas menos rígidas de familia. Esto reforzaba los estereotipos sobre los grupos sociales y sus costumbres. En la medida en que las clases altas se casaban y presumían de llevar una vida más de acuerdo con las reglas (aunque también en estas regiones los varones de clase alta hacían alarde de libertad sexual: desde la Colonia hasta hoy ha sido frecuente verse al mismo tiempo como moralistas y eximirse de cumplir las normas sexuales) muchos comentaristas dibujaban a negros y pardos como entregados a placeres sensuales y renuentes a la vida de familia, y atribuían esto, como en la Colonia, a una naturaleza entregada al vicio y al placer. La Iglesia reforzaba estos prejuicios al crear limitaciones a los hijos ilegítimos, que no podían entrar a los colegios religiosos y tenían barreras para estudiar o trabajar.

Situaciones variadas podían presentarse en otras regiones, o distinguir la familia rural de la urbana en una región dada. En Santander, por ejemplo, la familia nuclear se caracterizaba por una sólida autoridad paterna, en la casa y fuera de ella; sin duda la realidad rompía en muchos casos las formas típicas, y son muchos los ejemplos de independencia y autoridad femeninas. En Santander y Bogotá la iniciación sexual de los jóvenes de clase alta estaba confiada en ocasiones a las muchachas del servicio, que en Boyacá y Bogotá eran en su mayoría indígenas.

Los modelos emocionales cambiaron a lo largo del siglo XIX: el romanticismo le dio gran valor al amor sentimental y las novelas, de *María* a *Rosalba*, relataban el amor infinito de las mujeres y sus parejas. Entre 1910 y 1930 la literatura dibujó mujeres independientes y modernas, como la descrita por Tomás Carrasquilla en *Grandeza*, una novela sobre Medellín de 1910. Estas mujeres de la primera mitad del siglo XX, aunque seguían creyendo en el matrimonio y en una moral sexual tradicional, pensaban que la felicidad exigía la realización personal, como maestras, escritoras o artistas o en un trabajo apropiado.

El cambio acelerado se dio después de 1957, en el ambiente del retorno a la democracia y del fin del proyecto autoritario de Laureano Gómez. La capacidad de obispos y autoridades religiosas por mantener la subordinación de la mujer, imponer una moda recatada y ordenar la sexualidad se debilitó. En los sectores estudiantiles y de clase media la emancipación sexual ganó peso. La sexualidad antes del matrimonio se volvió común en la universidad, sobre todo después de 1968, y se extendió pronto a todos los sectores de la sociedad. La virginidad dejó de ser una exigencia para el matrimonio y las mujeres aplazaron por años su primer embarazo.

Las familias formadas por grupos escolarizados y urbanos se rompían con frecuencia y por primera vez el divorcio dejó de ser una reivindicación ideológica y adquirió urgencia social, para permitir a hombres y mujeres separados establecer nuevas familias. En 1974 la ley autorizó el divorcio, solo para matrimonios civiles, pero poco a poco se crearon subterfugios para segundos matrimonios, pese a la unión católica. Finalmente, en 1992 el Congreso aprobó, en forma casi unánime, el divorcio de los matrimonios católicos. La estructura familiar cambió: ahora la pareja típica tenía apenas entre dos y tres hijos, lo que dejaba a la mujer más tiempo para trabajar y añadir a sus cargas domésticas otras responsabilidades laborales. Y permitía mayor cuidado y atención a los hijos, lo que se manifestó en la proliferación de recursos para atenderlos: almacenes de ropa infantil, guarderías y jardines infantiles, juguetes industriales, pediatras y psicólogos.

Los medios de comunicación

La legitimidad de la autoridad de los grupos dirigentes se apoyó desde finales del siglo XVIII en argumentos basados en la cultura y la educación: las familias con poder eran las de blancos y mestizos ricos, pero era la habilidad para entender el mundo y describirlo, en libros y artículos, la que se presentaba como base de su autoridad. Por supuesto, algunos plutócratas hacían alarde de desprecio de la cultura y de aprecio del dinero, pero era más frecuente que los letrados de clase media ganaran reconocimiento por su capacidad para escribir y argumentar en los medios públicos, a veces cuestionando a los grupos dirigentes.

Los periódicos fueron, entre 1830 y 1960, un gran canal para el ascenso de los jóvenes letrados de clase media, de provincias remotas o de familias de maestros y artesanos, y su incorporación a la clase dirigente. Mientras terratenientes y comerciantes manejaban la plata, su mundo lo describían los escritores de los periódicos: jóvenes sin fortuna, pero con educación llegaban a estos y hacían carreras brillantes, que podrían llevarlos a la presidencia o a los ministerios.

Después de los años de dominio de los aristócratas y militares de la Independencia, de Mosquera, Herrán, López u Obando, llegó la época de los letrados, de periodistas como Lorenzo María Lleras o Manuel Murillo Toro, Rafael Núñez, Mariano Ospina Rodríguez, Santiago Pérez o Miguel Antonio Caro. El poder provenía en gran parte de la gramática, de la capacidad de desafiar en sus escritos a la presunta "clase dirigente", antes de incorporarse a ella. En el siglo XX, Alberto Lleras y Gabriel Turbay ayudaron a crear los partidos socialistas y comunistas y orientaron después al liberalismo, mientras Enrique Olaya Herrera, Alfonso López Pumarejo y Carlos Lleras Restrepo, desde los periódicos y el mundo de la política le planteaban a los grupos dominantes un proyecto capitalista apoyado en una población obrera educada y emancipada del control autoritario de terratenientes y curas. Entre los presidentes de Colombia de 1910 a 1990 hubo más periodistas que grandes propietarios de tierras e industrias o que miembros de las familias tradicionales del siglo XIX o la Colonia. Eduardo Santos y Carlos Lleras Restrepo fueron directores de *El Tiempo* o sus propietarios, y Alberto Lleras trabajó durante años en su redacción, además de dirigir *El Liberal* y de fundar en 1946 la revista de noticias más exitosa del país, *Semana*. Y fueron directores o dueños de diarios antes de ser presidentes Carlos E. Restrepo, Enrique Olaya Herrera, Laureano Gómez, Alfonso López Michelsen —quien añadía a su prestigio como escritor y periodista el hecho de que su padre había sido presidente— Belisario Betancur y César Gaviria. Aunque la población alfabeta era poca, al menos hasta 1910, el periódico llegaba a algunas capas populares y las agrupaciones obreras del siglo XX, desde la segunda década, adoptaron los periódicos como forma de divulgación y propaganda.

La radio cambió medios y contenidos. Las primeras emisoras, las comerciales y la oficial, dedicada a educar al pueblo desde la Biblioteca Nacional, se crearon en 1929. En las de Bogotá, que podían oírse con esfuerzo en aparatos de onda corta en todo el territorio, pronto se oyeron las voces de los oradores parlamentarios, de fama mítica. El radio le permitió a Jorge Eliécer Gaitán, Laureano Gómez o Augusto Ramírez Moreno "entrar" a miles de hogares ajenos al periódico. En el aparato de radio el obrero o el artesano oía que Gaitán le hablaba personalmente, de tú a tú, como parte del "pueblo" que sería emancipado por la política. La radio completaba la llegada de la política a las plazas públicas. Antes, los eventos políticos eran ante todo cabalgatas de notables que terminaban en banquetes y discursos. Ahora eran "manifestaciones" que trataban de llenar las plazas urbanas, donde cabían 40 000 o 50 000 personas, como la Plaza de Cisneros, en Medellín o la Plaza de Bolívar, en Bogotá.

El gobierno vigiló de cerca el nuevo medio: una ficción legal definió las "ondas hertzianas" como propiedad del Estado, de modo que su uso se permitía por concesión de este. De esta manera, no podía alegarse la "libertad de expresión" o de "prensa" para montar emisoras. Hacia 1936 empezaron a aparecer noticieros, programas de humor y transmisión en vivo de música o teatro y hacia 1940 programas de concurso. Los partidos políticos se apresuraron a montar emisoras. El gobierno de la "revolución en marcha" propuso un modelo de radio pública, al modo de la BBC, pero la protesta general lo detuvo. Aunque prohibió hacer política por radio, los noticieros servían para dar una versión partidista de los hechos. En 1944, los discursos del presidente encargado, Alberto Lleras, fueron decisivos para defender al gobierno del golpe militar de Pasto y el 9 de abril de 1948 algunas emisoras promovieron la revuelta popular; desde entonces el esfuerzo del gobierno por controlar la radio se hizo más fuerte.

Una curiosa historia fue la de Radio Sutatenza: en 1947 un sacerdote en un pueblo de Boyacá comenzó a transmitir, en un equipo artesanal, programas orientados a la educación de su feligresía. Pronto montó un sistema ambicioso: centenares de miles de campesinos recibieron aparatos que captaban solo la señal de Radio Sutatenza y llevaron la radio al campo. Buscaba, aunque parezca imposible, enseñar a leer y escribir por radio, enseñarle al campesino higiene, agricultura, salud, y formarlo en sentido religioso y ético. Fue factor de modernización —tuvo problemas con la curia por insistir en que las parejas debían tener los hijos por decisión consciente— y de mantenimiento del orden: ofrecía una imagen de progreso basada en el esfuerzo y la educación personal, que contrastaba con las utopías radicales, que hacían depender un mejor nivel de vida de la revolución. Tal vez tuvo que ver con el escaso impacto de las ideas revolucionarias entre los pequeños y medianos propietarios y en general en el campo.

La radio permitió que el folletín y el melodrama, que habían alimentado la sensibilidad de los lectores de prensa, llegaran a toda la población. De 1948 a 1951 se trasmitió *El derecho de nacer*, una radionovela cubana patrocinada por la gaseosa local Kolcana; todo el país se encerraba a oírla. No era la primera: en 1938, *Yon Fu* había tenido cierta repercusión. Y en 1941 se emitió *Lo que el tiempo se llevó*, en una versión corta y hubo adaptaciones de obras locales como *María*, de Jorge Isaacs, y de cuentos infantiles. Desde finales de los cuarenta se trasmitió durante años la serie de *Tanané* y de *Tangaré, el hijo de Tanané*, del santandereano Luis Serrano Reyes, sobre las aventuras de los wayúu en la seca Guajira y los conflictos entre blancos e indígenas, que mostraban a la gente del interior un país que no imaginaban. Pero *El derecho de nacer* llevó la radionovela a un nivel inesperado, que abrió el camino a triunfos locales como *El ángel de la calle*, lacrimosa y ansiosa por reivindicar a las mujeres, escrita por Efraín Arce Aragón. Radio Sutatenza, para elevar el nivel cultural de los campesinos, dramatizó clásicos de la literatura colombiana como *Manuela*, la novela de 1856 de Eugenio Díaz. La Radio Nacional, en manos de intelectuales, usó también las radionovelas para promover la literatura y dramatizó, entre muchas más, *La marquesa de Yolombó*, de Tomás Carrasquilla y, en 1961, *El coronel no tiene quien le escriba*, de García Márquez.

En un país de pocos lectores un regalo magnífico fue la televisión, traída en 1954 por el gobierno de Rojas Pinilla, que buscaba aumentar su influencia entre el pueblo. Comenzó como organismo oficial, sin avisos ni empresarios privados. Además de la propaganda del gobierno, tenía un contenido definido por los intelectuales, con énfasis en la educación y la alta cultura. Marta Traba explicaba la historia de la pintura, otros discutían la historia nacional o la literatura, y grupos de teatro de calidad montaban obras de literatura universal, que no sufrían la vigilancia celosa de los censores del régimen. Sartre, Camus, Tennessee Williams y adaptaciones de Faulkner o Hemingway, así como los clásicos: Sófocles, Molière, Esquilo o Shakespeare, hacían parte de la dosis semanal de teatro.

Esta televisión cultural —y para algunos aburridora— duró sin mayores cambios hasta que, con el Frente Nacional, para ayudar a financiarla, se licitaron espacios a productores privados, un arreglo que terminó transformando el contenido en un sentido masivo y recreativo. Las telenovelas se volvieron centrales, junto con programas de concurso y "enlatados" extranjeros. La televisión a color y sus altos costos llevaron a la privatización del medio: en 1984 se crearon los canales comerciales, a los que siguieron canales regionales financiados con recursos públicos.

Viajes, cartas y llamadas

La población del territorio ha sido, en cierto modo, bastante móvil. La Conquista la hicieron españoles que recorrían a pie centenares de kilómetros y tras fundar una ciudad salían a fundar otra. Aunque los indígenas de resguardo eran más sedentarios, algunos tenían que trabajar en minas remotas o sus mujeres en las casas de los españoles.

A fines del XVIII los observadores señalaron que muchos pobladores vivían lejos de pueblos e iglesias, y las autoridades, convencidas de que había que vivir en ciudades, trataron de varias formas de "reducirlos a poblado", de obligarlos a tener casa donde pudieran ir a misa. En las llanuras del Caribe, gran parte de la población fue reacomodada en nuevos pueblos, fundados por Antonio de Latorre, José Fernando Mier y el padre José Palacios de la Vega. Al mismo tiempo, en otras regiones (Santander, Antioquia, Boyacá) mestizos y blancos pobres participaron en la colonización de las vertientes, que transformó entre 1760 y 1920 la distribución de la población: se ocuparon zonas templadas, en casas dispersas más que en pueblos, al mismo tiempo que las guerras civiles hicieron que muchos conocieran por primera vez regiones remotas. En el siglo XX el proceso fue inverso: los habitantes acomodados rurales o de pequeños pueblos se trasladaron a las capitales de los departamentos, buscando educación secundaria para sus hijos o atraídos por las nuevas comodidades urbanas.

La violencia rural de los años cincuenta expulsó a muchos pequeños campesinos, que buscaban en las ciudades un sitio más tranquilo para vivir o que habían perdido sus propiedades y podían perder la vida. Los conflictos provocados por la guerrilla desde mediados de los sesenta y, sobre todo, el agudo y violento ataque de los paramilitares a los presuntos apoyos de la guerrilla, sobre todo a partir de 1985, crearon una nueva ola de migraciones y desplazamientos a las ciudades y a las cabeceras municipales: las cifras oficiales, sin duda imprecisas, hablan de siete millones de desplazados internos forzosos.

Durante la Colonia unos pocos criollos ricos salieron a estudiar a España. Entre 1850 y 1870 los empresarios, sobre todo en Antioquia, quisieron que sus hijos aprendieran una ciencia útil, para que no fueran abogados pendientes de un cargo público, y algunos mandaron sus hijos a estudiar minería, agricultura o ingeniería a Estados Unidos. El viaje al exterior para empresarios y políticos fue durante el siglo XIX una experiencia formativa, sobre todo para conocer la política, la industria o los modelos educativos en Francia o Inglaterra.

La mayoría, sin embargo, nacía y crecía en una región, que solo abandonaba por obligación, buscando trabajo o por las guerras civiles, que mostraron a muchos la vida en otras partes. Hubo figuras como Miguel Antonio Caro, presidente y letrado, que nunca salió de la sabana de Bogotá, y por supuesto eran muchos los que nunca conocieron el mar: en el siglo XX León de Greiff escribió la *Balada del mar no visto, rimada en versos diversos*, que expresaba la frustración de muchos habitantes del interior.

Los que viajaban lejos se comunicaban con sus familias por correos y estafetas. Desde la Colonia había existido un sistema de correos oficial, reorganizado a fines del XVIII. Los correos movían cartas personales, no muchas, así como impresos y catálogos, que a veces llegaban del exterior y, en el siglo XX, cursos por correspondencia para formar a los nuevos artesanos e ingenieros mecánicos. Desde 1865, funcionarios públicos y poco a poco, comerciantes y exportadores, recurrieron al prodigioso telégrafo, ampliado a comienzos del siglo XX por el mensaje inalámbrico. Los telegramas, con su lenguaje compacto, permitieron a políticos, comerciantes y empresarios dar instrucciones inmediatas en todo el territorio y a los particulares anunciar su llegada y darse noticias urgentes.

Hacia 1880 apareció el teléfono, dentro de las ciudades y para "larga distancia", que a comienzos del siglo XX se automatizó para poder marcar sin pedir la comunicación a una operadora. Exclusivos al comienzo, para mediados del siglo, cuando ya habían hecho usual el "servicio a domicilio" que permitía pedir remedios y otros productos por teléfono, entraron a los barrios de clase media y obrera y más tarde a los pequeños municipios. Sin embargo, todavía hacia 1960 había que ir a la oficina de "larga distancia" para llamar a otra ciudad o a los pueblos, donde había mensajeros que corrían varias cuadras a buscar a la persona que recibía una llamada. La comunicación de larga distancia desde las casas, desde 1970, unió a las familias cuando más se estaban dispersando y cambió las condiciones de los negocios.

La comunicación instantánea e integral, sin embargo, llegó con el celular, que entró a mediados de la década de 1990 y se generalizó casi en forma instantánea: veinte años después ya casi todas las familias tenían un celular. La computadora personal, que comenzó a entrar a los hogares y oficinas hacia 1985, se convirtió, con la llegada del internet en 1995, en otra forma de comunicación, con los correos electrónicos. El celular resultó una herramienta de gran versatilidad que todos, tenderos y tratantes de barrio, agricultores que sacaban sus productos a las plazas de mercado, usaban ya a fines de siglo. Celulares y computadoras pudieron entrar al consumo masivo por una caída rápida de los precios producida por la apertura del comercio adoptada a partir de 1986 y por los efectos de la producción masiva en Europa y China.

Diversiones y fiestas

La vida urbana transformó también las formas de entretenimiento, juego y recreación. Los españoles hablaron de algunos juegos indígenas, competencias físicas y de lucha, pero el más conocido es el "turmequé", parecido al tejo español, que se modificó con un bocín metálico que permitía reventar unas papeletas de pólvora al acertar: en el siglo XX fue, en las tierras de los muiscas, un evento social en el que los jugadores tomaban cerveza, como antes chicha, a veces con los políticos que trataban de ganarse el apoyo del pueblo.

No hay muchos registros sobre juegos de niños, ni entre los indios ni en la Colonia, fuera de las rondas españolas. En el siglo XIX hay menciones de trompos, cometas, gallina ciega, escondites, cuerdas para saltar, juegos de pelota y el balero y la golosa: en general juegos españoles y comunes en muchos sitios del mundo.

Los adultos tenían sobre todo juegos de mesa, como dados y cartas: desde la Conquista los españoles se jugaban lo que le quitaban a los indios y las censuras a las autoridades por dedicarse al juego eran comunes, pero la venta de barajas acabó convertida en monopolio fiscal. El consumo de naipes era altísimo: en el siglo XVIII se vendían 36 000 barajas anuales en Bogotá, para jugar tresillo y tute, a los que se añadió en el siglo XX el póker en los clubes sociales de clase alta. Después de algunos ensayos, las loterías departamentales se convirtieron en el siglo XX en la principal fuente de recursos para la asistencia social y la beneficencia, hasta que fueron desplazadas por el chance, el baloto y un amplio abanico de juegos de azar en la segunda mitad del siglo.

En el XVIII se hicieron comunes los billares, al menos en las ciudades más pobladas. En el XIX llegaron a las ciudades espectáculos con equilibristas, saltimbanquis, ascensos en globo y caminatas en la cuerda floja entre montañas. En muchas partes había peleas de gallos, y las corridas de toros se volvieron comunes y se construyeron plazas de toros en las ciudades más grandes.

El tenis y el basquetbol los importó el norteamericano Henry Lemly, que estaba reformando la educación policial hacia 1891 y poco después llegó el fútbol, en colegios de clase alta y en los clubes sociales: en 1910 el Polo Club de Bogotá tuvo un equipo. En Medellín, en 1914, se hizo el primer partido público, en los mismos días en que se inauguró una pista de carreras de caballos. A comienzos del siglo XX comenzaron los campeonatos deportivos y para 1928 se hicieron las primeras olimpiadas o juegos nacionales en Cali, y los municipios hicieron estadios de fútbol: en Medellín el Estadio Municipal en 1934, en Cali el Pascual Guerrero en 1937, y en 1938 el Campín, en Bogotá. El primer campeonato nacional, ganado por el Deportivo Medellín, fue en 1936 y en 1948 se organizó el primer campeonato profesional, ganado por el equipo Santa Fe: se trataba de convertir el fútbol en espectáculo, transmitido desde 1950 por radio. En Barranquilla y Cartagena el deporte de masas era el beisbol y el fútbol llegó después.

La transmisión radial impulsó desde 1950 la Vuelta a Colombia, una carrera de bicicleta que mostró a las ciudades un país desconocido, con carreteras que eran trochas llenas de barro. Fútbol y ciclismo se convirtieron en los deportes de mayor atracción, en elementos de propaganda pública y comercial y en tema de las páginas deportivas de los periódicos. Durante el gobierno militar, un equipo de las "Fuerzas Armadas" participó en la Vuelta a Colombia: era parte del esfuerzo por encontrar terreno común con los intereses populares.

El cine llegó a finales del siglo XIX y en las principales ciudades se hicieron teatros o se adaptaron plazas de toros para proyectar las películas estadounidenses: el Olympia y el Faenza en Bogotá o el Circo España, en Medellín. En ellas, las películas eran acompañadas con músicos o narradores y a veces, para que los analfabetos siguieran los textos, con lectores que cobraban por su servicio. El cine sonoro a partir de 1932 se volvió espectáculo de masas, sobre todo porque los analfabetos, que aún eran mayoría, podían seguir sin dificultad las películas mexicanas.

Los que habían salido del país, y querían propagar formas de vida que consideraban elegantes, organizaron desde fines del siglo XIX "clubes" de dos tipos: campestre y deportivo, con piscinas, campos de tenis y de golf, que promovían el ejercicio (Polo Club, antes de 1903 y Country Club en Bogotá, Club Campestre de Medellín, 1924) y el más pretencioso, para hablar de negocios o política sin encontrarse con la plebe que iba a los cafés, y con poco que hacer para mujeres y niños, como el Jockey Club y el Gun Club en Bogotá y el Club Unión de Medellín. En los pueblos, el "paseo de olla" a cocinar un sancocho y tomarse unas cervezas, a la orilla de un río, era común en fechas como el 1 de enero. Un poco más costosos eran los paseos a tierra caliente. Al mismo tiempo, los ricos de las ciudades comenzaron a conseguir la finca de recreo en pueblos cercanos para el fin de semana. El veraneo en Cartagena o la costa atlántica se volvió común desde los cuarenta, cuando se establecieron los primeros hoteles de turismo como el Caribe (1941). En Barranquilla ya existía un hotel elegante desde 1930, el Prado, pero con playas remotas. En los cincuenta, muchos descubrieron San Andrés y los más ricos se iban a Miami, y desde los años noventa, si tenían niños pequeños, a Disney World.

En la segunda década del siglo XX llegaron las grabaciones musicales, producidas en Nueva York o México, con una canción colombiana acompañada de un tango o una ranchera, lo que cambió los gustos musicales, sobre todo cuando el cine y la radio pusieron esta música al alcance de todos. Los colombianos se acostumbraron al bolero, de Cuba y México, a las rancheras, oídas en películas mexicanas y convertidas en música nacional, y a los tangos, que antes sonaban, cantados por grupos locales, en sitios exclusivos y limitados.

Desde los treinta el bambuco y los aires andinos de cuerda (el pasillo, el torbellino, el joropo, el galerón) perdieron peso en las emisoras frente a la música latinoamericana y, al mismo tiempo, comenzó a oírse la música de la costa atlántica en el resto del país. El porro y la cumbia, grabados desde 1929 o 1930 en Nueva York y repetidos por radio, eran ya en 1946 la música favorita de las salas de baile del interior, de los hoteles y las casas, a pesar de que algunos la descalificaban por lasciva y pecaminosa. Lucho Bermúdez, con sus porros adaptados a banda de jazz, dirigió desde 1945 la orquesta elegante de Bogotá y la de Medellín desde 1948. En las emisoras bogotanas comenzaron a popularizarse los ritmos básicos del vallenato bailable, sobre todo el "paseo", en las voces de Guillermo Buitrago y cantantes locales.

A partir de los cincuenta la música andina se mantuvo en cantinas y serenatas, tocada por tríos y grupos que añadían composiciones creadas en ambientes urbanos, pero con una invocación retórica rural. La música de Emilio Murillo, José A. Morales, Carlos Vieco y Jorge Villamil habla del campo, pero con la voz del letrado urbano de la bohemia de café. Esta música se oía en las emisoras, en tríos o duetos profesionales que se pretendían folclóricos o en versiones que trataban de darle elegancia de danza europea, como las de Luis Antonio Calvo y Oriol Rangel.

Pero la música andina raras veces se bailaba, mientras el baile se convertía en la diversión favorita de muchos hogares, con los nuevos equipos de sonido y radio. Por eso, la música de baile fue la de la costa, primero el porro y la cumbia, y después de 1950, el vallenato, a los que se sumaron, sobre todo en los años sesenta, el rock and roll y la salsa caribeña, que terminó siendo la música de baile por excelencia a fines del siglo XX.

Durante la Colonia, las autoridades organizaban celebraciones públicas con ocasión del nacimiento de un heredero real o su ascenso al trono o de un triunfo notable en una guerra internacional. Estas festividades incluían, a finales del siglo XVIII, carreras de toros, comidas para el pueblo, representaciones teatrales, desfiles de comparsas y, como gesto de generosidad y exhibición de riqueza, se arrojaban monedas al pueblo. Las fiestas religiosas incluían procesiones y desfiles de matachines y en el oriente de Colombia se quemaba mucha pólvora, con castillos y grandes montajes, lo que se siguió haciendo hasta la segunda mitad del siglo XX.

Los "carnavales" ganaron peso a fines del XIX: en los días anteriores a la Cuaresma había disfraces, desfiles con música y tolerancia al desorden. En zonas ganaderas se hacían "corralejas" y "rodeos", patrocinados por los ricos, que subrayaban su generosidad para pagar músicos y repartir comidas y monedas. El siglo XX resultó más austero y muchas celebraciones locales desaparecieron, como los carnavales de

Cali y Medellín. Algunos festivales notables eran el carnaval de Barranquilla, que existía ya hacia 1878, y ha tenido la mayor continuidad en el siglo XX; el carnaval de Pasto, las fiestas de la Independencia de Cartagena, que adquirieron especial visibilidad por incluir desde 1949 el "reinado nacional de belleza", el concurso de música celebrado en el Festival Vallenato (de Valledupar) desde 1968 o el Carnaval del Diablo de Riosucio.

El hogar y la calle

Al comenzar a crecer las ciudades, empleados, obreros y estudiantes volvían a almorzar a casa, pero, al aumentar las distancias, aparecieron comedores en colegios y fábricas. Los restaurantes fueron raros hasta mediados del siglo XX, aunque desde fines del XIX un puñado de sitios elegantes servían comida "francesa" o "inglesa" y unas "casas de asistencia" atendían a los que tenían que pasar unos días en las capitales. Fueron los restaurantes de pollo asado y almuerzo casero los que hacia 1960-1970 pusieron el almuerzo fuera de casa al alcance de obreros y empleados.

Las cantinas o bares, que reemplazaron a chicherías y fondas de guarapo, se expandieron y, con los cafés, se convirtieron en el sitio de encuentro de los hombres después del trabajo, para tomarse unas cervezas o aguardientes con sus amigos, lejos de las mujeres. El consumo de licores aumentó entre 1900 y 1950, cuando la cerveza y destilados locales como el aguardiente y el ron reemplazaron al guarapo y la chicha que volvió, como en la Colonia, a ser combatida por razones higiénicas y prejuicios sociales. Ciudades y caminos se llenaron de cantinas con borrachos y peleas. El trago acompañó con frecuencia los actos políticos y ayudó a que fueran más violentos.

En Cartagena los viajeros destacaron en 1820 un café italiano en el que los comerciantes pasaban dos o tres horas al día y en Bogotá había un café francés a fin de siglo. Poco a poco los cafés perdieron su aire exótico y se volvieron cantinas con cerveza y aguardiente, solo para hombres. Para encuentros mixtos aparecieron los "salones de té", de tono elegante, adonde entraban las mujeres y donde vendían helados y pastelería para acompañar el café, el té o los jugos y sorbetes.

Las amas de casa, sobre todo en grupos altos y medios, convirtieron el manejo del hogar en una tarea compleja: libros y cursos de cocina modificaron las comidas básicas. A los sancochos, cocidos y sopas tradicionales (de papa o trigo en las altiplanicies, de frijol en las zonas antioqueñas, de plátano y yuca en las tierras calientes), se añadieron más vacas, cerdos y pollos. La vida de las mujeres en el hogar se transformó: la máquina de moler redujo el inmenso esfuerzo diario de hacer las arepas. Después llegaron la licuadora, la plancha y la estufa eléctricas, desde los cuarenta y más tarde las lavadoras y aspiradoras, para los más acomodados.

Arte y literatura

Hasta finales del siglo XVIII las artes plásticas tenían un vínculo estrecho con la Iglesia: los pintores, desde la Colonia, habían hecho sus obras para las iglesias, además de retratos de funcionarios y gente rica. En la segunda mitad del siglo XIX el paisajismo y el costumbrismo, tomado del ejemplo de los pintores extranjeros que vivieron en Colombia (J. Brown, A. Le Moyne, E. Mark) llevaron a una representación de la naturaleza y de la sociedad que se distribuyó en litografías para las paredes de las casas, como los álbumes de Ramón Torres Méndez. Las escuelas de bellas artes en Bogotá y Medellín, y el viaje de estudio de jóvenes a Europa, convirtieron al artista en un creador, que tenía una mirada personal y ofrecía sus telas a las familias ricas y educadas, que querían tener obras originales. El proceso fue lento y, hasta finales del siglo XX, el uso de reproducciones para la decoración fue dominante: había imágenes del Sagrado Corazón o de la Sagrada Familia en todas las casas, y apenas en las muy ricas existían algunos originales locales.

Para comienzos de siglo, pintores como Andrés Santamaría, que adoptó el impresionismo en Europa, pero no logró imponerlo, o Francisco Antonio Cano, crearon obras que los grupos ilustrados locales vieron con entusiasmo, aunque las vanguardias de los años veinte —el arte abstracto, el surrealismo, el fauvismo— no dejaron huella. El cambio en el lenguaje artístico se produjo ante todo por ideologías que promovían la representación de la realidad americana, incluyendo las poblaciones indígenas. Los "bachué", en los treinta, se inspiraron en contenidos y formalismos de origen indígena, apoyados en un conocimiento aún débil del pasado precolombino, antes de que la apertura del Museo del Oro, hacia 1938, despertara un interés más fuerte en la orfebrería y el arte indígena. Mientras tanto, en Medellín, siguiendo el ejemplo del muralismo mexicano, pintores afines al radicalismo liberal pintaron la explotación de los indígenas, el maltrato de los mineros negros, la subordinación de las mujeres.

Con la ampliación de la educación, un público formado en las universidades acogió con entusiasmo, ya en los cincuenta, el cubismo, el arte abstracto y la obra formalmente innovadora de Fernando Botero, Eduardo Ramírez Villamizar o Edgar Negret: la pintura y la escultura dejaron de decorar el espacio doméstico o las oficinas burocráticas para buscar una expresión estética o, sobre todo después de 1960, política.

El mundo de los letrados fue siempre el del libro y los periódicos. Pero el libro, a pesar de la gran valoración de los grupos dirigentes por el escritor o el orador, por el letrado y el periodista, fue marginal. Con una gran proporción de población analfabeta los lectores eran pocos. Los intentos de crear editoriales en el siglo XIX y comienzos del XX fracasaron: el editor lograba publicar unos cuantos libros ayudado por los autores y no tenía mecanismos de distribución. No había librerías sino en Bogotá, Medellín y Barranquilla. La expansión del alfabetismo, por lo tanto, no estuvo acompañada de más libros locales, sino del periódico. Este tenía unos cuantos centenares de suscriptores y los más polémicos eran leídos en voz alta en tertulias y tiendas, para información de los iletrados y para transmitir al pueblo la ideología de sus caciques.

Sin embargo, para escritores, periodistas y maestros, los libros eran esenciales. En el siglo XIX, traídos de París, Barcelona o Madrid, se vendían en tiendas y librerías, el primero de los cuales fue el de J. Simonnot; en 1856, *El Catolicismo*, órgano de la curia, publicó una lista de libros prohibidos en su catálogo, como obras de J. Bentham y las novelas de Eugenio Sue. Los conservadores promovían ideólogos católicos como Donoso Cortés y Jaime Balmes y novelistas como Chateaubriand, mientras los liberales recomendaban novelistas románticos o escritores políticos. Como a la Biblioteca Nacional no iban sino estudiantes, liberales y conservadores fundaron "círculos de lectura" y bibliotecas de arriendo para educar a los artesanos y a la clase media.

Con un mayor índice de alfabetismo, los editores locales, ligados con frecuencia a las órdenes religiosas, concentrados en textos para la escuela, se estabilizaron y algunas editoriales tuvieron importancia cultural. Las librerías, como la de Camacho Roldán y Miguel Antonio Caro en Bogotá y la de Carlos E. Restrepo en Medellín, tres libreros que fueron presidentes, se convirtieron en centro de encuentro de políticos e intelectuales. Ya había un amplio surtido de obras de todo el mundo, traducidas en Buenos Aires, México, Barcelona o Madrid. A partir de 1920 la *Revista de Occidente*, Suramericana y Losada y un poco después el Fondo de Cultura Económica surtieron a los libreros, cada vez más numerosos, y permitieron a los letrados formar sus bibliotecas privadas.

La creación de la Biblioteca Pública Piloto en Medellín, en 1954, creó un nuevo modelo de biblioteca pública: el préstamo y una colección abierta, copiados después por la Luis Ángel Arango en Bogotá, convirtieron la visita a estos recintos en hábito de estudiantes y futuros escritores, y sirvieron de ejemplo para crear en 1999 una excelente red de bibliotecas en Bogotá y, en 2002, un sistema nacional de bibliotecas públicas en todos los municipios, que llegó tarde, cuando el internet empezaba a competir con el libro; sin embargo, es uno de los experimentos de política cultural más importantes de los últimos veinte años.

Con pocas excepciones, poetas y novelistas hicieron sus carreras en periódicos o revistas. La vieja generación del siglo XIX estaba representada, en poesía, por Julio Flórez, que desde fines de siglo había hecho versos llenos de cadáveres y llanto y que recitaban entusiastas declamadores en casas y cafés, y por Guillermo Valencia, poeta parnasiano: *Los camellos* y *Cigüeñas blancas* eran memorizados por los escolares, mientras que *Anarkos* mostraba la solidaridad de un aristócrata con el hambre del pueblo. Porfirio Barba Jacob escribió, sobre todo en México, donde vivió la mayor parte de su vida, poemas rebeldes y emotivos, en los que aludía al homosexualismo o a su afición a la marihuana. Pero contra el modernismo y el realismo regional se levantaron hacia 1915-1925 los jóvenes vanguardistas e innovadores: *Los Panidas* (León de Greiff fue su poeta máximo, Fernando González su polemista) y *Los Nuevos* fueron las revistas que los definieron como generación. En la novela, Tomás Carrasquilla escribió algunas de sus obras más representativas, como *Ligia Cruz* o *La marquesa de Yolombó*, en los veinte. José María Vargas Vila, provocador novelista y polemista liberal, introdujo descripciones eróticas en novelas con mensaje político y social y José Eustasio Rivera denunció en *La vorágine*, una novela realista de 1924, las atrocidades de la explotación del caucho en el Amazonas. La vida bogotana de 1925 a 1950 fue descrita por José Antonio Osorio Lizarazo, en años en que la poesía se refugiaba en las metáforas de los piedracielistas, influidos por la generación española de 1927. La violencia de mediados de siglo produjo una narrativa de calidad en obras como las de Eduardo Caballero Calderón. Rivera, Osorio y Caballero Calderón ofrecían a los lectores una representación convincente y crítica de la realidad nacional, pero con Gabriel García Márquez la literatura colombiana alcanzó niveles universales: *Cien años de soledad*, *El coronel no tiene quien le escriba* o *El amor en los tiempos del cólera*. Después de García Márquez apareció un grupo amplio de buenos escritores, de los cuales se justifica mencionar a Fernando Vallejo, por la estridencia crítica de sus textos y su brillantez retórica, y a Tomás González, por la precisión del lenguaje y la riqueza emocional de sus dramas.

El prestigio de novelistas (y en menor medida, de los poetas) se ha mantenido, aun si con el internet las ediciones son más pequeñas, aunque salen más títulos que antes: hay más autores, pero no es claro si hay más lectores.

Hacia una sociedad laica

La Constitución de 1886 consagró la derrota del esfuerzo de independizar la Iglesia y el Estado: su preámbulo dice que la religión católica es la de la nación y anuló la libertad de cultos establecida en la Constitución de 1853. La educación se sometió a la vigilancia del Estado y los actos fundamentales de la vida —el nacimiento, el matrimonio, la muerte— quedaron bajo el control de la Iglesia: en vez de registro civil, las personas tenían partida de bautismo, el matrimonio se sometió a las normas eclesiásticas y el divorcio se eliminó de la legislación.

El liberalismo, que vio cómo la cuestión religiosa fortaleció al conservatismo y oyó al obispo de Pasto, Ezequiel Moreno, declarar que el liberalismo era pecado, actuó con más prudencia. Rafael Uribe Uribe se arriesgó a una nueva excomunión al escribir un libro —*El liberalismo colombiano no es pecado*— que fue incluido en el Índice romano, pero la polémica disminuyó: muchos liberales volvieron a la Iglesia, aunque se salían de misa durante el sermón que los atacaba. La que había sido tal vez la mayor fuerza en la afiliación personal a un partido —creer en una sociedad regida por los principios religiosos o favorecer, a pesar del catolicismo individual, la separación de la Iglesia y el Estado— dejó de ser central. En la realidad, sin embargo, seguía pesando. Los curas y sacerdotes, con pocas excepciones, apoyaban a los conservadores, y sus sermones reiteraban la obligación moral de votar por candidatos que no iban a actuar contra la Iglesia. En el liberalismo, el anticlericalismo abierto se redujo, aunque subsistían grupos poco ruidosos de artesanos o intelectuales "librepensadores" y las logias masónicas reunían a profesionales y empresarios indiferentes: la pertenencia a ellas estaba condenada con la excomunión. La prensa liberal, *El Tiempo*, *El Espectador*, *El Correo*, una y otra vez fue prohibida por los obispos por poner avisos de cine "provocadores" o por polemizar con alguna decisión eclesiástica. Colegios y universidades estaban vigilados por la Iglesia, y el nombramiento de un rector sospechoso podía ser censurado por la curia, como ocurrió en 1956 con la elección de Gerardo Molina como rector de la Universidad Libre.

Durante estos años, además, se entregó a las comunidades de misioneros la tutela de los indígenas. Los capuchinos y otras órdenes, compuestas en buena parte por misioneros extranjeros, se instalaban en zonas de indígenas y fijaban las reglas de su vida: los obligaron a cubrirse en forma honesta y someterse a un sistema de castigos que incluía los cepos y los azotes, aplicados por orden de los misioneros, y que se volvieron parte de su forma de vida.

Al llegar el liberalismo al poder en 1930, trató de manejar la relación con la Iglesia en forma tranquila y sin la estridencia o el anticlericalismo de Mosquera y sus amigos en el siglo XIX. Pero pequeños incidentes eran convertidos en *casus belli* por la Iglesia o los conservadores: los problemas de manejo de los cementerios, la dirección de un colegio público que había sido entregado a alguna orden religiosa por el gobierno anterior y que el nuevo régimen trataba de recuperar, el nombramiento de algún funcionario que no era considerado apto por la Iglesia o que tenía tachas morales. El eje del esfuerzo liberal se dio en la Constitución de 1936 que, además de quitar del preámbulo la declaración de que la religión católica era la de la nación, creó una contradicción más de fondo al consagrar de nuevo la libertad de cultos.

Los protestantes, en la Constitución de 1886, podían tener iglesias para su culto, pero este debía ser privado: las procesiones públicas, parte tradicional de la vida social, eran derecho exclusivo de los católicos. En muchos pueblos había conflictos y hostigamientos, a veces instigados por los curas y quizá con más frecuencia por civiles fanáticos contra las pequeñas comunidades protestantes, con casos de violencia contra sus pastores. Estas persecuciones disminuyeron bajo los gobiernos liberales, más respetuosos de la libertad de conciencia, lo que produjo entre los protestantes simpatía hacia el liberalismo. La tolerancia oficial les dio un respiro y se volvieron más activos y visibles, lo que provocó quejas amargas de la Iglesia y los conservadores por la "contaminación e infección protestante". Esto sirvió también para que los polemistas mostraran al liberalismo como aliado de la destrucción de la cultura nacional mediante la ruptura de la unidad religiosa. Aunque el gobierno conservador de 1946 a 1950 no adoptó una política de persecución, las autoridades locales cedieron con más frecuencia a las presiones de conservadores y curas del lugar, y hubo pedreas, quemas de iglesias y asesinatos de pastores.

Desde 1958 la vida religiosa se ha transformado por la renovación del catolicismo impulsada por Juan XXIII, con su aceptación de la libertad de conciencia, y por la formación de decenas de nuevos cultos protestantes, sobre todo evangélicos y pentecostales, que tienen ya un peso grande en la religiosidad popular. Como en las corrientes carismáticas del catolicismo, estos cultos promueven un compromiso individual más fuerte, y en algunos casos imponen exigencias morales y financieras estrictas a sus fieles, manifiestas a veces en aspectos como el rechazo al consumo de alcohol, el pago riguroso del diezmo o el cumplimiento de la disciplina laboral. Al mismo tiempo, han retomado los ideales de una sociedad regida por la Iglesia, con participación política de pastores en el Congreso —una estrategia que la Iglesia católica abandonó desde mediados del siglo XIX— y con esfuerzos para someter al Estado a la influencia de la religión y hacer que las leyes obliguen a ciertas prácticas religiosas o morales. Sin embargo, esto ocurre en el ambiente de creciente tolerancia legal consagrado en la Constitución de 1991, que restableció la plena libertad de conciencia y de cultos. Y, sobre todo, ocurre en un ambiente en el que los ciudadanos, aunque siguen considerándose católicos, han convertido su religión en algo privado, con influencia mínima en la vida política, y ya no esperan que la ley o el Estado actúen para hacer cumplir normas morales o religiosas. Y las mismas normas éticas personales se aplican con flexibilidad, de modo que la religión parece influir poco sobre la conducta sexual o de convivencia ciudadana: Colombia, un poco inadvertidamente, se convirtió en una sociedad laica.

Ideas y creencias

A mediados del siglo XX, los medios de comunicación crearon un espacio nacional de información y debate que llegaba a un público amplio y alimentaron una discusión intensa, que remplazó las palabras del cura. Hacia 1970 la radio y la televisión empezaron a desplazar al periódico impreso y a comienzos del siglo XXI el "correo electrónico", que llegó en 1995, y las redes sociales ofrecieron un nuevo espacio para la agitada conversación sobre los problemas nacionales.

Las encuestas y estudios permiten formarse una idea imperfecta de las creencias de los colombianos, que en parte prolongan viejas ideas y en parte son novedosas. Es notable el tibio apoyo a la democracia: los ciudadanos desconfían de los políticos, y piensan que trabajan para su propio beneficio. La identificación con un partido (liberal, conservador) se ha reducido y menos de la mitad de los adultos se sienten parte de uno de ellos, pero no se vinculan a nuevos partidos, hasta ahora alianzas ocasionales de disidencias. Es mayor la confianza en el Estado y la esperanza de que resuelva algunos problemas. Un número elevado de ciudadanos, a los que la Constitución enseñó que tenía derechos y cómo defenderlos, apela a la tutela ante los jueces, sobre todo en materia de salud. El derecho a la protesta pública, a reclamar o pedir decisiones de las autoridades con marchas y bloqueos parece admitido por todos, incluso cuando está acompañado de pedreas y otras formas de violencia, lo que es frecuente, pues provoca la respuesta policial y permite probar que el gobierno reprime la protesta social.

La idea de obedecer la ley que uno no comparte mientras trata de cambiarla siguiendo reglas aceptadas es remota: lo usual es tratar de evitar el cumplimiento o forzar a las autoridades a suspenderla: parece sobrevivir el rechazo colonial a la aplicación de una ley que se juzga injusta. De este modo, cada ciudadano se convierte en juez y decide, con argumentos legales, qué debe obedecer: aumentan así el legalismo y la invocación a la ley mientras se reduce su aplicación. Del mismo modo, es alta la proporción de los que no creen en la justicia, que actúa en forma impredecible, oscilando entre la impotencia y la eficacia espectacular: los poderosos piensan que cuando se les sanciona es por venganza o interés político, mientras los pobres creen que solo se aplica a ellos: "la justicia es para los de ruana". La guerrilla y los paramilitares creen que en vez de buscar que los conflictos se resuelvan en el debate democrático o que las autoridades castiguen a los que violan la ley, hay que defender a la fuerza los derechos y hacerse justicia con la propia mano.

La mayoría de los ciudadanos, por supuesto, no piensa en hacer esto, pero parece aceptarlo como válido, al menos en casos graves. La transacción y el respeto a la ley se han desacreditado como parte de la tradición legalista o "leguleya" de invocarla para encubrir su violación y se aprecia la respuesta enérgica para defender lo de uno. Sin embargo, se esgrimen reiteradamente los derechos legales para denunciar su incumplimiento o el irrespeto a las diferencias y, pese a que las leyes se cumplen poco, el Congreso expide sin cesar normas para imponer el respeto a las minorías y a los débiles, la regulación del lenguaje ofensivo, la promoción de la paz y la convivencia, la educación de los niños en los derechos ciudadanos y el civismo, como ordenan las leyes desde comienzos del siglo XIX.

La convivencia, en un marco legal aceptado si es favorable a los intereses propios, está llena de sobresaltos. Ceder y permitir a los demás ejercer sus derechos, por el argumento ético de que así debe ser, por la consideración utilitarista de que con ello todos estaremos mejor, por quedar bien con los demás o por temor a la sanción, no es usual. La sensación, desmentida por inesperados gestos altruistas, es que cada uno busca defender sus derechos a toda costa, sin dejar que los demás se anticipen ("no dar papaya") y que no se tiene en cuenta el derecho de los otros, que no existe una "cultura ciudadana", como la que se trató de desarrollar con algún éxito, pero sin continuidad, en la Bogotá de finales del siglo XX.

Los colombianos son conscientes de los altos niveles de violencia, corrupción, impunidad y pobreza. En redes sociales y medios de comunicación aparecen denuncias y mensajes desesperados sobre el horror, la interminable guerrilla, los 6 u 8 millones de víctimas que ha dejado la violencia, o sobre casos que muestran lo malo que somos. Al mismo tiempo, la violencia y el delito aparecen justificados por las condiciones sociales: el delincuente, el combatiente de un grupo armado, es víctima de una vida ardua que explica y justifica su reacción: en el fondo, la culpa es del sistema, de todos o del Estado, que debería cuidar, como el buen monarca, el bien común que los ciudadanos no cuidan.

Desde fines del siglo XVIII los letrados criollos descubrieron que el imperio español estaba muy atrasado y trataron de ilustrarse. Durante la Independencia y el siglo XIX buscaron el progreso y pensaban que, aunque teníamos instituciones más avanzadas que el resto del mundo, pues éramos una democracia en un planeta de reyes y tiranos, hacía falta educación para progresar. Colombia se abrió al mundo y se empeñó en ponerse al día. Adoptó máquinas de vapor, electricidad, producida en forma renovable en grandes hidroeléctricas, teléfono, radio, cine y televisión, vehículos motorizados, fábricas, acueductos, vacunas, microscopios, periódicos, fútbol y bicicletas, edificios altos y ciudades con árboles y planes reguladores, ciudades universitarias y laboratorios. Copió también las modas, recortando patrones de costura en las revistas. En literatura y arte imitaba con atraso las tendencias de las metrópolis, pero poco a poco, la distancia fue disminuyendo hasta que, alrededor de 1960, el país entró en diálogo inmediato con la novela, la pintura o la música del mundo.

En ciencia y tecnología la distancia es grande, pero la apropiación del avance científico es tal vez la explicación principal para que el crecimiento económico entre 1810 y 2010 haya sido un poco más rápido que el de los países avanzados, para que, en muchos aspectos, la vida de un colombiano se parezca hoy a la que tendría en países más ricos.

Los medios de comunicación, la emigración y los viajes sacaron a los colombianos de su horizonte local y los convirtieron en miembros de una sociedad global. Hoy están pendientes del mundo, para compararse y ver cómo los ven los demás. Es repetida la exaltación de los logros del país o sus ciudadanos. Triunfos deportivos, concursos internacionales de belleza o listados que destacan algo positivo —músicos o escritores, buenos restaurantes, sitios para turistas, bellezas naturales, el estudiante o el profesor que sobresale en una universidad extranjera, la penetración de una empresa en un mercado externo— reciben gran atención. Las encuestas sugieren que el país está entre los más felices del mundo, con gente orgullosa de su democracia y del orden legal, aunque crea que la democracia no funciona y la ley casi nunca se cumple. Al mismo tiempo que se subrayan los males de Colombia se insiste en que estamos en el mejor sitio del mundo. Entusiasmo y desaliento, vergüenza y orgullo, felicidad y sufrimiento, alegría y depresión: Colombia sigue siendo un país de grandes esperanzas y difíciles logros, en el que la naturaleza ofrece su riqueza, pero abruma con sus dificultades.

Por otra parte, el desarrollo de un mercado, una administración pública y un sistema político que cubre todo el territorio parecen haber satisfecho el sueño de los creadores de la república: la formación de un país. Sin embargo, no definió una "identidad nacional", pues los particularismos culturales son fuertes. Colombia nunca se convirtió en una nación en el sentido que el término tenía a fines del siglo XIX: una comunidad que comparte lengua, creencias, costumbres y valores. Hoy es un mosaico en el que las diferencias culturales locales o regionales, sociales y étnicas se afirman y defienden. Para muchos, la diversidad nacional, reconocida en la Constitución de 1991, más que la identidad, es un factor de creatividad que debe defenderse de las tendencias unificadoras.

CAPÍTULO XVI

Los extranjeros en Colombia

Colombia, con una población mestiza muy variada, segmentada y jerarquizada, que resultó del difícil encuentro entre indígenas y españoles y de la importación forzada de esclavos del África, ha tenido menos migrantes extranjeros que otros países de la región, como Argentina, Brasil, Chile o, incluso, Perú y Venezuela.

Durante la Colonia los españoles prohibieron la llegada de "extranjeros", aunque la permitieron en casos muy especiales, cuando se trataba de personas que trajeran conocimientos o habilidades que ellos no tenían. Después de la Independencia, los dirigentes de la República, ilusionados con la potencial riqueza de Colombia, soñaron con una numerosa inmigración y trataron, ofreciendo parcelas gratuitas y otras ayudas, de atraer campesinos y artesanos europeos, así como inversionistas y comerciantes. Aunque las selvas podían ser llamativas y emocionantes para los viajeros y naturalistas, por su variedad y riqueza, el ambiente era poco atractivo para un labriego: el clima era muy diferente al de Europa, lleno de plagas y enfermedades, y las tierras no se prestaban para sembrar los productos que conocían. Argentina, Uruguay o Chile, con sus praderas templadas, adecuadas para el cultivo de trigo o la cría de ganados, eran mejores que unas parcelas que había que comenzar por limpiar, tumbando los bosques y quemándolos. Tampoco era muy favorable el ambiente político, con sus guerras civiles y la arbitrariedad de las autoridades, aunque este era un mal común de muchos países vecinos, y la intolerancia religiosa llevaba al rechazo de protestantes, judíos o islamitas.

A pesar de todo, desde 1810 llegaron puñados de extranjeros, casi exclusivamente varones jóvenes, atraídos por las oportunidades de la guerra y las posibilidades, limitadas pero reales, de la minería y el comercio, y después, de la industria. Y sobre todo, como en la Colonia, llegaron los que tenían conocimientos que hacían falta en el nuevo país: médicos, impresores y mineros. A ellos se unieron científicos, educadores y artistas, que en los siglos XIX y XX exploraron, describieron o pintaron el país, del que muchas veces se enamoraban.

No fueron muchos, pero su impacto fue grande: trajeron tecnologías desconocidas para la extracción del oro o la plata, la producción de cervezas y productos alimenticios, el diseño y construcción de edificios más ambiciosos; ensayaron formas nuevas de organización del comercio o del crédito; hicieron mapas y estudiaron la naturaleza, la geografía y la geología; enseñaron en colegios y universidades, sobre todo las ciencias exactas, poco conocidas, y ayudaron a conformar las ciencias sociales, como la antropología o la psicología. En la cultura diaria, la alimentación o el uso del tiempo transformaron los gustos, ampliando la oferta en sus cafés y restaurantes, abrieron librerías, crearon editoriales y periódicos o impulsaron las artes plásticas y el teatro.

A veces los notables locales los miraban con desconfianza, por razones políticas y religiosas, y chocaron en ocasiones con los productores y artesanos del país, lo que produjo algunos casos de violencia contra los extranjeros, como ocurrió en 1879 en Bucaramanga. A veces se rechazó a los que pudieran traer ideas anarquistas o revolucionarias, pero en general fueron bien acogidos: los dirigentes políticos creían que ayudarían al desarrollo del país, aunque preferían los católicos y los más parecidos a los notables colombianos: los españoles y los blancos del Caribe o los europeos. Chinos, árabes y judíos fueron vistos con desconfianza y a veces con hostilidad, aunque en general fueron acogidos, en medio de políticas oficiales que buscaban seleccionar en estos grupos sospechosos a los más preparados, los que vinieran con un capital para invertir o una profesión que pudieran transmitir a los habitantes locales. Entre los inmigrantes del Medio Oriente, que vinieron a fines del siglo XIX y comienzos del XX, ante todo huyendo de las difíciles condiciones de sus tierras, predominaron los cristianos. En términos religiosos, los únicos extraños fueron unos pocos protestantes, a los que protegía su riqueza o su alto nivel social, y los judíos. Muchos de estos inmigrantes se convirtieron al catolicismo, sobre todo en los primeros años, para casarse con una mujer local, o se agruparon en comunidades que les servían de protección.

Muchos extranjeros se integraron con facilidad en la sociedad local. Se casaban, ellos o sus hijos, con jóvenes de buena familia, que veían con simpatía el matrimonio con un inglés o un alemán; para muchos esta era una forma de mejorar el patrimonio familiar, de ascenso y reconocimiento social, o de diluir la marca vergonzosa de ancestros indígenas o africanos: una forma de blanquearse. Muchos extranjeros, por otra parte, venían de paso: interesados en conocer la naturaleza tropical, volvían a sus países natales, donde publicaban sus libros y seguían sus estudios. Fueron centenares los viajeros que describieron la Nueva Granada o Colombia y decenas los pintores e ilustradores que la retrataron. Alexander von Humboldt, Jean Baptiste Bossingault, François Desiré Roulin, Joseph Brown, Frederic Church y José María Gutiérrez de Alba son ejemplo de este esfuerzo; fruto de sus viajes dejaron libros e ilustraciones. Otros, después de manejar una mina, un almacén o un banco, o de varios años de enseñanza en una universidad, regresaban a su tierra, dejando a veces algunos descendientes orgullosos de su apellido.

Tampoco fueron los neogranadinos y colombianos emigrantes frecuentes: durante la Colonia pocos viajaron a España o a otras regiones de América; cuando lo hacían, era para seguir sus carreras de funcionarios o sacerdotes. Los más notables fueron probablemente Francisco Antonio Moreno y Escandón, que murió siendo regente de la Audiencia de Santiago de Chile; Joaquín Mosquera y Figueroa, que fue regente de España, y Francisco Antonio Zea, que fue director del Real Jardín Botánico de Madrid. La gente nacía y moría donde había nacido, e incluso era poco frecuente el viaje de una provincia a otra, que se hacía ante todo buscando una universidad o por razones de empleo y excepcionalmente, para los campesinos, buscando una parcela para asentarse en un área de colonización.

Después de la Independencia, en el siglo XIX, fueron pocos los colombianos que viajaron fuera del país, casi siempre enviados por sus padres para formarse como médicos en Francia o ingenieros o industriales en Estados Unidos o Inglaterra, o atraídos por el brillo intelectual de París o Londres, como Ezequiel Uricoechea, Rufino Cuervo, Santiago Pérez Triana o la compositora y pianista María Gutiérrez Ponce. Era una emigración selectiva, educada, de clase alta, que se extendió, en la primera mitad del siglo XX, a Buenos Aires, donde estuvieron Alberto Lleras y Baldomero Sanín Cano, o a México, a donde fueron Porfirio Barba Jacob, Rómulo Rozo y Álvaro Mutis.

Esto cambió a mediados del siglo XX, cuando la población empezó a advertir los contrastes de riqueza y oportunidades con otros países, sobre todo cuando en Colombia se desató la violencia. Mientras algunos artistas e intelectuales viajaban a Europa o México, como Emma Reyes, Fernando Botero o Gabriel García Márquez, los desempleados buscaban oportunidades en Venezuela o Estados Unidos. Esta migración fue masiva (en 2013 se calculaba que había más de cuatro millones de colombianos en el exterior), de personas que se congregaban en barrios colombianos en Nueva York o Miami, o que formaban comunidades nostálgicas en otros sitios, donde bailaban la música tropical y hacían sus arepas. Y tuvo un efecto económico grande, al reducir el desempleo interno y apoyar a las familias que quedaban con sus envíos de dinero, que llegaron a representar una parte importante de las entradas de moneda extranjera a la economía nacional. Y también tuvo un impacto inesperado, al ofrecer, a mediados de la década de 1970, unas redes de colombianos instalados en Estados Unidos y en menor escala en Europa, que fueron fundamentales en la creación de la economía exportadora de la droga: Colombia no tenía antecedentes ni experiencia en el negocio de la marihuana y de la cocaína e incluso debía traer la hoja de coca del Perú, pero tuvo la ventaja de contar en el exterior con familiares y amigos dispuestos a entrar al negocio, en el mismo momento en el que, en Medellín, Santa Marta o Cali, las mafias locales descubrían las posibilidades de la droga.

La migración colonial

Durante el período colonial las Indias fueron consideradas patrimonio de "Castilla y de León", de modo que los españoles que venían como conquistadores o colonos eran ante todo de Castilla, Andalucía, Extremadura o León. En principio, los vascos o catalanes no podían participar en la Conquista. Incluso cuando Portugal y España estuvieron unidos, entre 1580 y 1640, los portugueses no tenían derecho a establecerse en las Indias. Lo mismo se aplicaba a los vasallos de otros reinos sometidos al monarca español, como los napolitanos y sicilianos.

Sin embargo, esta prohibición no era total: muchos que habían vivido en Castilla y León fueron admitidos, y desde el comienzo hay conquistadores vizcaínos o navarros, y uno que otro portugués, y la prohibición no se vio como arbitraria. En ciertos momentos del siglo XVIII, dada la relación familiar y las alianzas entre los dos reyes Borbones de Francia y España, se toleró cierta migración francesa, que incluyó soldados, como Luis Girardot, que vino en 1782 y terminó, en 1810, sumándose a los partidarios de la independencia. Además, por razones prácticas, en los puertos había con frecuencia agentes comerciales extranjeros y a veces se trajeron técnicos, constructores o marinos de otros países.

Un caso interesante durante la Colonia es el de los judíos españoles (sefarditas). Como en 1492 se había expulsado de España a los que no se convirtieran, lo que ordenó al poco tiempo también Portugal, muchos se convirtieron y se quedaron en España. Los conversos, de todos modos, no podían venir a América, pues pronto se aplicó una regla más exigente: solo podían venir a las Indias personas que demostraran limpieza de sangre, es decir, que no tuvieran ancestros judíos o árabes, aunque se hubieran convertido. Y por supuesto, con mayor razón se excluía y se trataba de expulsar a los conversos aparentes, que podían venir a América para practicar en forma oculta su religión original, aprovechando la lejanía y la ineficacia de las autoridades.

La llegada de conversos fue probablemente limitada, aunque algunos lograron burlar la impredecible e ineficiente burocracia española. Si eran conversos sinceros se volvían iguales a los demás españoles. A veces se acusó a personas con ancestros judíos de seguir practicando su religión, cumplir las prohibiciones alimenticias, etc., pero no parece que hayan sido muchos los casos, algunos de los cuales quedaron documentados en los archivos de la Inquisición. De todos modos, los rumores sobre la presencia de judaizantes eran frecuentes, y es imposible desmentirlos del todo, pues la práctica de los conversos de adoptar apellidos españoles, y precisamente los más comunes (Gómez, González, López, Pérez, Rodríguez) para ser menos visibles, tuvo el efecto paradójico de que en muchos casos se presumiera que todas las personas con estos apellidos eran judíos. Esto hizo que en el siglo XIX algunos mezclaran prejuicios culturales y rivalidades para atribuir a los antioqueños un ancestro judío, lo que no tiene muchas bases: probablemente vinieron conversos y judaizantes, pero en proporciones similares a las de otras partes de América, o incluso en mucho menor cantidad, dada la escasa migración total a Antioquia, que tenía menos de 50 000 habitantes en 1778.

En el siglo XVIII aumentó el esfuerzo de la Corona española por frenar la entrada de extranjeros, que competían con los comerciantes en los puertos y a veces seguían hacia el interior. Por eso, en 1736 una Cédula Real ordenó que cabildos y gobiernos "celen con la mayor vigilancia que ningún extranjero se avecine ni comercie sin la respectiva licencia". En 1751 el virrey José Alfonso Pizarro dio dos meses a los extranjeros para abandonar el Reino, con excepción de los que estuvieran empleados en "oficios mecánicos útiles para la República". Los participantes en la rebelión de los Comuneros compartieron este rechazo a los extranjeros, y entre sus peticiones estaba la de que se cumplieran las reglas que prohibían "la internación, mansión y naturaleza de los extranjeros en parte alguna de este Reino" y que los que hubiera salieran antes de dos meses.

A finales del siglo XVIII, sin embargo, aumentó la llegada de inmigrantes del norte de España a las Indias. Algunos historiadores han argumentado que en Antioquia la presencia de los vascos fue excepcionalmente amplia, pero en realidad fue similar a la de otros sitios en los que la colonización se hizo en estos mismos años, como Chile. De todos modos, los inmigrantes del siglo XVIII fueron pocos, no más de unos centenares.

Al lado de los peninsulares, las autoridades permitieron a veces la entrada de extranjeros con oficios especiales. En 1740 el médico francés Pedro Eusse llegó a Cartagena y trabajó después en Antioquia. Otros médicos franceses fueron Luis Belisen, Leonardo Sudrot de la Garde, que ejerció en Cali desde 1730, y Luis Francisco de Rieux, que vino un poco después de 1783 a Cartagena: se nacionalizó como español, fue enviado preso a España por su papel en las conspiraciones de 1794 en Santafé de Bogotá, y luchó en la independencia como patriota. Como parte del esfuerzo de actualización técnica y científica de fines del siglo XVIII, en 1788 las autoridades mandaron a Nueva Granada ocho mineros alemanes, que no parecen haber tenido un gran impacto en la producción de oro de ese momento, pero ayudaron a mejorar a largo plazo las técnicas de extracción de metales. Después de la independencia, dos de ellos, Jacobo Wiesner y J. Friedrich Bayer (Baer o Bhar), permanecieron en la Nueva Granada, participaron en otros proyectos mineros y dejaron una amplia descendencia.

San Andrés, por otra parte, se pobló en la época colonial con colonos ingleses y negros, muchos de ellos esclavos, provenientes de Jamaica. Cuando la isla fue incorporada a la administración española, muchos descendientes de los esclavos, que portaban los apellidos de sus amos, se quedaron viviendo en la isla, donde se conformó una cultura local de habla inglesa "criolla", protestante y con muchos rasgos caribeños.

La Independencia: la inmigración militar

La Independencia favoreció la venida de muchos militares extranjeros. En Europa y el Caribe, los enfrentamientos entre Francia, España e Inglaterra habían creado ejércitos numerosos, llenos de aventureros experimentados y sin lazos nacionales muy fuertes. Cuando, en 1810, Caracas y la Nueva Granada empezaron su rebelión, comenzaron a venir franceses e ingleses, sobre todo. Algunos, como Pedro Labatut, Manuel Serviez y Gregor MacGregor, llegaron en 1811 a Caracas para apoyar las tropas de Francisco Miranda. Otros fueron contratados por las autoridades de Cartagena en 1813 y desde ese año se formaron grupos de aventureros independientes que equiparon buques y actuaron como corsarios en el Caribe, como Louis

Aury, a quien se sumaron MacGregor, Luis Perú de Lacroix y Agustín Codazzi. En 1812 llegó a Popayán Alexander Macaulay, un norteamericano, que apoyó a los patriotas, pero fue ejecutado por los realistas en 1813 en Pasto. Algunos de ellos, como Serviez, que volvió en 1813 a Cartagena, después de refugiarse en las Antillas, desempeñaron un papel importante en el entrenamiento de los ejércitos locales, difíciles de disciplinar.

Fue ante todo la llamada Legión Británica la que trajo más soldados. Entre 1817 y 1819 unos 6000 militares, en su mayoría británicos, financiados con créditos obtenidos por los agentes de Caracas, se sumaron a los patriotas: un poco más de 4000 participaron en la guerra en Venezuela y unos 700 llegaron a la Nueva Granada, donde ayudaron en 1819 a derrotar a los españoles. Muchos de los militares europeos murieron, víctimas de las enfermedades o de la guerra, y unos pocos permanecieron en Colombia.

La república

Conseguida la independencia, la República de Colombia comenzó a buscar la llegada de migrantes, en especial agricultores europeos. Para lograrlo, se expidieron leyes diversas, desde 1821, que ofrecían tierras baldías y una nacionalización fácil a los migrantes, y hacían importantes concesiones de tierras. Dos y medio millones de hectáreas se reservaron para estos proyectos y casi todas fueron asignadas a los empresarios que los promovían, pero pocas fueron efectivamente usadas y entregadas: los colonos no llegaron, a pesar de que nuevas leyes, en 1843 y 1872, trataron de atraerlos. Para hacer menos inquietante el viaje de los europeos, se permitió el establecimiento de cementerios para protestantes (Bogotá, 1827) o judíos (Barranquilla, 1857; Bogotá, 1932) y se crearon colegios "americanos", como el de Barranquilla, abierto por los presbiterianos en 1889.

Los gobiernos buscaban ante todo promover la economía, pero además "mejorar" la población trayendo grupos humanos como "la vigorosa e inteligente raza europea", según la llamó Manuel Ancízar en 1847, que se consideraban más trabajadores y capaces que los viejos habitantes del país, vistos por muchos como viciosos, perezosos o incultos. En el ambiente de la Regeneración, que buscaba conformar una "nación" basada en la tradición española, los migrantes empezaron a verse como un peligro para "lo más íntimo y noble" de la nación, su lengua y su religión. Esto se acentuó por la llegada de muchos refugiados del Medio Oriente –sirios, palestinos, libaneses–, que venían huyendo de los conflictos políticos y militares de esa región.

Desde 1886 hasta 1950 el rechazo racial y cultural frenó la acogida de los inmigrantes, aunque las leyes siguieron promoviendo su venida y ofreciendo tierras, pero a veces fijando limitaciones y cupos para los grupos nacionales menos deseados y dando instrucciones a los cónsules, desde que se empezó a exigir pasaporte en 1918, para que no dieran visas a quienes pudieran traer ideas anarquistas o rebeldes.

Por esto, la inmigración fue ante todo un hecho individual. Los que llegaron vinieron atraídos por los empresarios que buscaban socios o técnicos para las minas, o aventureros e inversionistas que buscaban establecerse como comerciantes. El gobierno, por su parte, contrató desde 1822 a un grupo de técnicos europeos para que enseñaran en Bogotá metalurgia y otras ciencias útiles, apoyaran el diseño de caminos y mejoraran las explotaciones de minerales. En desarrollo de estos contratos vinieron el español José María Lanz, los franceses Jean Baptiste Baussingault y François Desirée Roulin y el peruano Mariano Rivero, que enseñaron durante varios años, ayudaron a mejorar las técnicas en las minas de Marmato y Supía (donde vinieron también George Gärtner y William Cock) o Mariquita. La esposa de Roulin, Nanette, introdujo en Bogotá la "cintura de avispa" y puso de moda el corsé, ante la curiosidad de las bogotanas, sorprendidas por la esbeltez de la francesa. Otros abrieron librerías, como Jean Simmonot en 1851, o ayudaron a formar las sociedades musicales, como Henry Price. Después las compañías de ópera llegaron a las principales ciudades, tratando de cambiar el gusto de los ilustrados. Casos especiales fueron el de Oreste Sindici, que se quedó en Colombia y terminó, después de muchos esfuerzos, componiendo la música del himno nacional de Colombia. A mediados del siglo XX las orquestas sinfónicas estaban dirigidas por extranjeros, como Olav Roots o Joseph Matza, y todavía eran famosas las hermanas Esperanza y Marina, hijas del italiano

José Uguetti, director de una compañía de zarzuela que terminó radicado en Colombia. En muchas partes los profesores e intérpretes de música eran extranjeros, como Hilda Adler o Martha Senn en Bogotá, o Jesús Arriola, Luis Miguel de Zulátegui, Pietro Mascheroni, Ana María Penella y Harold Martina en Medellín. Muchos artesanos eran europeos, y entre ellos puede recordarse al alemán Horst Damme, un constructor de juguetes de madera y hojalata en Bogotá, quien llegó en 1937 a Colombia y abrió en 1949 su taller de juguetería.

En 1826 Carl Segismund von Greiff y Peter Nisser llegaron de Suecia a buscar suerte en las minas de aluvión de Antioquia, y en 1833 fundaron The Anori Gold Stream Works en Londres. El inglés Thomas Moore vino a Antioquia, donde hizo los primeros molinos para la trituración de las arenas y estableció la fundición de Titiribí, explotó las minas de El Zancudo y se asoció con la familia local Vásquez para promover colonizaciones agrícolas. Moore especuló en tierras urbanas en Medellín y regaló los lotes para el Parque de Bolívar y la nueva Catedral, junto al barrio de Villanueva, y se trasladó después a Sasaima, donde hizo un ambicioso cultivo cafetero: allí, en "El Descanso", desarrolló nuevas formas de secado para el grano, que le permitieron obtener una de las pocas patentes expedidas en el siglo XIX. Además de Moore llegaron otros ingleses como Carlos Johnson y los hermanos Robert y John Henry White Blake.

Además de los mineros, en el siglo XIX los alemanes llegaron, como comerciantes, a Bucaramanga, donde se destacaron Geo von Lengerke, los hermanos Leo y Emil Kopp, que después se trasladaron a Bogotá, y los hermanos George y Christian Goelkel. En Antioquia fue famoso "Mr. Aisla" (Heinrich Heuesler), que trabajó como constructor e hizo el puente de Guayaquil, así como, a comienzos del siglo XX, Adolf Held, agente bancario que participó en la fundación del que después fue el Banco Comercial Antioqueño. También fueron alemanes, en buena parte judíos, los fundadores del Banco de Bucaramanga, en 1872, y un judío danés, Karl Michelsen Koppel y sus primos Bendix y Salomón Koppel, estuvieron en 1870 entre los fundadores del Banco de Bogotá.

William Wills fue otro migrante de larga participación en la vida colombiana: vino en 1825 como agente de la Colombia Mining

Association. Se casó con Juana Pontón, una de cuyas hermanas se casó después con el general Santander. Después de retirarse de sus aventuras mineras y bancarias montó una ambiciosa hacienda en Cune, junto a Villeta, donde funcionó el primer molino hidráulico que se usó para moler caña en el país y que producía un aguardiente de fama. Wills, además, publicó varios estudios sobre Colombia, como las Observaciones sobre el comercio de la Nueva Granada, en 1831.

En esta primera mitad del siglo XIX llegó una nueva oleada de médicos, entre los que estuvieron Richard Cheyne, que vino a Bogotá, o Hugues Blair, que llegó a Antioquia. Y educadores, entre los cuales se destacaron los pedagogos alemanes que se trajeron en 1872 para establecer las escuelas normales. Antes habían venido impresores, como los dibujantes y tipógrafos venezolanos Jerónimo y Celestino Martínez, que ayudaron desde 1849 a establecer la litografía como elemento esencial en los periódicos, y Manuel Ancízar, un cubano que llegó a ser rector de la Universidad Nacional después de haber participado en la Comisión Corográfica y de fundar El Neogranadino, el periódico de mayor influencia intelectual de mediados del siglo XIX. En el siglo XX hubo otros editores y libreros como Salomón Lerner y el paraguayo Luis Carlos Ibáñez, fundador de Tercer Mundo Editores.

El conocimiento de la geografía y la naturaleza, que había sido impulsado a fines del período colonial por la Expedición Botánica, en la que participaron muchos criollos, fue estimulado por viajeros como Alexander von Humboldt y sobre todo, a mediados de siglo, por los trabajos de la Expedición Corográfica, dirigida por el italiano Agustín Codazzi. Otros alemanes dedicados a estudiar la geografía fueron Hermann Kartsner, Friedrich von Schenk y Alfred Hettner, que describió a fines del siglo XIX la cordillera oriental, y poco después un grupo amplio de alemanes estudió la geología del país: Wilhelm Sievers, Robert Scheibe y Emil Grosse, entre muchos otros.

Por otra parte, los extranjeros participaron en el establecimiento de cafés, restaurantes y pensiones. El primer café que aparece mencionado fue establecido en Cartagena, y en Bogotá tuvieron fama, a fines del XIX, el Café Italiano y la Panadería Francesa. La producción de cerveza, una bebida desconocida en el país de la chicha, había comenzado ya en 1831, cuando fue asesinado el cervecero alemán J. Meyer. Después la produjeron otros ingleses, como Samuel Sayer, en Bogotá, o Edward Nicholls, en Antioquia, a los que siguieron en Bogotá los criollos Rufino y Ángel María Cuervo, hasta que, a fines de siglo, los Kopp, los Clausen y Rudolf Kohn trajeron expertos alemanes para sus cervecerías, sobre todo Bavaria y Germania.

En los siglos XIX y XX vinieron con frecuencia extranjeros interesados en el tráfico de productos tropicales y exóticos, como orquídeas o pieles de animales. Algunos, como Eduard André, publicaron descripciones del país, y otros fueron víctimas de la violencia local, como Albert Millican. En el siglo XX el gallego Antón Avilés de Taramacos, que vino hacia 1935, trabajó como librero, exportó pieles, negoció con la guerrilla y finalmente regresó a su tierra, donde fue reconocido como el poeta nacional de Galicia.

En el siglo XX los extranjeros estuvieron entre los promotores de la radio y la televisión, o del teatro, como Seki Sano, Fausto Cabrera o Fanny Mickey. También fue muy amplia la contribución de los arquitectos extranjeros a la modernización de las ciudades, tanto por sus aportes a la planeación urbana (como Leopoldo Rother, autor de planes reguladores de Bogotá) como por su trabajo de arquitectos. Ya desde 1848 el Capitolio Nacional, el Panóptico y otros edificios emblemáticos habían sido obra de un arquitecto jamaiquino, Thomas Reed. Después, Bogotá siguió transformándose en parte por el trabajo de Gaston Lelarge, Pietro Cantini, Bruno Violi, Fernando Martínez Sanabria o Viktor Schmidt. Medellín contó con la obra del francés Emile Carré (la Catedral, la Plaza de Mercado de Cisneros, los edificios Carré, la Estación), los belgas Agustín Govaerts (la Gobernación, el Palacio Nacional, la Escuela Normal) y Federico Blodek, mientras en Barranquilla y Cali se promovían los barrios arborizados del modelo norteamericano de la "ciudad jardín", impulsados por empresarios como Karl Parrisch. Un inventario de los empresarios y cocineros extranjeros en el siglo XX sería muy extenso: belgas (Max Goerres: Restaurante El Gran Vatel), austriacos (Max Temel: Restaurante Temel), franceses (Claude Lamaire: Restaurante La Reserve), italianos (Cesare Mossali: El Continental), españoles (Saturnino y Fernando Pajares:

Restaurante Salinas), chinos, japoneses, brasileños, árabes, peruanos (Eduardo Quispe: Restaurante Eduardo's), mexicanos y muchos más que establecieron restaurantes en varias ciudades.

En cuanto a la inmigración colectiva, ninguna de las colonias impulsadas en el siglo XIX prosperó, ni siquiera la que promovió el geógrafo Elisée Réclus en Santa Marta, donde pensaba ampliar el cultivo del café que algunos franceses habían comenzado. Tampoco funcionaron esfuerzos como el de Nicolás Tanco Armero de traer obreros chinos para apoyar el trabajo de las vías de comunicación, siguiendo un ejemplo que había tenido éxito en el Perú. La única migración en grupo resultó de una inesperada fascinación literaria: en 1922 se publicó en Japón una traducción parcial de María, de Jorge Isaacs. Cuatro estudiantes japoneses, al leer la novela, se interesaron por el Valle del Cauca y vinieron a conocerlo en 1923 y algunos trabajaron algún tiempo en la zona. Con base en esta experiencia, en 1928 o 1929 llegaron los primeros japoneses a establecerse en esta región, entre ellos el traductor de María, Yuso Yakeshima. A ellos siguieron a los pocos años decenas de familias, que vivieron en colonias agrícolas cerca a Palmira. Antes se había destacado, en Bogotá, el jardinero que sembró los árboles del Bosque de la Independencia y el Bosque Izquierdo, Tomohiro Kawaguchi, al que se añadió Jorge Enrique Hoshino, que vino en 1921, manejó una estación experimental agrícola del gobierno a partir de 1936, arborizó muchos barrios y residencias y en abril de 1946 firmó un contrato de ocho meses con el gobierno para arborizar a Bogotá para la Conferencia Panamericana. A este esfuerzo se debe en buena parte la presencia de los urapanes o fresnos en Bogotá.

Antes de la venida de los japoneses había comenzado la llegada de poblaciones expulsadas por conflictos y guerras en sus países. Desde finales del siglo XIX, ante la crisis del llamado imperio turco, muchos de sus habitantes, sobre todo de El Líbano y Palestina, buscaron refugio en América. Los migrantes fueron sobre todo cristianos, y llegaron a la costa Atlántica, en especial a Riohacha, Santa Marta y Barranquilla. Los centenares de viajeros crearon una red amplia en todas las regiones de la costa, hasta Montería o Sincelejo, o en los puertos del río Magdalena, desde Puerto Wilches a Girardot, y tuvieron gran influencia en el desarrollo de la gastronomía regional pero, sobre todo, fundaron tiendas y almacenes de estilo más informal y crearon mecanismos de promoción de sus productos que pronto alteraron las prácticas comerciales, por las facilidades para dar créditos, los mecanismos de pago semanal o mensual en la propia casa y otras reglas que facilitaban la vida de sus clientes. Poco a poco sus negocios prosperaron, se mezclaron con los notables locales y terminaron teniendo, desde mediados del siglo XX, una gran influencia en la política y un papel dominante en el comercio. Ya en 1946 Gabriel Turbay Avinader, un hijo de estos inmigrantes nacido en 1901 en Bucaramanga, fue candidato del partido liberal para la presidencia, y en 1978 Julio César Turbay Ayala fue elegido presidente de Colombia. Turbay Ayala había nacido en 1916 en Bogotá, donde los "turcos", como eran llamados a pesar de venir ante todo de El Líbano y Palestina, dominaban el comercio al menudeo de telas y otros productos de consumo.

El otro grupo de migrantes fue el de los judíos. Los que llegaron en el siglo XIX eran en general conversos, que se casaron en Colombia, como Jorge Isaacs; Santiago Eder, que vino en 1832 y compró "El Paraíso", la hacienda de Isaacs, y estableció el primer ingenio moderno de azúcar en el Valle del Cauca, o Leo Kopp, fundador de Bavaria. También se hicieron católicos Karl Michelsen y Salomon Koppel. Este patrón de migración individual se mantuvo hasta el siglo XX, pero la aparición de la persecución antisemita en diversos países de Europa oriental y el Medio Oriente llevó a migraciones colectivas. En el caso colombiano estas se hicieron especialmente notables con la llegada de los nazis al poder. Entre los judíos que vinieron huyendo del régimen de Hitler estuvieron Eric Arendt, notable poeta: su esposa fabricaba chocolates durante la segunda guerra mundial, y Arendt animaba, con otros inmigrantes, un grupo anti-fascista, que tenía su periódico. Entre estos migrantes estuvo Hans Ungar, de una familia de comerciantes, que poco después de llegar compró la Librería Central, de Paul Wolff, que había sido antes del poeta mexicano Gilberto Owen. Owen fue después jefe de redacción de la revista Estampa.

Otros judíos participaron en la vida comercial e industrial de Medellín, Bogotá, Cali, Barranquilla y otras ciudades. Como los turcos y sirios, fueron importantes en la transformación del comercio, pero mostraron además una mayor inclinación al montaje de industrias, no solo textileras y alimenticias, sino químicas o de electrodomésticos. Además, promovieron, sobre todo en Bogotá, la transformación urbana de la ciudad mediante diversas especulaciones en tierras y edificios.

Durante los años treinta y la segunda guerra mundial otros grupos de Europa buscaron a veces refugio para las dificultades o persecuciones que encontraban en sus países. Colombia había recibido una continua migración española, sobre todo de curas y monjas que venían a comunidades religiosas dedicadas a la enseñanza, desde 1886. En los años siguientes, al menos un empresario notable español se estableció en Colombia: José Carulla Vidal, que llegó en 1904 a Barranquilla y abrió en 1907 "El Escudo Catalán", antecedente de la mayor cadena de tiendas de alimentos del país. Un educador laico, Pablo Vila, dirigió el Gimnasio Moderno y escribió una Geografía de Colombia. A partir de 1936, cuando estalló la guerra civil en España, los republicanos, liberales e izquierdistas buscaron refugio fuera. México y Argentina fueron, en América Latina, los destinos preferidos, y en menor escala Venezuela. Aunque Colombia había perdido el entusiasmo con los migrantes, y a pesar de los temores de conservadores y liberales moderados por la influencia ideológica de las izquierdas españolas, el gobierno buscó apoyar y proteger al menos a algunos profesores e intelectuales notables. A ellos se sumaron otros extranjeros y algunos judíos perseguidos, para conformar un conjunto de intelectuales que transformó en forma decisiva la universidad colombiana y algunas ciencias sociales. En la Escuela Normal Nacional, donde se formaban los profesores de secundaria de más alto nivel, se reunieron los españoles Pedro Urbano González de la Calle, José Prats, José de Recasens, Luis de Zulueta y los alemanes Ernesto Guhl, Rudolf Hommes y Gerhard Masur. En estos años vinieron también, y contribuyeron a constituir la antropología, Gerardo Reichel Dolmatoff, Paul Rivet y Juan Friede. Entre los españoles pueden mencionarse también la psicóloga Mercedes Rodrigo, la compositora María Rodrigo, los escritores y políticos Luis de Zulueta y José Prat, el médico Antonio Trías, el químico Antonio García Banús, el economista Francisco de Abrisqueta, el editor

Fernando Martínez Dorrién, fundador de la revista Estampa, y los arquitectos Carlos Rodríguez Ordaz, Manuel de Vengoechea y José de Recasens. Un poco después la Universidad Nacional recibió matemáticos de varias nacionalidades, como Carlo Federici y Yu Takeuchi, que se sumaban a profesores contratados en otros países para enseñar ciencias naturales o antropología.

Como se indicó antes, a partir de 1948 Colombia empieza a enviar migrantes, más que a recibirlos, aunque se mantuvo un flujo permanente de empresarios y comerciantes. Por ello el cambio reciente más grande es, sin duda, la primera migración realmente numerosa que recibe Colombia: la llegada, a partir de 2008, de centenares de miles de venezolanos. Primero llegaron empresarios y familias ricas, inquietos por la orientación política de Chávez, que buscaban protección para sus fortunas invirtiendo en propiedades y acciones colombianas. Pero desde 2014 fueron sucedidos por una ola de migrantes populares, que buscaban en Colombia en empleo básico o que esperaban escapar a las dificultades de la vida en Venezuela. Se calcula que hoy el país tiene unos dos millones de inmigrantes venezolanos, cuando nunca, en ningún otro momento, los censos indicaron más de 100 000 residentes extranjeros: es la primera vez que el país tiene que aprender a convivir con una migración masiva y relativamente pobre, que compite con sectores populares y que puede llegar a verse con hostilidad.

Dos visiones sintéticas

Los procesos de largo plazo de la historia de Colombia se tratan en diversos capítulos de este libro, ordenado en buena parte en forma cronológica. Por eso parece útil presentar, para algunos temas centrales, una visión de conjunto, en la que ese material disperso y complejo se agrupe, se complete y se vea desde una perspectiva unificada.

A continuación se presentan dos capítulos de síntesis, que tratan de ofrecer visiones globales de rasgos fundamentales de la historia del país: su diversidad regional y el contraste entre la vida urbana y la vida rural.

CAPÍTULO XVII

Regionalismo, centralismo y federalismo en la historia de Colombia

Aunque todos los países que fueron conquistados por España tienen diferencias regionales grandes, este es un rasgo muy fuerte en el caso de Colombia: mientras que un colombiano confía en que puede distinguir el acento de un mexicano o un argentino, pocos extranjeros pueden saber cuál es el acento colombiano: ¿el costeño?, ¿el pastuso?, ¿el bogotano?, ¿el antioqueño? Esta diversidad de acentos la hay también en muchos otros aspectos de la vida y la cultura: ¿cuál es el plato típico de Colombia?, ¿el ajiaco?, ¿el tamal?, ¿el sancocho? ¿La bandeja paisa? Cada región defiende con firmeza su propia tradición culinaria y piensa que el verdadero tamal, la verdadera empanada es la suya. Y ¿cuál es la música colombiana por excelencia? ¿El bambuco, considerado el "aire nacional" a fines del siglo XIX, o la cumbia, el porro y el vallenato, que se impusieron a mediados del siglo XX? Del mismo modo, los habitantes de las distintas regiones se definen a sí mismos con ciertos rasgos y caracterizan a los otros por diversas formas de ser. En la literatura colombiana, los *paisas*, los pastusos, los *opitas*, los santandereanos o los *cachacos* (a veces llamados *rolos*, sobre todo los de aire mestizo, porque muchos solamente los conocieron con uniforme militar o policial, cuando llegaban a prestar servicio en tierra caliente) han sido dibujados siguiendo distintos estereotipos. En las obras de García Márquez los bogotanos son remotos, puritanos, formalistas, mientras que los costeños expresan su forma de ser sin inhibiciones.

Estas diferencias regionales, los intereses económicos y los sentimientos ligados a ellas (apego, orgullo, crítica a los que son diferentes) han influido mucho en la historia de Colombia y en especial crearon cierta dificultad para definir lo que en el siglo XIX se llamó la "nación colombiana" y para establecer reglas de gobierno en las que pudieran estar de acuerdo los grupos dirigentes de las diferentes zonas. Orgullosos y convencidos de sus derechos, no aceptaron fácilmente someterse a la voluntad de gobernantes de otras partes, lo que acentuó las tendencias a resistir a la autoridad y a desobedecer la ley que marcaron en muchos momentos la historia del país.

Estas diferencias responden a una combinación de factores. Las condiciones naturales del territorio actual de Colombia permitieron a los indígenas y a los colonos españoles y sus sucesores establecer comunidades locales muy autónomas y autosuficientes. Las respuestas de los habitantes del país a la geografía dieron forma al regionalismo colombiano, a la consolidación económica de zonas capaces de producir lo necesario para su supervivencia, sin mucha dependencia de otras regiones del país. El desarrollo de un sistema de comunicaciones y de estilos de vida que pusieran en contacto continuo a las personas de distintas regiones fue lento y tardío: todavía a mediados del siglo XX, hacia 1960, podían gastarse seis u ocho días para hacer un viaje de Medellín, la segunda ciudad del país y su centro industrial a la capital. Bogotá se comunicó por tierra con la costa atlántica, mediante un ferrocarril, solamente en 1958, y mediante carretera unos años después. Las guerras civiles del siglo XIX fueron, para muchos colombianos, la ocasión obligada para salir de su región y conocer alguien diferente.

El relativo aislamiento hizo que pocos salieran de su zona natal: hubo un presidente, Miguel Antonio Caro, que nunca salió de la sabana de Bogotá. Muchos colombianos conocían su ciudad natal y si acaso, la capital. Otros, grandes viajeros, salían al exterior, a Europa o Estados

Unidos, pero no conocían otras regiones de Colombia. En el siglo XX hubo poemas para aludir a la frustración de nunca haber visto el mar.

Las culturas indígenas

Al invadir la zona actual de Colombia, los españoles encontraron centenares de culturas indígenas independientes y diferentes. Cada una de ellas tenía sus propios jefes, sus caciques, sus creencias, y todas hablaban idiomas distintos, sin que a veces pudieran entenderse entre ellos. Los españoles tuvieron, en la conquista militar, la ventaja de que podían coordinar acciones entre sitios muy remotos, y contar a otros lo que habían encontrado: los indios apenas podían comunicarse con las comunidades más cercanas. No hubo en este territorio nada parecido a los imperios de Perú o México, sometidos a una sola autoridad, que ayudara a conformar culturas con creencias similares, con normas legales parecidas, con costumbres de tributación establecidas y con vías de comunicación extensas, que facilitaran el intercambio comercial o el recaudo de tributos. En dos lugares, al menos, entre los muiscas y los taironas, y talvez en algunas regiones del Valle del Cauca, estaban conformándose unidades más amplias que las tribus originales: allí las reglas de tributo o las normas culturales se imponían sobre decenas o centenares de tribus, pero todavía cubrían un terreno limitado, y estas "federaciones" o "reinos" en formación no alcanzaron, por ejemplo, a promover un sistema de comunicación muy amplio.

La geografía de la actual Colombia se caracterizó ante todo por la definición de regiones separadas impuesta por la cordillera de los Andes: al oriente quedaron las selvas amazónicas y las llanuras y selvas de la Orinoquía; al occidente las tierras bajas del Pacífico, húmedas y cubiertas de bosques. La cordillera misma conformaba en algunas regiones planicies elevadas, como las de los pastos o las de los muiscas, una multitud de valles en sus vertientes y se dividía en tres ramales separados por dos grandes ríos, el Magdalena y el Cauca.

Casi todos los grupos indígenas tenían ya agricultura, de modo que en cada región del país sembraban sus alimentos y poco necesitaban de los demás. El comercio permitía obtener algunos pocos productos diferentes, como el algodón, la sal o la coca, o bienes exóticos o de lujo, como el oro. En cada región los indígenas, por ensayo y error, desarrollaron una agricultura que los sostenía bien y que respondía a las oportunidades del medio.

Al norte, donde ya las cordilleras no llegaban, dominaba una planicie cenagosa y llena de bosques, que los indios aprendieron a manejar con gran eficacia. La agricultura indígena se adaptó a los recursos ofrecidos por esta geografía, con su multitud de alturas y de climas y su gran variedad de condiciones climáticas y disponibilidad de lluvias y aguas. En esas zonas bajas del Caribe los indígenas aprendieron a desarrollar unos cultivos de yuca muy eficientes, usando un extenso sistema de terrazas y canales de riego y control del agua. Después, muchos siguieron hacia las vertientes de las cordilleras, que ofrecían centenares de pequeños valles, más elevados, aptos para el cultivo del maíz. Allí aprendieron a cortar las ramas bajas y las plantas pequeñas para que, al secarse, ardieran fácilmente, y así limpiar un lote que se sembraba con maíz, o con otros productos como frijoles, auyamas y calabazas. En este caso podía ser útil buscar un lote nuevo después de dos o tres cosechas, cuando estas probablemente se hacían menos abundantes, lo que llevaba a veces a enfrentamientos armados con otros grupos.

Las vertientes y los valles de los grandes ríos entre las cordilleras fueron así escenario para el crecimiento de los pueblos indígenas del Valle del Cauca, entre Popayán y Santafé de Antioquia, o del Magdalena, desde Timaná hasta Mompox, donde formaron pueblos guerreros, como los armas, los pijaos o los panches. Las altiplanicies de las cordilleras, como las de las zonas muisca o las Pasto y Túquerres, permitieron la formación de economías basadas en la papa y el maíz. Por supuesto, en todos los sitios eso se complementaba con otros productos, con la pesca, la caza de animales silvestres, la siembra de algunas verduras y frutas y la recolección de otros productos agrícolas.

Así, la diversidad ambiental y el uso muy eficiente de sus recursos en casi todas las regiones creó las condiciones para la supervivencia de muchas culturas diferentes: ninguna controlaba medios que le permitieran someter a las demás. La igualdad entre ellas y la abundancia de alimentos al alcance de todas hacía casi imposible que alguna dominara sobre las demás.

En otro capítulo de este libro se describe con más detalle la agricultura indígena y su capacidad para nutrir poblaciones muy numerosas. Lo que importa aquí es señalar la existencia de grandes comunidades indígenas más o menos autónomas y centenares de tribus independientes. Cuando los españoles se apropiaron de este territorio, siguieron el patrón de dispersión preexistente: fundaron ciudades donde había grandes poblaciones indígenas, cerca de zonas mineras o donde el comercio las hacía necesarias. Las primeras se fundaron en el Caribe (Santa María de la Antigua, San Sebastián de Urabá, Santa Marta, Cartagena, Riohacha y otras) y a ellas las siguieron las que acogieron a los conquistadores que llegaban de Quito (Popayán, Pasto, Cali, Anserma, Antioquia) o las del oriente colombiano (Bogotá, Tunja, Socorro, Vélez), en las regiones de la costa o del interior, pero sin grandes vínculos entre ellas.

Cada gran "ciudad" (Bogotá, Cartagena, Socorro, Santafé de Antioquia, Popayán, Pasto, Tunja, Pamplona) tenía un entorno económico que la alimentaba, sus indios de encomienda, sus propietarios de tierras con productos españoles, como ganado, trigo o caña, sus minas, su comercio; unos propietarios que mandaban en los cabildos y un gran orgullo, que las enfrentaba a Santafé, la capital, y a las poblaciones menores de la región, sobre todo si estas no habían sido reconocidas como "ciudades" y apenas eran "villas" como Medellín, Cali, Vélez, San Gil, Mariquita, Valledupar o Mompox. Los notables se sentían al mismo tiempo españoles, miembros de la nación española, y socorranos o cartageneros, miembros de su sitio de origen, de su patria de "nación", de nacimiento.

Por supuesto, había una gran unidad cultural: los españoles impusieron un sistema de creencias religiosas, un idioma y unas costumbres que se hicieron comunes en todo el territorio. Sin embargo, en muchas regiones sobrevivían indios que mantenían algunas de sus creencias religiosas o algunos de sus hábitos; en otras los indios, rebeldes, seguían hablando su idioma y no se habían convertido. En muchas partes, los esclavos traídos del África, aunque convertidos al cristianismo y hablantes de español, daban a la cultura local, a la alimentación o la música, un carácter diferente. Se formó así, en cada región, un tipo étnico y social diferente. En algunas partes gobernaban los blancos propietarios de tierras y los indios eran los principales trabajadores. En otras los esclavos trabajaban en las minas de los blancos. Y en otras los mestizos comenzaron a lograr algo de propiedad mediante la colonización de baldíos. Cada una de estas situaciones creaba una sociedad diferente, siempre jerarquizada, siempre basada en el poder de los blancos, el sometimiento de los indios y esclavos y el menosprecio de los mestizos, y con una composición étnica propia, apoyada en distintas estructuras de propiedad. Muchos rasgos culturales y numerosas características económicas que se habían impuesto en una región eran vistas como formas de conducta que dependían de las diferencias étnicas y de castas. Los indios fueron considerados a finales del siglo XVIII como holgazanes y pobres, los esclavos como rebeldes siempre listos a escapar, los mestizos como herederos de los defectos de indios y españoles, y los mulatos como marcados por los rasgos negativos de los negros y los blancos.

Centralismo y federalismo

Desde el punto de vista político cada ciudad era independiente de las otras y el único factor de unidad era que todos eran vasallos del Rey, del gobierno español, aunque en forma algo desordenada: en Santafé la Audiencia aplicaba justicia a todos, aunque no tenía jurisdicción sobre Popayán, Caracas o Quito. El Virrey gobernaba a nombre del Rey y ejercía el mando militar en toda la jurisdicción de las Audiencias de Santafé y Quito. Y Caracas era de hecho independiente, sobre todo desde que la gobernaba un Capitán General. El hecho de que Santafé fuera la capital fue aceptado a regañadientes, y cuando se estableció el virreinato en 1739, los notables de Cartagena pidieron que la capital fuera allí, más cerca de los peligros de los piratas y de otras naciones, y no en una ciudad donde se gastarían días y semanas para enterarse de un ataque en el Caribe.

Esta creación del virreinato, por lo demás, comenzó a cambiar las cosas: antes las autoridades de Santafé tenían poco que decir sobre lo que se hacía en Cartagena o Popayán; ahora, el virrey mandaba unas tropas y establecía normas sobre el comercio, el cobro de tributos o la elección de miembros de los cabildos. Los últimos 70 años de dominio español vieron un esfuerzo de la Corona por establecer una administración más eficiente y homogénea, por someter todas las regiones a la autoridad de unos funcionarios más activos, generalmente españoles, y por hacer obedecer la legislación de Indias. Y ese esfuerzo llevó a choques con los criollos de las provincias o de Santafé, inquietos por la pérdida de su autonomía, del poder ilimitado sobre su ciudad y su provincia. En varias zonas del país hubo conflictos por la llegada de funcionarios más activos, que intentaron regular las minas, la colonización, la hechura de caminos, y por los cambios administrativos que modificaban el nivel de ciudades y villas. En esos años se fundaron muchos pueblos y parroquias nuevas o crecieron algunas fundaciones anteriores, de modo que sitios, pueblos y villas como Bucaramanga, Rosario, Tuluá, Guaduas, Sogamoso, Medellín y Leiva empezaron a ambicionar el reconocimiento y prestigio de las ciudades.

Por eso, cuando los criollos notables de Santafé, Cartagena o Antioquia se encontraron de repente, en 1809 y 1810, con la desaparición sorpresiva del poder español ("nuestra fácil y no esperada transformación" como llamó a la Independencia Antonio Nariño), cuando vieron las "autoridades extinguidas en la capital del Reino", no entendieron qué gobierno podía haber por encima de sus provincias o ciudades y establecieron a partir de sus cabildos, como en España, Juntas Supremas de Gobierno Autónomo provincial. Así se hizo en Cartagena, Pamplona, Cali o Socorro, antes de que el 20 de julio formaran en Bogotá también una Junta, pero que tenía la pretensión de tener algo de autoridad sobre las otras ciudades. Pero en ese caso, ¿quién tenía autoridad, a quién se transferiría la soberanía del monarca?

Si en Bogotá el virrey, cuya autoridad venía de un Rey preso, ya no existía y se había formado una junta impulsada por el cabildo, que era una autoridad local, ¿tenía este cabildo autoridad sobre Cartagena o Antioquia? La respuesta de las otras provincias fue que no: si el gobierno español había caído, todos habían recuperado la soberanía, el derecho del pueblo y de los pueblos a gobernar, y ese derecho era igual en Cartagena, Socorro y Santafé: no había preeminencia de Bogotá, que la tenía porque era capital del virreinato, y el virrey estaba preso o había vuelto a España. ¿Qué podía entonces alegar Santafé de Bogotá?

La Junta de Bogotá era especial: en esta ciudad, donde estaban las universidades y la Real Audiencia, estudiaban los notables de toda la Nueva Granada y se hallaban los abogados Camilo Torres o José Acevedo y Gómez, que orientaron la toma del poder (que el pueblo asumió nominalmente, en todas las ciudades, por la desaparición de la soberanía del Rey), y eran de todas partes. Los santafereños eran minoría, y los del Socorro, Charalá, Cúcuta, Popayán y Cali eran más: de dieciséis miembros iniciales, diez eran de fuera de la capital, entre ellos el principal ideólogo del nuevo orden legal, Camilo Torres, así como el vocero del pueblo, José Acevedo y Gómez, y apenas seis habían nacido en Santafé. Esto explica por qué la nueva Junta, según el acta del 20 de Julio, trató de defender los dos argumentos, la herencia de soberanía que podía asumir Bogotá y los derechos legales de las provincias: asumió "el Gobierno Supremo de este Reino interinamente" y convocó, para dar base legal firme a su poder, a un Congreso de las Provincias, para que mandaran sus diputados para formar un gobierno "sobre las bases de libertad e independencia respectiva de ellas, ligadas únicamente por un sistema federativo, cuya representación deberá residir en esta capital, para que vele por la seguridad de la Nueva Granada".

Las Provincias, sobre todo Cartagena y Antioquia, no se sintieron tranquilas con la idea, a pesar de que en la promesa de un sistema federal, que respetara la "independencia" de las provincias, se notaba la influencia de payaneses y socorranos (la Junta no tenía antioqueños ni cartageneros de nacimiento). Santafé asumía el "gobierno supremo", decía que el Congreso debía residir allí y pretendía definir las reglas de las elecciones. Esto iba a abrir el problema de las ciudades y villas secundarias, como Mompox o Sogamoso, que era una especie de espejo del problema de Bogotá: ¿por qué Cartagena, Socorro, Popayán, Tunja o Antioquia, por haber tenido una jerarquía colonial derivada del orden monárquico, iban a representar a Mompox, a San Gil, a Sogamoso, a Cali o a Medellín? El argumento que usaban las ciudades capitales de provincia contra Bogotá se convertía en argumento contra ellas cuando era esgrimido por las villas de su provincia.

Y así, desde el Acta y la convocatoria al Congreso federal, quedaron sembradas las semillas del conflicto principal que vivió Colombia en el siglo XIX: cómo establecer un gobierno central sobre una asociación de provincias, estados o departamentos que querían ser "independientes", al menos en lo que no tuviera que ver con la guerra y las relaciones externas, y cómo hacer que este gobierno no fuera visto como una imposición bogotana o militarista.

Esto llevó a las guerras de la Patria Boba, como llamó este período uno de sus principales personajes, Antonio Nariño. Los "provincianos" de Bogotá (Santander, Caldas, Torres) abandonaron poco a poco el centralismo tibio de la Junta de Santafé y se pasaron a los federales. Se formaron dos gobiernos: uno en Bogotá, la república de Cundinamarca, que se volvió firmemente centralista después de que Antonio Nariño, en 1811, derrocó con el apoyo de las tropas el gobierno tibio de Jorge Tadeo Lozano, que seguía empeñado en buscar un acuerdo con las demás provincias. Y otro gobierno que vagó por varias partes, Santafé, Villa de Leiva, Ibagué: el del Congreso Federal, respaldado por Antioquia, Cartagena, Pamplona y Popayán, que logró, a fines de 1811, redactar un acta de unión entre las provincias, el Acta Federal, a la que no se sometió Santafé, que siguió intentando establecer su primacía.

En 1813 un ejército nariñista, enviado para someter a Tunja y Socorro, se arrepintió, se pasó a los federales y terminó atacando en enero de 1814 a Bogotá, pero fue derrotado. Los federales firmaron un acuerdo y dieron apoyo a Nariño para una expedición al sur contra los realistas que estaban en Popayán y Pasto. Pero cuando Santafé no quiso aceptar el Acta Federal a fines de ese año, mandaron una nueva expedición, encabezada por un caraqueño, Simón Bolívar, que derrotó al presidente de Cundinamarca, el tío de Nariño, Manuel Benito Álvarez. Los federalistas, que tuvieron éxito en algunas provincias en la tarea imposible de poner de acuerdo tres o cuatro cabildos (en Cali o en Antioquia lo lograron, lo que permitió a Cali pretender autonomía de Popayán en el resto del siglo, y a Antioquia cambiar la capital a Medellín y pasar los años de independencia casi sin guerra), quedaron al mando, tratando de unir las fuerzas de todos, pero sin un apoyo verdadero de muchos sitios.

Estas guerras entre los criollos debilitaron a los "patriotas" y permitieron que los "realistas" dominaran el sur (Pasto y algo Popayán) y parte de la Costa (Santa Marta, Riohacha) y fueran ganando terreno y el favor de la opinión, de modo que cuando los españoles lograron volver, en 1816, encontraron una población más bien hastiada de los conflictos entre centralistas y federalistas y lograron derrotar sin mucha dificultad al ejército de las Provincias Unidas de la Nueva Granada, al ejército federalista.

Esta experiencia, y sobre todo la de Simón Bolívar en Caracas, llevó a que los grandes jefes militares, después de que entre 1819 y 1821 lograron derrotar a los españoles en Boyacá y Carabobo, apoyaran con firmeza y convicción el centralismo. La Constitución de 1821, expedida en Cúcuta, reflejó la convicción de Bolívar y Santander de que había que gobernar el país desde el centro, sin dar muchas oportunidades para el gobierno local que muchos defendían, sobre todo abogados de provincia como José Ignacio de Márquez y Vicente Azuero. Un gobierno centralista reflejaba además el poder de los grandes jefes militares, de los libertadores.

Pero tan pronto desapareció el peligro español reapareció la desconfianza con Bogotá, una capital remota a la que llegaban los miembros del Congreso después de meses de viajes difíciles. Y las provincias, Antioquia, Socorro, Popayán y Cartagena, volvieron a preguntarse qué tan lógico era que no tuvieran casi ninguna autonomía y todo se decidiera, aparentemente, en Bogotá. Y revivió su tendencia a soñar en que un sistema con capacidad para el autogobierno local era lo que permitiría a las poblaciones de toda la Nueva Granada aprender esas costumbres difíciles de la democracia, las elecciones, las transacciones sobre quién debía pagar impuestos, la obediencia a la ley en cuya formulación habían participado, en resumen, lo que parecía tener tanto éxito en Estados Unidos.

La Constitución de 1821 fue centralista, por influencia de Bolívar, Nariño y Santander. El federalismo lo defendieron en esa década, como una forma de enseñar virtudes republicanas en todas partes, personas como José Ignacio de Márquez; finalmente se convirtió en la bandera contra la propuesta de Constitución de Bolívar de 1826-1828 (la Constitución boliviana) que proponía un gobierno poderoso, muy centralizado, con un Senado hereditario formado por los antiguos militares, y un presidente vitalicio, casi un monarca. Azuero, Soto, Ospina, Córdova, López, Obando, se rebelaron contra Bolívar, en un proceso en el que la oposición al autoritarismo, el militarismo y el presidencialismo de este se sumó al rechazo regional al centralismo. Esto dejó una herencia de ataques y odios que duró hasta el siglo XX. Bolívar llamaba a los liberales "los demagogos" y otros de sus seguidores decían que liberal era equivalente de "asesino". A fin de siglo los partidarios de gobiernos autoritarios y centralistas asumieron a Bolívar como su héroe e inspirador, y los defensores de gobiernos legalistas, promotores de las libertades y descentralizados, reivindicaron a Santander como su inspirador y algunos buscaron verse como herederos de las dos tradiciones, las de "libertad y orden".

Pero ese vínculo con el autoritarismo de Bolívar revivió el rechazo al centralismo. En 1827 las elecciones dieron el triunfo a una corriente de opinión que estaba defendiendo el federalismo como parte esencial del ideal democrático, y que terminó imponiéndose gradualmente, sobre todo a partir de 1851. Y esa corriente de opinión, mezclada con el sueño de los cambios en la ciudadanía —la igualdad de indios y esclavos, la elección popular de alcaldes y gobernadores, el voto de todos los varones adultos—, en la cultura —la tolerancia religiosa, la educación para todos—, y la economía —comercio más libre con todos los países, impulso a las exportaciones de oro, de tabaco y otros productos, y a las importaciones de bienes de consumo—, expresó un rechazo de los notables y los letrados de todo el país al dominio centralista, identificado con el rechazo al dominio de Santafé, aunque ahora había centralistas y federalistas en todas partes. Los grupos dominantes de las regiones, cada uno con sus intereses diferentes —comerciantes unos, mineros otros, terratenientes o pequeños propietarios— llevaron a que todos los arreglos políticos del siglo XIX fueran una transacción, un acuerdo, que unió generalmente a las provincias para no dejarse controlar desde Santafé.

El enfrentamiento de federalismo y centralismo marcó el país. Algunos ideólogos escogieron esta línea por razones pragmáticas (como Nariño, miembro de las grandes familias bogotanas, que fue centralista entre 1811 y 1814 porque creía que el federalismo sería inaplicable para formar un ejército poderoso, y en 1823 se volvió federalista; otros, como Santander, de Cúcuta, que fue federalista "tibio" entre 1811 y 1814; centralista de 1819 a 1826, para apoyar la formación de Colombia como una nación fuerte, y volvió a ser federalista tibio desde 1827, para tratar de frenar a los bolivarianos y a los más conservadores, que dominaban en Bogotá). Después de 1853, cuando se ensayó el poder local, empezó a aparecer una corriente que vio en el federalismo la causa del desorden y las guerras civiles y que pensaba que lo que hacía falta era la unidad "nacional", es decir la existencia de una cultura única, de unos valores religiosos y políticos compartidos por todos. La idea de "centralismo" se unió a la idea de orden, y buena parte del ataque al federalismo, entre 1864 y 1885, se basó en identificarlo con el desorden y las guerras civiles.

En 1831, después de la primera guerra civil, que enfrentó a los monarquistas centralistas, encabezados por Urdaneta, con casi todos los dirigentes regionales de la Nueva Granada se adoptó, sin embargo, una Constitución de centralismo suave. Pero los jefes locales anticentralistas revivieron el odio a Urdaneta y Bolívar en 1839 y se proclamaron Jefes Supremos en todas las regiones. Esta guerra, después de ocho años de paz, trajo violencias inesperadas: los rebeldes no respetaron el derecho de guerra, y el jefe del ejército oficial, Mosquera, ejecutó a varios jefes rebeldes. Dejó por eso, nuevamente, herencias de odios y justificaciones absurdas: si no exterminamos al enemigo, nos exterminan a nosotros.

De todos modos, por este rechazo muchas veces equívoco a Santafé por parte de los poderes regionales, en todo el siglo XIX prácticamente ningún bogotano fue elegido presidente: siempre se unieron las provincias para elegir payaneses o socorranos, tunjanos, tolimenses o antioqueños, así fueran de adopción como Mariano Ospina Rodríguez, un sabanero de Guasca. Los primeros presidentes bogotanos los impuso un costeño, Rafael Núñez: fueron Miguel Antonio Caro y

José Manuel Marroquín, que le ayudaron a tratar de crear por fin una "nación" unificada, un país con una cultura común, católica, hispánica, blanca, autoritaria y jerárquica, que después los antioqueños ayudaron a despedazar desde 1910.

De 1843, cuando se aprobó una Constitución centralista, en adelante, la protesta regional siguió creciendo y en 1851 llevó a la elección de un amigo de los rebeldes de 1839, José Hilario López, y a la aprobación de una primera Constitución muy descentralizadora, la de 1853, que estableció la elección de gobernadores y alcaldes y la creación de asambleas regionales. Como esto estuvo ligado a reformas sociales "liberales" y de ampliación de ciudadanía —como la libertad de los esclavos y el voto universal para los hombres— y de mucha retórica "socialista" y anticlerical, los oponentes se rebelaron contra este liberalismo que atacaba la propiedad: fue una rebelión más ideológica y social que basada en el centralismo o el federalismo. Y por eso, después de un golpe militar que fue enfrentado en 1854 por la alianza de los dirigentes y notables de Bogotá y todo el país (una alianza que se repetiría en 1886, 1910 y 1957) unidos contra un militar usurpador que además trataba de movilizar a los artesanos bogotanos contra los comerciantes, las elecciones —por primera vez con voto universal— dieron una gran mayoría al candidato opuesto a los artesanos, favorable a la Iglesia y al orden y las jerarquías. Y entre todos hicieron una Constitución en 1857, que fue la primera Constitución federal y creó la Confederación Granadina. Ahora el temor de muchos, como los antioqueños, era que si ganaban los liberales por el apoyo de Bogotá y sus artesanos, iban a atacar la Iglesia, la propiedad y el orden. De modo que repentinamente el federalismo se convirtió en doctrina de buena parte de los conservadores.

Esto no duró mucho. El gobierno conservador, preocupado por mantener el poder, quiso controlar en forma "centralista" las elecciones, y un jefe regional, esclavista, terrateniente y antiguo bolivarista, pero ahora librecambista y enemigo de que la Iglesia dominara la política, Tomás Cipriano de Mosquera, se rebeló y ganó la guerra civil. Esto permitió, en 1863, la aprobación de una Constitución "federal", la segunda del país. Aunque esta vez fue impulsada ante todo por los liberales, que recordaban los esfuerzos de Ospina por gobernar desde Bogotá y se habían unido para tumbarlo, tuvo pronto el respaldo de regiones como Antioquia, que vio en el federalismo una manera de mantenerse aislada del liberalismo ideológico bogotano. Entre 1864 y 1886 el estado "soberano" de Antioquia fue gobernado, casi siempre, por conservadores, en unos "Estados Unidos de Colombia" que se distinguían por su radicalismo liberal, perseguían a la Iglesia y hablaban de progreso.

El antioqueño fue un federalismo regional moderado, que buscó protegerse de las guerras civiles (aunque apoyó la de 1878, que fue hecha para combatir la política de educación laica del gobierno nacional) y logró en general tener paz en Antioquia, lo que le sirvió para promover ante todo la educación y cierto progreso económico basado en la minería y en la colonización, que desde 1880 se volvió base de la expansión cafetera.

Pero si los conservadores antioqueños se habían acostumbrado al federalismo, muchos liberales de otras partes se arrepintieron y siguieron atribuyendo el desorden al sistema federal. Rafael Núñez, en especial, se empeñó en que había que volver a una sociedad ordenada, religiosa, basada en la obediencia a la autoridad, con mucho ejército y mucha policía, y que acabara con la autonomía regional, lo que logró: de 1886 en adelante volvió a regir, respaldado por una nueva Constitución, un centralismo duro. Se abolieron las asambleas regionales, estatales o departamentales, el gobierno nacional nombraba a todos los gobernantes departamentales o municipales, y estos nombraban hasta el último portero. Las elecciones presidenciales eran indirectas y solo votaban para ellas los que tuvieran dinero o supieran leer y escribir.

El centralismo volvió. Los antioqueños lo acogieron porque venía con todo el resto del ideal conservador, en especial la educación religiosa, pero pronto empezaron a sentirse mal y promovieron disidencias y esfuerzos por moderar algo tanto centralismo y tanto autoritarismo. Apoyaron un golpe militar en 1900 contra José Manuel Marroquín y entre 1904 y 1910 impulsaron los intentos por reducir el centralismo y el autoritarismo y establecer un modelo alternativo que diera algunos derechos a los liberales, dejara que se eligieran algunos representantes o senadores de este partido y que hubiera algo de autonomía administrativa en los departamentos, restableciendo las asambleas departamentales. Esto se logró en la reforma constitucional de 1910, la del "centralismo político y descentralización administrativa", que fue el pacto en el que los federalistas moderados se adaptaron a la Constitución centralista de 1886 y desarrollaron la experiencia de gobierno regional y local en muchas regiones.

Desde entonces el deseo de mayor autonomía resurgió a veces, pero nunca se convirtió en eje de la política. En Antioquia o la Costa hubo movimientos "federalistas", pero no tuvieron mucha fuerza: eran más bien gestos simbólicos, expresión de descontento de los dirigentes regionales, que se resolvía con algunas concesiones. Este acuerdo de 1910 funcionó porque, entre 1910 y 1950, permitió que los empresarios y políticos regionales tuvieran un gran peso en la política económica, la definición de las formas de protección a la industria o la creación de un sistema oficial de crédito y de control de cambios, a través de instituciones como la Federación de Cafeteros y, más tarde, la Asociación Nacional de Industriales. Fue un centralismo transaccional, con gran poder de las oligarquías regionales, que podían bloquear los intentos del gobierno nacional por imponer una política desagradable y que fue tan aceptado que ni siquiera durante las reformas liberales de 1935 y 1945 el asunto del federalismo o la descentralización estuvo en el centro de los debates y las reformas trataron más bien de modificar las reglas de ciudadanía (voto universal), definir las relaciones con la Iglesia (separación, concordato, educación) o crear las bases para cierto grado de reformismo social (función social de la propiedad).

Pero sobrevivía un sueño, que se recuperó entre 1986 y 1991: el de volver a elegir los alcaldes y gobernadores locales, lo que además prometía aislar a los empleados locales del terremoto que era la elección presidencial, cuando era ganada por un presidente de un partido diferente al anterior: entonces, como en 1930 y en 1946, parecía que todos los empleados iban a perder su cargo, y así pasaba en algunas partes (y en general sigue pasando), lo que producía enfrentamientos y violencias. En 1930 no fueron grandes las sacudidas en Antioquia, porque el gobierno liberal dejó a los conservadores de Román Gómez mucho poder (según Laureano Gómez los conservadores paisas se dejaron sobornar), pero en Boyacá y Santander llevaron a meses de violencia entre 1931-1932, y 1948-1950, por los intentos del partido de gobierno de dominar electoralmente los pueblos donde la oposición tenía muchos votos. La violencia de 1948 a 1957 convenció a muchos de que era esencial restablecer el derecho local de departamentos y municipios a escoger sus gobernantes. Esto se logró apenas en 1986, cuando se aprobó la elección popular de alcaldes, en un gobierno que mantenía las convenciones y las transacciones, aunque ya no las normas legales, del llamado Frente Nacional y expresaba la transacción entre liberales y conservadores, y entre los poderes regionales de todo el país.

Sin embargo, en los años del centralismo se fueron consolidando las funciones económicas de las regiones, a veces como reacción al "centralismo" de Bogotá, real o imaginario: unas producían oro o café para exportación, otras se habían convertido en núcleos industriales, otras sembraban caña de azúcar o producían carne y leche para todo el país. Y cada región, a su vez, se fue fragmentando, en términos de sus formas de vida y de cultura, y fue creando nuevas provincias, alrededor de ciudades intermedias cada vez más vigorosas, como Bucaramanga, Sogamoso, Montería o Valledupar. Y en cada una de estas provincias creció el orgullo local, la reivindicación del folclore campesino, de las fiestas regionales o de la música local, la promoción de academias de historia regional, de colegios y universidades locales, la defensa de la economía local contra los impuestos que parecían favorecer a la capital. Para 1990 Colombia era un mosaico de núcleos regionalistas, un rompecabezas económico, social y cultural que se había apoyado en una geografía de contrastes para configurar un país muy diverso.

Y por eso, la Constitución de 1991, con la confirmación de esa elección popular de alcaldes y el establecimiento de la elección de gobernadores, resolvió el problema político del federalismo. Y con sus transferencias presupuestales y su descentralización tributaria abrió el camino para superar, aunque en gran parte de modo formal, el problema de la financiación local del Estado. Y con el reconocimiento de que no hay una "cultura común", sino muchas culturas, la diversidad se impuso por fin sobre la unidad y la identidad, y Colombia, sin adoptar el régimen "federal" prometido en 1810, logró dar por aceptado lo que las provincias querían: un país de regiones. Se abandonó así el sueño regenerador de conformar una "nación", en el sentido que tenía en el siglo XIX de una unidad cultural, algo que se evoca apenas en los discursos retóricos de las celebraciones históricas. El texto constitucional dice, en su lenguaje tímido, que Colombia está compuesto por "culturas" diversas y no por "naciones diversas", pero esta afirmación equivale al reconocimiento de lo que en Europa y otras partes constituyen "naciones" diferentes, como las que conforman Estados como Suiza, Holanda o España.

La gestión de la relación entre el centro y los poderes locales sigue siendo fuente de dificultades, y el modelo constitucional adoptado tiende a promover, en un contexto de violencia y corrupción, la conversión de algunas áreas del país en áreas donde la alianza entre políticos corruptos y delincuentes puede establecer su dominio, apoyándose en los recursos que les da un sistema de gestión presupuestal más descentralizado. Pero ya esto no se ve como una falla del orden político fundamental, sino como un problema de gestión, que exige reformas para ampliar la capacidad de acción del gobierno y de las instituciones en las zonas más remotas, donde a una colonización reciente se añadió el desarrollo de formas de economía ilegal que proporcionan los recursos para establecer maquinarias dominantes corruptas. Y el choque entre diversos intereses económicos y entre el atraso de las áreas más remotas y pobres y la lógica de las grandes ciudades, aunque provoca lamentaciones, quejas y reivindicaciones ocasionales, se transa en un sistema de regalías, auxilios y transferencias, y en complejos acuerdos sobre la promoción de actividades vistas como benéficas —reforestación, desarrollo de nuevas formas de agricultura, impulso a las exportaciones locales— que es sobre todo un mecanismo que favorece la corrupción, buscando acuerdos con las clientelas locales.

De todos modos, con la adopción de la diversidad sobre la unidad, y de un régimen político transaccional, entre centralista y federalista, la Constitución de 1991 resolvió finalmente el viejo conflicto entre el centralismo y el federalismo y dejó una herencia de regionalismo cultural y social muy fuerte, más o menos aceptado, que no perturba ya el orden político.

CAPÍTULO XVIII

Ciudad y campo en la historia de Colombia hasta comienzos del siglo XX

La visión común

En términos generales, los colombianos piensan que Colombia ha vivido, al menos desde el siglo XVI, un aumento continuo de la población urbana y una reducción simultánea de la población rural o campesina. Sin embargo, una mirada más detallada permite ver que las cosas han sido distintas.

Simplificando mucho, podría decirse que durante la época precolombina la población vivió dispersa, pero la Conquista fue al mismo tiempo un proceso de sometimiento brutal de los indios y de establecimiento de una vida centrada en las ciudades. Esta urbanización obligada se mantuvo, en las normas, hasta 1810, pero en la práctica comenzó a debilitarse desde mediados del siglo XVII. Entre 1650 y 1900 se produjo una ruralización gradual del país, a veces en contra de las normas estatales y a veces apoyada por estas. A partir de 1880 y hasta 1920 comenzó una nueva fase de urbanización, que ha llevado otra vez a que Colombia sea lo que es hoy: un país urbano.

Las sociedades precolombinas

A diferencia de los grandes imperios de México y Perú, los indígenas que habitaban el actual territorio colombiano hacia 1500 vivían dispersos, con sus casas y malocas al lado de sus cultivos; los únicos centros "urbanos", a veces mencionados como "ciudades" por los conquistadores, eran de culto religioso o residencias de los caciques. Es posible, sin embargo, que en zonas como la Sierra Nevada hubiera agrupaciones en las que la vivienda estaba concentrada, pero no hay datos seguros al respecto: también allí las "ciudades perdidas" eran centros ceremoniales, aunque había aldeas con una población muy numerosa, como la que llamaron "Pueblo Grande" los conquistadores. En todo el territorio había grandes diferencias regionales en las formas de organización de las comunidades, que iban desde tribus nómades hasta imperios en formación, y que correspondían a ambientes productivos diferentes y a tecnologías distintas. Esto hacía que en algunas comunidades, por ejemplo, la agricultura de riego llevara a formas de residencia sedentarias y estables, mientras en otras zonas la población practicaba una agricultura trashumante.

La Conquista y el predominio del modelo urbano

Los conquistadores daban gran valor a la vida urbana. Desde 1509 o 1510, cuando se establece Santa María de la Antigua del Darién, hasta fines del siglo, el modelo de conquista que se aplica es el de fundar una "ciudad", con poblamiento agrupado. La ciudad de los conquistadores implicaba la creación de espacios para el culto religioso y la convivencia (iglesia y plaza), el trazado lineal de las calles y el establecimiento de espacios dedicados al comercio, la administración y gobierno (cárcel, picota, casa del cabildo, aduana, etc.). Los conquistadores recibían lotes para hacer sus casas y debían en principio vivir en la ciudad o villa.

Allí se agrupan, además, los indígenas que traen como sirvientes, los cuales viven en las principales ciudades, en los bajos de las casas de los españoles principales o, a veces, en los bordes de la ciudad española. Las autoridades regulan con cuidado este proceso de fundación y trazado, como se ve en las *Instrucciones* dadas a Pedrarias Dávila en 1514, que llevan a hacer un nuevo plano en Santa María de la Antigua. Santa Marta, en 1526, Cartagena en 1533, Cali y Popayán en 1536 y Bogotá en 1539 siguen el modelo de damero, que después se extiende a otras ciudades y villas de españoles y, cuando se establecen los pueblos de indios, también a estos.

Desde el comienzo, las reglas para el sometimiento de los indígenas estipulan que deben agruparse en poblados, que hay que "reducirlos a poblado" para que puedan aprender las costumbres "civilizadas" y, sobre todo, para que se conviertan al cristianismo. Deben estar, como dicen muchas Cédulas Reales, "a son de campanas" para que puedan ir a misa los días festivos. Donde el dominio español sobre los indios se establece efectivamente, como en el oriente colombiano y en la zona de Popayán a Pasto, esto se acompaña, a finales del siglo XVI, por la asignación de tierras en propiedad a los españoles y la asignación de tierras para su cultivo a las comunidades indígenas, en forma precaria, como "resguardos" que pueden volver al dominio del rey cuando las autoridades lo decidan. Así, en estas zonas la mayoría de las tierras se entregan a los colonos españoles, como "estancias" o "haciendas", pero los españoles deben seguir viviendo en las ciudades y las normas les prohíben siempre vivir entre los indios. Los indígenas se agrupan en una pequeña porción de la tierra, el resguardo, en el que usualmente se establece un pueblo indígena, también con calles trazadas, plaza e iglesia.

Entre 1550 y 1810 las autoridades españolas intentan, una y otra vez y con éxito variable, obligar a los indígenas a vivir en sus "pueblos". Esto se apoya tanto en una ideología cultural —la función civilizadora de la ciudad o *cives* y la función educativa de la Iglesia— como en las ventajas administrativas de tener a los indios juntos en un pueblo, donde pagan sus tributos y se organiza su trabajo, y en tener a la población a la vista y bajo el control de las autoridades. Sin embargo, en algunas zonas esto no logra establecerse en forma regular. En las sabanas inundables de la costa del Caribe, por ejemplo, el reemplazo de la agricultura de canales y terraplenes por la cría de ganados lleva a seguir el cambio estacional de los pastos y a formas de residencia trashumantes. Allí los pueblos de indios son pocos y muchos son simples congregaciones temporales de vivienda, sin iglesias ni otras autoridades, donde vive una población cada vez más mezclada ("libres de todos los colores") en medio de las haciendas o en sus cercanías.

De todos modos, para 1650 las zonas ya dominadas están conformadas por españoles que viven en sus ciudades y villas e indígenas que viven en sus pueblos. La población dispersa y rural es o "salvaje" o "bárbara", por no haber sido sometida, y contra ellos se hacen diversas expediciones; o es de indios o mestizos que, por eludir algunas obligaciones, como el tributo, tratan de establecerse lejos de las autoridades. La idea española es que quien vive fuera del poblado es un "forajido", y son frecuentes las órdenes de quemar las viviendas de los que no viven en un poblado. Así pues, se trata de una sociedad urbana, en la que el sistema político se establece alrededor del cabildo, conformado por los españoles notables, que usualmente viven junto a la plaza; en los pueblos indígenas hay un "corregidor" español, un cura y un "cacique indígena", aunque casi nunca un cabildo, pese a que esto se hubiera ordenado desde 1573.

El proceso de ruralización (1650-1880)

Este modelo, sin embargo, es debilitado por varios procesos. Muchos indígenas se van de sus pueblos para evitar el pago del tributo o el trabajo obligatorio en minas y obras públicas. El mestizaje avanza y los mestizos no tienen, legalmente, obligación tributaria ni derecho a tierras, por lo que con frecuencia buscan vivir en las zonas despobladas. Se forman entonces pequeñas agrupaciones de población rural, de "forajidos" y montaraces. En varias ocasiones los españoles hacen expediciones para "reducirlos a poblado", para obligarlos a fundar parroquias y reunirse alrededor de la iglesia, como ocurre en la zona de Cartagena y de Santa Marta en el siglo XVIII, cuando se habían formado comunidades amplias de habitantes dispersos. Muchos mestizos, cuando no encuentran tierras que el resguardo les arriende, se establecen como "aparceros" en las tierras de los blancos, con habitación dispersa. Aunque las autoridades claman contra esto y tratan de prohibir toda forma de vivienda dispersa, son impotentes. Entre 1774 y 1778 el capitán Antonio de la Torre crea 44 poblaciones en

Cartagena, en las que reúne la gente dispersa que vivía en los montes: esclavos huidos, desertores y una "abundante casta de zambos, mestizos y otros matices difíciles de determinar". Pronto muchos de estos pueblos fueron abandonados. En 1787 un cura, José Palacios de la Vega, hizo una detallada memoria de su visita a estos pueblos conocidos como "arrochelados" por vivir fuera de los pueblos organizados.

En otras partes del país, como en el valle del Río Cauca, las grandes haciendas de azúcar y ganado llevaron a que se crearan pequeñas aldeas al lado de las capillas o en medio de los cultivos; otras veces las autoridades intentaron un acomodo e impulsaron colonizaciones, como en Antioquia, Socorro o Pamplona, buscando en todo caso que los colonos se establecieran en poblados agrupados. Sin embargo, en muchos casos los colonos, al recibir lotes en propiedad, se establecían en ellos y construían sus viviendas rurales.

En otras ocasiones, considerando que lo peor que le podía pasar a los indios era tener demasiadas tierras (pues las arrendaban y dejaban de trabajar), las autoridades españolas disolvieron los resguardos que tenían poca población y trasladaron sus habitantes a los pueblos vecinos, tratando de formar otra vez poblados más o menos grandes. Entre 1754 y 1778, tras las visitas de Andrés Verdugo y Oquendo, Joaquín Aróstegui y sobre todo del criollo Francisco Antonio Moreno y Escandón, se liquidaron muchos de los resguardos de la región oriental de Santafé y Tunja, sobre la base de que eran tierras realengas que debían rematarse a blancos y mestizos. Muchos pueblos de indios se convirtieron entonces en parroquias de blancos: en esta zona, al menos 46 pueblos de indios se demolieron para agregarlos a otros y formar así pueblos más numerosos. En 1781, sin embargo, como consecuencia de la rebelión comunera, se acordó dar posesión de sus tierras a los indios, cuando no hubiesen sido ya vendidas. Se consolidó así la destrucción de la mayoría de los resguardos, aunque al menos ocho pueblos fueron autorizados a volver a sus sitios originales. Se aceptó así, de hecho, el resultado del proceso de confusión de la "república de los indios" y la "república de los españoles". Sin embargo, las autoridades españolas, a partir de entonces, abandonaron la política de liquidar los pueblos muy pequeños y obligar a los indios a vivir en pueblos más o menos numerosos. En otros sitios donde existían resguardos, como en Popayán y Pasto, estos se mantuvieron intactos hasta después de la Independencia o, incluso, hasta el siglo XX.

Las cifras de población sugieren que, para 1780, una parte notable de la población vivía en los poblados españoles y los habitantes rurales o "montaraces" eran considerados excepcionales, aunque todavía los virreyes expedían normas para erradicar las "rochelas" o "cancheras" de los montes. En 1790 Ezpeleta ordenó perseguir a los habitantes dispersos para evitar "que de vagos pasen a delincuentes y de aquí a forajidos en los montes". Pero ya el esfuerzo de urbanización había perdido energía y a partir de entonces crecía más la población del campo que la de los "poblados", aumentaban más los colonos que los pueblerinos.

La Independencia y el siglo XIX

Para fines del siglo XVIII podía advertirse que la población de las ciudades y pueblos había crecido muy lentamente a lo largo del siglo. En efecto, la asignación de muchos resguardos y tierras realengas en propiedad, sobre todo a pequeños propietarios, llevó a que muchos se establecieran en sus parcelas. Después de la Independencia siguió la destrucción de los resguardos indígenas en el oriente. Sin embargo, ahora las tierras no eran rematadas a favor del Rey y los habitantes "reducidos" a pueblos más grandes, sino que se repartía a sus pobladores, en propiedad plena, de acuerdo con la visión liberal de los derechos individuales promovida por los dirigentes de la nueva república. Como para evitar que las perdieran fácilmente se prohibió que las vendieran por 20 años, cuando entraron al mercado estas tierras estaban en manos de los descendientes de los beneficiarios originales y muchos resguardos se habían convertido en zonas de minifundios, con una población rural que vivía en la pobreza o la escasez y levantaba sus viviendas en medio de los lotes que habían recibido. Al mismo tiempo, para promover la colonización extranjera y buscar una economía de exportación rural, los dirigentes de la nueva república repartieron baldíos, en su mayoría a grandes propietarios o a empresarios que prometían vías de comunicación o proyectos de colonización, pero en buena proporción a colonos pequeños. En ambos casos esto llevó a la ruralización de la población, o como "aparceros" o "agregados", en las zonas que estaban bajo control de los grandes propietarios, usualmente en las tierras planas de la costa o de los ríos, o como "colonos" en las zonas menos atractivas de las áreas de vertiente.

Aumentó así el contraste entre la vida en la ciudad y en el campo. En la primera, además de la iglesia, había escuelas para los hijos de los notables, y en ciudades como Bogotá, Popayán, Socorro, Tunja o Cartagena, y unas cuantas más, colegios de secundaria o incluso, como en Santafé de Bogotá, universidades. Las casas de los ricos tenían muros de bahareque o tapia pisada, y techos de teja. En las ciudades más grandes, además, había periódicos, museos, teatros y festividades frecuentes, con corridas de toros y desfiles musicales. Sus mercados tenían surtidos variados, con productos de importación y bienes locales: a ellos llegaban las mulas con cargas de panela y otros productos de los cultivos cercanos.

Sin embargo, en el campo había una ventaja oculta muy grande: la ciudad era el sitio de las epidemias, como las de cólera (1849 y 1850; 1885), tifo, disentería, sarampión y viruela o, en 1918, la más mortífera de todas, la de influenza o gripa española. En el campo las aguas eran algo más limpias y la residencia separada evitaba el contagio. En la ciudad los hábitos de limpieza no evitaban la contaminación de las aguas y los niños morían en gran cantidad. En 1880 el alcalde de Bogotá dice que el cementerio es insuficiente, pues en la ciudad mueren más personas de las que nacen. En efecto, las tasas de mortalidad urbanas en el siglo XIX pueden haber sido tan altas como las elevadas tasas de natalidad. Por lo tanto, crece el campo mientras, con excepciones, se estancan las ciudades, o crecen en forma lenta.

Así pues, durante el siglo XIX opera un proceso de ruralización de la población y disminuye el control de las autoridades sobre esta, pues no existen autoridades o cuerpos de guardia o policía fuera de las ciudades. El sistema administrativo sigue reflejando el predominio de un modelo urbano, incapaz de controlar la vida en el campo (cuando alguien comete un asesinato hay que formar partidas de vecinos que ayuden a ir a capturarlo, si huye a los montes), mientras que la economía se ha movido hacia un modelo de desarrollo agrario que promueve la vida en el campo, pues la visión del progreso económico se centra en la aparición de productos agrícolas de exportación, como tabaco, añil, quina o café, y en el desarrollo de la ganadería. Este modelo es el que finalmente triunfa y hace que el crecimiento económico en los siglos XIX y XX haya estado basado en la promoción de las exportaciones agrícolas y en el mantenimiento de las exportaciones mineras, sobre todo de oro.

La modernización urbana y el nuevo proceso de urbanización

Sin embargo, aunque cambie la actividad económica, en las ciudades está el poder, están las autoridades políticas y las oportunidades, sobre todo para abogados y comerciantes. Y la economía de exportación ayuda a crecer a las ciudades administrativas o comerciales, como Bogotá, Medellín, Barranquilla, Bucaramanga o Cali. Se reúnen en ellas, a fines del siglo, los ricos de las viejas familias con los comerciantes y mineros exitosos y con los abogados que buscan ocupar los cargos públicos: la "empleomanía" por la que tanto se quejaron los colombianos del siglo XIX.

En este contexto, las ciudades mayores e intermedias comienzan un proceso de "modernización" que relanza la urbanización. Advierten que deben poner en marcha mecanismos que mejoren la vida de sus habitantes. Se quejan de la falta de higiene, de las enfermedades, de la falta de buenas aguas. En todas ellas se establecen reglas que buscan mejorar la calidad de vida, como la obligación de iluminar las calles, tener "serenos" o vigilantes, retirar animales de las calles o disponer mejor los desechos humanos. Pero los cambios esenciales son los que tienen impacto claro sobre la salud: lo más importante es el establecimiento de acueductos, inicialmente con pilas alimentadas por tuberías cerradas, y posteriormente, a comienzos del siglo XX, por tuberías metálicas que llevan a las casas aguas que han sido tratadas con cloro. Esto, y la creación de alcantarillados, cambia bruscamente el balance: ahora en las ciudades la mortalidad infantil es menor que en el campo, y en general la mortalidad cae rápidamente, mientras se mantiene una alta tasa de natalidad. Al mismo tiempo, las escuelas de medicina comienzan a graduar médicos que se enfrentan a los problemas de salud pública, generalizan las vacunas infantiles y atienden a la población urbana, aunque prácticamente nunca a la población rural. Ahora los que se mueren son los niños campesinos.

El mejoramiento en los servicios de acueducto y alcantarillado se acompaña, en las ciudades principales, por la adopción de energía eléctrica para la iluminación pública y doméstica y por la llegada del teléfono, que cambia las condiciones de comunicación en las ciudades, ya alteradas desde la segunda mitad del siglo XIX por la aparición del telégrafo, que permitía mantener el contacto entre comerciantes o familiares y que llegó a muchos pueblos pequeños. En algunas ciudades, como Medellín, la energía es abundante y permite su incorporación a la casa, donde se pueden tener neveras o cocinar con estufas eléctricas, que no destruyen los bosques vecinos, como había pasado en Bogotá con los montes cercanos, ya sin árboles a fines de siglo y que empezó a arborizarse otra vez, en un plan oficial, desde la segunda década del siglo XX. Parques y arborización son una novedad de estos años, cuando la ciudad española, que casi nunca tuvo un árbol y contrastaba con el campo, se transforma y trata de convertirse en una "ciudad jardín", como se dijo a partir de 1920, cuando se empezó a hacer parques y a sembrar árboles en las calles: antes en Bogotá y Medellín solo estaban en una calle especial, llamada la "alameda", aunque no tuviera álamos, sino otros árboles.

Estos años de 1880 a 1930 ven también un gran cambio en los servicios culturales y educativos de las ciudades y pueblos. Aunque desde 1808 o 1810 se había propuesto que en cada pueblo debía haber una escuela de primeras letras, esto no se logró, y solo los pueblos grandes las tenían. Pero a partir de 1880 no solo se establecen escuelas de primeras letras, sino bachilleratos, escuelas normales, escuelas de artes y oficios, y en las grandes capitales (Medellín, Popayán, Cartagena) universidades, donde se estudia ingeniería, medicina o derecho.

Estas ciudades, a diferencia de las ciudades coloniales, han perdido algo los rituales del poder de los "ciudadanos", de los dueños de las casas cercanas a la plaza: los cabildos perdieron importancia en el período republicano, mientras que reforzaron su papel los agentes ejecutivos del gobierno central. Finalmente, estos años son también los de formación de la industria, que crea nuevas oportunidades de empleo en las ciudades y refuerza la capacidad de los comerciantes. En este ambiente, todo se refuerza: hay que construir edificios y fábricas, "tanto almacén enorme, tanta industria novísima", como dice León de Greiff. La producción industrial genera nuevos mercados y nuevas oportunidades para los tenderos y abre otras formas de consumo, que incluyen a veces máquinas elementales, pero de gran impacto sobre la vida hogareña, como el molino manual, que libera a las mujeres de un trabajo abrumador: la molienda del maíz por medio de dos piedras.

La aceleración de la urbanización

Para 1930 la ciudad era incomparablemente más atractiva que el campo. Su crecimiento natural era mayor, pero sobre todo, los ricos de los pueblos veían ya, desde hacía algunos años, la migración a las ciudades grandes como una oportunidad para educar a sus hijos o para buscar empleos más productivos. Residir en las ciudades es la única forma digna de vivir, en forma civilizada o urbana, con diversiones como el cine o el deporte Los manuales de "urbanidad" proliferan para educar a esta población que migra, para que aprenda a convivir respetando la higiene y respetando a los demás, especialmente a la gente distinguida. De este modo, de 1880 a 1950, las tasas de urbanización se disparan, pero dentro de cierto balance: la ciudad es atractiva mientras haya empleo y cupos escolares.

Los gobiernos buscaron reducir el desnivel: entre 1920 y 1940 se propusieron dos modelos: por una parte, los empresarios del café trataron de promover un mejoramiento de los niveles de vida de los colonos cafeteros, presentados como ejemplo de la productividad de los campesinos. Por otra, los gobiernos, sobre todo liberales, siguieron reflejando la desconfianza en los campesinos, que eran en parte clientela del conservatismo, por el apoyo de los curas. La consigna liberal fue entonces: hay que educar a la gente del pueblo para que deje de ser ignorante y atrasada y no le coma cuento al cacique y al cura. Esto, sin embargo, se concentra, en una primera etapa, en la promoción de las escuelas y la cultura (la *Biblioteca Aldeana*) en pueblos y aldeas, acompañada de algunos intentos por establecer servicios médicos en centros de salud en los municipios pequeños y por promover una cultura campesina más productiva, con cartillas de higiene y agricultura.

Hay, sin embargo, algunos esfuerzos iniciales por impulsar las escuelas rurales, pero parece evidente que, a pesar de la migración a las ciudades, muchos poblados pequeños, hacia 1950, tenían formas de vida rurales, por no tener escuela ni médico, ni un sistema de electricidad que permitiera teléfonos domiciliarios, ni acueductos o alcantarillados que garantizaran una provisión de agua sana y adecuada eliminación de desechos. Ya la aldea y el pequeño municipio hacen parte más bien del campo que de la ciudad, son más bien formas de vida rurales que formas de vida urbana.

Este proceso gradual de reurbanización, que diferencia más y más al campo y al que se oponen algunos proyectos oficiales, se rompió, sin embargo, súbitamente, por un cataclismo político: el desencadenamiento de la violencia, a partir de 1947. Esta provocó una ampliación brusca de la migración o el desplazamiento a las ciudades de poblaciones que ya no estaban formadas por las clases medias y ricas de los pueblos, sino por campesinos analfabetas. Las ciudades, que enfrentaron desde mediados de los sesenta los efectos del agotamiento del desarrollo industrial promovido por la sustitución de importaciones, fueron desbordadas, se llenaron de barrios ilegales o de invasión, de población desempleada y más díscola, y se volvieron poco deseables. Algunos proyectos políticos buscaban, con la reforma agraria, retener la población rural; otros, como los que apoyaron la propuesta de Lauchlin Currie, por el contrario, pensaban que una expansión urbana podía ser un estímulo grande para la economía, por el auge de la construcción.

Fue esta alternativa la que se escogió, y las ciudades tuvieron un gran mejoramiento entre 1970 y 2010: se subsidiaron más de un millón de viviendas urbanas, que mejoraron drásticamente las condiciones de vida en los barrios urbanos. Ahora en ellos hay servicios públicos y las necesidades básicas se satisfacen. El modelo económico seleccionado, el "desarrollismo", se centró en la promoción de la agricultura moderna, el abandono del proyecto de reforma agraria y un sistema de protección a las inversiones urbanas, basado tanto en el crédito subsidiado para el desarrollo de la vivienda como en ventajas fiscales y cambiarias para los industriales. Así, la población que abandonaba el campo —se esperaba—, encontraría en la construcción y en los servicios urbanos, además de la industria, el empleo necesario, en condiciones mejores que las que habrían sido posibles en las zonas rurales, ahora vistas como remotas, sin vías de comunicación, llenas de enfermedades y peligros.

Pero no hubo un programa similar, que hubiera subsidiado a los campesinos que quisieran ampliar sus minifundios o comprar una pequeña finca. En este mundo de las últimas décadas, el de la expansión brusca y el mejoramiento acelerado de las ciudades, y el de un mejoramiento absoluto, pero un deterioro relativo de las condiciones de vida del campo, la población campesina ha venido perdiendo tierras y se ha expandido la agricultura moderna más o menos tecnificada, aunque se ha mantenido el dominio de la ganadería extensiva. Esto ha llevado a una deforestación acelerada del territorio colombiano, que vio cómo se convertían los bosques del Magdalena, los departamentos del Caquetá y Putumayo y muchos otros territorios similares en zonas de pastos entre 1960 y 1990. En los años recientes se ha visto un proceso similar en las áreas selváticas de la Orinoquía o el Amazonas, en el Vichada o en Vaupés.

En el modelo de capitalismo "desarrollista" que predominó después de 1970, la idea era que la agricultura moderna se convertiría en una gran fuente de exportaciones y que para ello era importante dar apoyo al gran empresario y a las explotaciones grandes. En la realidad, la gran agricultura competía con empresas inmensas de otros países con mejores condiciones para producir soya, sorgo, ajonjolí o maíz, mientras se mantenían algunos productos con mercado interno asegurado (azúcar y arroz) y solo las flores —apoyadas por una actitud de innovación excepcional— y la palma africana han dado resultados razonables, mientras que el aguacate muestra algunas perspectivas.

Entre tanto, la agricultura de huerta, que responde a las demandas crecientes de los mercados avanzados, cada vez más preocupados por el efecto ambiental de sus consumos y atraídos por la variedad de las frutas y verduras o legumbres tropicales, se estancó en Colombia, a pesar de los esfuerzos de la Federación Nacional de Cafeteros por diversificar los productos de los pequeños campesinos. Colombia, no obstante sus condiciones naturales propicias y la existencia de un campesinado con una cultura muy diversa y abierta a la innovación, ha desaprovechado hasta ahora las oportunidades que ha ofrecido el mercado de frutas, aunque se ilusionó con la pitahaya, la uchuva y la gulupa, y ahora exporta, fuera del banano, menos frutas que Honduras o Perú. Ni la piña, la sandía, el tomate de árbol, la guayaba o la guanábana, para mencionar solo algunas frutas nativas, han alcanzado una buena producción y un mejoramiento razonable de esta que permita entrar a los mercados internacionales: solo se han conservado los productos campesinos con un buen mercado interno, como la papa o el cacao, aunque cada vez son más cultivos empresariales.

Las condiciones generales de la economía, en particular después del proceso de apertura hacia 1990, en medio de condiciones de violencia rural, hicieron imposible que los campesinos se adaptaran en forma productiva, obligándolos a reducir su contribución a la economía con la producción de alimentos más o menos tradicionales para consumo local y a servir como trabajadores de las nuevas empresas agrícolas que se soñaban, o como vanguardia de la deforestación estimulada por las leyes que daban la propiedad como premio al desmonte.

En el campo las reglas laborales se incumplen habitualmente, la violencia amenaza la supervivencia de los campesinos y los lleva con frecuencia al desplazamiento, presionados por las guerrillas y los grupos paramilitares, mientras sus tierras pasan a gamonales y políticos. Las condiciones de vida siguen siendo muy limitadas: los niños crecen sin atención adecuada. Hay escuelas para los años de la educación básica primaria, pero la atención preescolar y el bachillerato son casi inexistentes. Al mismo tiempo, los servicios de salud son muy precarios, y para conseguir un médico general, para no hablar de un especialista, hay que viajar a la cabecera municipal.

Frente a esta situación, la política oficial, que buscó tímidamente en los sesentas y setentas la organización de la población, con mecanismos como acción comunal o la organización de usuarios campesinos, se ha concentrado desde los años ochenta en dar apoyo asistencial a los sectores rurales mediante programas como el de Desarrollo Rural Integrado (DRI) y el Plan Nacional de Rehabilitación (PNR), que buscan compensar los efectos más dañinos de la violencia reciente, o mediante el mejoramiento de la infraestructura y los servicios públicos y sobre todo la creación de diversas formas de subsidio a los más pobres, como el programa "Familias en Acción", que ayudan a sobrevivir, pero no permiten desarrollar condiciones de vida competitivas de largo plazo, que eviten el desplazamiento a las ciudades, impulsado por la violencia y la desposesión, pero inevitable en el largo plazo por la debilidad económica del campesinado, con excepción del cafetero.

A modo de conclusión: avances y problemas

La mirada de conjunto a Colombia desde la Independencia permite ver un desarrollo económico rápido y mejoras notables de las condiciones de vida de la población, en especial después de 1850. Esto fue obra sobre todo de los ciudadanos: el Estado no tuvo mucho peso hasta 1920 y desde entonces su aporte principal ha sido ofrecer un ambiente estable para la inversión y la producción: una política económica tranquila y sin sueños grandiosos ni esfuerzos populistas. Y con más recursos, los gobiernos promovieron ferrocarriles y carreteras y crearon bancos oficiales, de emisión y fomento, que apoyaron el avance de la economía.

El desarrollo económico mejoró la educación y la salud, la calidad de la alimentación y la duración de la vida promedio, que se duplicó entre 1830 y 2000, pero no redujo la desigualdad del ingreso: es probable que esta haya aumentado. La pobreza menos extendida provino del crecimiento general, de los cambios en las ciudades y el mejoramiento en servicios públicos y no de políticas igualitarias o de sistemas tributarios redistributivos, que han sido tímidos y ocasionales.

A partir de 1958 la pobreza urbana se volvió muy visible en los barrios de invasión, mientras la rural se hizo más evidente, por la falta de servicios esenciales como electricidad, acueductos o escuelas. Ante esto, los gobiernos pusieron en marcha servicios y subsidios gratuitos. Fuera de la educación y de una atención mínima de salud, lo más importante fue el subsidio a la vivienda de obreros y empleados, que reemplazó buena parte de los tugurios por inmensas barriadas con servicios básicos.

El crecimiento del Estado aumentó la burocracia y la corrupción. Esta pasó de repartir favores a amigos y clientelas al manejo de inmensos contratos, con comisiones y sobornos, que beneficiaban a empresarios privados y a sus socios públicos. Los ciudadanos se acostumbraron a pagar, durante los cincuenta y sesenta, pequeños sobornos para lograr servicios básicos o evitar una multa. Desde 1956 el contrabando se generalizó en las principales ciudades y al esfuerzo por eludir el pago de impuestos al Estado se sumó el aprovechamiento de sus servicios, simulando condiciones para recibir un subsidio o un tratamiento especial, sin que esto produzca rechazo ético: como se enseñaba en las clases de religión de mediados del siglo XX, la ley tributaria es civil y su incumplimiento no es pecado. Pero la administración funciona con relativa eficiencia, aunque no se han logrado sistemas confiables de justicia penal ni de financiación y manejo de salud. Y los servicios públicos, privatizados o gestionados por empresas mixtas, son más eficientes y desaparecieron los sobornos de los usuarios. Sin embargo, la calidad de la administración varía en forma drástica: en la periferia, donde el Estado ha seguido detrás de las colonizaciones del último medio siglo, en medio de guerrilleros, narcotraficantes y paramilitares, la justicia es un ritual vacío y la administración pública un negocio de grupos locales.

Mientras tanto, la política se transformó. Los partidos de notables del siglo XIX se convirtieron en partidos de masas entre 1920 y 1960 y crearon solidaridades intensas con base en experiencias heroicas y violentas y en la percepción del otro como enemigo. El Frente Nacional eliminó los odios de los partidos, pero al mismo tiempo destruyó su papel como promotores de un proyecto social: entre 1958 y 1978 se convirtieron en redes clientelistas. La Constitución de 1991, empeñada en debilitar a los partidos tradicionales, dio fuerza adicional a este proceso. Esto condujo a una creciente indiferencia hacia los partidos y las elecciones, en las que raras veces participa más de 50 % de la población, que vota en pago de pequeños favores o por el atractivo personal de los políticos. Aunque esta indiferencia se vio como índice de oposición al sistema, el rechazo a los grupos radicales ha sido todavía mayor, de modo que estos se acomodaron y abandonaron sus propuestas revolucionarias: hoy los partidos de izquierda compiten con los tradicionales ofreciendo más asistencialismo y más favores a los ciudadanos.

Así pues, Colombia ha tenido éxito en su desarrollo económico y resultados medianos en el orden político y social y en la administración pública, pero no ha logrado establecer formas de convivencia y paz aceptables. En comparación con países similares, Colombia muestra los peores indicadores de violencia. En efecto, entre 1947 y 2015 murió más de un millón de colombianos en forma violenta. Esto no correspondía a la tradición del país: en el siglo XIX, aunque hubo muchas guerras civiles (más o menos 12 de los 70 años de 1830 a 1900 fueron de guerra), la violencia se interrumpía bruscamente entre estas y la paz reinaba durante uno o dos lustros. Entre 1903 y 1947, incluso en 1931 y 1932, cuando la violencia política se disparó, las tasas de violencia fueron más bajas que en cualquier año entre 1985 y 2015. Los años críticos fueron de 1947 a 1957, cuando pudieron haber muerto unas 100 000 personas y de 1985 a 2015, cuando murieron 700 000.

La violencia tan alta desde 1962 es difícil de explicar. Su causa principal es el proyecto político de las guerrillas, surgido con el ejemplo de la Revolución cubana, en un momento en que la desigualdad social y la pobreza hacían atractivo, sobre todo para jóvenes estudiantes que soñaban con una sociedad sin injusticias, un cambio total por la violencia, y que llevaron a que desde 1964 se viviera en conflicto armado continuo. Que este durara, mientras desaparecía en los países vecinos, tiene que ver con condiciones locales: una historia anterior de guerrillas, entre 1950 y 1962, que dio experiencia a grupos armados rurales, y una coyuntura política, el Frente Nacional, que restringió la democracia, aunque menos que en las dictaduras de la región, y justificó para muchos la lucha armada. Entre 1964 y 1967 se formaron en Colombia tres guerrillas importantes (FARC, EPL, ELN), que sobrevivieron entre 1964 y 1978 y fueron enfrentadas con torpeza por el gobierno. Desde 1978 el ejército se inclinó cada vez más a la acción violenta e ilegal contra la guerrilla, lo que la convirtió en víctima, mientras el Estado, incapaz de aplicar los códigos penales a homicidas y secuestradores, perdió legitimidad. A partir de esos años la extorsión, el secuestro y la droga independizaron su crecimiento del apoyo político. Las negociaciones que comenzaron en 1981 redujeron a veces el conflicto, pero ambos lados las usaron para fortalecerse militarmente, lo que a la larga aumentó la guerra y fortaleció a los paramilitares.

La violencia ha sido ante todo de origen político, producida por el enfrentamiento de liberales y conservadores entre 1947 y 1957, y después por las guerrillas comunistas formadas a partir de 1964 y por la respuesta del gobierno, con frecuencia brutal e ilegal, y de los grupos paramilitares, creados desde 1978 por organizaciones de la droga, propietarios rurales y miembros de la fuerza pública para combatir la guerrilla. Esta violencia creó olas expansivas que desorganizaron la sociedad, cambiaron sus valores, debilitaron la justicia y la policía y dieron campo y estímulo a otras formas de delincuencia, como el narcotráfico. Y su relación con los problemas sociales y la desigualdad ha hecho que forme una trama compleja con acciones políticas legales y con organizaciones que promueven objetivos legítimos, lo que vuelve difíciles o poco eficaces las respuestas represivas. Esta violencia es la gran tragedia de la sociedad colombiana del último siglo y constituye su mayor fracaso histórico.

Bibliografía

Manuales generales y de síntesis

Bonnet, Diana, Michael LaRosa y Mauricio Nieto (comps.), *Colombia, preguntas y respuestas sobre su pasado y su presente*. Bogotá, Universidad de los Andes, 2010.

Bushnell, David, *Colombia, una nación a pesar de sí misma: de los tiempos precolombinos a nuestros días*. Bogotá, Planeta, 1996.

Calderón, Camilo (ed.), *Gran Enciclopedia de Colombia*, vols. 1 y 2: *Historia*. Bogotá, Círculo de Lectores, 1991.

Jaramillo Uribe, Jaime (ed.), *Manual de historia de Colombia*, 3 vols. Bogotá, Colcultura, 1979.

Melo, Jorge Orlando (ed.), *Colombia hoy*. Bogotá, Siglo XXI, 1991.

Palacios, Marco y Frank Safford, *Colombia: país fragmentado, sociedad dividida. Su historia*. Bogotá, Norma, 2002.

Tirado Mejía, Álvaro (ed.). *Nueva historia de Colombia*, 9 vol. Bogotá, Planeta, 1998.

Referencias

Davis, Robert H., *Historical Dictionary of Colombia*. Nueva Jersey, Metuchen, 1977.

Deas, Malcolm, *Colombia a través de la fotografía*. Madrid, Fundación Mapfre y Taurus, 2011.

Melo, Jorge Orlando, *Reportaje de la historia de Colombia*, 2 vols. Bogotá, Planeta, 1989.

Tovar Pinzón, Hermes, *et al.*, *Convocatoria el poder del número: censos y estadísticas de la Nueva Granada (1750-1830)*. Bogotá, Archivo General de la Nación, 1994.

Los pueblos indígenas
Langebaek, Carl Henrik, *Mercados, poblamiento e integración étnica entre los muiscas, siglo XVI*. Bogotá, Banco de la República, 1987.
—, *Noticias de caciques muy mayores*. Medellín, Universidad de Antioquia y Universidad de los Andes, 1993.
Reichel Dolmatoff, Gerardo, *Arqueología de Colombia. Un texto introductorio*. Bogotá, Segunda Expedición Botánica, 1986.

Conquista y Colonia
Ceballos Gómez, Diana Luz, *Hechicería, brujería e Inquisición*. Bogotá, Editorial Universidad Nacional, 1994.
Colmenares, Germán, *Historia económica y social de Colombia, 1537-1719*. Medellín, La Carreta, 1975.
—, *Popayán: una sociedad esclavista 1680-1880*. Medellín, La Carreta, 1979.
—, *Cali, Terratenientes, mineros y comerciantes, siglo XVIII*. Medellín, La Carreta, 1979.
Herrera Ángel, Martha, *Ordenar para controlar. Ordenamiento espacial y control político en las llanuras del Caribe y en los Andes Centrales neogranadinos*. Bogotá, Icanh y Academia Colombiana de Historia, 2002.
MacFarlane, Anthony, *Colombia, antes de la independencia: economía, política bajo el dominio borbón*. Bogotá, Banco de la República y El Áncora, 1997.
Melo, Jorge Orlando, *El establecimiento de la dominación española*. Medellín, La Carreta, 1977.
Nieto, Mauricio, *Remedios para el imperio*, Bogotá, Universidad de los Andes e Icanh, 2000.
Phelan, John L., *El pueblo y el rey: la Revolución Comunera en Colombia, 1781*. Bogotá, Carlos Valencia, 1980.
Sauer, Carl Ortwin, *The Early Spanish Main*. Berkeley, University of California Press, 1992.
Silva, Renán, *Los ilustrados de la Nueva Granada, 1760-1808: genealogía de una comunidad de interpretación*. Bogotá, Fondo Editorial Eafit-Banco de la República, 2002.

Independencia
Bushnell, David, *El régimen de Santander en la Gran Colombia*. Bogotá, Tercer Mundo, 1966.

Garrido, Margarita, *Reclamos y representaciones: variaciones sobre la política en el Nuevo Reino de Granada, 1770-1815*. Bogotá, Banco de la República, 1993.

Gutiérrez Ardila, Daniel, *Un nuevo reino: geografía política, pactismo y diplomacia durante el interregno en Nueva Granada (1808-1816)*. Bogotá, Universidad Externado de Colombia, 2010.

König, Hans, *En el camino hacia la nación*. Bogotá, Banco de la República, 1994.

Lasso, Marixa, *Mitos de armonía racial: Raza y republicanismo durante la era de la revolución, Colombia 1795-1831*. Bogotá, Banco de la República y Universidad de los Andes, 2013.

Meisel Roca, Adolfo (ed.), *Colombia 1808-1830, crisis imperial e Independencia*. Madrid, Fundación Mapfre y Taurus, 2010.

Siglo XIX
Bejarano, Jesús Antonio, (ed.), *El siglo XIX visto por los historiadores norteamericanos*. Medellín, La Carreta, 1977.

Bergquist, Charles, *Café y conflicto en Colombia, 1886-1910*. Medellín, Faes, 1981.

Castro Carvajal, Beatriz (ed.), *Colombia. La construcción nacional, 1880-1930*. Madrid, Fundación Mapfre y Taurus, 2012.

Delpar, Helen, *Rojos contra azules: el Partido Liberal en la política colombiana, 1863-1899*. Bogotá, Tercer Mundo, 1994.

Martínez, Federico, *El nacionalismo cosmopolita: la referencia europea en la construcción nacional de Colombia 1845-1900*. Bogotá, Banco de la República, 2001.

Posada Carbó, Eduardo (ed.), *Colombia. La apertura al mundo 1880-1930*. Madrid, Fundación Mapfre y Taurus, 2015.

Sanders, James, *Republicanos indóciles: política popular, raza y clase en Colombia, siglo XIX*. Bogotá, Ediciones Plural, 2017.

Tovar Pinzón, Hermes, *Que nos tengan en cuenta: colonos, empresarios y aldeas, Colombia 1800-1900*. Bogotá, Tercer Mundo y Colcultura, 1995.

Siglo XX

Braun, Herbert, *Mataron a Gaitán. Vida pública y violencia urbana en Colombia*. Bogotá, Universidad Nacional, 1987.

Calderón, María Teresa e Isabela Restrepo (eds.), *Colombia, 1910-2010*. Bogotá, Taurus, 2010.

Deas, Malcolm (ed.), Colombia. *Mirando hacia dentro 1930-1960*. Madrid, Mapfre y Taurus, 2015.

Henderson, James, *La modernización de Colombia: los años de Laureano Gómez*. Medellín, Clío y Universidad de Antioquia, 2006.

Karl, Robert, *La paz olvidada*. Bogotá, Librería Lerner, 2018.

Medina, Medófilo, *Historia del Partido Comunista en Colombia*, tomo I. Bogotá, Ceis, 1980.

Melo, Jorge Orlando (ed.), *Colombia. La búsqueda de la democracia 1960-2010*. Madrid, Fundación Mapfre y Taurus, 2016.

Oquist, Paul, *Violencia, conflicto y política en Colombia*. Bogotá, Banco Popular, 1978.

Palacios, Marco, *Entre la legitimidad y la violencia, 1875-1994*. Bogotá, Norma, 1995.

—, *Violencia pública en Colombia 1958-2010*. Bogotá, Fondo de Cultura Económica, 2012.

Pécaut, Daniel, *Orden y violencia: Colombia 1930-1954*. Bogotá, Siglo XXI, 1987.

Pizarro, Eduardo, *Las FARC (1949-1966): de la autodefensa a la combinación de todas las formas de lucha*. Instituto de Estudios Políticos y Relaciones Internacionales de la Universidad Nacional y Tercer Mundo Editores, Bogotá, 1991.

—, *Insurgencia sin revolución, la guerrilla en Colombia en una perspectiva comparada*. Bogotá, Iepri y Norma, 2006.

Randall, Stephen, *Aliados y distantes. Las relaciones de Colombia y los Estados Unidos desde la Independencia hasta la guerra contra las drogas*. Bogotá, Universidad de los Andes y Tercer Mundo, 1992.

Sánchez, Gonzalo y Donny Meertens, *Bandoleros, gamonales y campesinos. El caso de la violencia en Colombia*. Bogotá, El Áncora, 1983.

Tirado Mejía, Álvaro, *Aspectos políticos del primer gobierno de Alfonso López Pumarejo, 1934-1938*. Bogotá, Procultura, 1981.

Tokatlian, Juan y Bruce Bagley (eds.), *Economía y política del narcotráfico*. Bogotá, Cerec, 1990.

Urrutia, Miguel, *Historia del sindicalismo colombiano*. Bogotá, La Carreta, 1969.

Historia económica

Kalmanovitz, Salomón (ed.), *Nueva historia económica de Colombia*. Bogotá, Taurus y Universidad Jorge Tadeo Lozano, 2010.

—, *Economía y nación: una breve historia de Colombia*. Bogotá, Universidad Nacional y Siglo XXI, 1985.

López Toro, Álvaro, *Migración y cambio social en Antioquia en el siglo XIX*. Bogotá, Cede, 1970.

Ocampo, José Antonio (ed.), *Historia económica de Colombia*. Bogotá, FCE y Fedesarrollo, 2015.

—, *Colombia y la economía mundial, 1830-1910*. Bogotá, Siglo XXI y Fedesarrollo, 1984.

Ospina Vásquez, Luis, *Industria y protección en Colombia, 1810-1930*. Medellín, e.s.f., 1955.

Palacios, Marco, *El café en Colombia*. México, El Colegio de México, 2009.

Educación y cultura, ciencias, ideas y arte

Barney Cabrera, Eugenio (ed.), *Historia del arte colombiano*, 8 vol. Bogotá, Salvat, 1977-1982.

Colmenares, Germán, *Rendón: una fuente para la historia de la opinión pública*. Bogotá, Fondo Cultural Cafetero, 1984.

—, *Las convenciones contra la cultura*. Bogotá, Tercer Mundo, 1989.

Helg, Aline, *La educación en Colombia: 1918-1957*. Bogotá, Cerec, 1987.

Jaramillo Uribe, Jaime, *El pensamiento colombiano en el siglo XIX*. Bogotá, Temis, 1964.

Molina, Gerardo, *Las ideas liberales en Colombia*. Bogotá, Tercer Mundo, 1978.

Safford, Frank, *El ideal de lo práctico: el desafío de formar una élite técnica y empresarial en Colombia*. Bogotá, Universidad Nacional y El Áncora, 1989.

Serrano, Eduardo, *Historia de la fotografía en Colombia*. Bogotá, Museo de Arte Moderno de Bogotá y Villegas Editores, 2006.

Wade, Peter, *Música, raza y nación. Música tropical en Colombia*. Bogotá, Vicepresidencia de la República, 2002.

Historias regionales

Fals Borda, Orlando, *Historia doble de la Costa*, 4 vol. Bogotá, Carlos Valencia, 1980-1986.

Fundación Misión Colombia, *Historia de Bogotá*, 3 vol. Bogotá, Villegas Editores, 1989.

Melo, Jorge Orlando (ed.), *Historia de Antioquia*. Medellín, Suramericana, 1987.

—, *Historia de Medellín*, 2 vol. Medellín, Suramericana, 1996.

Posada Carbó, Eduardo, *The Colombian Caribbean: a Regional History 1870-1950*. Oxford, Oxford University Press, 1996.

Valencia Llano, Alonso (ed.), *Historia del gran Cauca: historia regional del suroccidente colombiano*. Cali, Universidad del Valle, 1996.

Historia de la sociedad

Archila, Mauricio, *Idas y venidas, vueltas y revueltas: protestas sociales en Colombia, 1958-1990*. Bogotá, Cinep, 2004.

Borja Gómez, Jaime y Pablo Rodríguez (eds.), *Historia de la vida privada en Colombia*. Bogotá, Taurus, 2011.

Castro Carvajal, Beatriz (ed.), *Historia de la vida cotidiana en Colombia*. Bogotá, Norma, 1996.

Gutiérrez de Pineda, Virginia, *La familia en Colombia*. Bogotá, Universidad Nacional, 1962.

Romero, Mauricio, *Paramilitares y autodefensas, 1982-2003*. Bogotá, Iepri, 2003.

Velásquez, Magdala (ed.), *Las mujeres en la historia de Colombia*, 3 vols. Bogotá, Norma, 1995-1996.

Inmigración

Biermann, Enrique, *Distantes y distintos los inmigrantes alemanes en Colombia, 1939-1945*. Bogotá, Universidad Nacional de Colombia, 2001.

Fawcett de Posada, Louise y Eduardo Posada Carbó, "Árabes y judíos en el desarrollo del Caribe colombiano, 1850-1950", *Boletín Cultural y Bibliográfico*, 35/49. Bogotá, Banco de la República, 1997.
García Estrada, Rodrigo, *Los extranjeros en Colombia*. Bogotá, Planeta, 2006.
Silva Romero, Armando, *Cultura Italiana en Colombia*. Bogotá, Tercer Mundo e Instituto Italiano de Cultura, 1999.
Sourdís Nájera, Adelaida y Alfonso Velasco Rojas (eds.), *Los judíos en Colombia*. Madrid, Casa Sefarad Israel, 2011.
Vargas, Pilar y Luz Marina Suaza, *Los árabes en Colombia: del rechazo a la integración*. Bogotá, Planeta, 2007.

Colecciones de ensayos

Deas, Malcolm, *Del poder y la gramática y otros ensayos sobre historia, política y literatura colombiana*. Bogotá, Tercer Mundo, 1993.
—, *Las fuerzas del orden y once ensayos de historia de Colombia y de América Latina*. Bogotá, Penguin y Random House, 2017.
González, Fernán, *Para leer la política. Ensayos de historia política colombiana*, 2 vols. Bogotá, Cinep, 1997.
—, *Historiografía colombiana: realidades y perspectivas*. Medellín, 1996.
Jaramillo Uribe, Jaime, *Ensayos sobre historia social colombiana*. Bogotá, Universidad Nacional, 1968.
—, *La personalidad histórica de Colombia y otros ensayos*. Bogotá, Instituto Colombiano de Cultura, 1977.
Melo, Jorge Orlando, *Predecir el pasado, ensayos de historia de Colombia*. Bogotá, Fundación Simón y Lola Guberek, 1992.
Palacios, Marco, *La clase más ruidosa y otros ensayos sobre política e historia*. Bogotá, Norma, 2002.